国家社会科学基金"十三五"规划 2020 年度教育学青年课题
"新中国 70 年来县域内学校布局的变迁研究"
（课题批准号：COA200244）的研究成果

2022 年度成都市哲学社会科学"雏鹰计划"优秀成果出版资助项目
（项目编号：CY008）

新中国 70 年来
县域内学校布局的
变迁研究

A STUDY ON
THE EVOLUTION OF SCHOOL LAYOUT
IN COUNTIES
IN THE PAST 70 YEARS OF
NEW CHINA

刘秀峰 著

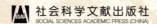

社会科学文献出版社
SOCIAL SCIENCES ACADEMIC PRESS (CHINA)

前　言

进入 21 世纪后，由于农村学校的布局调整规模大、影响深、问题多，学校布局问题成为教育领域一个重要的研究话题。要更好地思考农村学校的布局问题，就有必要从历史的向度去完整地梳理农村学校布局的变迁情况。但是仅从农村地域入手去梳理这一历史，又因城乡关系错综复杂而无法厘清，因此，本书将研究的范围放到整个县域内，以县域为单位、以县域内农村义务教育为重点，对中华人民共和国成立后 70 多年的学校布局变迁进行系统研究，以期探明县域内学校布局的变迁历程、总结县域内学校布局变迁的规律、影响因素和经验，为未来县域内学校布局发展提出建设性意见。

一　县域内学校布局变迁研究的必要性

县域教育在全国教育中所占比重较大，影响"三农"问题的解决，同时种种农村教育问题也有必要提升至县域的范畴来解决，因而进行县域教育研究有很大的必要性。当前县域内学校布局存在种种问题，学术界围绕县域内学校布局也存在一些争论，鉴于此，有必要对县域内学校布局的变迁情况进行研究。

（一）进行县域教育研究的必要性

第一，县域教育在全国教育中占据较大比重。从数量上看，县域学校数和在校生数占全国的一半以上。2020 年，县域幼儿园总数为

19.67 万所,占全国幼儿园总数的比例为 67.42%;县域小学总数为 12.88 万所,占全国小学总数的比例为 81.51%;县域初中总数为 3.88 万所,占全国初中总数的比例为 73.52%;县域普通高中总数为 6821 所,占全国普通高中总数的比例为 47.92%(见表 0-1)。

2020 年,我国有县级行政区划单位(不包括市辖区)1871 个。[①] 其中有县级市 388 个,县 1312 个,自治县 117 个,旗 49 个,自治旗 3 个,林区 1 个,特区 1 个。[②]"县集而郡,郡集而天下,郡县治,天下无不治。"县域教育是国家整体教育的基本治理单元,是国家教育的重要组成部分,在我国的行政区划中,县一级处在承上启下的关键环节,因此有必要从整体上对县域教育治理进行研究。

表 0-1　2020 年县域各级学校数与在校生数占全国的比例

	学校数（所）					在校生数（万人）				
	镇区	乡村	县域总数	全国总数	比例（%）	镇区	乡村	县域总数	全国总数	比例（%）
幼儿园	95238	101447	196685	291715	67.42	1793.81	1027.49	2821.3	4818.26	58.55
小学	42687	86085	128772	157979	81.51	4071.77	2450.48	6522.25	10725.35	60.81
初中	24583	14241	38824	52805	73.52	2373.35	637.81	3011.16	4914.09	61.28
普通高中	6044	777	6821	14235	47.92	1171.68	90.51	1262.19	2494.45	50.60

资料来源:《中国教育统计年鉴 2020》,中国统计出版社,2021。

第二,县域教育是关系到"三农"发展的大事。县域教育虽分县镇教育和农村教育,但是其服务对象主要是参加农业生产的农民群体,因此,县域教育在一定程度上就是农村教育的"代名词"。农村性是我国县域经济的一个基本特征。"三农"在我国社会发展中处于弱势地位,农民是我国存在最为广泛的弱势群体。可见,县域的发展关系

[①] 2020 年,全国共有县级行政区划单位 2844 个,其中有市辖区 973 个,其余县域单位为 1871 个。

[②]《2020 年民政事业发展统计公报》,中华人民共和国民政部网站,https://www.mca.gov.cn/images3/www2017/file/202109/1631265147970.pdf。

到"三农"发展，县域教育的发展状况反映着农村的文化水平，同时县域教育承载着农民对文化水平提升的渴求，承担着为弱势群体教育兜底的工作，寄托着阻断贫困的代际传递的希望。在当前城镇化迅速推进的大背景下，县域教育正面临着"失守"的困局，诸如城市民办教育对县域教育的挤压、"县中衰落"等，县域教育发展面临极大的困难。因此，守住县域教育、办好县域教育，是缩小城乡差距、促进"三农"事业发展的有力保证。

第三，农村教育发展进入县域统筹阶段。当前，随着城乡间教育要素交流的日益频繁，县域教育呈现"城挤、乡弱、村空"的分布格局，县城大班额问题和乡村学校"空心化"现象形成鲜明对比。我们已经不能够"就农村而农村"，局限于农村来解决农村教育的问题，而是至少扩大到县域范围来解决农村教育的问题，这就需要用统筹的思维来一体化思考和解决县域内教育的问题，以期更好地解决它。2016年国务院出台的《关于统筹推进县域内城乡义务教育一体化改革发展的若干意见》就是基于这样一种背景，提出在县域内统筹推进城乡义务教育一体化发展的。在乡村振兴和城乡融合发展的背景下，统筹县域教育发展成为农村教育发展的重要切入点。2021年，中共中央、国务院《关于全面推进乡村振兴加快农业农村现代化的意见》明确提出："把县域作为城乡融合发展的重要切入点，强化统筹谋划和顶层设计，破除城乡分割的体制弊端，加快打通城乡要素平等交换、双向流动的制度性通道。"可以说，农村教育已经进入县域统筹发展的阶段，必须全盘考虑整个县域内教育的布局，才能更好地解决农村教育发展的问题。

（二）对县域内学校布局变迁进行研究的必要性

第一，县域内学校布局存在一定的问题。学校布局是教育普及与优质发展的重要基础，合理的学校布局有利于教育的普及与质量提升，不合理的学校布局容易导致教育资源的浪费与教育质量的下降。学校布局的合理性对于教育改革与发展相当重要。当前我国一些县域内学校布局存在问题:一些县农村小规模学校大量存在,使得有限的教育资源得不到有效利用;农村初中生源流失严重;县城高中走向衰败,升学率低;公办学前教育机构严重不足;民办教育大量存在,抢夺公办教育的学生资源,导致公办教育难以为继。同时,自 2001 年新一轮中小学学校布局调整以来,学术界对县域内学校布局的走向展开了争论,面对农村学校布局的城镇化,学术界形成了两种截然不同的观点,一种观点认为农村教育应主动城镇化,而另一种观点则认为农村教育不应城镇化。因此,不论是从农村教育实践还是从学术界关于农村教育的争论看,都需要系统地研究县域内学校布局的变迁问题,从历史中找寻解决现实问题的根据。

第二,对县域内学校布局变迁的研究相对薄弱。虽然对县域内学校布局变迁的研究很有必要,但是这类研究相对薄弱。对新中国农村中小学布局变迁的研究在一些新中国教育通史中略有涉及,因为这些著述并非专门论述学校布局,所以其论述仅涉及办学体制。2019 年,新中国成立 70 周年的时间节点到来后,一些学者专门对新中国成立以来 70 年中的基础教育学校布局政策进行了研究,对新中国农村学校布局调整演进的过程也基本梳理清楚了,但是由于研究重心的问题,对县域内学校布局变迁的研究不系统、不完整。从研究的时间段和内容看,学术界对农村学校布局变迁已有较为丰富的研究,但研究集中于两端,一是对清末农村学校布局的研究,二是对 2000 年以来的学校布局调整的研究,对新中国农村学校布局的变迁虽然有所研究,但其研究相对薄弱,对其中的某些问题研究不够深入,例如,对"文革"时期农村学前教育布局的研究、对"文革"时期五七大学的研究、对改革开放后普通教育规模缩减带来的影响的研究、对新时期民办教育兴起对于农村公立学校的影响的研究等都不足。从研究的对象和范围看,以往的研究多以整个农村教育为对象,较为宏观和抽象,而以县域为对象的研究较少。事实上，县域内农村教育的发展是一个整体。例如，农村普通教育规模缩减的同时，职业教育又大力发展；一级教育普及后，必然带来更高一级教育的升学压力。因此，必须对县域内农村教育的整体变迁进行研究。本书以县域内学校的布局变迁为考察对象，研究范围既包括基础教育，也包括学前教育、职业教育，甚至还有特定时期的高等教育。

因此，从教育实践和教育学术发展的需要看，加强县域教育的研究，特别是加强县域内学校布局变迁的研究显得很有必要。

二　县域内学校布局变迁研究的意义

第一，可以丰富和完善新中国农村教育史的研究。新中国农村教育史的研究一直是学术界的热点，进入 21 世纪以来，农村教育研究掀起了热潮，对农村教育史的研究也不断涌现，如庞守兴《中国当代农村教育改革发展史研究》（博士学位论文，华东师范大学，2000 年）、李水山主编的《农村教育史》（广西教育出版社，2007 年）、王慧《中国当代农村教育史论》（光明日报出版社，2014 年）、张乐天等《新中国成立以来农村教育政策的回顾与反思》（北京师范大学出版社，2016年）等。这些著述或多或少对农村中小学的布局进行了叙述，但是尚未有专门的对新中国农村中小学布局变迁的研究。通过本书的研究，可以丰富新中国农村教育史的研究，总结农村学校布局变迁中的经验与教训。

第二，可以为县域教育治理、破解县域教育发展困局提供历史参考。县域治理是国家治理的基础和重点，习近平总书记指出："县域治理是推进国家治理体系和治理能力现代化的重要一环。"[①] 一个县，大的有几十万、上百万人口，经济、政治、文化、社会、生态等各方

---

① 习近平:《做焦裕禄式的县委书记》，中央文献出版社，2015，第 52 页。

面功能齐备，是国家稳定的基础。基础不牢，地动山摇。"郡县治，天下安。"近年来随着城镇化的发展和民众对优质教育的追求，一些地区县域教育发展生态日趋恶化：一方面，县域农村学校生源流失严重，陷入发展困境；另一方面，整个县域生源向大城市流动，造成县域教育难以维持的局面。其集中表现就是"县中衰败"现象。怎么解决县域教育发展的难题？如何让县城中学摆脱衰败的命运？本书的研究既是一个历史研究，同时也是对现实问题的研究，通过对县域内学校布局变迁的梳理，探寻县域教育发展的规律，为系统地破解县域教育治理的困境提供历史参考。

三　对研究对象和范围的说明

（一）对"学校布局"的理解

"布局"本意是指事物分布的格局，一般是指学校分布的空间格局。但在关于学校布局的研究中，一些学者也认为对学校布局可以从相对广义上来理解，学校布局调整既包含传统理解上的撤并学校、新建学校、改扩建学校，也包括由教育资源变更引发的学校功能、性质、结构的改变。[①] 本书认同这一观点，认为学校的布局不仅包括学校的空间分布格局，还包括学校类型、学校办学形式、学校办学体制等的格局。

具体而言，本书所指的学校布局主要指学校在类型、空间、形式、体制等四方面的分布格局。其一，一定时期学校办学类型的格局，如小学、普通中学、职业中学、专业学校、高等学校的分布格局；其二，学校的空间分布格局，即学校在县城、乡镇、农村的分布格局；其三，学校的办学形式格局，如全日制、半工半读、巡回制等的分布格局；

---

① 赵垣可、刘善槐：《新中国 70 年基础教育学校布局调整政策的演变逻辑——基于 1949—2019 年国家政策文本的分析》，《教育与经济》2019 年第 4 期。

其四，学校的办学体制格局，如公办、民办的分布格局。

（二）对"县域学校"的界定

本书将以"县域"为研究范围，用其取代"农村"，以县域范围内的不同类型学校为研究对象，考察其布局的变迁。县域学校既包括县域内的义务教育学校，也包括学前教育学校、职业教育学校，甚至特定时期的高等教育学校。当然在研究的过程中，将以县域内义务教育学校布局的变迁为主线，兼顾县域内其他类型学校的布局变迁，以便全面反映一定历史时期县域内学校布局的情况。

（三）对新中国 70 年来数据统计的说明

本书中对于新中国 70 年来教育数据的统计，统计年限为 1949~2020 年。至于对县域教育的统计口径，在 2011 年前采用《中国教育成就统计资料》和《中国教育统计年鉴》（《中国教育事业统计年鉴》）中的"县镇"与"农村"教育数据；2011 年开始，由于国家教育统计数据采用新的城乡划分标准，本书采用"镇区"和"乡村"教育数据。

目　录

第一章　新中国成立前县域内学校布局 ……………………… 1

　　第一节　清末民国时期县域内教育的布局概况 ……………… 1

　　第二节　中国共产党革命根据地学校布局的基本经验……… 16

　　本章小结 …………………………………………………… 23

第二章　以小学为重点有节制的学校布局期（1949~1955 年）… 25

　　第一节　县域内小学从快速发展到整顿提高………………… 26

　　第二节　县域初级师范学校的发展与逐步取消……………… 38

　　第三节　县域职业学校的停办………………………………… 43

　　本章小结 …………………………………………………… 45

第三章　县域内学校布局的全面扩张期（1956~1965 年）……… 47

　　第一节　县域小学教育的跃进、调整与再跃进……………… 48

　　第二节　县域内学前教育的迅速发展………………………… 61

　　第三节　县域内普通中学布局的突破与收缩………………… 66

　　第四节　县域农业中学的创办与发展………………………… 72

　　第五节　县县办师范与其他专业教育的兴办热潮…………… 78

　　本章小结 …………………………………………………… 82

第四章 县域内学校布局的迅速下移期（1966~1977 年） ········· 84

第一节 "文革"时期县域内小学布局的变迁 ············· 85

第二节 县域内普通中学的迅速扩张················· 92

第三节 农村学前教育的再度扩张················· 99

第四节 县域内普通教育职业化与县县办大学 ············· 101

本章小结 ···························· 106

第五章 县域内学校布局的收缩期（1978~1991 年） ············· 108

第一节 重提普及小学教育，充实小学教育 ············· 109

第二节 县域学前教育的恢复发展················· 117

第三节 压缩普通中学规模 ···················· 124

第四节 发展农村职业教育，推进中等教育结构改革 ········· 128

第五节 中等师范教育的调整与恢复发展 ·············· 140

本章小结 ···························· 146

第六章 县域内学校布局的变革期（1992~1999 年） ············· 148

第一节 以提高办学效益为目标的县域义务教育布局调整 ··· 149

第二节 县域内民办教育的初步探索················· 161

第三节 县域内学前教育办学格局的变化 ·············· 169

第四节 县域职业教育强化背后的危机 ·············· 175

第五节 中等师范教育布局的萎缩················· 182

本章小结 ···························· 186

第七章 县域内学校布局的调整上移期（2000~2010 年） ········· 188

第一节 县域内农村义务教育学校的布局调整 ············· 189

第二节　县域普通高中规模的迅速扩张 ⋯⋯⋯⋯⋯⋯ 209

第三节　民办教育向义务教育领域的拓展 ⋯⋯⋯⋯⋯ 215

第四节　县域学前教育发展乏力 ⋯⋯⋯⋯⋯⋯⋯⋯⋯ 225

第五节　县域职业教育的调整与强化 ⋯⋯⋯⋯⋯⋯⋯ 234

第六节　中等师范教育布局的调整与取消 ⋯⋯⋯⋯⋯ 242

本章小结 ⋯⋯⋯⋯⋯⋯⋯⋯⋯⋯⋯⋯⋯⋯⋯⋯⋯⋯ 247

第八章　新时代县域内学校布局的优化期（2011~2020 年）⋯⋯ 249

第一节　县域内义务教育学校布局调整的规范与优化 ⋯ 250

第二节　县域学前教育布局的重塑 ⋯⋯⋯⋯⋯⋯⋯⋯ 265

第三节　县域内职业教育的困境与"普职相当"的争论 ⋯ 278

第四节　县域民办义务教育发展的逐渐规范 ⋯⋯⋯⋯ 287

第五节　县中衰落问题的凸显与关注 ⋯⋯⋯⋯⋯⋯⋯ 297

本章小结 ⋯⋯⋯⋯⋯⋯⋯⋯⋯⋯⋯⋯⋯⋯⋯⋯⋯⋯ 304

第九章　新中国 70 年来县域内学校布局变迁的特征、

　　　　经验与走向 ⋯⋯⋯⋯⋯⋯⋯⋯⋯⋯⋯⋯⋯⋯⋯⋯ 306

第一节　新中国 70 年来县域内学校布局变迁的特征 ⋯⋯⋯ 306

第二节　新中国 70 年来县域内学校布局变迁的逻辑分析 ⋯ 314

第三节　新中国 70 年来县域内学校布局的影响因素 ⋯⋯⋯ 324

第四节　新中国 70 年来县域内学校布局的基本经验 ⋯⋯⋯ 337

第五节　县域内学校布局的前景展望 ⋯⋯⋯⋯⋯⋯⋯ 350

本章小结 ⋯⋯⋯⋯⋯⋯⋯⋯⋯⋯⋯⋯⋯⋯⋯⋯⋯⋯ 368

第一章　新中国成立前县域内学校布局

为了更好地明确新中国成立后县域内学校布局的变迁过程，我们首先需要对清末民国时期县域内学校布局的基本情况进行一番梳理。清末民国时期，随着我国从传统的封建国家形态转向现代国家形态，国家政权力量逐步建立，新式学堂作为国家政权向下延伸过程中的一个重要组织开始在全国较为普遍地建立起来。但新式学堂由于与农村"乡土性"不相适应，遭遇了地方上私塾的挤压和民众的排斥，在县域内的分布有限。而中国共产党领导的革命根据地，结合农村的实际情况，依靠群众，走上了一条非正规化的教育发展道路，为新中国成立后县域内学校的布局积累了丰富的经验。

第一节　清末民国时期县域内教育的布局概况

清末开始了大规模的兴学运动，并制定了现代意义上的学制，各级各类学校在中国大地上建立起来。随着清末民国时期对教育的重视和普及，县域教育比起整个封建时代有了较大的发展。清末我国学校布局的基本轮廓是：大学堂（京城）、高等学堂（省城）、中学堂（各府州）、高等小学堂（县城）、初等小学堂（乡镇）。民国时期县域内学校布局逐渐向下延伸。整体来看，清末民国时期县域内教育层次在中学以下，全国多数县域内高小是一县的"最高学府"。大多数县在县城和一些大的乡镇设有高等小学堂，在大多数村落设有初等小学堂。除此之外，县域内还普遍设有师范学校和职业学校。以下我们对清末民国时期县域内学校布局的具体状况加以阐述。

一 小学布局逐渐向下延伸

在中国传统社会，县域范围内一般有较为正式的官学（也称儒学）和县级书院。但是受科举制的影响，传统官学形同虚设，生员多以应付科举为重，不注重课业的学习，月课季考多不按时，导致传统官学有师生之名，而无训诲之实。因此，书院的影响反而大于官学。清末新政中，清政府颁布《改书院为学堂上谕》（1901 年），提出"着各省所有书院，于省城均改设大学堂，各府及直隶州均改设中学堂，各州县均改设小学堂"①。由此，县域内书院多改为高等小学堂。我国不少县域范围内的小学，尤其是县城小学，都由书院在清末时改制而来。例如，成都市蒲江县著名的鹤山书院在清末时被改为蒲江县高等小学堂；湖北省公安县南平书院于 1904 年改为县立高等小学堂；重庆市江津区（清末时为江津县）聚奎书院在 1905 年改为聚奎学堂，为当时全县仅有的两所高等小学之一。

清末民国时期小学分设初等小学（简称"初小"）和高等小学（简称"高小"）。我国第一个正式实施的学制"癸卯学制"就将小学分为初等小学堂和高等小学堂，初等小学堂学制 5 年，高等小学堂学制 4 年。其中，初等小学堂为强迫教育或国民教育。1904 年，《奏定初等小学堂章程》规定："所有府、厅、州、县之各城镇，应令酌筹官费，速设初等小学以为模范。其能多设者固佳，至少小县城内亦必设初等小学二所，大县城内必设初等小学三所，各县著名大镇亦必设初等小学一所。此皆名为初等官小学，以后再竭力督劝，

---

① 陈谷嘉、邓洪波主编《中国书院史资料》（下），浙江教育出版社，1998，第 2489 页。

渐次推广。"① 当时的初等小学堂为实施国民教育之机构，要求在大的乡镇均有设置，而高等小学堂则一县至少设立一所。《奏定高等小学堂章程》规定："城镇乡村均可建设高等小学堂，虽僻小州县，至少必应由官设立高等小学堂一所以为模范，名为高等官小学堂。"在全国范围内的书院改制浪潮中，县城内书院多改为高等小学堂，高等小学堂取代县级书院，成为一县"最高学府"。

　　民国时期也大致沿袭清末规定。1912 年，中华民国成立后颁布《小学校令》，指出："小学校分初等小学校与高等小学校。初等小学校与高等小学校并置于一处者，名初等高等小学校。""初等小学校由城镇乡设立之。""乡之财力不能设立初等小学校者，得以二乡以上之协议组织乡学校联合以设立初等小学校。""高等小学校之校数及位置，由县行政长官规画，并得咨询县议事会之意见以定之。城镇乡除设立初等小学校，足容本区域学龄儿童外，财力有余，亦得设立高等小学校；但须经县行政长官之许可。城镇乡得以协议组织学校联合以设立高等小学校。"② 可见，从清末到民国初年，我国县域内小学基本呈现出乡镇设初小、县城设高小的分布格局。高小尚不能下设于乡镇，初小也尚不能下设于乡村。

　　进入民国后，经过多次教育普及运动，县域内学校布局逐渐向下延伸，高小由县城延伸至大的乡镇，初小由乡镇延伸至村落。1939年，为了适应抗战建国的需要，国民政府开始推行"新县制"，此时农村正实行"保甲制"。1940 年 3 月 21 日，为配合"新县制"的推行，民国政府教育部颁布《国民教育实施纲领》，有力地推动了县域初等教育的发展。《国民教育实施纲领》将小学分为国民学校与中心

① 璩鑫圭、唐良炎编《中国近代教育史资料汇编：学制演变》，上海教育出版社，2007，第 300 页。

② 李友芝、李春年、柳传欣、葛嘉训编《中国近现代师范教育史资料》（第二册），内部资料，1983，第 148 页。

学校两类，规定每个乡镇设立中心学校 1 所，以办理六年制小学为原则；每保设立国民学校 1 所，以完成四年制小学为原则。[①] 国民学校即以往的初小，中心学校即以往的高小。《国民教育实施纲领》以 1940 年 8 月到 1945 年 7 月这五年为期，要求分 3 期完成任务，试图普及教育，以期到 1945 年实现每保有 1 所国民学校，使入学儿童占到学龄儿童总数 90% 以上。"新县制"和国民教育运动的推行有力地推动了县域内学校的普及。截至 1946 年底，后方四川、云南等 19 省市共有 315780 保，共设国民学校、中心学校及其他小学等 237000 所，平均每 4 保设 3 校。学龄儿童共有 38173765 名，其中入学儿童有 29160803 名，约占学龄儿童的 76%。[②] 虽然入学儿童占学龄儿童比例没有达到原计划的 90% 以上的目标，但小学的分布比以前更加广泛。如四川省邻水县，在 1939 年推行国民教育制度之前，仅有两级小学 8 所，1940 年推行"新县制"后，将原有 8 所两级小学下放为所在镇的中心学校，当年增设了 15 所中心学校。1941 年秋，分镇为乡，全县划为 35 乡（镇），并规定新设立的乡同时增办中心学校。是年，全县中心学校发展到 35 所，每一乡（镇）都有了一所高小。全县 35 所中心学校的规模一直维持到 1949 年 12 月初邻水县解放时。[③] 在实行"新县制"之前，邻水县有乡村初级小学 198 所，"新县制"实施的 1940 年增加到 316 所。但是由于国民党反动派发动内战，削减教育经费，国民学校逐年裁撤，至 1949 年秋季，全县国民学校仅存 238 所。[④] 国民教育运动推动了我国县域内小学教育布局的下移，使得乡镇一级，尤其是大的乡镇一般都有了高小建制，村落中初小的分布更加广泛，但尚没有

---

①　国民政府教育部教育年鉴编纂委员会编《第二次中国教育年鉴》，商务印书馆，1948，第 184 页。

②　国民政府教育部教育年鉴编纂委员会编《第二次中国教育年鉴》，商务印书馆，1948，第 179 页。

③　邻水县文教局：《邻水县教育文化志》，1996，第 34 页。

④　邻水县文教局：《邻水县教育文化志》，1996，第 37 页。

达到"村村有小学"的程度。

国民政府对于普及小学教育，并未一味地采取正规化策略，也主张以多种形式普及教育。如1935年国民政府行政院修正通过《实施义务教育暂行办法大纲》，其第五条规定："义务教育之施行，除办理短期小学外，并应施行左列（下列）各事项。一、推广初级小学。二、充实原有学级之学额。三、厉行二部制。四、改良私塾。五、试行巡回教育。"① 1937年6月1日，国民政府教育部发布《实施二部制教学办法》及《实施巡回教学办法》，提出："厉行二部制、试行巡回教学及改良私塾，对于义务教育之推进至关重要。""凡人口较为密集之区域，所有短期小学、简易小学及普通小学低年级，不能容纳就学儿童时，以采用二部编制为原则。""各地方有下列情形之一者，得在二个以上之地点设置巡回教学班，由一个教员巡回施教。（一）区域辽阔、村落星散、交通不便、儿童不易集中者；（二）地方贫瘠、人口稀疏、无力设置学校者；（三）附近学校学额已满、无力扩充，失学儿童未能尽量容纳者；（四）儿童因交通及生活或职业关系，不能全日或半日就学者。"② 但是由于政局动荡，教育投入不足，民国时期县域内小学教育普及的程度不高。

在传统社会里，县域范围内负责启蒙的机构是私塾，私塾曾广泛分布于县域各村落，清末民国时期在推行新式小学的同时，对传统的私塾进行改良，开办师范讲习所对塾师加以培训，发给塾师各科用书，以期改良。民国时期，对私塾的办理采取一系列限制性的办法，如对塾师的素质优劣进行甄别，对私塾的办学条件做出要求，对影响公立小学招生的私塾加以限制。如1931年《乡村小学充实儿童学额办法》指出："乡村小学学额不足时，其附近一公里内，不得另设招收九周

---

① 国民政府教育部编《教育法令汇编》（第一辑），商务印书馆，1936，第297页。

② 国民政府教育部教育年鉴编纂委员会编《第二次中国教育年鉴》，商务印书馆，1948，第181页。

岁以上儿童之私塾。其有设塾影响于学校招生时，得由校长呈请主管教育行政机关勒令停闭之。"① 又如 1936 年《湖北省各县改良私塾暂行办法》规定，"凡距公私立小学二里以内或附近所设学校足资容纳当地之学龄儿童者，不得设立私塾"。且对私塾的办学条件提出要求，规定"塾舍以房屋敞爽、空气流通、阳光充足为适宜"，"私塾设备最低限度应具备下列各项：总理遗像遗嘱、黑板、讲桌讲椅"②。但由于部分地区新式学校布局尚未通达，私塾发展并未受到影响，反而规模有所扩张。如湖北省公安县私塾虽经多次改良，但数量并未减少，1927 年私塾有 186 所，学生达 4092 人；到 1934 年私塾有 262 所，学生达 5764 人；新中国成立前夕，私塾有 346 所，学生达 6938 人；1950 年全县仍有私塾 450 多所。③

二　乡村师范学校分布较为普遍

清末民国时期为了迅速普及小学教育，比较重视初级师范学堂或师范学校，县域内师范教育机构较为普遍，但其设置并不稳定。如清末 1904 年的《奏定初级师范学堂章程》规定："初级师范学堂为小学教育普及之基，须限定每州、县必设一所。惟此时初办，可先于省城暂设一所；俟各省城优级师范学堂毕业有人，再于各州、县以次添设。"④ 中华民国成立后，初级师范学堂改为师范学校，规定师范学校为省立，县基于特殊原因也可设立县立师范学校。师范学校以培养高等小学和初等小学教员为目标，等级相当于中学，招收高小毕业生。

---

① 中央教育科学研究所教育史研究室：《中华民国教育法规选编（1912~1949）》，江苏教育出版社，1990，第 218 页。

② 中国第二历史档案馆编《中华民国史档案资料汇编》（第五辑第一编 教育），江苏古籍出版社，1994，第 676~677 页。

③ 公安县志编纂委员会编《公安县志》，汉语大词典出版社，1990，第 475 页。

④ 璩鑫圭、唐良炎编《中国近代教育史资料汇编：学制演变》，上海教育出版社，2007，第 403 页。

在清末民初时期，师范学校数量较为稀少，多数初级师范学堂或师范学校设于大城市或大的县域（相当于现在的地级市），在一般的县域，师范学校的设置较少。

20 世纪 30 年代，在乡村师范教育运动的推动下，师范学校的布局逐渐由大城市向县域范围内转移。鉴于普及教育的需要与国民党控制乡村的需要，国民政府对师范教育下乡持积极倡导的态度。"国民政府寻求更加深入地渗透地方社会，于是，扩大由各级政府管理和监督的地方师范学校就成为国民政府深入地方社会的重要渠道。"[①] 1928年国民政府通过的《整理学校系统案》（"戊辰学制"）提出"为补充乡村小学教员之不足，得酌设乡村师范学校"[②]。由此，乡村师范学校获得了在师范教育体系中的合法地位。在此背景下，乡村师范学校大为发展，如四川省在 1931 年颁布《扩充乡村师范学校办法》，规定："乡村师范学校以每县单独设立一所为原则，但贫瘠县分财力不足，得联合邻县共同设立，或暂于县立中小学内附设。"[③] 此后，又提出不能设立乡村师范学校的县可以设立简易师范学校。如 1932 年《师范学校规程》明确提出："以养成乡村小学师资为主旨之师范学校，得称乡村师范学校。" 又提出："各地方为急需造就义务教育师资起见，得设简易师范学校或于师范学校及公立初级中学内附设简易师范科。"[④] 在国家倡导乡村师范学校和简易师范学校设立的背景下，县域内师范学校发展较为迅速。1931 年，全国有包括乡村师范学校和简易

[①]　丛小平：《师范学校与中国的现代化——民族国家的形成与社会转型：1897～1937》，商务印书馆，2014，第 202 页。

[②]　李友芝、李春年、柳传欣、葛嘉训编《中国近现代师范教育史资料》（第二册），内部资料，1983，第 653 页。

[③]　国民政府教育部编《第一次中国教育年鉴》（乙编 教育法规），开明书店，1934，第 177 页。

[④]　李友芝、李春年、柳传欣、葛嘉训编《中国近现代师范教育史资料》（第二册），内部资料，1983，第 327 页。

师范学校在内的中等师范学校 867 所，抗战开始后，中等师范学校数量有所下滑，到 1945 年全国有中等师范学校 770 所。[①] 在一些省，县域师范学校分布较为广泛，比如四川在 1947 年有师范学校 102 所，[②] 当时四川有 139 个县，可见大多数县办有师范学校。当然，四川因处于大后方，情况要好一些。整体来看，20 世纪 30 年代，在乡村师范教育运动的推动下，全国各地乡村师范学校的设立较为普遍，包括乡村师范学校和简易师范学校在内的中等师范学校成为县域教育的重要组成部分，在当时县域普通中学稀缺的年代里，中等师范学校填补了县域中等教育的空白，中等师范教育在一定程度上成为一县最高层次的教育，为县域初等教育的普及和社会的整体发展做出了重要的贡献。

三　县域普通中学较为稀少

中学是初等教育和高等教育的中间环节，从清末学制的最初设计看，中学一般由府治所在地设立，同时鼓励州县设立。但是受县域经济和社会发展的限制，在整个清末民国时期，普通中学在县域范围内的分布较为稀少。

1902 年《钦定中学堂章程》规定："中学堂之设，使诸生于高等小学卒业后而加深其程度，增添其科目，俾肆力于普通学之高深者，为高等专门之始基。"在学校布局上提出"今定府治所设学堂为中学堂"，并特别说明道："中、小学堂原不以府县而分，如州、县治亦可立中学堂，府治亦可立小学堂。但目前官立诸学堂，先就府治设一中

---

① 国民政府教育部教育年鉴编纂委员会编《第二次中国教育年鉴》，商务印书馆，1948，第 1429~1430 页。

② 国民政府教育部教育年鉴编纂委员会编《第二次中国教育年鉴》，商务印书馆，1948，第 967 页。

学堂，州、县治设一小学堂，以为绅民设立之模范。"① 1904 年《奏定中学堂章程》基本延续了《钦定中学堂章程》的内容，对中学堂的布局做出规定："中学堂定章各府必设一所，如能州、县皆设一所最善。惟此初办不易，须先就府治或直隶州治由官筹费设一中学堂，以为模范，名为官立中学。其余各州、县治可量力酌办，如能设立者听。"② 由此可以看出，清政府认为当时中学堂一般应设在府治所在地。清朝的府相当于现在的地级市，也就是每市至少要设立一所中学。县域内若能设立中学，当然最好不过。中华民国成立后颁布的《中学校令》也基本延续清末的规定。1912 年，北洋政府教育部公布《中学校令》，提出："中学校定为省立，由省行政长官规定地点及校数，报告教育总长。教育总长认为必要时，得命令该省增设中学校。"同时规定："各县于设立法令所定应设学校外尚有余力时，得依本令之规定，或一县或联合数县设立中学校，为县立中学校。"③ 受条件限制，一县难以独立办中学，因此，民国时期有不少数县联合在省城设立中学的情况。毛泽东同志在少年读书时期，也由于湘乡县无力兴办中学，而不得不在 1911 年读完湖南湘乡县立东山高等小学堂后，赴省城长沙就读于湘乡驻省中学，而这所湘乡县的中学于 1925 年才由长沙迁回湘乡。④

受到经济和社会发展的限制，在清末民国时期，虽然中等教育有所发展，但是县域内设立普通中学者少之又少。1928 年我国普通中学有 1339 所，到 1946 年增加到 4266 所，其中，初高合设中学 1603 所，单设高级中学 51 所、单设初级中学 2612 所；国立中学 30 所，省市立

---

① 璩鑫圭、唐良炎编《中国近代教育史资料汇编：学制演变》，上海教育出版社，2007，第 326 页。

② 璩鑫圭、唐良炎编《中国近代教育史资料汇编：学制演变》，上海教育出版社，2007，第 326 页。

③ 璩鑫圭、唐良炎编《中国近代教育史资料汇编：学制演变》，上海教育出版社，2007，第 669 页。

④ 湘乡县志编纂委员会编《湘乡县志》，湖南人民出版社，1993，第 768 页。

554 所，县市立 1528 所，私立 2080 所，海外侨民设立 74 所。[①] 但是，多数县是没有中等教育可言的。如吕梁山区的岚县，据《岚县志》记载，岚县在民国及以前没有中学校，学生高小毕业后大部分辍学，少数去太原等地求学。[②] 岚县家喻户晓的张民觉，从岚县普明高等小学毕业后赴太原就读中学，于 1929 年考入清华大学。当然，张民觉能够远赴省城太原就读，得益于其父亲，其时其父亲张辰在太原国民师范和育才馆任教。对于多数一般家庭的子弟来说，能够上完高等小学已经很不容易了。

民国时期县域内普通中学设立较少，还与政府压制县域办普通中学有关。民国中期，鉴于各地高小升学的需求突出，不少县试图设立中学以缓解高小升学压力。1931 年教育部发布命令："查我国兴学三十年，而社会生产落后，人民生计枯窘，日益加甚；其故盖由普通中学校向不注重职业教育……今日各地公私立中学之繁兴，内容标准之低下，皆缘此片面观察之误。故其学生一旦毕业之后，以无生产技能之训练，无由从事于各种职业，而又自视过高，不能如小学毕业生尚可择就一业，进退彷徨，莫之所适……自二十年度起，各县立中学应逐渐改组为职业学校，或乡村师范学校。"[③] 在这种情势下，不少新办的普通中学改制为职业学校或乡村师范学校。如重庆市石柱县（1913~1959 年为石砫县）在 1929 年创办了全县第一所中学——石砫县立中学，但是到 1931 年，停办、改建为石砫乡村师范学校。1935 年，鉴于县里小学毕业生增多，苦于没有中学可以升学，又试图将师范学校改办初中，但是与国民政府教育部限制设置普通中学的规定不符，由

---

① 国民政府教育部教育年鉴编纂委员会编《第二次中国教育年鉴》，商务印书馆，1948，第 1445 页。

② 康茂生主编《岚县志》，中国科学技术出版社，1991，第 449~456 页。

③ 国民政府教育部：《通令限制设立普通中学，增设职业学校，在普通中学中添设职业科或职业科目，县立初中应附设或改设乡村师范及职业科》，《教育部公报》第 3 卷第 13 期，1931 年，第 10~13 页。

此停办石砫乡村师范学校，将其改办为石砫县立初级农业学校。[①] 又如 1931 年山东诸城县立初级中学停招中学生，改招师范生，到 1933 年，待初中学生毕业后，学校改为诸城简易乡村师范学校。[②] 县域内缺少中等教育的问题在当时也引起一些学者的注意，如 1936 年童润之在《中华教育界》发表《提倡乡村中等教育的八大理由》，他提出："许多人以为乡村子弟不必入中学，如果升学只能进农业学校或乡村师范，普通中学是千万不能推广到乡村的，以免增加乡村的浮游分子。这种看法看似很合逻辑，但不合理。中等教育的机会应当开放于人人，中等教育的缺点固应矫正，但不能因为他有缺点，就把受此项教育的机会从乡村青年身上剥夺殆尽。而且实际上，尽管你把普通中学紧闭在城门之内，仅把少数农业学校及师范学校设在乡间，乡村青年仍有很多到城市里去受普通中等教育的。"[③]

四　县域学前教育几乎是空白

清末民国时期，学前教育在学制中附属于小学教育，由于小学教育尚发展困难，学前教育的普及就更为艰难了。清末在 1904 年的《奏定学堂章程》中提出在传统的育婴堂及敬节堂中附设蒙养院，以"保育教导三岁以上至七岁之儿童"，并规定："凡各省、府、厅、州、县以及极大市镇，现在均有育婴堂及敬节堂（即恤嫠堂），兹即于育婴、敬节二堂内附设蒙养院。"[④]

整个民国时期在学制中虽然提到了蒙养园（院）、幼稚园等，但

---

① 廖银禄：《石柱最早的中等师范学校》，载政协石柱土家族自治县委员会《文史资料》（第 3 辑），第 37 页。

② 诸城县教育志编纂办公室：《诸城县教育志（1840—1985）》，1986，第 271 页。

③ 童润之：《提倡乡村中等教育的八大理由》，《中华教育界》第 24 卷第 2 期，1936 年，第 1~10 页。

④ 璩鑫圭、唐良炎编《中国近代教育史资料汇编：学制演变》，上海教育出版社，2007，第 398 页。

是学前教育在学制中没有独立的地位，附设于小学教育部分。如 1912
年中华民国成立后，在《教育部公布学校系统令》中，并没有将幼稚
园设为一个单独的阶段，也没有专门的关于幼稚园的政令，只是在
《小学校令》中提出："蒙养园、盲哑学校及其他类于小学校之各种学
校，亦如前条第三项之规定。"这里将蒙养园作为小学看待。1922 年
颁布的《学校系统改革案》（"壬戌学制"）中，将蒙养园归入幼稚园，
将幼稚园列入初等教育中，指出："幼稚园收容六岁以下之儿童。"1928
年大学院颁布的《小学暂行条例》第三条规定"小学得附设幼稚园"。
1932 年 12 月 24 日国民政府颁布《小学法》，其中第十条规定："小学
得附设幼稚园。"可见，国民政府在推动小学教育普及的过程中，亦
比较重视幼稚园的配备。1943 年国民政府教育部颁布《幼稚园设置办
法》，规定幼稚园附设于国民学校、中心学校或小学，也可单独设置；
其由市县政府视地方需要及经济能力设置，但各级师资训练机关及私
人亦可设置。由于县域范围内民众多以农业为生，小学尚难普及，民
众对幼稚园的需求就更少了。民国时期一些县域小学曾附设有幼稚园，
但多数县域学前教育基本是空白。整个民国时期幼稚园成立数量有限，
据统计，1946 年全国幼稚园仅有 1301 所，其中单独设置的幼稚园有
533 所，国民学校及小学附设者有 768 所；从设立者类型看，包括国
立的 4 所、省立的 67 所、县立的 753 所、私立的 354 所、海外侨民设
立的 123 所。[①] 多数县立幼稚园位于现在的省会及地级市辖区内，一
般的县域几乎没有学前教育可言。县域学前教育空白的填补是新中国
成立之后，甚至是 1958 年开始的"大跃进"期间的事了。

五　县域职业教育发展困难

中国传统教育对职业教育不够重视，历史上虽偶有创举，如宋朝

---

① 国民政府教育部教育年鉴编纂委员会编《第二次中国教育年鉴》，商务印书馆，1948，
第 1464 页。

胡瑗的"苏湖教法"中有"治事斋"之设，清朝颜元讲求实学，但总体而言，传统社会视职业教育所学技能为雕虫小技、奇技淫巧。清末在国外西艺、西学传播的影响，我国开始重视"实业教育"。1904年《奏定实业学堂通则》提出："实业学堂所以振兴农工商各项实业，为富国裕民之本计；其学专求实际，不尚空谈，行之最为无弊，而小试则有小效，大试则有大效，尤为确实可凭。近来各国提倡实业教育，汲汲不遑，独中国农工商各业故步自封，永无进境，则以实业教育不讲故也。今查照外国各项实业学堂章程课目，参酌变通，别加编订。听各省审择其宜，亟图兴建。"[1] 1906年《学部奏请宣示教育宗旨折》将"尚实"作为教育宗旨之重要部分。清末实业学堂分为三等：高等、中等和初等。高等实业学堂相当于高等学堂，中等实业学堂相当于中等学堂，初等实业学堂相当于高等小学堂，招收初等小学堂毕业生。县域内一般设初等实业学堂。中华民国成立后，实业教育事实上也分为三等：专门学校、甲种实业学校和乙种实业学校。专门学校相当于清末的高等实业学堂，甲种实业学校相当于中等实业学堂，乙种实业学校相当于初等实业学堂。1913年颁布《实业学校令》，提出："县及城镇、乡或农工商会，得设立乙种实业学校，亦得酌量情形设立甲种实业学校。"而乙种实业学校的入学资格为初等小学毕业或有同等学力。[2] 20世纪20年代，江苏省各县举办乙种农业学校20所、乙种工业学校10所、乙种商业学校33所，但是由于经费筹集困难、设备简陋，大多没有显著成效。[3] 1931年，鉴于普通中学毕业生升学困难且无一技之长，教育部曾下令限制县域普通中学的设置，要求各县立中学逐步改组为职业学校或乡村师范学校。为推动县域内职业教育的发

---

① 吉林职业师范学院教育教研室编《职业教育参考资料》（第3辑），1983，第33页。
② 璩鑫圭、唐良炎编《中国近代教育史资料汇编：学制演变》，上海教育出版社，2007，第732页。
③ 蒋维乔：《江苏教育行政概况》，商务印书馆，1924，第46页。

展，1938 年教育部还专门颁布《创设县市初级实用职业学校实施办法》：
"教育部为谋养成实用技术人员，以解决一县人民食、住、行、日常生活必需之供给起见，设置各县初级实用职业学校。"① "学校之设置以与生产机关合作办理为原则，如某项职业尚无具有规模之生产机关，应与当地从事该业者，联络办理。"② 到 1946 年，全国有职业学校 724所，其中初高级合设职业学校 167 所，高级职业学校 286 所，初级职业学校 271 所；国立 32 所，省市立 256 所，县市立 172 所，私立 260所，海外侨民设立 4 所。③ 可见，到民国后期，一些县设有公私立职业学校，但多数县职业教育的发展尚处于空白状态。

六　因抗战机缘个别县域高等教育一度有所发展

千百年来，受封建礼制等级的约束，"大学"属于国学，是王者之学，只能设于帝都所在地，其他地方的学校属于"乡学"，自然不能与国之"大学"同日而语。因此，《钦定京师大学堂章程》提出全国仅设京师大学堂一所大学堂于北京，以表率中国，"为全学之纲领"，其他各省地方大学堂均不能称"大学"，而应改为"高等学堂"。正如《国立东南大学缘起》中所讲的，"吾国初设学校，囿于古者家塾、党庠、州序、乡校、国学之阶级，仅仅置一北京大学。若北洋大学，若山西大学，则以特别关系而立"④。中华民国成立后，受蔡元培学术分治思想的影响，大学设置较为严格，直到 1920 年，我国公立大

---

① 中国第二历史档案馆编《中华民国史档案资料汇编》［第五辑第二编 教育（一）］，江苏古籍出版社，1997，第 649 页。

② 中国第二历史档案馆编《中华民国史档案资料汇编》［第五辑第二编 教育（一）］，江苏古籍出版社，1997，第 650 页。

③ 国民政府教育部教育年鉴编纂委员会编《第二次中国教育年鉴》，商务印书馆，1948，第 1445 页。

④ 《国立东南大学缘起》，载《南大百年实录》编辑组编《南大百年实录》（上卷），南京大学出版社，2002，第 99 页。

学仅有北京大学、北洋大学和山西大学三所。1922 年"壬戌学制"放宽大学设置标准后，我国大学的设置开始从首都走向地方，地方省域内掀起了"大学热"，普遍设立了地方性大学，大学的布局下移至省会城市。① 当然在民国时期，也有部分实业家在自己的家乡创办了大学，比如 1921 年陈嘉庚先生在福建同安县（今厦门市）创办厦门大学，江苏南通实业家张謇之子——张孝若于 1928 年合并 3 所学校创办私立南通大学。但这些县在目前看来至少相当于地级市，对于普通的县域而言，大学的布局是遥不可及的。

　　抗战时期，由于战时东部高等教育向中西部迁移，为了避战需要，不少高校迁到县域内办学，使得部分县域有了大学办学的痕迹。如浙江大学初迁浙江建德县（今建德市），再迁江西吉安县和泰和县，三迁广西宜山县（今宜州区），最后迁贵州湄潭县。厦门大学曾内迁福建长汀县办学。西南联合大学文学院、法商学院曾迁云南蒙自县（今蒙自市），1940 年，由于日本侵略军侵占越南，云南成为前线，西南联大又在四川叙永县创办了分校。山西的铭贤学堂曾迁四川金堂县办学。东北大学曾内迁四川三台县办学。武汉大学曾内迁四川乐山县（位于今乐山市）。中山大学曾西迁云南澄江县（今澄江市），1940 年，又从云南澄江迁往广东省北部的乐昌县（今乐昌市）。私立武昌华中大学曾内迁云南大理县（位于今大理市）。同济大学曾迁南溪县李庄镇（今翠屏区李庄镇）办学。西北联合大学曾迁陕西城固县办学。国立师范学院最初在湖南省安化县设校，后因抗日战争于 1944 年迁至溆浦县。1940 年，国民政府在江西泰和县杏岭村成立国立中正大学。四川大学也曾一度南迁峨眉县（今峨眉山市）办学。山西大学曾南迁陕西三原县办学。湖南大学曾迁往辰溪县办学……抗战时期，特

---

① 刘秀峰：《论清末民初地方的"大学荒"与"大学梦"的实现》，《教育与教学研究》2021 年第 6 期，第 19~29 页。

殊的缘由使得部分大学在县域办学。抗战结束后，这些大学纷纷迁回原来的城市，但这段历史给县域留下了许多人文传说。

经过前面的论述可以看出，在新中国成立前县域内学校布局以初等教育为主。在县城和一些大的乡镇设置有高等小学，在乡镇和部分村落设置有初等小学。一些县域设置有中等师范学校、初级职业学校等。学前教育、普通中学、高等教育、专门教育等在县域内基本处于空白状态。县域内教育普及的广度和深度都不太够，导致农村充斥着大量文盲。虽然民国时期县域教育发展有很大的进展，但是正如田正平先生所言，"无论如何，对民国时期中国教育早期现代化的成就都不宜估计过高"[①]。

第二节 中国共产党革命根据地学校布局的基本经验

中国共产党作为工人阶级的先锋队，将农民作为其忠实的依靠和天然的同盟军，因此，中国共产党自成立之日起就十分重视农村教育，重视农村的教育普及问题，将其置于重要位置。早在 1922 年，《中国共产党第二次代表大会宣言》就提出"中国三万万的农民，乃是革命运动中的最大要素"，并将"改良教育制度，实行教育普及"作为中国共产党的奋斗目标之一。[②] 我国从清末就开始普及教育，但是由于不切合农村的实际和农民的需要，学校并不被农民所接纳，农村教育普及寸步难行。延安时期是中国共产党革命根据地政局相对稳固和思想走向成熟的一个时期，这一时期中国共产党根据革命根据地的实际情况，对根据地学校布局上的旧型正规化趋向进行了批判，形成了为

① 田正平：《关于民国教育的若干思考》，《教育学报》2016 年第 4 期，第 102~111 页。
② 《中国共产党第二次全国代表大会档案文献选编》，中共党史出版社，2014，第 8~9 页。

了群众、依靠群众的非正规化的学校布局思想，概括起来主要有以下几点。

一　批判旧型正规化，主张采用多种形式办学

陕甘宁革命根据地（陕甘宁边区）曾一度出现不顾实际推动教育正规化的倾向，阻碍了当时边区教育的发展。1938 年以后，随着局势的稳定，陕甘宁边区逐渐建立教育机构，形成教育行政体系。同时，大批知识分子来到延安，给陕甘宁边区教育带来了活力，也将国统区的教育思想带入了边区教育实践中。周扬担任陕甘宁边区教育厅厅长之后，提出重视教育质量的方针，陕甘宁边区教育出现了正规化的倾向。例如，1938 年 4 月，陕甘宁边区教育厅在《关于改进与发展小学的指示》中提出"我们今年要特别着重质量的改善，以改善质量为小学的中心一环，把扩充数量的工作，围绕在这一环的周围去进行"，并提出要增加小学学生数到 20 名以上、统一教材、统一课程与作业。① 同时，边区开始强调教育质量的改善。1938 年，陕甘宁边区教育厅公布了《陕甘宁边区小学法》和《陕甘宁边区小学规程》，使正规化有了立法根据。1938 年 8 月，陕甘宁边区教育厅在《边区各县半年来国防教育工作总结》中提出"要把学校质量提更高些"，"要利用各种可能的环境，使学校建设走上正规化的道路，克服过去残留下来的一切游击主义的作风。一切学校都要在国防教育的总的原则方针之下依照小学法与小学规程办理"②。由此，其明确提出要走正规化道路。所谓正规化，就是在学校的设置、规模、课程、教材、设备、考试和升留级制度、作息时间等方面强制要求标准化，整齐划一。1940

---

① 甘肃省社会科学院历史研究室编《陕甘宁革命根据地史料选辑》（第四辑），甘肃人民出版社，1985，第 61 页。

② 甘肃省社会科学院历史研究所编《陕甘宁革命根据地史料选辑》（第四辑），甘肃人民出版社，1985，第 91 页。

年 8 月 13 日到 9 月 2 日召开的第三次第三科科长会议上确立了三项原则：注意质量，不单求数量；集中力量，不平分力量；注重经常性，不要求突击。[①] 1941 年秋，陕甘宁边区教育厅针对小学教育规模扩张而教育质量下降的问题，决定从 1942 年起对小学进行整顿。整顿的办法如下。现任教员审查后按及格教育人数多少，决定全县设立学校的数目；一般小学要具备必要条件，才能设置。其条件是：到校学生在 25 人以上，有单独的教室、宿舍、教员住室、游戏场所，有黑板和足够的课桌凳，办公费、书报的购置费用要在原来的标准上提高一倍，有伙夫；中心小学配备两名以上好教员，对附近小学起推动作用。不具备上述条件的学校应停办，彼此间距离在 2.5 公里以内的小学校，尽可能实行合并（教员、学生一齐合并），以提高教育效率。[②]

革命根据地整顿小学、推进正规化的运动，导致革命根据地出现大规模的学校合并，学校数量减少，学校布局集中化。1941 年秋，陕甘宁革命根据地有小学校 1195 所，1942 年春经过整顿、合并后，剩下 723 所，减少 472 所，比原有学校数减少 39.5%；原有小学生 38366 人，合并后共有 30845 人，减少 7521 人，比原有小学生数减少 19.6%。[③] 学校裁并了，但质量并无显著提高。并校以后，要求学生住校起伙，不但增加了家长的负担，还妨碍了学生帮助家里生产。有的学生逐渐产生了脱离群众、轻视劳动的思想，使群众对学校教育更加不满，不愿让孩子上学。于是，出现了在动员学生入学遇到阻力时甚至采用强迫手段的现象。[④]

1942 年整风运动的开展使边区教育正规化的思想与实践得到遏

① 陕西师范大学教育研究所编《陕甘宁边区教育资料：教育方针政策部分》（上），教育科学出版社，1981，第 124 页。
② 陈桂生：《中国革命根据地教育史》（中），华东师范大学出版社，2016，第 74 页。
③ 陈桂生：《中国革命根据地教育史》（中），华东师范大学出版社，2016，第 75 页。
④ 任钟印著，杨汉麟编《东西方教育的覃思》，人民教育出版社，2017，第 212 页。

制。随着整风运动推向基层，边区对脱离实际、带有"主观主义"色彩的"教育正规化"倾向进行了批判。1942年周扬在《艺术教育的改造问题》中进行自我检讨与批评时提到："为克服抗战初期延安学校的游击作风，我们不知不觉地反而把那个时期由于受战争风暴的第一阵冲击，理论与实际密切结合的精神也给克服掉了。那时候的教育，不管有多少游击作风，在其基本精神与方法上是新教育的雏形。正规化的开端伴随了教育上主观主义教条主义的兴旺，不是偶然的巧合。我们的正规化是建立在'学习第一'上面的，而不是建立在理论与实际，所学与所用的联系上。这就给了资产阶级思想的影响在我们教育上增长的机会。对于专门化，我们着重的也仅只是技巧上的成就，和书本知识的累积。我们没有把共产主义观念和实际工作能力当作专门人才必备的条件，而且坚决地向这个方向来培养人才。"①

整风运动后，根据地扭转正规化的趋向，提出从群众的需要和意愿出发来办学校，采用多种形式办学，满足群众受教育的需求。"既然根据地群众的生活基础是家庭和农村，我们的群众教育，无论是对儿童、对成人、对妇女，就应该时时刻刻照顾到家庭和农村，家庭生活、农村生活中所实际需要的知识，就应该成为教育的主要内容或全部内容。适合家庭生活、农村生活情况的学习形式如村学、识字组以至传习生产技术的学徒制度等，就应该部分地或全部地代替现有的小学的地位。"② 革命根据地采取多种形式来办学。例如，大力开展冬学运动，利用冬季农闲开展教育活动；创办巡回学校，由一个教员轮流到各村教课，学生不离本村，各村选举有威望的热心教育的学董负责学校经常性的管理工作；对于传统的农村私塾也没有一味进行撤销，而是予以保留并进行改造。"有群众自己办、自己管、自己教的；有

---

① 《延安文艺丛书》编委会编《延安文艺丛书》（第一卷 文艺理论卷），湖南人民出版社，1984，第824页。

② 教育科学研究所筹备处编《老解放区教育资料选编》，人民教育出版社，1979，第14页。

由群众中积极分子倡议和发动，经过政府积极领导，得到公家机关帮助而成立的；有在识字班的基础上创办的；有新形式的巡回学校；有旧式轮学和家庭学校。"① 对于学制和内容，革命根据地学校也不做统一的要求，强调要尊重群众的意见，按照群众的需要而定，不定年限，学到能写会算就可以毕业，不死板地分班次，而是根据各种对象的具体情况来划分小组。不机械、主观地规定上课时间，而是根据当地群众情况，根据他们的生产情形来定上课时间和放假时间，如在农闲时上课，农忙时放假。对于课程科目，可根据群众的要求，废除暂时不急需的科目，增加群众要求开设的识字、写信、记账、珠算等科目。

二　反对集中化办学，主张分散办学

中国共产党所处的革命根据地多在农村地区，地形复杂，交通不便，人口稀少。在当时的情形下，要求集中办学、正规化办学，过度强调教育的质量，只会让农民群众望而却步，让很多农民子弟失学，挫伤农民群众接受教育的积极性。1940年陕甘宁边区的正规化整顿、学校合并，导致学校距离学生家庭过远，儿童入学不方便。原以为集中办学可以提高教学质量、可以稳住学生，结果适得其反，学校越集中，学生的流动性越大，也越发引起农民的不满。"1939年到1943年，教育工作走了偏向，表现在形式上，所谓要正规化，主张重质不重量，把一些学校合并，未注意到边区是农村分散的环境，村与村之间相隔很远，而每一村的人口也很少，从十几户到几十户不等，要求学生离开家庭，在校起灶，不但不能使群众普遍入学，反而加重了群众的负担，自然会引起群众不满，认为上学是一件苦事，甚至学生要政府去动员。"② 毛泽东在1944年题为"关于陕甘宁边区的文化教育

---

① 教育科学研究所筹备处编《老解放区教育资料选编》，人民教育出版社，1979，第265页。

② 教育科学研究所筹备处编《老解放区教育资料选编》，人民教育出版社，1979，第263页。

问题"的讲话中也对当时的集中化办学提出了批评："一个乡只办一个小学，学生读书要走几十里路，很不方便……在乡村里，一个村办一个小学是比较方便的。如果一个乡办一个小学，娃娃读书要寄宿，寄宿要交粮食，在家里吃饭六七斗便够了，交学校要一石三斗，学的尽是些九州万国，不从农民的实际需要出发，又有变成公家人的危险，这是不妥当的。"①

因此，陕甘宁边区在整风运动中提出以村庄为单位进行学校布局，方便学生就学，使教育易于普及："今天的边区还是农业为主的经济，还是地广人稀，村庄分散，劳动力不足的条件。在这样基础和这种条件之上，群众文教工作宜于分散经营，以村庄为单位，以村庄的形式出现（如村学、村的识字组、读报组、卫生组……），才为群众乐于接受，才易于普及。"②

三　反对政府包下来，主张民办公助

革命根据地经济条件差，又处在战争环境中，边区政府有限的物力、财力、人力难以大量投入教育中。同时，根据地群众在政治上、经济上翻了身，这激发了其受教育的愿望。为了解决这种矛盾，根据地一直强调依靠群众办学，但是受教条主义和教育旧型正规化思想的干扰，依靠群众办学的苏区教育传统有所丢失。整风运动后，边区政府开始反对正规化，倡导群众办学，不再推行义务教育制度，恢复原来的劝学方式。毛泽东认为："过去有的小学办得不好，群众不欢迎，我们硬要办，这是命令主义。"③ 1944 年 4 月，陕甘宁边区政府发出《关于提倡小学民办公助的指示》，主张依靠群众，采用多种形式办学。"我们只知道政府来办学校，而不知道真正发动群众力量，根据

①　《毛泽东文集》（第三卷），人民出版社，1996，第 113~114 页。

②　教育科学研究所筹备处编《老解放区教育资料选编》，人民教育出版社，1979，第 32 页。

③　《毛泽东文集》（第三卷），人民出版社，1996，第 113 页。

群众的意志来办群众自己的学校，由群众来决定学校的形式与内容。"
"现在我们应该来一个大的转变，把大多数的甚至全部的小学交给地方群众自己办，政府则在物质上予以补助，在方针上加以指导。在这个方针之下，将来应做到每村都有一个民办的村学，在村学的协助下来办冬学、夜学、识字组，以达扫除全边区文盲的目的。"① 在提倡群众办学的政策鼓励下，陕甘宁边区民办学校发展迅速。到 1944 年 10 月，全区共有民办小学 555 所，陕甘宁边区文教大会正式确定民办公助方针。到 1945 年，民办小学发展到 1957 所，学生的人数达到 16800 余名。②

四　群众路线是延安时期中国共产党学校布局思想的精髓

群众路线是中国共产党的生命线和根本工作路线，也是中国共产党治理教育的根本理念。革命根据地学校的布局思想就充分体现和反映了群众路线，群众路线是延安时期中国共产党学校布局思想的精髓。群众路线要求学校布局要考虑农民的需要，为了人民群众，依靠人民群众。

革命根据地时期的教育正规化倾向，正是因为不顾根据地实际和农民需要，照搬国统区教育布局模式，才使得教育普及与发展受到挫折。在 1944 年，《根据地普通教育的改革问题》批判了当时根据地所盛行的"新教育"，认为"现在的所谓新教育……是大城市的产物，不合于农村的需要（更不必说像陕甘宁、晋西北这样地广人稀的农村）；这些却是无可争辩的。我们是在中国，在民主根据地，在战时，在农村，抄袭这套制度课程办法，就毫无出路"③。只有坚持群众路线，才能真正做到实事求是，避免教条主义。"中国教育的改革运动，

---

①　教育科学研究所筹备处编《老解放区教育资料选编》，人民教育出版社，1979，第 261 页。

②　陈元晖主编《老解放区教育简史》，教育科学出版社，1982，第 109 页。

③　教育科学研究所筹备处编《老解放区教育资料选编》，人民教育出版社，1979，第 13 页。

几十年没有成功，其决定性的原因就是没有一个全国范围的民主政治，教育当局不能尊重人民群众的需要。但我们这个问题是解决了的，我们过去没有做好的地方，不是政治问题而是思想问题。只要我们从教条主义的思想方法中彻底解放出来，从旧的一套制度课程办法中彻底解放出来，从人民群众的实际出发，就一定能够达到我们的目的。"[1] 中国共产党找到了在我国普及教育的正确道路，即为了群众、依靠群众的群众路线。中国共产党坚信只有通过群众运动的形式，普及教育才能实现。"所谓扫除文盲，所谓普及教育，所谓大众文艺，所谓国民卫生，离开了三亿六千万农民，岂非大半成了空话？"[2]

中国共产党根据革命根据地特殊的时空环境，批判在学校布局上的正规化偏向，坚持为了群众、依靠群众的学校布局原则，采用分散型、灵活型的学校布局策略，满足了农民上学和求学的需求。革命根据地时期中国共产党对农村学校布局的探索，为取得革命的胜利提供了坚强的保障，同时也为新中国成立后中国共产党农村教育治理的开展提供了经验和模式。

本章小结

清末民国时期是我国传统教育向现代教育转型的一个时期，这一时期我国县域内学校布局从办学形式上看，开始从传统的私塾、书院转型为初等小学、高等小学和中学，但是由于现代新学在农村不受欢迎，传统的私塾在农村地区仍很盛行，现代学校向农村地区的延伸较为缓慢；从办学类型上看，县域内学校教育基本被限定在中等教育之内，多数地区高等小学即为一县之"最高学府"。但不少县域也办有

---

① 李桂林主编《中国现代教育史教学参考资料》，人民教育出版社，1987，第80页。
② 《毛泽东选集》（第三卷），人民出版社，1991，第1078页。

具有中等教育水平的乡村师范学校和初级职业学校；从空间分布上看，高等小学一般在县城和大的乡镇有所布局，初等小学一般在农村地区布局，但远没有形成"村村有小学"的分布格局；从办学体制上看，清末民国时期，县域内绝大多数学校属于政府办学，依靠政府拨款、地方税收、学田租谷和乡人捐赠等运行，除此之外，也有私人办学的类型，如传统的私塾与个人办私立学校。在革命根据地，中国共产党对农村学校的布局提出了一些新的思想，进行了一些新的改革，比如倡导办学形式的多样化、学校布局的分散化和办学体制上的民办公助。这些改革为新中国成立后县域内学校布局的推进提供了有益的经验。

第二章　以小学为重点有节制的学校 布局期（1949~1955年）

1949年10月中华人民共和国的成立，标志着我国社会发展进入新的纪元。在1949年9月21日召开的中国人民政治协商会议第一届全体会议上，毛泽东致了题为《中国人民站起来了》的开幕词，他指出："中国人被人认为不文明的时代已经过去了，我们将以一个具有高度文化的民族出现于世界。"① 新中国作为以工农联盟为基础的人民民主专政的国家，其教育当然不同于以往的代表大资产阶级、大地主利益的国民政府。新中国的教育必然要为广大的工农大众服务，在1949年底召开的第一次全国教育工作会议上，时任教育部部长马叙伦的开幕词阐述得更为明确："由于我们的国家是以工农联盟为基础的人民民主专政的国家，因此我们的教育也应该以工农为主体，应该特别着重于工农大众的文化教育、政治教育和技术教育。因此除了我们的社会教育毫无疑义地应以工农为主体外，我们的小学校应该多多吸收工农的子女，我们的中学校和大学校，也应该有计划有步骤地为工农青年大大开门，以期大量地培养工农出身的新型的知识分子，作为我们国家建设的新的坚强骨干。"② 因此，普及教育和为工农开门就成

---

① 《毛泽东外交文选》，中央文献出版社，1994，第115页。

② 何东昌主编《中华人民共和国重要教育文献（1949~1997）》，海南出版社，1998，第6页。

为县域教育布局的指导方针，县域教育从此打开了新的发展局面。同时，随着土改运动在农村的开展，以往国家权力一直无法向乡村延伸的状况发生了改变，"以土地改革为开端的共产党乡村社会变革，从根本上改变了这种状况，通过群众运动将乡村社会的绝大多数成员直接纳入国家权力体系，形成了广泛的组织网络并全面而有效地控制了乡村社会，使国家权力第一次实现了真正意义上的乡村社会治理"[①]。这样，中国共产党有了更加有力的组织体系来推进农村教育的普及与发展，彻底改变了以往农村普及教育效果不佳的状况。

从 1949 年新中国成立到 1955 年，县域内学校布局呈现出以小学教育为重点、由县城向农村扩张的趋向，以实现"村村有小学"的愿景。县域内学校布局的发展历程大致分为两个阶段。第一阶段是从 1949 年中华人民共和国成立到 1952 年末，其间结合土地改革，农民办教育的热情被点燃，县域内学校数量大幅增长。第二阶段是从 1953 年"一五"计划开始实行到 1955 年底，这一阶段，我国开始注重教育质量，对学校教育进行整顿，县域内学校数量的增长开始放缓。

第一节　县域内小学从快速发展到整顿提高

"幼有所育、学有所教"是我国人民群众由来已久的愿望，为实现这一愿望，1949 年 9 月通过的《中国人民政治协商会议共同纲领》就已提出"有计划有步骤地实行普及教育"。1951 年 8 月，教育部召开的第一次全国初等教育及师范教育会议对普及小学教育的进程进行了部署，提出在 1952~1957 年，争取全国平均有 80% 的学龄儿童入学；从 1952 年开始，争取 10 年内基本上普及小学教育。[②] 在这种背景

---

① 李里峰：《土改整党中的精英监控与乡村治理》，《中国研究》2005 年第 2 期。

② 中央教育科学研究所编《中华人民共和国教育大事记（1949—1982）》，教育科学出版社，1983，第 46 页。

下，新中国成立后县域内教育，特别是小学教育得到快速发展。

一 对县域内私立学校的接管与改造

县域内私立学校主要包括外国教会办的教会学校、地方人士创办的私立学校以及私塾等。新中国成立后对私立学校采取了分而治之的办法，采用先国外后国内的策略，先接办教会办的学校，后接办本地私人创办的学校。教会学校在我国分布较为广泛，除大城市外，不少县域均有教会学校分布，比如安徽省歙县的崇一学堂、怀远县的私立淮西中学等。抗美援朝战争爆发后，我国于1951年1月发出《关于处理接受美国津贴的教会学校及其他教育机关的指示》，开始对教会办的私立学校进行大规模接收，到1952年这些教会学校基本被接办并改为公立学校。

对于本地资本家创办的私立学校，我国最先采取"管而不接""积极维持"的办法。在国民经济的恢复时期，我国要争取各方面积极的力量，强调"不要四面出击"，"民族资产阶级将来要消灭的，但是现在要把他们团结在我们的身边，不要把他们推开"①。因此，对民族资产阶级等国人自办的私立学校最先采取"积极维持"的办法。国人自己举办的私立学校由原来的机构主持校务，政府帮它们整顿改造，适当解决学校的困难。1949年12月的第一次全国教育工作会议提出："对中国人办的私立学校，一般采取保护维持、加强领导、逐步改造的方针。"县级政府对县域范围内的私立学校进行了改造与扶持，并未直接予以接收和改制。到了1952年，随着公私合营的深入推进和"五反"运动的开展，传统的民族工商业的利益受到很大影响，新中国成立之初国民经济"公私兼顾"的局面开始发生变化，民族工商业向着公有制的方向发展。因此，从1952年开始，我国对私立学校进行

---

① 《毛泽东文集》（第六卷），人民出版社，1999，第75页。

逐级接管。1952 年 6 月 14 日，毛泽东对中共北京市委的一份报告作了如下批示："如有可能，应全部接管私立中小学。"[①] 1952 年 9 月 10 日，教育部发出《关于接办私立中小学的指示》："为了进一步巩固与发展人民教育事业，以适应今后国家建设需要，本部已决定自 1952 年下半年至 1954 年，将全国私立中小学全部由政府接办，改为公立。"[②] 到 1956 年我国社会主义改造完成时，全国中小学私立学校基本接办完毕。社会主义教育也像社会主义改造后的生产资料所有制那样，不再"公私兼顾"，而是一律姓"公"。例如，浙江省泰顺县在 1954 年完成了所有私立小学的改造，学校全部转为国家办。但是，在接办私立学校的同时，没有对私立学校进行区别对待，对新中国成立后的民办学校也一并进行了接办，这在一定程度上压制了人民群众办学的积极性。1951 年，我国民办小学有 21.19 万所，到 1953 年私立学校接办完成后，民办小学学校数下降到 1.35 万所（见表 2-1）。

表 2-1　1949~1955 年我国民办小学发展情况

年份	民办小学学校数及其占比			民办小学在校生数及其占比		
	民办小学学校数（万所）	总数（万所）	占比（%）	民办小学在校生数（万人）	总数（万人）	占比（%）
1949	3.49	34.68	10.06	261.5	2439.1	10.7
1950	13.60	38.36	35.45	662.3	2892.4	22.9
1951	21.19	50.11	42.29	1426.1	4315.4	33.0
1952	2.22	52.70	4.21	246.8	5110.0	4.8
1953	1.35	51.21	2.64	149.5	5166.4	2.9
1954	2.37	50.61	4.68	195.6	5121.8	3.8
1955	3.21	50.41	6.37	257.6	5312.6	4.8

资料来源：《中国教育成就统计资料（1949—1983）》，人民教育出版社，1984。

[①]　《毛泽东书信选集》，中央文献出版社，2003，第 401 页。

[②]　何东昌主编《中华人民共和国重要教育文献（1949~1997）》，海南出版社，1998，第 164 页。

　　在对待传统私塾的问题上，新中国成立后将私塾视为封建教育的残留物，故其被逐步改造和取消。1950 年 4 月 11 日，教育部发出《关于私塾的指示》，要求各地政府积极管制和改造私塾。教育部指出，私塾在性质上属于封建教育的残留物，与新民主主义的教育方针相违背，因此，要从根本上解决私塾残留的问题，一方面，需要各地多创办新式小学，解决儿童入学难的问题；另一方面，应对现有的私塾进行适当的管制，逐步改造，使之变为新式小学。[①] 由此，各地对私塾进行改造和整顿，对符合私立学校办学要求的私塾，将其转为私立学校，对不符合要求的私塾予以停办。如湖北省公安县于 1950 年 7 月召开第一次塾师大会，对私塾进行整顿，强调私塾要切实做到"三废""三改"，即废除"四书""五经"，改用新课本；废除体罚，改行民主说服教育；废除旧礼节（指初一、十五、节日给老师送礼），改为定酬制。1951 年 3 月，县文教科在第二次塾师大会上决定，私塾逐步转为民办小学，划归学区统一领导。同年 9 月，选拔了一批塾师转为民办教师，其中优秀的转为公办教师，也慎重地淘汰了一些不适宜教学工作的人员。由此，公安县私塾不复存在。[②] 经过整顿，随着群众办学的迅速发展，全国农村私塾几近绝迹。

二　县域内小学教育规模的迅速扩张

　　土地改革推翻了实际控制农村的地主势力，增强了农民对新生政权的认同，极大地调动了农民群众革命和建设的积极性。"旧秩序已经被证明毫无力量，农民现在可以满怀信心地支持新制度。"[③] 广大农

---

① 吴修申：《新中国成立初期农村私塾的改造（1949—1952）》，《安徽史学》2014 年第 5 期，第 88 页。

② 公安县志编纂委员会编《公安县志》，汉语大词典出版社，1990，第 475 页。

③ 〔美〕R. 麦克法夸尔、〔美〕费正清：《剑桥中华人民共和国史》（上卷），俞金尧等译，中国社会科学出版社，1992，第 78 页。

民从政治上、经济上翻了身,迫切要求提高文化水平,自发献工献料办学。在新中国成立后国民经济恢复的 3 年时间里,我国县域内小学数量增长迅速,如山西省岚县,小学学校数由 1949 年的 40 所增长到 1952 年的 133 所,增长了两倍多。从全国看,小学学校数由 1949 年的 34.68 万所增长到 1952 年的 52.70 万所,增长幅度达 52%;在校生数由 1949 年的 2439.1 万人增长到 1952 年的 5110 万人,增长幅度为 109.5%(见表 2-2)。学校的布局也发生了一些变化,高小开始由县城向大一点的乡镇布局,而初小则由大村落向小村落布局。但是到 1953 年后,随着小学整顿的开始,小学的发展速度明显放缓。因此,到 1956 年,县域内学校布局还没有达到"村村有初小、乡乡有完小(同时设有初等和高等两部的小学)"的程度。如山西省岚县 1956 年有 20 个乡镇 300 多个自然村,而当时仅有高小 8 所、初小 159 所。由于完小并非每所乡镇都有,同时考虑到当时农村家庭的负担、农业生产对劳动力的需求和不便的交通条件(主要依靠步行),不少农村孩子在初小毕业后并不能升学到高小肄业。如据湖南省资兴市(县级)的《资兴市教育志》记载,1940 年后随着国民学校的大力发展,其初小升学率大约为 35%。新中国成立后随着高小的发展,初小升学率逐年上升,1953 年初小毕业生升入高小比例约为 50%,到 1956 年随着高小的逐年添设,初小的升学率上升到 86.8%。[①]

表 2-2　1949~1955 年全国小学发展情况

单位:万所,万人

年份	学校数			在校生数		
	初小	高小、完小	总数	初小	高小、完小	总数
1949	—	—	34.68	—	—	2439.1
1950	—	—	38.36	—	—	2892.4

---

① 资兴市教育委员会编《资兴市教育志》,1991,第 54 页。

续表

年份	学校数			在校生数		
	初小	高小、完小	总数	初小	高小、完小	总数
1951	44.32	5.79	50.11	3872.1	443.4	4315.4
1952	45.43	7.27	52.70	4493.6	616.5	5110.0
1953	43.52	7.69	51.21	4828.3	838.1	5166.4
1954	42.96	7.65	50.61	4207.0	914.7	5121.8
1955	42.27	8.14	50.41	4262.7	1050.0	5312.6

资料来源：根据《三十年全国教育统计资料（1949—1978 年）》第 188 页和《中国教育成就统计资料（1949—1983)》第 213 页整理。

三 对群众办学的鼓励与规范

在这一时期县域内小学教育的发展中，从办学体制上讲，除国家办学外，对群众办学的态度经历了由提倡、鼓励到规范的一个过程。

中国共产党有着丰富的农村工作经验，在农村教育的办学体制上，在革命根据地时期，中国共产党形成了依靠群众办学的经验。县域教育，尤其是农村教育要发展，在当时的背景下，单靠政府的力量是难以支撑的。因此，新中国成立后的一段时间内，县域内发展教育时，除了政府的力量，群众办学也是得到政府鼓励和支持的。1951 年 5 月，时任教育部部长马叙伦在政务院政务会议上作《关于 1950 年全国教育工作总结和 1951 年全国教育工作的方针和任务的报告》，指出：1950 年在农村实行鼓励群众办学的政策，大大提高了群众办学的积极性。该年民办小学在校生 662.3 万人，占全国小学在校生总数的 22.9%。1951 年 8 月，在第一次全国初等教育及师范教育会议上，时任教育部副部长韦悫在题为《巩固和发展新中国的初等教育和师范教育》的报告中提出"当前解决市、县初等教育经费问题的方针是由地方政府统筹与依靠群众办学相结合"，"各市、县人民政府应根据群众需要与自愿的原则，提倡群众办学。如发动群众出工、出料、出钱修建校舍、添置校具、解决公杂费开支、聘请教师等"①。

在土地改革运动的推动与国家积极的鼓励政策下，群众办学在新中国成立之初的3年中形成风气。如在安徽省肥东县，1950~1952年，广大农民通过土地改革运动，觉悟提高、生活改善，迫切要求在文化上翻身，普遍成立校董会，自筹基金、自聘教师，创办学校，使小学教育蓬勃发展。同时，绝大部分私塾并入了学校。至1952年秋，全县小学发展到468所，教职工增加到1934人，在校学生达57059人，学龄儿童入学率达52%。② 河南省栾川县在新中国成立初期，学校校舍简陋残缺，办学条件很差。全县有校舍2855间，全部校舍中90%以上是古老庙宇或借用民房，几乎没有合格教室。课桌多以上面架有单条木板的垒好的土坯代替，坐凳则由学生自带。教学用具甚微。1951年1月，县人民政府发出通知，鼓励群众自觉自愿捐献劳力、物资，修补校舍，添置校具。是年秋，贯彻"政府领导、群众办学"方针，实行乡（村）学乡（村）办。乡（村）成立校董会，负责学校校舍修缮，校具、设备添置事宜。③

全国民办小学的数量和比例也迅速提升，民办小学的学校数由1949年的3.39万所增长到1951年的21.19万所，其占比由1949年的10.06%提升到1951年的42.29%（见表2-1）。

一些地区在私立学校接收过程中对群众办学没有加以区分，将群众办学一并改为政府办学。同时，到了1952年底，我国在小学教育的发展方向上开始强调质量提升，针对前期群众办学中存在的盲目性大、计划性不强、所办学校难以维持等问题，我国开始对群众办学进行整

① 何东昌主编《中华人民共和国重要教育文献（1949~1997）》，海南出版社，1998，第110页。

② 中共肥东县委党史研究室：《中国共产党肥东历史》［第二卷（1949-1978）］，安徽人民出版社，2017，第33页。

③ 栾川县教育委员会编《栾川县教育志》，2001，第357页。

顿。1952 年 11 月 15 日，教育部发出《关于整顿和发展民办小学的指示》，提出："今后几年内发展小学教育的方针，一面政府应有计划地增设公立小学，同时应允许群众在完全自愿的基础上出钱出力有条件地发展民办小学，以满足群众送子女入学的要求。""民办小学的经费，除有群众自筹外，对经费不足的，人民政府应予以适当补助。""对现有民办小学普遍地加以检查，并进行整顿和必要的调整。在民办学校已经很多的省、市、县，人民政府对于那些不是由群众自愿举办，同时筹措经费确实困难无法坚持下去的民办小学，应尽可能地把它们包下来，改为公立小学。对尚能维持但经费不足，教师待遇低的民办小学，则应在经费方面予以适当的补助。民办小学太少的省、市、县，则应注意适当地发展民办小学。对民办小学的困难漠不关心是不对的，忽视群众办学的积极性和可能性，违反群众的志愿，限制民办小学的发展也是不对的。"[①] 在这种背景下，民办小学在整顿中减少很多。1952 年底，全国大部分县域小学基本改为公办，民办小学的数量和占比均大幅度下降。民办小学占比由 1951 年的 42.29% 下降到 1953 年的 2.64%。一直到 1956 年，民办小学的占比仍较低。

1952~1955 年，国家虽然没有明令禁止群众办学，但是对群众办学的条件要求较高。如 1953 年 5 月，中共中央政治局会议讨论教育工作时明确肯定："允许小学民办，不限定几年，能办几年就办几年。"[②] 1953 年教育部在回复群众关于民办小学的问题时提到："为了避免增加群众负担，原则上今后民办小学不在老解放区、灾区、少数民族地区以及穷苦的小村发展。比较富裕的大村要设立民办小学时，必须具备下列条件：一、必须出于群众真正的自觉自愿，绝对禁止强迫命令；

---

① 何东昌主编《中华人民共和国重要教育文献（1949~1997）》，海南出版社，1998，第180 页。

② 中央教育科学研究所编《中华人民共和国教育大事记（1949—1982）》，教育科学出版社，1983，第 77 页。

二、必须有可靠的经费来源，能维持三五年的开支，且不得降低政府规定的教师工资标准；三、必须有固定安全的校舍和必要的校具、教学设备。并须经过乡人民代表大会通过，县人民政府审查批准。"① 群众办学虽然得到肯定，但是对群众办学要求的提高导致民办小学的扩张停滞，民办小学的数量在 1954 年后虽有所增长，但所占比例不高。

四　整顿小学及对小学正规化的争议

新中国成立初期，在土地改革的推动下，县域内小学教育布局迅速向下扩张。到 1952 年，全国小学教育已经恢复，并且大大超过了新中国成立前的规模。小学学校数达到 52.70 万所，较 1946 年增长了 82%，小学在校生数达到 5110 万人，较 1946 年增加了 116%。随着国民经济的恢复和土地改革的完成，到了 1953 年，"一五"计划开始执行，我国开始进入大规模经济建设时期，教育事业的发展也迎来一个转折，由新中国成立之初的数量增长向质量提高转变。

1953 年 1 月，政务院文化教育委员会召开大区文教委员会主任会议，会议认为新中国成立 3 年来文教部门基本完成了恢复工作，但工作的严重缺点是计划性不够、盲目性很大，追求数量、忽视质量。因此，其提出 1953 年文教工作的方针是"整顿巩固、重点发展、提高质量、稳步前进"，将整顿小学、提高小学质量作为一项重要任务。1953 年 4 月 28 日，教育部成立整顿小学教育办公室。同年 11 月 26 日，政务院出台《关于整顿和改进小学教育的指示》，规定："今后几年内小学教育应在整顿巩固的基础上，有计划有重点地发展。"此外，其特别强调："教学是学校中压倒一切的中心任务，校长与教师的主要任务是教学，学生的主要任务是学习。"② 因此，从全国看，1953~1955

---

① 《有关设立民办小学的几个问题》，《人民日报》1953 年 3 月 27 日，第 2 版。
② 何东昌主编《中华人民共和国重要教育文献（1949~1997）》，海南出版社，1998，第263 页。

年，小学教育的发展速度明显放缓，不少生源不足、办学条件差的小学被撤并，1954年、1955年全国小学学校数较1953年均有所下降。如浙江省长兴县在整顿小学的过程中，纠正教育盲目发展倾向，将春秋两季始业改为一律秋季始业；调整网点，撤并部分生源不足、办学条件差、离邻近学校不足1.5公里的学校；原则上不招收超龄生。1954年，小学网点经调整后，全县减少4所小学71个班级，在校生由1953年的21234人减少至18947人。① 湖南省桂阳县制定《整顿小学教育方案》，控制发展规模，调整学校布局，全县小学数量由1952年的886所减少为1956年的598所，在学人数由1952年的25802人增长到1956年的34950人。② 可见，经过小学整顿，学校的平均规模有所扩大。1953年的小学整顿，使新中国成立之初小学教育混乱的局面得以改观，小学教育逐步走向正规化。

　　但是对于小学教育的整顿，当时也有不同的意见。1953年5月，毛泽东主持的中共中央政治局会议提出："关于整顿小学，整顿巩固、重点发展、提高质量、稳步前进的方针好，但不要整过了头。不可能把小学都办成一样，不可能整齐划一，不应过分强调正规化。农村小学可分为三类：中心小学、不正规的小学、速成小学。农村小学应便于农民子女上学。应允许那些私塾式、改良式、不正规的小学存在。"③ 这事实上就形成了关于农村学校是应该注重质量还是应该注重普及的方向性争议，它同时也是农村学校是走正规化道路还是延续以往的非正规化道路的发展路向的争议。这一争议从新中国成立到"文革"结束一直存在着，正规化与非正规化的争论影响着县域教育的发

---

① 长兴县政府志编纂委员会编《长兴县政府志》（下册），浙江人民出版社，2019，第562页。

② 桂阳县志编纂委员会编《桂阳县志》，中国文史出版社，1994，第617页。

③ 中央教育科学研究所编《中华人民共和国教育大事记（1949—1982）》，教育科学出版社，1983，第77页。

展速度与分布格局。

正是由于对小学教育是整顿还是普及在路线上存在争议，这一时期一些县域内小学教育的发展受国家整顿小学方针的影响较小。考察这一时期县域内小学教育的发展，可发现整体上保持了较为良好的发展势头。如据山西省静乐县《静乐教育志》记载，1953 年 5 月县人民政府针对初级小学发展过快造成经费不足、师资缺乏、校舍紧张的状况，认真贯彻了"整顿巩固、重点发展、提高质量、稳步前进"的办学方针，主要采取的措施有：（1）对 401 名三年级超龄学生中年龄较大且成绩优良的 106 名，采取速成办法，在本年度提前毕业，其余 295 名连同一、二年级超龄生（774 名）共 1069 名学生经说服教育转入民校学习；（2）合并小学 22 所，改办成一揽子小学或巡回小学；（3）对于 7 名以下学生的教学班，通过考试，选择成绩优良的合并在上一年级，成绩低下者合并在下一年级；（4）结合平时工作态度和教学效果并通过考试精简 35 名初小教员。但是到了 1954 年，在强调提高质量、反对急躁冒进的同时，又开始反对保守思想，将一些新成立的民办小学并入或转为公办初级小学。1954 年全县共设初级小学 443 所，其中民办小学 151 所，均较 1953 年有所增长。[1]

五　高小毕业生升学成难题

新中国成立后，随着国家政权的稳定和人民政府对教育的重视，普及小学教育取得了巨大的成就。1949 年全国小学学校数为 34.68 万所，到 1953 年增长到 51.21 万所，增长了 47.66%；学生数由 1949 年的 2439.1 万人增长到 1953 年的 5166.4 万人，学生数增长了 111.82%，也就是增加了一倍以上。1954 年，随着小学，尤其是高小毕业生的增多，小学毕业生的升学就业成了一道坎。由于中学发展的速度跟不上

---

[1]　静乐教育志编纂委员会编《静乐教育志》，山西古籍出版社，2000，第 33 页。

小学发展的速度，1953 年及其之后一段时间，小学毕业生的升学率相比 1953 年之前显著下降，小学毕业生升学率从 1952 年的 83.4% 降到 1955 年的 39.7%（见表 2-3）。因此，小学毕业生的升学就业问题就成为当时国家发展中的一个重要问题。

表 2-3　1949～1957 年小学毕业生升学情况

单位：万人，%

	1949 年	1950 年	1951 年	1952 年	1953 年	1954 年	1955 年	1956 年	1957 年
小学毕业生数	64.6	78.3	116.6	149.0	293.5	332.5	322.9	405.1	498.0
普通初中招生数	34.1	50.1	80.6	124.2	81.8	123.6	128.2	196.9	217.0
小学毕业生升学率	52.8	64.0	69.1	83.4	27.9	37.2	39.7	48.6	43.6

资料来源：根据小学毕业生数和普通初中招生数进行整理，数据来自《中国教育成就统计资料（1949—1983）》，人民教育出版社，1984。

当时国家采取了鼓励高小毕业生回乡参加生产劳动的办法来解决小学毕业生升学的问题。1954 年，中共中央宣传部印发《关于高小和初中毕业生从事劳动生产宣传提纲》，提出："在中学成为普及教育以前，小学毕业生升中学当然只能是一小部分人。""认为现在的中、小学毕业生都应当升学，不能升学而去从事工业农业生产或其他劳动就是失学，因而就悲观失望，甚至抱怨人民政府。这是一种极不健康的错误的思想。这个思想的实质，就是轻视体力劳动和体力劳动者，把体力劳动作为下贱的事业。这是一种封建阶级和资产阶级的观点。""目前国家还不能使初中和高小毕业生全部升学。道理很清楚，因为要办多少学校，把人民文化水平提高到什么程度，不是凭空就能办得到的，必须随着整个生产的发展而逐步发展。所以，为了提高人民的物质生活与文化生活的水平，必须首先集中主要的力量来逐步实现社会主义工业化和社会主义改造，只有使工农业的生产逐步发展起来，国家才能有更多的人力、物力来办学校，招收更多的学生。这就是说，教育事业和国家生产事业必须按着一定的计划、一定的比例逐步发展。"①

　　由于国家经济力量的限制，新中国成立初期我国中等教育的发展速度较为缓慢。1949~1955 年全国中学数量变化不大，1949 年有普通中学 4045 所，到 1955 年也仅有 5120 所，初、高中的发展速度较为缓慢。再加上 1953 年开始，县域范围内的初级师范学校也逐渐停办，导致高小毕业生的升学路径更为狭窄，小学毕业生的升学成为重大的社会问题。如在河北省遵化县（现遵化市），由于 1953 年遵化县初级师范学校停止招生，县域内国办中学不能满足高小毕业生的升学要求，大批高小毕业生不能升学，当时社会上流传着"高小毕业生，白搭六年功，中学考不上，师范不招生"的歌谣。②

第二节　县域初级师范学校的发展与逐步取消

　　民国时期，为培养小学师资，不少县域内设有乡村师范学校或简易师范学校以就地培养乡村教师。新中国成立后，延续这种"就地化"办学的思路，在师范教育体系中设置有师范学校和初级师范学校以培养小学教师。由于这些师范学校多布局在县域范围内，且主要为县域内培养小学师资，本书也将师范学校的布局作为研究内容的一部分。

一　县域中等师范教育的迅速发展

　　新中国成立后，我国在一些县设立有中等师范学校。新中国成立之初，我国将师范学校分为高等师范学校和中等师范学校两类（见表 2-4）。其中高等师范学校又分为师范学院和师范专科学校两

---

①　中共中央宣传部：《关于高小和初中毕业生从事劳动生产宣传提纲》，《人民日报》1954年 5 月 29 日，第 1 版。

②　遵化县文教志编纂委员会：《遵化文教志》，1991，第 145 页。

类，师范学院培养高级中学及同等层次中等学校的师资，师范专科学校培养初级中学及同等程度的中等学校师资。[1]而中等师范学校本指中级师范学校，招收初中毕业生，培养小学和幼儿园师资，但是由于当时我国小学教师极为短缺，为了尽快培养小学师资，在中等师范学校类别中还设置了招收小学毕业生的初级师范学校。1952 年颁布的《师范学校暂行规程（草案）》第十二章明确提出初级师范学校的设置办法："初级师范学校修业年限为 3 年至 4 年，招收 25 岁以下的小学毕业生或具有同等学力者，在幼儿教育师资特别缺乏的地方，初级师范学校亦得附设幼儿师范科，招收年龄较长的高小毕业生或具有同等学力者。"[2]中级师范学校与初级师范学校均属于中等师范教育。

表 2-4　新中国成立之初我国师范学校体系及基本布局情况

学校层次	学校类别	招收对象	培养目标	修业年限	布局区域
高等师范学校	师范学院（大学）	招收高中毕业生	培养高中师资	修业 4 年	大行政区或有条件的大城市
	师范专科学校	招收高中毕业生	培养初中师资	修业 2 年	大城市
中等师范学校	中级师范学校	招收初中毕业生	培养小学、幼儿园师资	修业 3 年	省辖市、较大的县
	初级师范学校	招收小学毕业生	培养小学、幼儿园师资	修业 3 年	县

县域内基础教育师资的培养制度的设计，一直以来坚持"就地化"的原则，即由本地来培养中小学教师。如周恩来在 1951 年的《谈新学制》中指出："师范学校不要都集中在大中城市，要在县里多办一些。这样，可以使农民子弟就近入学，便于解决农村小学师资缺

---

[1]　李友芝、李春年、柳传欣、葛嘉训编《中国近现代师范教育史资料》（第三册），内部资料，1983，第 914 页。

[2]　何东昌主编《中华人民共和国重要教育文献（1949~1997）》，海南出版社，1998，第 160 页。

乏的问题；也免得农村子弟在城市住长了不愿再回农村去。"① 因此，师范学校多在县域内布局。1951 年召开的第一次全国初等教育及师范教育会议，提出了从 1952 年开始，5 年内争取使全国 80% 的学龄儿童入学，10 年内争取使全国学龄儿童全部入学的目标，普及小学教育成为当时教育发展的重要任务。随着县域内小学教育的迅速发展，大力培养小学师资也成为当时师范教育的一大任务。会议也提出，为了普及五年制小学，"估计五年内全国至少缺少 100 万小学教师"②，解决师资问题是今后全部教育工作的关键，大力发展师范学校势在必行。为此，会议提出："较大的县争取设立初级师范学校一所，较小的县可由二三县联合设立初级师范学校或（中级）师范学校一所。""目前各地以设立初级师范学校为主，如有条件，即有计划地将初级师范学校转变为（中级）师范学校。"③

1952 年教育部发布《关于大量短期培养初等及中等教育师资的决定》，指出除采用正规师范教育培养师资外，还应采取各种不同的方法，在较短时间内，迅速和有效地训练大批初等和中等教育的师资："在今后五年至十年内，为了适应大量和急迫的需要，我们培养师资的工作应以短期训练为重点。""短期训练师资的方式应该多种多样，其中最主要的是由各级师范学校举办短期训练班。"④ 这样在新中国成立后，我国县域内还普遍设立了师范速成班和速成师范学校，简称"速师"。速成师范与初级师范这两种师范学校延续了民国时期乡村师

---

① 何东昌主编《中华人民共和国重要教育文献（1949~1997）》，海南出版社，1998，第 108 页。
② 何东昌主编《中华人民共和国重要教育文献（1949~1997）》，海南出版社，1998，第 115 页。
③ 何东昌主编《中华人民共和国重要教育文献（1949~1997）》，海南出版社，1998，第 115 页。
④ 何东昌主编《中华人民共和国重要教育文献（1949~1997）》，海南出版社，1998，第 162 页。

范学校和简易师范学校的设置方法，对县域教育的恢复发展起到了积极的作用。

从表2-5可以看出，新中国成立初期的中等师范教育发展较为迅速，1949年有中等师范学校610所，到1952年增加到912所。

表 2-5　1949~1955年全国中等师范学校数量

单位：所

	1949年	1950年	1951年	1952年	1953年	1954年	1955年
初级师范学校	289	303	423	582	426	274	149
中级师范学校	321	283	321	334	362	358	366
合计（中等师范学校）	610	586	744	912	788	632	515

资料来源：《中国教育成就统计资料（1949—1983）》，人民教育出版社，1984。

二　初级师范学校的调整、停办

新中国成立后到1952年是我国国民经济的恢复时期，这一时期我国采取了较为宽松的教育政策，县域内各级教育均实现了较大的发展，伴随小学教育的发展，县域内中等师范教育发展也较为迅速。从1953年起，我国开始将文教工作的方针转变为"整顿巩固、重点发展、提高质量、稳步前进"，随之对小学教育进行整顿，由此引发了对中等师范教育的布局调整，即重点发展中级师范学校而取消初级师范学校。1954年教育部发布《关于师范学校今后设置发展与调整工作的指示》，明确指出以后要逐步将既有初级师范学校转变为中级师范学校，要有计划地发展中级师范学校。当时师范学校在设置、发展方面存在的主要问题是师范学校数量过少，初级师范学校比重较大。日后初中毕业生逐年增加，继续开办招收高小毕业生的初级师范学校已逐渐不符合实际需要。同时，师范学校无论是在学校设置还是在班级设置上，都还存在着一定程度的不合理及混乱现象，给行政领导与教学工作带来许多困难。另外，全国小学既有师资质量很差，其中有将近一半的小学教师文化水平低于初级师范学校毕业应有的程度，甚至不及高小毕业水平，严重地影响基础教育的质量，亟须有计划地予以提高。[①] 在这种背景下，不少县域初级师范学校陆续停招或转型，有升格为中级师范学校的，也有改为普通初中的，甚至有一些学校被直接取消掉。1954 年开始，初级师范学校逐渐减少、停办。如山西省兴县师范学校，其由爱国民主人士于 1925 年创办，新中国成立后延续，到 1954 年停办，转制为兴县中学。1955 年 7 月，兴县初级师范学校奉上级指示停办，改名为兴县初级中学。山西静乐师范学校于 1951 年创办，附设在寺坡第一完小内，当年招收学生 40 名，生员来自今静乐、娄烦、宁武、岢岚境内，其中有静乐籍学生 19 名。1952~1953 年连续招收两个班，师二班、师三班招生 110 人，1954 年迁并于忻县师范学校。[②] 著名的南京栖霞师范学校于 1956 年改制为栖霞中学。从全国看，这一时期全国中等师范学校的数量从 1952 年的 912 所下滑到 1955 年的 515 所，其中尤以初级师范学校的撤并为主，初级师范学校的数量由 1952 年的 582 所减少到 1955 年的 149 所。

新中国成立初期，初级师范学校的发展对于县域教育而言有着重大意义。一方面，初级师范学校培养的学生多服务于县域教育领域，为县域教育做出了贡献。当时的师范生是县域教育中的"最高学历者"，不少初级师范学校的毕业生甫一毕业就被县级政府部门"抢走"，甚至还没毕业就被"预订"，可见当时初级师范学校的"吃香"。另一方面，在当时县域教育尚无普通中等教育的情况下，初级师范学校是县域教育中最高级别的学校，为县域小学毕业生升学提供了便利，打通了小学毕业生升学的渠道。

---

① 何东昌主编《中华人民共和国重要教育文献（1949~1997）》，海南出版社，1998，第 344 页。

② 周满堂主编《静乐县志》，红旗出版社，2000，第 444 页。

第三节　县域职业学校的停办

新中国成立前，县域内有一定数量的职业学校，1946 年全国有职业学校 724 所，其中县市公立职业学校有 172 所，私立职业学校有 260 所。[①] 但是新中国成立后，县域内职业学校多被调整，不少被停办，还有不少并入较大的城市的职业技术学校中，使得新中国成立后县域内职业教育在 1958 年前基本处于空白的状况。如四川三台县在新中国成立之前有两所职业学校，一所是私立象山高级农业职业学校，另一所是三台县立初级实用职业学校，两所职业学校均在新中国成立初期搬迁和撤销。私立象山高级农业职业学校为三台、中江、蓬溪三县合设，源于 1935 年在三台县象山乡小学附设的普通农作科，招收高小毕业生，学制 3 年。1943 年由初级农业职业学校改为三蓬中私立象山高级农业职业学校，学制 3 年。1952 年 3 月西南军政委员会文教部发出指示：私立象山高级农职校自 1952 年 3 月起由川北文教厅接管改为公立，定名为三台象山高级农业职业学校。1953 年 1 月省教厅指示象山高级农业职业学校由省农林厅领导，迁遂宁，与遂宁农业职业学校合并。[②] 第二所职业学校——三台县立初级实用职业学校成立于 1945 年，学制 3 年，开设农艺、纺织两科。1950 年三台县人民政府遵照川北行署指示，停办了县立初级实用职业学校，学生并入三台师范学校。[③] 考察新中国成立之初县域内职业学校被撤并的原因，主要有以下几个方面。

第一，私立学校社会主义改造的需要。县域内初级职业学校多属

---

① 国民政府教育部教育年鉴编纂委员会编《第二次中国教育年鉴》，商务印书馆，1948，第 1445 页。

② 四川省三台县志编纂委员会编《三台县志》，四川人民出版社，1992，第 712 页。

③ 四川省三台县志编纂委员会编《三台县志》，四川人民出版社，1992，第 713 页。

私立。这些学校在新中国成立初期尚且可以维持，到 1952 年，我国政府对私立中小学进行了接办，县域内的私立初级职业学校也被一并接办和改造。

第二，职业教育调整、整顿的需要。1951 年 6 月，我国召开第一次全国中等技术教育会议，确定了全国中等技术教育以调整、整顿为主和有条件地发展的实施方针。会议规定中等职业学校按学制大体上分为初级与中级两种，以发展中级的为主。关于设校分科问题，会议认为要逐步走向专门化、单一化。[①] 由于县域内职业学校以初级职业学校为主，初级职业学校与大的区域范围内的职业学校在专业设置上多有重复，新中国成立后，为了迅速提高中等技术人才的培养质量，满足国家建设对专门技术人才的需要，就把处于较低层次的县域初级职业学校合并进规模较大的、较为专业化的中等职业学校。

第三，县域范围内的职业学校主要面向农业生产领域，而新中国成立后我国产业发展的重心转向工业，尤其是重工业。因此，对县域内以农业为主的初级职业学校没有给予足够的重视。

第四，学制改革的需要。1951 年政务院发布《关于改革学制的决定》，对新中国成立前小学学制分两段的做法进行了批判，认为这样"使广大的劳动人民子女难于受到完全的初等教育"，因此，新学制要保障小学的一贯性，在小学阶段，不能分流，以便让劳动人民子女能够接受完整的小学教育。而县域内的初级职业学校以招收初小毕业生为主，事实上造成了小学生分流，这是社会主义学制所不允许的。因此，处于职业教育低层次的初级职业学校自然没有存在的必要性。

第五，新中国成立后，对职业教育的认识发生转变，认为职业教育是资本主义社会的产物，是资本主义教育"双轨制"的体现。在社

---

① 《有计划地大量培养国家生产建设干部 全国中等技术教育实施方针确定》，《人民日报》1951 年 7 月 5 日，第 2 版。

会主义国家一切工作岗位都是革命岗位，不存在"职业"的分别。在新民主主义和社会主义国家中，教育要和生产劳动相结合，一切教育机构培养的学生均需正确认识劳动和有劳动的准备，因此，一切学校都具有"职业性"，尤其在初等教育阶段，没必要进行专门的职业教育。

在中学设置尚不充足的状况下，县域内职业学校在一定程度上为学生提供了一条升学的途径，为县域内各行各业培养了一批技术人才。新中国成立初期，在县域普通教育普及状况尚不佳的情况下，完全取消初级职业教育，不利于初级技术人才的培养。1963年5月，在教育部、劳动部召开的城市职业教育座谈会上，时任教育部部长杨秀峰对初级职业学校的撤销进行了反思："新中国成立初期，我国学制系统曾有各类职业学校。1953年以后，国家建设事业的迅速发展，需要大量的各级建设人才，普通教育有较大的发展，中等专业学校和技工学校也逐年有发展……而对于实施一般劳动就业训练性质的职业学校则注意得不够。""我们没有注意对普通教育与职业教育作合理的安排。"① 县域内职业教育发展的薄弱状况一直持续到1958年"教育革命"时，"教育革命"倡导普通教育与职业教育并举，各地大办农业中学，县域内职业教育又重新发展起来。

本章小结

整体来看，这一时期县域内学校布局发展以1953年为界分为两段，前期县域教育发展较快，而后期其发展较为缓慢，具体而言学校布局呈现出以下一些特点：在学校类型上，普通小学发展速度较快，

---

① 何东昌主编《中华人民共和国重要教育文献（1949～1997）》，海南出版社，1998，第1190页。

中等教育的发展有限，初级师范学校前期有所发展，后期发展缓慢，而县域内职业学校基本被撤销，造成学校类型单一；在办学形式上，前期主要采用非正规化的办学形式，但 1953 年后开始强调教育质量，整顿小学，走向正规化办学；在办学体制上，由鼓励群众办学到对群众办学有所动摇，群众办学比例降低，小学发展由快速转向缓慢；在学校分布上，办学重心逐渐由县镇转向乡村，新中国成立前高小主要在县城布局，新中国成立后高小逐渐向乡镇布局，初等小学逐步向每个村落布局；此外，这一时期初等教育的发展由数量扩张转向质量提升，同时中等教育发展缓慢。因此，从一定程度上讲，县域内教育的布局发展显示出一定的节制性。从 1953 年开始的教育整顿，过度重视教育发展的质量提高，忽视了数量的增长，使得县域教育发展的速度放缓，尤其是中等教育发展缓慢，制约着县域教育的发展。"通过统一和标准化以提高质量的要求，只能在减少学生人数和降低受过训练的教师与学生人数的比率时才能实现。因此，在严格地应用苏联模式的情况下，普及小学教育的目标甚至更要拖到将来，这是把自己的利益与工人农民紧密联系在一起的党难以接受的选择。"[1] 随着形势的发展，这种"节制"在进入 1956 年后被视为一种"保守"，使得县域内学校的布局突破了前期的"节制"而走向全面扩张。

---

[1] 〔美〕R. 麦克法夸尔、〔美〕费正清编《剑桥中华人民共和国史：革命的中国的兴起（1949—1965 年）》，谢亮生等译，中国社会科学出版社，1990，第 224 页。

第三章　县域内学校布局的全面扩张期
（1956~1965 年）

　　从 20 世纪 50 年代中期开始，随着我国政治领域"反右倾""反保守"的思想占据主导，我国社会各项事业的发展开始走向激进的方向。1956 年后，"加速发展"成为教育工作的方针，此后在"大跃进"和人民公社化运动的推动下，县域内教育进入加速发展的新时期。学校布局从类型上走向全面化，呈现出从初等教育向中等教育、学前教育、专门教育扩展的全面布局。同时，随着教育管理权的下放，群众办学掀起热潮，在"两条腿走路"的方针下，各种教育能够迅速向下拓展布局，学校空间布局下移。在办学形式上，受"两种教育制度"思想的影响，打破"条件论"，大力发展半耕半读学校。

　　这一时期县域内学校发展历程充满曲折，呈现"V"字形的发展走向。1956~1960 年县域内学校数量不断增长，到 1960 年达到高峰，1960 年、1961 年，随着三年自然灾害的发生，中央开始反思"大跃进"的问题，开始注意控制教育发展的速度，县域内学校布局也进入调整缩减期，学校教育开始向正规化的道路迈进。然而 1964 年后县域内学校布局又一次进入扩张期，主张采用非正规化的、半耕半读的形式发展教育，县域内学校布局的正规化-非正规化的路线之争越发显露出来，影响着县域内学校布局的走向。

第一节　县域小学教育的跃进、调整与再跃进

普及初等教育是新中国教育事业的一项重要任务，1951 年 8 月召开的第一次全国初等教育及师范教育会议提出，从 1952 年开始，争取 10 年内基本普及小学教育；到 1957 年，争取全国平均 80% 的学龄儿童入学。但是到 1955 年，我国初等教育的学龄儿童入学率仅为 53.8%，初等教育的普及速度明显慢于计划。1955 年底教育部召开全国普通教育、师范教育事业计划座谈会，结合思想实际和工作实际批判了教育发展上的保守思想。会议确定 1956 年教育工作的方针是"加速发展、提高质量、全面规划、加强领导"。[①] 1956 年 1 月，《人民教育》发表了《为加速发展教育事业和提高教育质量而奋斗》的社论，社论明显对 1953 年后的教育发展方针进行了批评，认为其存在"保守主义的思想"，"稳步有余，前进不足"。因此，从 1956 年开始，县域内小学教育进入快速发展的阶段，小学教育的布局开始向"村村有小学"的目标迈进。

一　"村村有小学"的基本实现

在批判农业合作化进程保守主义思想的形势下，国家对农村社会事业发展的进程做出了新的部署。1956 年，中共中央政治局公布《1956 年到 1967 年全国农业发展纲要（草案）》，提出"按照各地情况分别在 5 年内或者 7 年内普及小学义务教育"，这一计划与 1951 年提出的 10 年内基本普及小学教育的目标基本相近，也就是说，我国应在 1962 年左右普及小学教育。1958 年 9 月，中共中央、国务院发布

---

① 中央教育科学研究所编《中华人民共和国教育大事记（1949—1982）》，教育科学出版社，1983，第 148 页。

《关于教育工作的指示》，指出"全国应在三年到五年的时间内，基本上完成扫除文盲、普及小学教育、农业合作社社社有中学和使学龄前儿童大多数都能入托儿所和幼儿园的任务"，并重申了1956年提出的普及小学教育的目标任务。为了尽快完成普及小学教育的任务，小学教育的发展必须提速。

在全国"大跃进"的形势下，县域内普及教育的步伐远远超过了预期。1958年全国小学的学校数已经达到77.68万所，较1957年的54.73万所增加22.95万所，增幅为41.93%。小学在校生数由1957年的6428.3万人增长到1958年的8640.3万人，增长2212万人，增幅为34.41%（见表3-1）。适龄儿童入学率由1957年的61.7%增长到1958年的80.3%，以至于在1958年多个省份报告已完成了普及小学教育的任务。如在1958年就有报道，我国已经有7个省份基本普及了小学教育："普及小学教育的群众办学运动正在全国蓬勃开展，从今年2月至5月底止，已有江苏、河南、福建、湖南、江西、黑龙江、浙江等7个省基本上普及了小学教育。另据23个省、自治区不完全的统计，已有1070个县、市基本上普及了小学教育，学龄儿童入学率占90%到98%强。"①

表3-1　1956～1965年全国小学发展情况

单位：万所，万人

年份	学校数				在校生数			
	县镇	农村	县域	全国	县镇	农村	县域	全国
1956	—	—	—	52.90	—	—	—	6346.6
1957	—	—	—	54.73	—	—	—	6428.3
1958	—	—	—	77.68	—	—	—	8640.3
1959	—	—	—	73.74	—	—	—	9117.9

---

① 《文化革命战线上的一项重大成就　一千多个县市普及小学教育》，《人民日报》1958年6月1日，第1版。

续表

年份	学校数				在校生数			
	县镇	农村	县域	全国	县镇	农村	县域	全国
1960	—	—	—	72.65	—	—	—	9379.1
1961	—	—	—	64.52	—	—	—	7578.6
1962	1.3	63.7	65	66.83	546.1	5244.4	5790.5	6923.9
1963	1.4	67.5	68.9	70.80	584.6	5446.2	6030.8	7157.5
1964	1.5	103.1	104.6	106.60	621.6	7434.1	8055.7	9294.5
1965	2.4	162.5	164.9	168.19	745.5	9399.9	10145.4	11620.9

资料来源：《中国教育成就统计资料（1949—1983）》，人民教育出版社，1984。

1958 年掀起的"大跃进"推动了县域内小学教育的发展，这一时期县域内小学发展有以下两大特征。

第一，由大的村镇有小学向村村有小学过渡。在 1956 年前，县域内小学多在较大的村镇建立；1956～1965 年，小学蔓延到县域内几乎所有村落。

第二，实现"乡乡有完小"的目标。这一时期，不少地区提出"乡乡有完小"的口号。1958 年以前，县域内小学教育多属于初等小学，不少农村地区建立了四年制的初等小学，但是随着初小毕业生升学的需求加大，"大跃进"期间对由此产生的缺口进行了迅速的弥补，各地超越办学条件，迅速建立高小，发展完全小学。全国完小和高小的数量由 1957 年的 11.29 万所增加到 1965 年的 19.87 万所，增加 8.58 万所。[①] 如山东省庆云县 1956 年由于初小的大量增加，完小也随之猛增，这一年实现了乡乡有完小，有的乡还不止一所。[②] 贵州省习水县到 1957 年第一个五年计划结束时，乡乡有完小，基本形成小学校网。有公办小学 126 所，学生达 14443 人；民办小学 75 所，学生达

[①] 中华人民共和国教育部：《三十年全国教育统计资料（1949—1978 年）》，1979。

[②] 山东省庆云县县志编委会编《庆云县志》，1983，第 555 页。

8140 人。学校周边方圆 10 公里左右范围内学生就近入学。[1] 山西岚县在 1956 年前仅在较大乡镇成立 3 所完全小学，但从 1956 年开始，乡镇所在地也逐渐办起小学高级班，1956 年完全小学增加到 8 所，1958 年增加到 17 所，1960 年增加到 20 所，至此各人民公社都有了完全小学，这一状况延续到"文革"爆发。山西省静乐县也是如此，1951 年全县仅有 4 所完小、10 个高小班，1954 年发展到 43 个高小班。1958 年人民公社成立后迅速发展公立完小，到 1959 年底，全县公办、民办完小达 55 所，有 136 个高小班。[2] 江西省永丰县全县有 1 镇 31 公社 243 个大队，所办小学由 1957 年的 160 所增至 1958 年的 387 所。[3]

据《中国农业统计资料（1949—2019）》统计，1963 年全国行政村约有 64 万个，而此时农村小学约有 67 万所，大致达到每个行政村 1 所小学的分布状态。此后，随着简易小学的大力发展，农村小学的分布更为密集。1965 年全国有行政村 64.8 万个，而这时农村小学数为 162.5 万所，由此推算，1965 年全国平均每个行政村小学数量已达到 2.5 所。当时自然村的数量没有确切的数据，但是由于新中国成立到 20 世纪 90 年代中后期，自然村的数量变化不大，我们以 1990 年自然村的数量进行推算。1990 年自然村数量为 377.3 万个，可知在 1965 年每 2～3 个自然村有 1 所小学。因此，从"行政村"的角度看，经过"大跃进"，我国县域内已经实现了村村有小学，但从自然村的角度看，当时尚有部分自然村没有小学。

二　依靠群众办学，民办小学迅速发展

随着教育事业的迅速扩张，仅仅依靠国家力量难以支撑其发展。同时随着农业合作化进程的迅速推进，农村集体举办教育事业的能力

---

[1] 贵州省习水县地方志编纂委员会：《习水县志》，贵州人民出版社，1995，第 770 页。

[2] 静乐教育志编纂委员会《静乐教育志》，山西古籍出版社，2000，第 36 页。

[3] 江西永丰县有志编纂委员会编《永丰县志》，新华出版社，1993，第 460 页。

增强，国家对群众办学重新开始鼓励与提倡。如 1955 年 5 月国务院召开的全国文教工作会议提出要对农村群众办的文教事业加以注意，随着农业合作化的发展和人民生活的逐步改善，群众举办的文教事业将日益发展，国家正在全力进行工业建设和国防建设，不可能拿更多的财力来举办一般基层的文教事业，而群众自己却迫切需要这些事业，并且已有可能自己举办或协助政府来举办这些事业，只要这些事业是合理的、必要的和因地制宜的，是受群众欢迎的，就应该允许群众自办。政府应充分发挥群众力量，采取积极提倡并加强领导的方针。[①]教育部在后续的会议上也曾一再强调贯彻这一方针的重大意义。1957 年 3 月 18 日，教育部在北京召开第三次全国教育行政会议，会议认为："小学的发展必须打破由国家包下来的思想……在农村，要提倡群众集体办学。"[②] 1957 年 6 月 3 日教育部发出《关于提倡群众办学的通知》，提出："我国地广人多，经济落后，中、小学教育不可能完全由国家包下来，当前必须采取多种多样的办学形式，才可以适当满足儿童入学和升学的要求。因此，今后除了国家办学外，还必须大力提倡群众办学，动员城乡居民和工矿、企业、机关、团体、院校、合作社等单位的员工，根据需要、自愿和可能的原则，集资兴办学校。"[③] 1958 年 9 月 19 日，中共中央、国务院发布《关于教育工作的指示》，进一步明确提出："采取从群众中来，到群众中去的群众路线的方法，贯彻全党全民办学。"

在农村人民公社化运动的背景下，群众办学具有很强的现实可能性。人民公社既是一个政权实体，也具有完整的经济功能，具有

---

① 何东昌主编《中华人民共和国重要教育文献（1949~1997）》，海南出版社，1998，第 511 页。

② 中央教育科学研究所编《中华人民共和国教育大事记（1949—1982）》，教育科学出版社，1983，第 192 页。

③ 《教育部关于提倡群众办学的通知》，《中华人民共和国国务院公报》1957 年第 24 号，第 442~443 页。

办教育的经济能力。1960 年，《财政部、教育部关于人民公社社办中、小学经费补助的规定》指出：人民公社举办的中、小学应力求自力更生。经费筹措办法可以多种多样。公社可以从公益金中抽取一定比例、向学生抽取杂费或分摊工分、用学生参加劳动的收入解决经费问题等。[①] 人民公社制度下农村的基本生产资料都归集体所有，农村的公共产品供给由集体统一组织和安排。人民公社每年会在集体收益中提留一部分公益金用于公社公共事业的支出，来支持农村教育的发展。

　　在政策的鼓动与农村经济体制本身所具有的功能的支持下，普及小学运动轰轰烈烈地在全国展开，民办小学如雨后春笋般在各地建立。如浙江省泰顺县在 1956 年做出"适当发展公立小学，积极发展民办小学"的决定，全县开办民办小学 12 所。1958 年"大跃进"期间，县委提出"苦战十天，基本普及小学义务教育"的口号，民办小学新增 116 所，新增学生 2703 人。[②]《人民日报》1956 年报道指出，据 16 个省（自治区）、3 个直辖市的统计，它们共有民办小学 22800 多所，1311000 多名学龄儿童在民办小学里学习。1956 年 1 月，四川省的民办小学比 1952 年增加 65 倍；贵州省平均每个县（市）就有 50 多所民办小学；江苏省兴化等县已经有一些民办小学归农业生产合作社来举办；甘肃省巴音浩特蒙古自治州阿拉善旗牧民自发献工献料，修建了 44 间教室，给学校做了 100 多套桌椅。有些地区还做出进一步发展民办小学的规划。山西省平遥县计划到 1957 年保证全县 98% 的学龄儿童入学。福建省提出其民办小学的学生到 1956 年底将发展到 229000 多人，比 1955 年增加 5 倍以上。[③] 在这种情况下，从 1956 年开始我国民

---

①　中央教育科学研究所编《中华人民共和国教育大事记（1949—1982）》，教育科学出版社，1983，第 269 页。

②　《泰顺县教育志》编纂委员会编《泰顺县教育志》，方志出版社，2017，第 207 页。

③　《各地民办小学发展很快》，《人民日报》1956 年 1 月 27 日，第 3 版。

办小学快速发展。1955 年民办小学有 3.21 万所，1956 年增长到 5.12 万所，1957 年增长到 7.56 万所，1958 年达 31.28 万所，1955~1958 年增加 28.07 万所。民办小学学校数的占比由 1955 年的 6.37% 增长到 1958 年的 40.27%（见表 3-2）。

表 3-2　1955~1965 年民办小学学校数、在校生数及其占比的变化

年份	民办小学学校数及其占比（单位：万所）			民办小学在校生数及其占比（单位：万人）		
	民办小学	总数	占比（%）	民办小学	总数	占比（%）
1955	3.21	50.41	6.37	257.6	5312.6	4.8
1956	5.12	52.90	9.68	350.4	6346.6	5.5
1957	7.56	54.73	13.81	500.7	6428.3	7.8
1958	31.28	77.68	40.27	2190.3	8640.3	25.3
1959	27.54	73.74	37.35	2333.9	9117.9	25.6
1960	25.78	72.65	35.49	2347.4	9379.1	25.0
1961	15.33	64.52	23.76	1237.7	7578.6	16.3
1962	21.30	66.83	31.87	1483.9	6923.9	21.4
1963	25.03	70.80	35.35	1618.7	7157.5	22.5
1964	58.54	106.60	54.92	2954.4	9294.5	31.7
1965	117.41	168.19	69.81	4752.0	11620.9	40.9

资料来源：《中国教育成就统计资料（1949—1983）》，人民教育出版社，1984，第 214~215 页。

由于群众办学的迅速发展，公办教师严重不足，在办学过程中，各地不得不聘请民办教师来填补师资缺口，民办教师群体大量出现。1956 年全国小学民办教师数量为 9.1 万人，占教职工总数的 5.2%，到 1958 年增长到 55.6 万人，占教职工总数的 24.6%。到 1965 年小学民办教师数量占教职工总数的比重进一步提升到 45.4%（见表 3-3）。

表3-3　1956～1965年全国小学民办教师数量及其占教职工总数的比重

单位：万人，%

	1956年	1957年	1958年	1959年	1960年	1961年	1962年	1963年	1964年	1965年
数量	9.1	14.1	55.6	62.4	68.1	40.3	50.6	56.1	99.6	175.1
占教职工总数的比重	5.2	7.5	24.6	24.9	25.3	15.8	20.2	21.6	32.0	45.4

资料来源：《中国教育成就统计资料（1949—1983）》，人民教育出版社，1984，第219页。

三　1960～1962年学校布局的收缩

随着三年自然灾害的发生，中央开始反思"大跃进"的问题，1960年，中央提出"调整、巩固、充实、提高"的工作方针。1960年11月，中共中央文教小组召开全国文教工作会议，会议集中研究了在教育工作中贯彻执行"调整、巩固、充实、提高"八字方针的问题，强调要正确处理文教事业建设和生产发展（特别是农业生产发展）的关系，解决好教育事业发展过快、战线过长、占用劳动力过多的问题，开始注意控制教育发展的速度。1961年2月7日，中共中央批转了《关于1961年和今后一个时期文化教育工作安排的报告》，该报告提出，1961年和此后一个时期的教育工作安排：节约劳动力、支援农业生产，此后三五年内，农村16岁以上的在校学生占农村全部劳动力的比例应控制在2%左右；普通教育要着重全面提高教育质量。[1]1962年4月21日，教育部在北京召开全国教育会议，研究在1961年教育事业初步调整的基础上，进一步调整教育事业和精简学校教职工的问题。会议提出全日制中小学要适当压缩规模，要注意调整学校布局，便利学生就近上学。[2]在教育事业调整的大背景下，全国小学数

---

[1]　中央教育科学研究所编《中华人民共和国教育大事记（1949—1982）》，教育科学出版社，1983，第289页。

[2]　中央教育科学研究所编《中华人民共和国教育大事记（1949—1982）》，教育科学出版社，1983，第307页。

量呈现急速下滑的趋势，1959年全国小学数量为73.74万所，到1961年下降到64.52万所，学校数量减少9.22万所，下降率为12.5%。县域范围内，对1958年"大跃进"期间群众办起的办学条件较差的学校进行停办。如安徽省枞阳县1961年贯彻八字方针，调整学校布局，改变"大跃进"中学校盲目发展的现象，调整后小学数量由1958年的712所减少到316所，减少幅度相当大。①

农村地区学校数量的减少，导致了学生入学率的下滑。我国1959~1962年学龄儿童入学率逐年下降，1962年降到56.1%，比1957年还低5.6个百分点。1961年的小学在校生数比1960年减少19.2%，1962年又比1961年减少8.64%。② 在公办学校减少且教育内容、教育方式等不能适应农村需求的情况下，一些农村地区私塾又重新"复活"，一些地区甚至出现了公办学校生源流入私塾的现象。据记载，湖北、四川、贵州、安徽、湖南、广东等省的农村地区均有私塾的出现。③贵州省印江县在三年自然灾害时期公办学校大量停办，公办教师大批下放，私塾一度又在农村恢复，1961年有1所，到1962年发展到74所，学生由10人发展到1299人，教师由1人发展到174人。④

在学校布局收缩的同时，我国开始重视学校教育的质量问题，重点打造一批全日制学校，使普通教育走向正规化。如1961年上半年，中共中央书记处举行会议讨论文教工作，邓小平在会上发言提出建设"小宝塔"，他说："科学教育水平并不决定于数量，主要是质量……少办些学校，把它办好。首先抓大学，然后联系到几个比例：大学十六七万，高中四十四五万，初中二百多万。这是就全国来说的。控制这

---

① 《枞阳县教育志》编纂委员会编《枞阳县教育志》，方志出版社，2010，第115页。
② 《中国教育年鉴》编辑部编《中国教育年鉴（1949~1981）》，中国大百科全书出版社，1984，第125页。
③ 吴修申：《二十世纪六十年代初农村私塾及其整顿研究》，《中共党史研究》2013年第11期，第44~53页。
④ 《印江教育志》编写组编《印江教育志》，1992，第29页。

个比例。分级抓好这些学校，每级都要抓重点学校。这几个数字、比例是个宝塔。三年我们控制这个宝塔。"[1] 此后，教育部提出在各级各类学校中确定一批重点学校，1962 年 12 月 21 日，教育部发布《关于有重点地办好一批全日制中、小学校的通知》，要求各地确定和办好一批全日制的重点中小学。1963 年，教育部印发《全日制中学暂行工作条例（草案）》《全日制小学暂行工作条例（草案）》，预示着国家推动全日制学校的正规化发展。

四　倡导多种形式办学，推广耕读学校

1963 年，随着农村经济的好转，我国农村教育进入新一轮的"跃进"阶段，通过办简易学校来普及教育。

1964 年 1 月，中共中央、国务院转发《教育部关于中小学教育和职业教育七年（1964—1970）规划要点（初步草案）》，指出 1963 年全国 7~12 岁学龄儿童为 10967 万人，其中在校的学龄儿童有 6465 万人，学龄儿童入学率为 59%，尚有 4502 万学龄儿童没有入学，而未入学者多是农村儿童（4126 万人），其中贫下中农子女又占大多数。因此，其提出要根据不同地区经济条件和文化基础的差异，采用多种形式来普及小学教育，可以办六年制的全日制完全小学、四年制的初级小学，也可以办简易小学。尤其是山区和文化、经济条件较差的地区，特别提倡办简易小学。同时提出农村小学要注意合理布局，以便于儿童入学。[2] 同月，《人民教育》发表题为《小好农村简易小学》的评论："现在贫下中农群众也欢迎这种简易小学，我们也就应该把它办起来，而且一定要把它办好。这是教育为无产阶级的政治服务和教育

---

① 中央教育科学研究所编《中华人民共和国教育大事记（1949—1982）》，教育科学出版社，1983，第 294 页。

② 何东昌主编《中华人民共和国重要教育文献（1949~1997）》，海南出版社，1998，第 1240 页。

工作贯彻阶级路线的一个重要方面，也是普及小学教育的一个重要办法。任何轻视简易小学的思想和认识都是没有根据的。"[①] 同年 2 月 23 日，毛泽东在春节座谈会上发表关于教育的讲话，对当时的正规化教育倾向提出批评，指出当时的教学制度摧残人才、摧残青年，他很不赞成，还提出李时珍、祖冲之、富兰克林、瓦特、高尔基等多靠自学成才，没怎么上过小学、中学、大学。[②] 毛泽东的这些讲话，表达了对当时教育正规化的不满、对教育工作中教条主义思想的不满，这为后面办简易学校、办耕读学校提供了思想准备。此后，教育部按照毛泽东和中央的指示，召开全国教育厅厅长、教育局局长会议，检查普通教育工作中的缺点、错误，指出教育中存在偏重国家办学和全日制中小学，忽视集体办学和简易小学、农业中学、职业学校的问题。提出要进一步贯彻执行党的教育方针和"两条腿走路"的方针，要积极发展小学，特别是简易小学，解决贫下中农子女入学问题，逐步普及小学教育。[③]

　　普及小学教育时我国越来越倾向于采用非正规化的形式，即办简易学校。1964 年 5 月 6 日，中共中央批转了关于河北省农村教育问题的两份材料，对河北省三河、宝坻、香河、蓟县等县通过办简易小学解决广大贫下中农子女的入学问题的典型经验进行了介绍，认为办教育要实行"两条腿走路"的方针。[④] 随着国家对"两种教育制度"的提倡，简易的半耕半读学校实际上已经成为我国教育制度的一部分，因此，1964 年 9 月 23 日，教育部发出《关于取消"简易小学"名称

---

① 何东昌主编《中华人民共和国重要教育文献（1949~1997）》，海南出版社，1998，第1249 页。

② 《建国以来重要文献选编》（第十八册），中央文献出版社，1998，第 229 页。

③ 中央教育科学研究所编《中华人民共和国教育大事记（1949—1982）》，教育科学出版社，1983，第 352 页。

④ 何东昌主编《中华人民共和国重要教育文献（1949~1997）》，海南出版社，1998，第1279 页。

的通知》，提出："取消'简易小学'名称，今后这类小学称为工读小学、耕读小学，以便使半工半读、半耕半读的小学同全日制小学在名称上有所区别。"为半耕半读学校"正名"，预示着国家对这一类型学校的自信，它不再是学校的一种补充类型，而是实现我国培养"劳动者"教育目的的重要甚至是唯一的形式。

在中央对多种形式办学的倡导下，各地半耕半读式的小学逐步发展起来。河北省阳原县通过多种形式普及教育的案例在这一时期被作为典型。1964年6月2日《人民日报》发表《阳原县是怎样普及小学教育的?》以及题为《阳原县普及小学教育是教育战线上的一面红旗》的社论，对阳原县依靠群众，采取"两条腿走路"方针，以多种形式普及教育的做法进行了推介。1964年11月，《中共中央关于发展半工（耕）半读教育制度问题的批示》肯定了1958年教育改革中创办半工（耕）半读学校的做法，指出1959年以后由于对这种新型学校的意义估计不足，全党全民没有经验，大批半工（耕）半读学校垮台，或者被取消，或者改为全日制学校，并提出半工（耕）半读学校代表了今后教育发展的方向。[1] 1965年3月，教育部召开了第一次全国农村半农半读教育会议，会议指出："对初等教育来说，由于我国有一亿一千万儿童要入学，由于我国山地多，偏僻的地方多，要普及初等教育，光靠全日制学校是不够的，还要长期地扩大地办耕读小学。"[2] 1965年7月，中共中央又发出《关于半农半读教育工作的指示》，提出："推行两种劳动制度、两种教育制度，是努力促进文化革命，逐步消灭工农之间、城乡之间、脑力劳动和体力劳动之间的差别，防止资本主义复辟的大事情，必须引起全党重视。农村教育在我国教育事业中占的比重很大，抓好半农半读教育工作，对改变我国教育事业面貌，具有

---

[1] 何东昌主编《中华人民共和国重要教育文献（1949~1997）》，海南出版社，1998，第1329页。

[2] 《建国以来重要文献选编》（第二十册），中央文献出版社，1998，第315~316页。

决定性的作用。"[1]

在这种背景下，全国农村掀起了创办简易小学的热潮。在一些边疆地区和少数民族聚居的地区，因人民家庭生活以游牧为主，学生流动性大，所以采用巡回的流动制学校，大力发展牧读教育，采用"帐篷学校"（适应牧民逐水草迁徙特点而采取的一种办学形式，学校随牧民的迁徙而流动，教学活动在帐篷中进行）、"马背学校"（牧区教师骑着马到各放牧点巡回教学的一种办学形式）的形式来普及教育，因陋就简，采用多种形式办学，为牧区儿童提供了就近上学受教育的机会，同时大大减轻了牧民的负担，对牧区教育事业的发展和早期扫文盲事业的推进起到了极其重要的积极作用。在倡导建立半工（耕）半读学校的政策背景下，1964~1965 年，我国小学的发展速度是惊人的，超过了新中国成立之初学校发展的速度。尤其是农村小学的变化最大，由 1963 年的 67.5 万所增长到 1965 年的 162.5 万所，两年增加了 95 万所，增长了 140.74%。1965 年全国小学数达到 1681939 所，是 1949 年 346769 所的近 5 倍。小学的迅速发展主要得益于民办小学的发展，民办小学数量从 1963 年开始加速增长，1964 年、1965 年两年，基本都是翻倍地增长。1963 年有民办小学 25.03 万所，1964 年增长到 58.54 万所，1965 年又增长到 117.41 万所。1964 年我国小学在校生比 1963 年增加 29.9%。1965 年，我国小学在校生达 11620.9 万人，比 1964 年增加 28.3%，比 1962 年增加 67.8%；学龄儿童入学率已达到 84.7%，超过了 1958 年；耕读小学在校生占全国小学生总数的 21.7%。[2]

当时国家倡导"两种教育制度"共同发展，在农村发展半工（耕）半读学校的同时，注重全日制学校的质量提高。半耕半读学校与全日制学校这两种教育制度共存，不可避免地造成社会人群的分层。全日

---

① 《建国以来重要文献选编》（第二十册），中央文献出版社，1998，第 310 页。
② 《中国教育年鉴》编辑部编《中国教育年鉴（1949~1981）》，中国大百科全书出版社，1984，第 126 页。

制学校为升学服务、为国家培养高质量人才服务，主要面向城市；而半耕半读、半工半读学校主要为参加工作服务，为农村和城市培养农民和工人。两种学校制度有着不同的分工，势必造成一定程度的社会分层。"既发展半工半读学校又发展重点学校和全日制学校的决定，可能最初是想要'既顾到数量，又顾到质量'，这是教育部部长在1959年初宣布的。但在实施这条路线期间，这两种学校制度的差别，更重要的是接受其教育的两种人之间的差别，越来越严重了。"① 随着1962年后政治领域阶级斗争不断扩大化，"两种教育制度"的设计蕴藏的危机与日俱增，最终在"文革"期间被视为资本主义国家的"双轨制"而遭受猛烈的批判。

第二节　县域内学前教育的迅速发展

新中国成立后，1951年政务院《关于改革学制的决定》将"幼儿教育"作为单独一项列出，学前教育首次在学制中成为学制的一个阶段。这份文件还提出："幼儿园应在有条件的城市中首先设立，然后逐步推广。"在新中国成立后一段时间内，学前教育的布局主要集中于城市，县域内学前教育的发展较为缓慢。"大跃进"期间，幼儿园才真正开始向县域布局，而政府机关幼儿园为其肇端。

一　县域幼儿园迅速发展

1958年9月19日，中共中央、国务院在《关于教育工作的指示》中针对幼儿教育的发展提出：全国应在3～5年的时间内基本完成"使学龄前儿童大多数都能入托儿所和幼儿园的任务"。在这种背景下，

① 〔美〕R. 麦克法夸尔、〔美〕费正清编《剑桥中华人民共和国史：革命的中国的兴起（1949—1965年）》，谢亮生等译，中国社会科学出版社，1990，第383页。

我国县域内学前教育开始真正出现，并呈现"井喷式"发展的态势。不少地区提出"三天托儿化""一夜托儿化""实行寄宿制，消灭三大差别"等口号。县域范围内，尤其是农村地区掀起兴办幼儿园的高潮，幼儿园这一机构走入寻常百姓生活中。当时很多县的县城由妇联办起了第一所幼儿园。如山西省岚县于 1958 年由妇联创办了第一所幼儿园——政府机关幼儿园，配教养员 3 人，入园幼儿有 30 人。农村地区也开始兴办幼儿园，1958 年全县兴办农村幼儿园 125 所。[①] 由于缺乏县域教育发展数据，从全国来看，1957 年全国有幼儿园 16420 所，1958 年猛增至 695297 所，一年增长 678877 所，增长了 43 倍。其中，教育部门主办的幼儿园园数只从 1957 年的 4367 所增至 1958 年的 4459 所，增幅最大的是民办幼儿园。1957 年民办幼儿园有 8620 所，到 1958 年猛增到 686005 所（见表 3-4）。而农村幼儿园则从 1957 年的 8600 所猛增至 1958 年的 68.6 万所。

表 3-4　1956~1965 年全国幼儿园发展情况

单位：所，万人

年份	园数				在园幼儿数			
	合计	教育部门主办	其他部门主办	民办	合计	教育部门主办	其他部门主办	民办
1956	18534	4538	2462	11534	108.1	39.2	18.5	50.4
1957	16420	4367	3433	8620	108.8	39.0	25.9	43.9
1958	695297	4459	4833	686005	2950.1	44.9	36.9	2868.3
1959	532043	4587	6700	520756	2172.2	48.4	52.1	2071.7
1960	784905	10541	282643	491721	2933.1	81.1	1445.9	1406.1
1961	60307	7555	19247	33505	289.6	64.7	114.0	110.9
1962	17564	4386	4810	8368	144.6	47.6	49.2	47.8
1963	16577	4466	5841	6270	147.2	49.0	55.1	43.1
1964	17706	4438	5968	7300	158.9	50.4	58.4	49.7
1965	19226	4404	6260	8562	171.3	51.6	63.4	56.3

资料来源：《中国教育成就统计资料（1949—1983）》，人民教育出版社，1984，第 229 页。

---

① 康茂生主编《岚县志》，中国科学技术出版社，1991，第 448 页。

这一时期县域幼儿园发展迅速的主要原因如下。

第一，社会主义建设高潮与妇女解放，需要办幼儿园来减轻妇女负担。1956年，随着社会主义改造的完成，我国社会进入全面建设社会主义的新时期，社会各方面建设掀起高潮，妇女被发动起来，社会主义建设与我国妇女解放运动相随而进行。1955年，毛泽东在总结农村合作社经验时指出："中国的妇女是一种伟大的人力资源。必须发掘这种资源，为了建设一个伟大的社会主义国家而奋斗。"① 1956年，中国共产党第八次全国代表大会确定了妇女工作的指导思想——动员妇女参加生产建设，以此争取妇女的彻底解放。时任全国妇联副主席邓颖超在党的八大上作题为《党更要加强妇女工作的领导，团结和发挥广大妇女群众的力量》的报告，提出："妇女工作的中心任务是更广泛地动员妇女从各方面参加社会主义建设……这是增强建设社会主义的力量，争取妇女彻底解放的关键……必须有计划地吸收妇女参加各种社会劳动。应当按照整个劳动力调配的计划，根据妇女的特长和特殊情况，恰当地使用妇女劳动力，达到人尽其才。"② 当时，农村农田水利基本建设任务重，人民公社将农村劳动力有效地组织起来，其中妇女承担了重要的任务。随着1958年人民公社化运动高潮的到来，更多的妇女加入生产劳动和农业基本建设中，大炼钢铁、土地改造、筑坝开渠、兴修水库等都有妇女的身影。"各地妇女出勤的一般占女劳力的百分之九十左右，所作劳动日一般都比过去提高几倍以至十几倍，在兴修水利制服穷山恶水的战斗中，妇女参加的人数占全部劳力的百分之三十到百分之四十。妇女渠、妇女塘、三八水库、三八林等等，各省各县到处都是。积肥的任务大部分是由妇女承担的。麦田、

---

① 《毛泽东文集》（第六卷），人民出版社，1999，第458页。
② 邓颖超：《党更要加强妇女工作的领导，团结和发挥广大妇女群众的力量》，《人民日报》1956年9月23日，第5版。

棉田管理的任务百分之六十到八十是由妇女完成的。"① 要让妇女参加
生产劳动，就需要解决妇女的后顾之忧，因此，有了办托儿所和幼儿
园的需求。

第二，人民公社化运动中，幼儿园是人民公社的重要福利之一，
受到重视。1958 年 8 月 29 日，中共中央政治局在北戴河会议上通过
《中共中央关于在农村建立人民公社问题的决议》，把人民公社化运动
推向高潮。人民公社是一个生活集体化的组织，其中家庭劳动社会化、
生活生产集体化，人民公社要积极办好公共食堂、托儿所、幼儿园、
缝纫组、治疗所、妇产院、浴室、理发室等福利事业，托幼工作从家
庭事务变为社会事业，教育是人民公社集体福利事业的重要组成部分。
1958 年 12 月，党的八届六中全会通过的《关于人民公社若干问题的
决议》提出：公社"要办好托儿所和幼儿园，使每一个孩子比在家里
生活得好、教育得好，使孩子们愿意留在那里，父母也愿意把孩子放
在那里。父母可以决定孩子是否需要寄宿，并且可以随时把孩子领回。
为了办好托儿所和幼儿园，公社必须大量培养托儿所和幼儿园的合格
的保育员和教养员"②。人民公社化运动为县域幼儿园的迅速发展提供
了制度保障。

二 坚持群众办园、勤俭办园的原则

人民公社时期所办幼儿园多遵循群众办园、勤俭办园的原则。如
1958 年 3 月，云南省教育厅发布《关于加强幼儿教育工作，以适应工
农业生产"大跃进"的需要；并介绍昆明钱局街托儿站工作经验的通
知》，要求各级教育行政部门协助其他部门及农村合作社兴办幼儿园，

---

① 曹冠群：《进一步解放妇女劳动力 为多快好省地建设社会主义服务》，《人民日报》
1958 年 6 月 2 日，第 2 版。

② 于建嵘主编《中国农民问题研究资料汇编》（第二卷上册），中国农业出版社，2007，
第 1466 页。

不强求正规，不要求过高，以解放妇女劳动力、帮助发展生产、提高工作效率为目的。办园原则是："群众自愿，领导支持，自办自管，从无到有，从小到大，因地制宜，因陋就简。"[1] 1958 年 7 月 22 日，教育部《转发江苏等省关于办农村幼儿园的四个文件的通知》提出，推广各地群众办园、勤俭办园的经验，以解放广大妇女劳动力，使之投入生产。如山东省范县（现河南省范县），大力贯彻教育为生产服务以及群众办园、勤俭办园的方针，大力支持农业社、生产队自办农忙季节幼儿园，上幼儿园的时间要服从母亲参加劳动生产的时间，有条件的也可办常设的幼儿园。1958 年上半年，要求社社有园，70% 的生产队有幼儿园。下半年，要求实现社社、队队均有幼儿园，至少发展457 处，容纳幼儿 3 万人。同时要求幼儿园都必须贯彻勤俭办园的方针，无论是社办还是队办幼儿园，都要根据少花钱、多办事、把事办好的原则，节省开支，减轻家长负担并保证工作质量。在房舍设备上，要根据教育工作的实际需要来配置，提倡因陋就简，防止出现求全、求美、求大、求多等铺张浪费现象。幼儿园教师要以身作则，教育幼儿爱护公物；提倡劳动建园、多利用废物和自然物自制教具、玩具。[2]

对于幼儿园的场地，因陋就简，充分利用祠堂、庙宇、农民堂屋、小学中的边角空地作为场地。幼儿园的设备就地取材，桌凳用具由群众自带，玩具由教师及家长自制。对幼儿园师资条件要求也不高，幼儿园的师资可以由妇女推选，或由老年人、缺乏劳动力的妇女充当。注意推选热爱儿童、具有高小以上文化水平、年龄在 16 岁以上的女青年或热爱儿童、身体健康、卫生习惯较好、能初步看懂幼儿园教材的中老年妇女。教师的工分根据其以前劳动所得工分的多少来确定。

在这些办园原则下，各地大力兴办幼儿园，如湖南省祁阳县贯彻

---

[1]　马街镇教育志编纂委员会编《马街镇教育志》，2013，第 59 页。

[2]　何东昌主编《中华人民共和国重要教育文献（1949~1997）》，海南出版社，1998，第846 页。

"勤俭办园，群众办园"的方针，机关、团体、厂矿、企业、街道和农村均办起临时性、季节性和半日制、全日制的幼儿园与托儿所。1958 年，全县共办幼儿园 1119 所，在园幼儿 30268 人，占应入园幼儿的 85% 以上。这些幼儿园中的幼儿由老年妇女看管，负责照顾孩子，没有统一的教育内容。1959 年，由于公共食堂食宿困难，办园条件不够，加之大部分教师未受专业训练，这些一哄而起的幼儿园、托儿所，特别是农村幼儿园、托儿所，相继停办，1960 年祁阳县农村集体幼儿园只剩 2 所。①

随着 1959 年开始的三年自然灾害的发生，教育上也进行"调整、巩固、充实、提高"，各地要求减少非生产性人员，幼教人员逐渐被调走，全国幼儿园园数从 1958 年的 695297 所下降到 1962 年的 17564 所，基本恢复到"大跃进"前的水平。县域幼儿园除县城幼儿园外，其余农村地区幼儿园基本被撤销。当时有人调侃："幼儿园，一阵风，先是喜来后是空。"

第三节　县域内普通中学布局的突破与收缩

民国时期中等教育的布局基本位于城市，县域内的普通中学较少。新中国成立后，我国县域内教育有了大的发展，但是发展的主攻方向还是普及小学教育，多数县域的中等教育发展依然处于空白状态。1949~1955 年，我国普通中学发展缓慢，1949 年我国有初中 2448 所、高中 1597 所，而到 1955 年初中数仅为 3790 所，高中数为 1330 所。而当时我国县级行政区划基本保持在 2000 个左右（1949 年县级行政区划有 2067 个，1955 年有 2001 个），除去城市所拥有的中学，县域内

---

① 政协湖南省祁阳县委员会学习文史宣教卫体委员会、祁阳县教育局：《祁阳县教育志》（第一卷），内部资料，2006，第 287 页。

中学可谓凤毛麟角。普通中学的缓慢发展已经严重制约了高小毕业生的升学。到了 1955 年，在"反保守"思想的影响下，中学发展迎来了契机，中学发展的重点开始向农村地区转移。

一 县域内普通中学的迅速发展

1955 年 12 月，教育部召开全国普通教育与师范教育计划座谈会，讨论教育事业发展规划，批判了保守的思想。会议确定 1956 年教育工作的方针是"加速发展，提高质量，全面规划，加强领导"，要求初中争取提前一年完成第一个五年计划，高中超额完成任务。会议提出采取"戴帽子"和大力推行"二部制"的办法，大量发展中学。①

面对小学、初中毕业生的升学压力，毛泽东也主张"不要过分强调质量"，他在 1957 年 3 月 7 日的普通教育工作座谈会上发表了重要的讲话，指出："在农村，教育要强调普及，不要强调提高，不要过分强调质量。""办戴帽中学还是一种好办法。中学办在农村是先进经验，农民子弟可以就近上学，毕业后可以回家生产……戴帽中学的这个帽子不要摘掉，有条件的要多戴一点，学校应该分散在农村里头，摘掉是不好的。"② 同时还提出："为了解决高小毕业生升学紧张的问题，中学招生可以增加一些。小学也同时增加一些学生。社办和民办的问题，有条件的都可以办，但不好下命令。"③ 毛泽东的讲话反映了他对教育发展上"反冒进"保守思想的不满，对县域中学教育的迅速发展起了积极的促进作用。随后，1957 年 3 月 18 日，教育部召开第三次全国教育行政会议，会议认为此后中学的设置应适当分散，改变过去规模过大、过分集中在城市的缺点。特别是初中的发展，此后要面

---

① 中央教育科学研究所编《中华人民共和国教育大事记（1949—1982）》，教育科学出版社，1983，第 148 页。

② 《毛泽东论教育》（第三版），人民教育出版社，2008，第 280 页。

③ 《毛泽东论教育》（第三版），人民教育出版社，2008，第 280 页。

向农村。农村中学主要是给青年以必需的基本知识，让他们毕业后能更好地参加生产。农村初中在教学质量上不能强求和城市一律。[①] 这一会议的精神对 1958 年后县域中等教育的发展影响巨大，各地初中开始采取戴帽方式发展，而高中教育也较前期有很大的突破，不少地区在历史上首次招收高中生，实现高中教育的突破。

在这种背景下，县域内中等教育开始迅速发展，这种发展沿着先初中后高中的路径进行。随着戴帽中学的形式被给予肯定，从 1956 年起初中教育开始迅速发展。1955 年全国普通初中有 3790 所，到 1956 年增长到 4686 所，1957 年进一步增长到 8912 所，1958 年跃进到 24787 所（见表 3-5）。全国不少县域初中教育发端于 1956 年，使县域教育的发展向前迈了一大步。如山西省岚县在 1956 年出现了第一所初中，其属于戴帽初中，但是破天荒地使岚县实现了中学教育的突破。

表 3-5   1946 年、1949~1965 年普通中学学校数变化

单位：所

年份	普通初中学校数				普通高中学校数			
	县镇	农村	县域	全国	县镇	农村	县域	全国
1946	—	—	—	2612	—	—	—	1654
1949	—	—	—	2448	—	—	—	1597
1950	—	—	—	2472	—	—	—	1541
1951	—	—	—	2673	—	—	—	1321
1952	—	—	—	3117	—	—	—	1181
1953	—	—	—	3227	—	—	—	1206
1954	—	—	—	3543	—	—	—	1249
1955	—	—	—	3790	—	—	—	1330
1956	—	—	—	4686	—	—	—	2029
1957	—	—	—	8912	—	—	—	2184

---

① 中央教育科学研究所编《中华人民共和国教育大事记（1949—1982）》，教育科学出版社，1983，第 192 页。

年份	普通初中学校数				普通高中学校数			
	县镇	农村	县域	全国	县镇	农村	县域	全国
1958	—	—	—	24787	—	—	—	4144
1959	—	—	—	16691	—	—	—	4144
1960	—	—	—	17115	—	—	—	4690
1961	—	—	—	14552	—	—	—	4431
1962	2718	10017	12735	15087	2425	548	2973	4434
1963	2899	9797	12696	15296	2408	481	2889	4303
1964	2562	9705	12267	15065	2194	604	2798	4149
1965	2278	8628	10906	13990	2193	604	2797	4112

资料来源：《中国教育成就统计资料（1949—1983）》，人民教育出版社，1984。

县域普通高中的布局发展显得略微滞后了一些，全国普通高中学校数在1955年为1330所，到1957年增长到2184所，但是1957年普通高中招生数较1956年却有所下降，由1956年的37.4万人减少到1957年的32.3万人。普通高中招生数的下降，制约了初中教育的扩张，这就造成1957年县域初中毕业生升学出现困难。

随着1958年"大跃进"的兴起，县域内高中教育也开始迅速发展起来。1957年全国普通高中有2184所，到1958年几乎翻一番，达到4144所。以往一些没有开展高中教育的县，在这一时期通过戴帽或者新办，有了第一所高级中学。如山西省静乐县于1960年在静乐中学开创高中班，首届招收高中班2个，学生99名；1961年又招收1个班，学生40名。这3个班即高一、高二、高三班。1962年因调整，高中班暂停招生，1963年又开始招收高四班，静乐高中教育由此开始持续发展。四川省蒲江县的高中教育也起于这一时期，1958年在蒲江初级中学开办2个三年制高中班，开启了蒲江的高中教育。山西省岚县于1965年创办高中班，开启高中教育。

可以看出，在"大跃进"期间，高中的发展只是填补县域高中教育发展的空白，我国当时有县级行政区2000多个，而此时县域内高中，包括县镇高中和农村高中在内，也基本保持在 2000~3000 所，大约有一半的县在这一时期实现了县域内高中零的突破，自晚清建立新学制以来，第一次有了高级中学的建制。

二 县域内普通中学的缩减

这个时期普通中学的迅速发展，已经有超越当时经济发展水平之嫌。县域内普通中学的发展必然会占用过多的农村农业生产劳动力，进而影响农业生产。为了确保粮食生产，处理好教育发展与农业生产的关系，我国从 1961 年开始对中等教育的发展进行调节，对县域内普通中学的数量进行了缩减。1960 年 11 月，中共中央文教小组召开全国文教工作会议，时任教育部部长杨秀峰在会议上发言指出：1958 年以来，教育事业发展同经济发展产生了不适应的情况，教育事业发展快了，占用劳动力过多了。[1] 为了解决教育过多占用劳动力问题，1961 年 2 月 7 日中共中央批转中央文教小组《关于 1961 年和今后一个时期文化教育工作安排的报告》，其规定：文化教育工作必须贯彻执行"调整、巩固、充实、提高"的方针，一要节约劳动力支援农业生产，此后三五年内，农村 16 岁以上的在校学生占农村全部劳动力的比例应控制在 2% 左右；二要区分城乡和根据各地区不同情况，通过多种形式逐步发展中等学校。这份文件对普通中学发展有所控制，并做了一些调整。[2]

在这种背景下，县域内中等教育的发展速度在 1960 年以后降了下来，尤其是普通中学的发展速度明显放缓。为了节约农村劳动力，国家提出可以酌量把一部分全日制初中改为农业中学或职业中学。例如，

---

[1] 何东昌主编《中华人民共和国重要教育文献（1949~1997）》，海南出版社，1998，第 1021 页。

[2] 《中国教育年鉴》编辑部编《中国教育年鉴（1949~1981）》，中国大百科全书出版社，1984，第 150 页。

四川省筠连县在 1960 年冬开始动员初中超龄学生回乡参加农业生产，1961 年春停办农村民办初级中学，秋季又停办 2 所乡镇初中，县中停招高中新生，到年底只保留了中学 2 所，其有 17 个班和学生 742 人，在校学生减少了 53.2%，回到了 1957 年的水平。[①]

此后，缩减普通中学，尤其是普通初中办学规模的政策得以延续，1963 年中央宣传部发布《关于调整初级中学和加强农业、工业技术教育的初步意见（草稿）》，对"大跃进"后我国中学教育发展的规模进行了预判，认为"按照初中现有在校学生推算，在第三个五年计划期间，将有毕业生 900 万人以上，而这一期间，高中和中专只招 318 万人，所剩约 600 万不能升学的初中毕业生需要安排处理。现有初中的规模显然过大，有必要进行调整"[②]。因此，当时打算在第三个五年计划期间，将初中在校学生从 618 万人调整到 540 万人，即每年招生 180 万人。那么具体怎样调整？鉴于农村初中毕业生升学率低，县镇以下普通初中成为缩减的重点对象。在这种情况下，县域初中中的农村初中呈现持续减少的趋势，从 1962 年的 10017 所减少到 1965 年的 8628 所。县域初中的学校数也整体下降，由 1962 年的 12735 所下降到 1965 年的 10906 所（见表 3-5）。

对于普通高中的发展规模，1963 年中央宣传部《关于调整初级中学和加强农业、工业技术教育的初步意见（草稿）》提出"普通高中学保持现有的规模，不再发展，也不必压缩"。当时我国的高级中学实际上是高等学校的预科，属于高等教育，而其以下属于普及教育的范围。这份文件预计，在第三个五年计划期间，高等学校每年招生 13 万~16 万人，5 年共招 77 万人；高中如果保持当时的规模即 134 万人，平均每个年级 45 万人左右，扣去流动数，每年将毕业 40 万人以上，5

---

①　筠连县县志编纂委员会编《筠连县志》，四川科学技术出版社，1998，第 631 页。

②　何东昌主编《中华人民共和国重要教育文献（1949~1997）》，海南出版社，1998，第 1187 页。

年共有毕业生 200 万人以上，与高等学校招生的比例大体上可以达到
2.5∶1。这样，大致能够保证高等学校的招生质量。因此，高中的发
展规模和速度基本保持当时的水平即可。① 基于此，县域内普通高中
的数量在此后略微有所下降，从 1962 年的 2973 所降到 1965 年的 2797
所。当然，从社会底层就读普通高中的意愿看，当时的这一预判明显
较为保守，这也正是"文革"后高中教育大发展的重要缘由。

第四节　县域农业中学的创办与发展

新中国成立后，我国小学教育迅速发展，小学毕业生大幅增加，初
中数量又很有限，升学就业问题就摆在当时国家的面前。在 1957 年之
前，我国所采取的态度是让高小毕业生回乡就业，也就是当"农民"。
当然，试图让农村高小毕业生回乡劳动，成为农村劳动者，虽然从理论
上讲可以提高农业生产效率，但是现实中，这一理想并不能真正落实。
1956 年后"反保守"的思想盛行，各地大力发展普通初中教育，但是公
办的普通初中数量有限。要解决高小生的升学问题，还需要采取群众办
学的方式，在这种背景下，一种新型的适合农村地域的初中教育诞
生了。

一　农业中学兴起的原因分析

第一，中央较为关注农村高小生的升学问题。1958 年 5 月 30 日，
刘少奇同志在中共中央政治局扩大会议上发表了题为《我国应有两种
教育制度、两种劳动制度》的讲话，指出："学生中间，青年中间，
强烈地要求升学，要求多读书。我看，这个要求是正当的，国家应该

---

① 何东昌主编《中华人民共和国重要教育文献（1949~1997）》，海南出版社，1998，第
1187 页。

想法子，创造条件，尽可能地满足他们的升学要求。我们国家不怕知识分子多，不怕学校多，而怕学校太少了。当然，有个经费问题，办那么多学校，国家拿不出那么多钱。此外，还有不少的家庭不能供给所有的子女都读完中学和大学。所以，去年还写了一篇关于勤工俭学的文章，在《中国青年报》上发表。搞勤工俭学，就是说要学生和青年不依靠国家和家庭，而依靠自己，设法读书和升学。还有民办学校，即组织群众集体办学，也是那个时候提出来的。不只是民办小学，而且民办中学。"① 农村高小生升学难成为这一时期教育领域急需解决的问题。

第二，刘少奇同志"两种教育制度"设想的推动。刘少奇同志年轻时曾参加过勤工俭学运动，而基于当时国家的财力，不可能完全由政府解决高小生的升学问题。因此，受勤工俭学运动的启发，刘少奇提出了"两种教育制度"的设想。1958 年 5 月 30 日，刘少奇在题为"我国应有两种教育制度、两种劳动制度"的讲话中提出："我想，我们国家应该有两种主要的学校教育制度和工厂农村的劳动制度。一种是现在的全日制的学校教育制度和现在工厂里面、机关里面八小时工作的劳动制度。这是主要的。此外，是不是还可以采用一种制度，跟这种制度相并行，也成为主要制度之一，就是半工半读的学校教育制度和半工半读的劳动制度。就是说，不论在学校中、工厂中、机关中、农村中，都比较广泛地采用半工半读的办法……现在农村已经大搞半工半读，农业中学就是半工半读学校。农业中学可以半日读书，半日种地，也可以一日读书，一日种地，还可以考虑半年种地，半年读书。现在是办农业初中，那么初中毕业之后势必要办农业高中，高中毕业之后势必办半工半读的农业大学。"② 刘少奇同志对"两种教育制度"的设想，以及对半工半读农业中学的推崇，使得农业中学迅速发展起来。

① 《建国以来重要文献选编》（第十一册），中央文献出版社，1995，第 338 页。
② 《建国以来重要文献选编》（第十一册），中央文献出版社，1995，第 339~340 页。

二　县域农业中学的兴起

在这种背景下，由中宣部和江苏省委确定在江苏扬州和南通开始建立农业中学试点——扬州邗江县施桥乡农业中学和南通海安县双楼乡农业中学。1958 年 3 月 8 日，双楼乡农业中学正式成立，成为我国第一所农业中学。1958 年 3 月 13 日施桥乡农业中学成立后，江苏、浙江、河南、福建、辽宁等省举办了大量农业中学。之后，其他省份也相继兴办了农业中学。

1958 年 4 月 8 日，中共中央批转江苏省委《关于民办农业中学问题的报告》，指出："普遍发展民办农业中学，对于满足广大农民学习科学文化的强烈要求和小学毕业生的升学要求，有重大的作用。这是实现农业技术改造的一项重要工作，也是文化革命的一个重要方面。凡是有条件的省、市和自治区，应当仿效江苏的办法，大力发展民办农业中学和其他职业中学。与此同时，由于大量发展民办农业中学，小学毕业生的升学问题将获得相当的解决，因此各地可以大量发展民办小学，提前实现小学教育的普及，并更有利于争取在五年到七年内消灭农村中的文盲。"[1] 在中央的倡导下，农业中学在我国县域内遍地开花，各县纷纷办起了农业中学，全国农业中学发展迅猛，农业中学和职业中学学校数在 1958~1960 年明显上升（见表 3-6）。

表 3-6　1958~1965 年农业中学和职业中学发展情况

单位：所，万人

	1958 年	1959 年	1960 年	1961 年	1962 年	1963 年	1964 年	1965 年
学校数	20023	22302	22597	7260	3715	4303	15108	61626
招生数	199.99	105.22	95.30	29.72	14.97	16.73	88.56	306.48
在校生数	199.99	218.99	230.20	61.17	26.66	30.78	112.34	443.34

资料来源：《中国教育成就统计资料（1949—1983）》，人民教育出版社，1984，第 207 页。

---

[1]　《建国以来重要文献选编》（第十一册），中央文献出版社，1995，第 220 页。

三　农业中学的办学特点

第一，农业中学坚持群众办学的原则。农业中学虽然最初由国家倡导，但是由于国家当时的财力有限，农村高小毕业生升学问题只能由农村集体来解决，所以当时创办农业中学基本是由社队负责，坚持"集体办学、个人负担、勤工俭学、国家扶持"的办学原则。农业中学的经费和师资问题多由办学单位自行解决。专任师资主要由未升学的高中生、下放干部担任，不少农中也聘请有经验的农民和技术人员作为兼职教师。教师的报酬一部分由社队记工分，另一部分来自国家补贴或学校的亦工亦农收益。当时的下放干部在农业中学的创办和发展中起到了重要的作用。如山东省邹平县最初的两所农业中学就是由时任省委宣传部部长王众音率领的下放团体所组建的。在 1958 年初，共有 400 多名知识分子（多数是大学教授）从济南和其他一些大城市来到邹平，要使邹平的农民成为"有社会主义觉悟、有文化的农业劳动者"。农业中学之所以在邹平取得相对成功，一个重要的原因可能在于其建立与省里的干部和知识分子下放到基层的政策密切相关。[①]

第二，农业中学以培养服务农业生产的人员为目标。农业中学的目标是培养有社会主义觉悟的、有文化的、有一定生产技术知识的劳动者。因此，农业中学的性质实际上是培养农业生产人才的职业学校。农业中学招收高小毕业生，学制一般为 3 年，学生毕业后回生产队参加农业生产、充实农业科技队伍、增强社队财会力量。

第三，农业中学采用半耕半读的办学形式。采用半耕半读的方式，学习形式多样，坚持"农闲多学、农忙少学"的办学原则，有的半日学习、半日劳动（"四四制"，每日四小时学习、四小时劳动），有的

---

① 〔丹〕曹诗弟：《文化县——从山东邹平的乡村学校看二十世纪的中国》，泥安儒译，山东大学出版社，2005，第 226 页。

隔日学习、隔日劳动，还有"三四制"（每周前三天学习，后四天劳动）。各校一般都由社会拨给一定的农田作为劳动基地。学生除了回队参加农业生产实践，还在学农基地上搞科学试验。

第四，学习内容与农村农业实际相联系。课程设置方面，根据工农业生产的需要，除学习普通中学知识即语文、数学外，还根据各地实际学习农业生产技术、财会、园艺、机电、卫生、基建、师范等课程。

四　农业中学发展的起伏

同县域小学教育发展的趋势一致，农业中学的发展也经历了"V"字形的起伏。1958～1960 年，农业中学在数量上迅速扩张，但受三年自然灾害的影响，农业中学的扩张在一定程度上影响了农村的劳动力。由此，我国开始对中学教育进行调整。1961 年，中共中央批转中央文教小组《关于 1961 年和今后一个时期文化教育工作安排的报告》，提出："在今后三五年内农村 16 岁以上的在校学生占农村全部劳动力的比率，应该控制在 2% 左右。中学和农业中学的在校人数，应该加以控制……农业中学应改为业余学校，或者利用农闲季节一年学习三个月到五个月，其余时间回生产队劳动，以节约劳动力，支援农业生产。"[1] 受国民经济调整和文教政策的影响，不少县停办农业中学，如贵州省印江县于 1961 年决定停办板溪、天堂、木黄、合水、缠溪、农场 6 所农中，仅保留桅杆农中。[2] 全国农业中学数量大幅减少，农业中学和职业中学学校数由 1960 年的 22597 所减少到 1963 年的 4303 所，在校生数也由 1960 年的 230.20 万人减少到 1963 年的 30.78 万人（见表 3-6）。

---

[1]　何东昌主编《中华人民共和国重要教育文献（1949～1997）》，海南出版社，1998，第 1028 页。

[2]　《印江教育志》编写组编《印江教育志》，1992，第 216 页。

　　到了 1963 年，随着国民经济的好转，我国教育体系重新调整，建立"两种教育制度"的思想进一步得到确认。在办好部分全日制学校的同时，为了满足部分学生参加生产劳动和升学的需要，恢复发展农业中学的政策又重新被确立。1963 年 3 月，《中共中央关于讨论试行全日制中小学工作条例草案和对当前中小学教育工作几个问题的指示》就提出：中小学校学生除极小部分学生将升入高等学校以外，一小部分将要在城市就业，绝大部分将要在农村参加生产劳动。这就要求农村地区一方面要办好全日制学校，努力提高教学质量，另一方面在有需要和条件的地区要支持群众举办农业中学。[①] 1963 年 3 月，中共中央宣传部在《关于调整初级中学和加强农业、工业技术教育的初步意见（草稿）》中进一步提出，"过去几年停办或者合并掉的一些农业学校和与农业有关的技术学校，应该积极设法恢复，积极举办为农业生产服务的各种技术学校，同时也要继续办好农业中学"[②]。在这种背景下，一些县域恢复发展农业中学，还有一些县将前期成立的民办中学改制为农业中学。如黑龙江省肇州县决定将肇州镇、丰乐公社、兴城公社 3 所民办中学改名为农业中学。全国农业中学学校数从 1963 年的3757 所增加到 1965 年的 54332 所，同期在校学生数从 24.57 万人增加到316.69 万人。[③]

　　1958 年后兴起的农业中学为农村培养了不少懂技术、服务农村社会的人才。如吉林省双阳县（现长春市双阳区）1961 年首批农中毕业生有 493 人，其中有大小队干部 144 人、公社干部 17 人、民办教员 24人、营业员 31 人、粮食工人 2 人。回生产队的多数都当了技术员、记

①　何东昌主编《中华人民共和国重要教育文献（1949~1997）》，海南出版社，1998，第1151 页。

②　何东昌主编《中华人民共和国重要教育文献（1949~1997）》，海南出版社，1998，第1188 页。

③　中华人民共和国教育部计划财务司编《中国教育成就统计资料（1949—1983）》，人民教育出版社，1984，第 208 页。

工员、保管员，成了农业战线的骨干力量。①

事实上，新中国成立后对"职业教育"一直持一种较为抵触的态度，视其为资本主义社会的产物。在资本主义社会，职业教育是专门为劳动人民子女设置的一种教育制度。那么，农业中学的发展会不会也触动社会主义国家这根敏感的神经呢？农业中学和半耕半读学校被视为是"两种教育制度"中的一种办学形式，而这种办学形式多为农民所设置，培养的目的又为让学生回农村服务，这不由得让人联想到"双轨制"。"文革"开始后，这种对农业中学不公平待遇的不满心理转化为对"两种教育制度"的批判。

第五节　县县办师范与其他专业教育的兴办热潮

1956 年后随着普及小学教育的加速，县域内对小学教师的需求也大增。在 1958 年教育"大跃进"的推动下，不少县域开始自行举办师范学校。同时，《中共中央　国务院关于教育工作的指示》提出：各大协作区，各省、市、自治区，每个专区，每个县应该根据自己的实际情况和需要，建立起一个比较完整的教育体系。② 由此，县域内各种专门学校也大力发展，在"大跃进"中建立起比较完整的教育体系。

一　打破"正规论"和"条件论"的限制，县县办师范

1956 年，中共中央《1956 年到 1967 年全国农业发展纲要（草案）》和党的八大提出要普及小学教育。而普及小学教育就需要小学师资，因此，1956 年，教育部发布《关于大力培养小学教师和幼儿园教

---

① 双阳县地方志编纂委员会编《双阳县志》，吉林文史出版社，1992，第 596 页。
② 何东昌主编《中华人民共和国重要教育文献（1949~1997）》，海南出版社，1998，第 860 页。

养员的指示》，提出："为了给普及小学义务教育创造良好的条件，铺平顺利前进的道路，今后有关小学师资的培养供应，必须能够保证数量充足，质量合用，供应及时。"

因此，从 1956 年开始，前期被削减的初级师范学校又开始增加。1958 年以后，各地更是鼓励大办初级师范学校。许多省、自治区、直辖市在不具备相应人力、物力和财力的条件下，盲目建设中等师范学校，甚至提出了"县县办师范"的口号。例如，河南省的中等师范学校从 1957 年的 35 所增至 1960 年的 130 所，增长 2.71 倍；四川省的中等师范学校也从 1957 年的 67 所增至 1960 年的 188 所，增长 1.81 倍。1958 年，《人民日报》刊发文章《把师范办到乡社中去》，介绍了江苏省昆山县（现昆山市）和四川省叙永县乡乡社社办师范的情况。[1]各地群众破除办学中的条条框框，采取依靠群众、自力更生的办法，在县域内掀起了大办师范学校的热潮。

1961 年后，随着教育事业的调整、收缩，县域师范教育也开始走向收缩。根据四川省邛崃市（当时为邛崃县）的记载，1961 年初，中共四川省委发出指示：为了进一步充实农业生产劳动力、度过当前灾荒，保证 1961 年农业大丰收，所有农村民办小学、县办师范、农业中学，都应停办一个时期，组织师生参加农业生产。根据省委这一指示精神，县上决定停办初师。[2]

从全国范围看，中等师范学校的布局发展呈现出先增后减的趋势，1956 年中等师范学校有 598 所，到 1960 年达到 1964 所，此后开始减少。其中，初级师范学校在 1956 年有 89 所，到 1960 年增加到 675 所，达到了顶峰。此后在 1961 年进行调整、整顿，1963 年仅有 13 所（见表 3-7）。

---

① 《把师范办到乡社中去》，《人民日报》1958 年 11 月 12 日，第 6 版。
② 邛崃市政协文史资料研究委员会编《邛崃文史资料》（第八辑），1994，第 100 页。

表3-7　1956~1965年全国中等师范学校数量

单位：所

	1956年	1957年	1958年	1959年	1960年	1961年	1962年	1963年	1964年	1965年
初级师范学校	89	100	267	343	675	—	—	13	15	32
中级师范学校	509	492	761	1022	1289	1072	558	477	471	362
合计（中等师范学校）	598	592	1028	1365	1964	1072	588	490	486	397

资料来源：《中国教育成就统计资料（1949—1983）》，人民教育出版社，1984，第147页。

二　教育管理权下放，县域要形成完整的教育体系

1958年在"大跃进"的形势下，为鼓励全党、全民办学，改变条条为主的管理体制，加强地方对教育事业的领导管理，我国教育管理权下放。1958年8月4日，中共中央、国务院发布《关于教育事业管理权力下放问题的规定》，提出："小学、普通中学、职业中学、一般的中等专业学校和各级业余学校的设置和发展，无论公办或民办，由地方自行决定。"[1] 1958年中共中央、国务院《关于教育工作的指示》再次要求教育管理权下放，发挥地方办教育的积极性，提出各大协作区，各省、市、自治区，每个专区，每个县应该根据自己的实际情况和需要，建立起一个比较完整的教育体系。[2] 在此背景下，全国各地掀起了办学热潮，县域以往主要由教育部门办学，在教育管理权下放后，县域内各部门也掀起了办学的热潮。

在全民办学的热潮中，不少地方提出"县县办卫校""县县办艺校""县县办农校"的口号。县域各类机关部门办起了各种专业类学校，县域教育建立起较为完整的体系。比如山西省岚县在1958年由县

---

[1]　何东昌主编《中华人民共和国重要教育文献（1949~1997）》，海南出版社，1998，第850页。

[2]　何东昌主编《中华人民共和国重要教育文献（1949~1997）》，海南出版社，1998，第860页。

农建局创办了岚县农业技术学校，学制3年，招生一期50人。县人民医院在高崖湾村创办医卫班，学制1年，招生1期30人。又如江苏省东台县（现东台市）于1958年建立东台县卫生学校，学制3年，在盐城专区范围内统一招生，第1期4个班招生160名，1961年首届毕业生经过长期的医疗实践，多数已成为县域内卫生单位的业务骨干。"大跃进"期间的专业教育办学多如一股风，在1960年后的教育压缩、调整中停办。

三 县县办大学

1958年，《中共中央 国务院关于教育工作的指示》提出："大力发展中等教育和高等教育，争取在15年左右的时间内，基本上做到使全国青年和成年，凡是有条件的和自愿的，都可以受到高等教育。"[1] 在同年的全国教育工作会议期间，刘少奇发表了题为"关于教育工作的几个问题"的讲话，进一步提出："县办大学，将来势必每个县有一所大学，准备十年达到这个目的。"[2] 在此情况下，不少县"破除办大学的迷信"，开始创办大学，如安徽省提出到1965年实现县县有大学的目标。[3] 山东省益都县（现青州市）1958年一个县就办起了工业大学、农业大学和云门山林业大学。黑龙江桦川县也办有三所大学：桦川县农业大学、桦川医学院、桦川财经学院。这些大学都强调教育与生产劳动相结合，大学的系科多分设在县域内的各个职能部门，如冶炼系设在炼铁厂、交通系设在公路站、邮电系设在邮电局，使教学密切联系生产实际。教师采用"就地取材""能者为师"的办法，凡

---

① 何东昌主编《中华人民共和国重要教育文献（1949~1997）》，海南出版社，1998，第861页。

② 何东昌主编《中华人民共和国重要教育文献（1949~1997）》，海南出版社，1998，第839页。

③ 吴海升主编《安徽教育》，安徽文艺出版社，2015，第153页。

有一技之长的人员均可以做教师。学生招收初高中毕业生和企事业职工、农村社员等。这些县办大学从层次上讲，可以算作一种中等专业教育。

在"县县办大学"的口号下，全国高等教育发展迅猛，高等学校数量由 1957 年的 229 所增长到 1960 年的 1289 所。之后，随着 1961 年国民经济的调整，县域内所办"大学"基本上又被精简撤销，到 1963 年全国高等学校数量回落到 407 所。

本章小结

整体来看，1956~1965 年，县域内学校布局呈现出以下一些特点。

在学校类型布局上，县域内学校教育呈现出多样化、全面化的特点。这一时期教育管理权下放，鼓励全民办学，县域内各个部门、单位都进行办学，卫生部门办卫校、艺术部门办艺校，使得县域内教育门类也较为齐全。这样每个县的教育体系也逐渐建立起来，成为一个比较完整的整体。

在学校的空间布局上，呈现出向下延伸的格局。以往县域内学前教育、中等教育发展缓慢，这一时期县域内学前教育、中等教育发展迅速，尤其是县域内中等教育的发展，使得县域教育的层次上升到了高中阶段，不少县的教育层次实现了突破。县域内小学教育在这一时期也向下延伸，基本形成了"村村有小学"的格局。

在学校的办学形式上，一开始大力倡导非正规化发展，打破正规化的束缚，创造各种条件进行办学，将半耕半读学校确立为一种正规的学制类型，开创性地创办了农业中学、耕读学校等，有力地推进了县域内教育的普及。

在学校的办学体制上，这一时期打破了 1953 年以来群众办学不温不火的局面，群众办学大兴，民办小学的比重由 1955 年的 6.37% 上升到 1965 年的 69.81%，民办教育占据了"多半江山"。

　　当然，这一时期县域内教育的布局有着浓重的理想色彩，反映了民众对美好教育的愿景。县域内教育布局在一定程度上是对这种美好愿景的实验，由于现实经济社会发展水平有限，"大跃进"期间的教育在一定程度上超越了县域经济所能够支撑的限度，导致县域教育过度"膨胀"。经过 1961 年后的整顿，县域教育规模基本适应了当时县域发展的现实情况。但是由于我国当时的政治环境已经开始向"左"的方向发展，强调"不要忘记阶级斗争"，如果"上纲上线"地看待教育调整中的正规化的趋向，以及倡导全日制学校和半耕半读学校两种教育制度并行是否符合无产阶级的需求和利益的问题，必将引发县域内学校布局的重新"洗牌"。

第四章　县域内学校布局的迅速下移期（1966~1977 年）

1966 年，"文革"爆发。"文革"中，我国试图建立一个平均主义的社会，消除工农差别、城乡差别、体力劳动和脑力劳动的差别，实现知识分子劳动化、劳动人民知识化的目标。为了使农民群众尽快地翻身做主人，摆脱在文化水平上的制约，农村教育受到前所未有的重视，县域教育的布局向全面化和下移化方向发展。一方面，县域教育具备了从小学到大学的完整教育系统，县县有大学，在县域即可享受高等教育；另一方面，学校布局不断下移，实现了"小学不出队、初中不出村、高中不出社"的人人能受教育的愿景。当然，这种脱离了社会条件制约的教育发展犹如空中楼阁，教育规模庞大，但没有质量的保证，在一定程度上影响了县域教育的正常发展。

1976 年"文革"结束，由于当时党在政治上的"左"的思想并未及时被清除，因此教育普及上的"亢奋"情绪并未立刻平复。直到 1978 年党的十一届三中全会召开，放弃阶级斗争的口号，"农业学大寨"运动被农村改革的热潮所掩盖，学校布局的思路才发生转变。因此，本章在时间节点上将"文革"结束后的 1977 年也纳入"文革"时期来分析研究。

第一节　"文革"时期县域内小学布局的变迁

"文革"开始后，我国并未放弃普及教育，反而更加有组织、高强度地推进教育普及，并将普及教育作为一项政治任务来抓。

一　小学教育由困顿走向受到重视

"文革"开始后批判"两种教育制度"，县域内小学教育遭到严重破坏，普及小学教育遇到严重困难。半耕半读学校受到影响，一些地区的半耕半读小学被停办。如四川省会东县，1969年，民办小学由1968年的373所减少到71所，学生由1966年的9308名减少到1023人，教师仅有73人；公办小学仅有151所，学生减少到6614人。不少学校更改校名为红星、红旗、红光、红卫、燎原等以示"革命"。①一些县域除县城的小学外，其余公办小学全部下放大队来办，导致教师调动频繁，影响了教师的积极性，校产损失严重，严重影响了小学教育的普及发展。因此，在"文革"开始后全国小学数量呈现下降的趋势，1965年全国有小学168万所，到1966年下降到101万所，到1969年下降到92万所，一直到1970年才有所回升（见表4-1）。

1971年，小学教育的发展迎来转机。1971年7月6日，周恩来在会见全国教育工作会议领导小组成员时指出，普及小学教育"是一项大政"②。同年7月29日，周恩来在接见出席教育、出版等七个专业会议的代表时指出："小学教育要求在第四个五年计划期间能够普及，主要是在农村。""必须把小学经费固定下来，只有民办、集体办，没有公办就办不起来。""初中、高中在农村要因地制宜，凡能办的就

---

① 会东县志编纂委员会编《会东县志》，四川人民出版社，1996，第703页。
② 中央教育科学研究所编《中华人民共和国教育大事记（1949—1982）》，教育科学出版社，1983，第439页。

办，师资不够的也不要勉强。"① 周总理的这些指示为重新充实小学教育、加强政府办学注入了力量。同年 8 月中共中央批转的《全国教育工作会议纪要》也提出"大力普及教育，扫除文盲。争取在第四个五年计划期间，农村普及小学教育，有条件的地区，普及七年教育。要采取多种形式办学，把学校办到家门口，让'农民子女就近上学方便'"②。第四个五年计划时间是 1971～1975 年，也就是说，要争取在 1975 年实现普及小学教育，并在有条件的地区普及七年教育。1972 年《人民日报》发表社论强调"普及小学教育是农村教育的重点"，明确"小学普及到顶"思想的错误性："一些同志认为，现在学龄儿童大部分都上了学，小学教育已经'普及到顶'了，当前的工作重点是发展中学。也有的同志说，群众要求发展中学的心情十分迫切，劲头也大，应当在发展中学方面多下功夫。因此，在教师的调配和教育经费的使用上，多着眼于中学，不利于小学五年教育的普及。这是一个值得注意的问题。""当前农村普及教育的重点应当放在普及小学五年教育上，首先满足广大贫下中农子女上小学的要求；在有条件的地区普及七年教育。那种'普及到顶'的说法是不符合实际的。"③ 1974 年 5 月，国务院科教组发布《关于 1974 年教育事业计划（草案）的通知》，提出："1974 年发展教育事业，重点是继续大力普及农村小学五年教育。"④

在这种背景下，各地重新对普及小学教育加以重视，重新认识创办耕读学校的正确性和必要性，小学教育的普及进入快车道。如浙江

---

① 中央教育科学研究所编《中华人民共和国教育大事记（1949—1982）》，教育科学出版社，1983，第 439 页。

② 何东昌主编《中华人民共和国重要教育文献（1949～1997）》，海南出版社，1998，第 1482 页。

③ 《普及小学教育是农村教育的重点》，《人民日报》1972 年 3 月 26 日，第 2 版。

④ 中央教育科学研究所编《中华人民共和国教育大事记（1949—1982）》，教育科学出版社，1983，第 464 页。

省鄞县（现宁波市鄞州区）在"文革"初期全县学生减少 2 万多人，入学率骤然下降。1970 年以后，认真执行周恩来总理提出的"普及农村小学五年教育是一项大政"的指示，全县各小学的入学率普遍提高。1971 年，全县小学入学率达 89.5%，入学率在 90% 以上的有 28 个公社，在 85%～90% 的有 15 个公社，在 85% 以下的有 9 个公社。1972 年，鄞县制定"普及小学五年教育规划"，提倡办牧童班、耕读班、半日班、巡回班以及早、午、晚班和夜小学等。全日制学校允许学生带弟妹上学。还可根据农活季节决定教学时间，允许有些学生提早离校回家参加劳动。全县入学率逐年提高：1972 年为 95.3%，1973 年为 97.5%，1974 年为 98.1%，1978 年为 98.75%。[1] 全国小学数量增长较快，尤其是农村地区小学学校数有较大增长，1971 年农村小学学校数为 93.1 万所，到 1975 年增长到 105.7 万所，增加 12.6 万所，增长率为 13.53%。农村小学在校生数由 1971 年的 9366.5 万人增长到 1976 年的 13285.3 万人，增长 3918.8 万人，增长率为 41.84%。

表 4-1　1966～1977 年全国小学发展情况

单位：万所，万人

年份	学校数				在校生数			
	县镇	农村	县域	全国	县镇	农村	县域	全国
1966	—	—	—	100.70	—	—	—	10341.7
1967	—	—	—	96.42	—	—	—	10244.3
1968	—	—	—	94.06	—	—	—	10036.3
1969	—	—	—	91.57	—	—	—	10066.8
1970	—	—	—	96.11	—	—	—	10528.0
1971	1.5	93.1	94.6	96.85	608.4	9366.5	9974.9	11211.2
1972	1.5	97.3	98.8	100.92	703.5	10621.0	11324.5	12549.2

---

[1]　鄞县教育志编纂办公室编《鄞县教育志》，海洋出版社，1993，第 100 页。

续表

年份	学校数				在校生数			
	县镇	农村	县域	全国	县镇	农村	县域	全国
1973	1.6	99.6	101.2	103.17	776.8	11597.7	12374.5	13570.4
1974	1.7	101.6	103.3	105.33	804.4	12552.3	13356.7	14481.4
1975	1.7	105.7	107.4	109.33	786.9	13246.1	14033	15094.1
1976	1.7	100.8	102.5	104.43	764.9	13285.3	14050.2	15005.5
1977	1.5	94.9	96.4	98.23	737.4	12965.1	13702.5	14617.6

资料来源:《中国教育成就统计资料 (1949—1983)》, 人民教育出版社, 1984。

二　批判正规化办学思想，强调多种形式办学

1968 年后，我国认识到"半耕半读学校"并不能与"两种教育制度"画等号，"半耕半读学校"正是我国教育普及所需要的形式。因此，开始批判正规化办学的思想，提倡多种形式办学，满足贫下中农女子学习的需要。

在这一背景下，小学坚持采用多种形式分散办学，以方便农民子女上学为原则。1969 年 5 月 12 日《人民日报》发表吉林省梨树县《农村中、小学教育大纲（草案）》，其指出："农村中、小学必须满足贫下中农子女入学的要求，为贫下中农子女学习大开方便之门，真正为贫下中农和其他社员群众服务。农村中、小学的设置，应以'农民子女就近上学方便'为原则，打破行政区域界限。"[①] 如山西省壶关县石河沐公社为了普及小学教育，方便农民子女上学，因地制宜地采取多种形式办学。一是分校设点，分散办学。根据贫下中农的意见，将集中办学变为分散办学，对学校布局进行了合理调整，在离中心校较远的农村建立教学点、巡回点、辅导站和分校，在全社范围内形成了一个普及小学教育网。二是实行早、午、晚班制。如有的贫下中农社

---

① 《农村中、小学教育大纲（草案，供讨论）》，《人民日报》1969 年 5 月 12 日，第 1 版。

员因家中人多劳力少，孩子要担负一部分家务劳动，或为生产队牧牛、牧羊，或照看弟妹，不能上学。为了使这些儿童既不耽误劳动，又能学习文化知识，根据农活季节，安排他们在早晨、中午和晚上挤时间学习。①

三　公办小学下放由大队集体办学

"文革"时期，教育管理权进一步下放，将不少原有的农村公办学校也改为大队办学，大力提倡群众办学。1968 年 11 月 14 日，《人民日报》发表了山东省小学教师侯振民、王庆余的文章《建议所有公办小学下放到大队来办》（"侯王建议"），提出："我们的国家是社会主义国家，小学应是大队的一部分，大队在政治领导、经济、师资等条件上完全能够自己办小学。我们建议所有公办小学下放到大队来办，国家不再投资或少投资小学教育经费，教师国家不再发工资，改为大队记工分。"② 这一建议给县域内小学的办学体制带来了很大的影响，县域内除县城、乡镇等城关集镇的小学没有下放外，其余农村小学多下放由生产大队管理，办学经费由生产大队负责提供。公办教师由以往的"公家人"变为了"农民"。教师的工资由以往的全部由国家负担，改为国家补助和大队"摊工分"结合。如湖北省南漳县从1969 年开始，将农村公办小学下放到生产大队办，提倡"学校办到贫下中农家门口"，最后除城关镇、武安镇的 4 所公办小学外，其余的均为大队管理的集体办性质的小学。1969 年秋，民办小学规模达到 871所 1790 班，在校学生达 60542 人，占全县小学生总数的 95.9%。③ 学

---

① 山西壶关县革委会：《分散办学，农民子女就近上学方便》，《人民日报》1971 年 11 月 1日，第 3 版。
② 侯振民、王庆余：《建议所有公办小学下放到大队来办》，《人民日报》1968 年 11 月 14日，第 1 版。
③ 湖北省南漳县教育志编写组：《南漳县教育志（1902—1985）》，1987，第 87 页。

校的公用支出和校舍修建所需人力物力主要靠集体公益金来筹措。

在大队办学的过程中，由于普及教育的需要，聘请了大量的民办教师。这些民办教师多是农村的一些"知识分子"，是读过初中或高中的年轻人，经大队主任或贫管会推荐即可担任。浙江省桐乡县（现桐乡市）记载："文革"中，师范院校停止招生，农村中小学吸收了大量的中小学毕业生担任民办教师。据 1978 年统计，全县中学教职工中民办教师占 49.26%，小学教职工中民办教师占 80.1%（同时，农村小学中民办小学占 87.19%）。[①]"文革"时期，全国小学民办教师的数量由 1965 年的 175.1 万人增加到 1976 年的 341.6 万人，其所占比重也由 1965 年的 45.4% 增加到 1976 年的 64.6%（见表 3-3、表 4-2）。

1971 年以后，在"普及小学教育是一项大政"思想的影响下，各地才重新恢复了原来的公办小学，经费问题由县财政划拨、大队自筹共同解决。公办教师由县统一调配，民办教师实行大队推荐、公社批准、教育局备案等管理制度，小学教育发展的秩序得以恢复。

表 4-2　1972~1978 年全国小学民办教师数量及其占教职工总数的比重

单位：万人，%

	1972 年	1973 年	1974 年	1975 年	1976 年	1977 年	1978 年
数量	245.0	267.8	291.8	320.8	341.6	343.9	342.0
占教职工总数的比重	55.7	57.2	59.0	61.6	64.6	65.8	65.4

资料来源：《中国教育成就统计资料（1949—1983）》，人民教育出版社，1984，第 219 页。

四　缩短学制，实现"村村有小学"

从清末开始，小学就分为两级：初小和高小。新中国成立初期的《关于改革学制的决定》曾试图推行五年一贯制，希望广大劳动人民子女也能接受完整的初等教育。但由于条件不成熟，五年一贯制没有

---

① 马新正主编《桐乡县志》，上海书店出版社，1996，第 1119 页。

试行多久即于 1953 年重新改为"四二制"。

"文革"开始后，缩短学制成为教育革命的重要内容。在"学制要缩短"的号召下，全国各地小学学制缩短至五年，位于村落中的小学，多直接改办为五年制完全小学。小学教育不再有初小、高小之分，也不再有初小、高小、完小之称谓。学制的缩短为普及教育的实现节约了大量的办学成本，便于普及教育的实现。"这种学制，比较切合农村实际情况，利于普及教育，很受贫下中农欢迎……新学制的教育已经在水源公社普及，学生的入学率达到了百分之百，过去退学、失学的学生也上学了。全公社共增加了二十六个班，一千一百多名学生。"[1] 如安徽省金寨县，1969 年秋季，在全面"斗批改"的高潮中，金寨县革命委员会决定：乡镇小学由"四二制"改为五年一贯制，取消初、高级分段招生，从此，全县小学普遍推行五年一贯制的学制，它的特点是使广大儿童能读完小学，有利于普及小学义务教育。[2] 由于小学五年一贯制的推行，农村以往的初小直接升格为完全小学，极大地推动了小学教育的普及，学龄儿童的入学率从 1965 年的 84.7%提升到 1974 年的 93%，到 1976 年学龄儿童入学率达到 96%。[3]

当然，由于"文革"期间，尤其是 1975 年对普及农村七年教育的倡导，中学教育发展迅猛，农村小学戴帽中学的数量迅速增加，同时大批小学骨干教师被抽调去当中学教师，挤占了小学师资，也挤占了小学的校舍、设备，使得农村小学教育质量在一定程度上受到影响，小学教育普及的同时，教育质量没能跟上。各地区入学率虚高，巩固率极低。据河北省香河县记载，1980 年县文教局对各小学进行检查，

① 《农村的教育革命必须依靠贫下中农——调查报告：记营口县水源公社开展教育革命的经验》，《人民日报》1968 年 9 月 16 日，第 1 版。

② 中国人民政治协商会议金寨县委员会文史资料委员会编《金寨文史》（第六辑），1989，第 131 页。

③ 中华人民共和国教育部计划财务司编《中国教育成就统计资料（1949—1983）》，人民教育出版社，1984，第 226 页。

发现全县儿童能在小学读满 5 年的仅占 50%。[①]

第二节　县域内普通中学的迅速扩张

这一阶段我国县域内普通中学的发展虽有起色，但是发展规模有限。"文革"开始后，县域普通中学的发展速度超越了小学。国家在政策方面倡导"有条件"的农村地区大力发展中学教育、普及七年教育，如 1971 年的《全国教育工作会议纪要》提出在第四个五年计划内（1971~1975 年），有条件的地区要普及七年教育。1974 年 5 月，国务院科教组发布的《关于 1974 年教育事业计划（草案）的通知》也同样提出："积极创造条件，逐步在大中城市普及十年教育，农村有条件的地区普及七年教育。"[②] 各地在教育实践中却远远超越了国家定下的目标，提出"读初中不出队，读高中不出社"的口号，县域内普通中学在"文革"时期实现了跨越式发展。

一　"文革"期间普通中学迅速发展的原因分析

"文革"期间，县域内普通中学的发展加速推进，1966 年全国普通中学学校数为 55010 所，而到 1976 年增加到 192152 所，增加137142 所，增长率为 249%（见表 4-3）。这一时期普通中学迅速发展的原因主要有以下几点。

第一，从政治上讲，"文革"期间，否定了新中国成立后最初 17年的教育发展方向，主张执行无产阶级的教育路线，使贫下中农子女也能上中学、大学。为此，缩短学制，解除制度上的束缚，大力发展中学，满足贫下中农上学的需求。

① 河北省香河县教育局编《香河县教育志》，1992，第 148 页。
② 中央教育科学研究所编《中华人民共和国教育大事记（1949—1982）》，教育科学出版社，1983，第 464 页。

单位：所

表 4-3　1965～1978 年全国普通中学学校数

	1965 年	1966 年	1967 年	1968 年	1969 年	1970 年	1971 年	1972 年	1973 年	1974 年	1975 年	1976 年	1977 年	1978 年
普通中学	18102	55010	53507	67210	94871	104954	94765	92966	97324	100621	123505	192152	201268	162345
高中及完中	4112	—	—	—	—	—	—	28029	29365	31589	39120	60535	64903	49215
初级中学	13990	—	—	—	—	—	—	64937	67959	69032	84385	131617	136365	113130

资料来源：《中国教育成就统计资料（1949—1983）》，人民教育出版社，1984。

第二，从教育上讲，经过新中国成立后 17 年的发展，我国农村地区小学教育的入学率有了较大的提升，不少地区将普及教育的重点转向中学。"文革"十年中，小学学校数变化不大，1966~1976 年小学学校数由 100.70 万所增加到 104.43 万所，增加 3.73 万所，增长率为 3.7%。与小学教育的平稳发展相比，普通中学的发展却是爆发式的。

第三，从农村发展的形势看，"农业学大寨"运动进一步发展，助推了农村教育的发展。"五七教育网"是指在人民公社内实行"开门办学""社校一体"，各级教育编织成网的农村教育发展模式。1975 年，其开始从湖北省松滋县（现松滋市）向全省和全国推广，各地纷纷仿效，极大地推动了各地掀起办学的热潮。如湖南省衡东县，"文革"前期不顾客观实际，社社办中学，完全小学一律改为社办中学，部分大队小学附设初中班。到 1969 年，衡东县的完全中学增加到 7 所，初级中学增加到 44 所；到 1977 年，在普及"五七教育网"的口号下，完全中学增加到 52 所，初级中学增加到 213 所。[①] 因此，普通中学在 1975 年后发展更为迅猛，1975 年全国普通中学数量比 1974 年增长了 22.74%。

这个时期，县域内中等教育获得了极大的发展。1965 年，在全国初中在校生中，农村初中在校生占比为 33.7%，到 1977 年，农村初中在校生占比上升到 77.5%，实现了巨大的反超。高中的反超幅度更大，1965 年农村高中在校生占比仅有 9%，但到 1977 年上升到 66.1%（见表 4-4）。

表 4-4　1965 年、1971~1977 年中学阶段不同地区在校生占比变化

单位：%

年份	初中			高中		
	城市	县镇	农村	城市	县镇	农村
1965	42.1	24.2	33.7	43.1	47.9	9.0
1971	19.0	8.0	73.0	22.7	16.0	61.3

① 衡东县志编纂委员会编《衡东县志》，中国社会出版社，1992，第 368 页。

续表

年份	初中			高中		
	城市	县镇	农村	城市	县镇	农村
1972	20.7	9.4	69.9	26.6	18.1	55.3
1973	21.8	9.9	68.3	29.6	20.4	50.0
1974	20.8	10.7	68.5	32.2	19.8	48.0
1975	17.9	10.1	72.0	27.8	18.2	54.0
1976	15.6	9.2	75.2	22.7	15.0	62.3
1977	14.1	8.4	77.5	19.6	14.3	66.1

资料来源：《中国教育成就（1949—1983）》，人民教育出版社，1984，第 197 页。

二　小学戴帽初中，读初中不出大队

为了普及初中教育，各地盛行办"戴帽中学"，即小学附设初中班。当时初中学制已经改为两年，各地在社队小学的基础上续办六、七年级，通过抽调小学教师或招聘民办教师，形成"戴帽初中"。如山西省岚县在 1968 年将全县 20 所完全小学全部改为七年制学校（初中）。再如四川省蒲江县，1968 年，全县公社中心小学全部开办初中班，初中数量由原来的 1 所增长到 17 所。1971 年，山西省平定县所有完全小学全部加设初中班，其中西沟村村小学由五年一贯制变成了七年一贯制学校，即"戴帽初中"，学生读完五年级后直接升入六年级，即成为初中学生。[1] 到 1977 年，全国附设初中班的小学有 202097 所，占小学总校数的 20.57%。[2] 县域内初中学校数从 1965 年的 10906 所增长到 1977 年的 134482 所，初中在校生数由 1965 年的 464.8 万人增长到 1977 年的 4278.1 万人，增幅惊人（见表 4-5）。

---

[1]　平定县《西沟村志》编纂委员会编《西沟村志》，方志出版社，2011，第 307 页。

[2]　《中国教育年鉴》编辑部编《中国教育年鉴（1949~1981）》，中国大百科全书出版社，1984，第 126 页。

表 4-5　1965 年、1971~1977 年县域内初中发展情况

单位：所，万人

年份	学校数			在校生数		
	县镇	农村	县域合计	县镇	农村	县域合计
1965	2278	8628	10906	194.5	270.3	464.8
1971	3528	72192	75720	206.3	1874.2	2080.5
1972	3090	59294	62384	254.6	1904.7	2159.3
1973	2174	63858	66032	250.5	1723.0	1973.5
1974	2147	65319	67466	283.1	1813.3	2096.4
1975	2450	80126	82576	334.0	2377.3	2711.3
1976	3670	126006	129676	401.7	3274.9	3676.6
1977	3217	131265	134482	420.0	3858.1	4278.1

资料来源：《中国教育成就统计资料（1949—1983）》，人民教育出版社，1984。

　　"文革"期间，县域内初中数量基本已经达到了每一公社有 1 所初中的水平，到"文革"后期，达到每一公社有 2~3 所初中的水平（见表 4-6）。初中学校开始向大的生产大队发展，这也正符合"文革"时期提出的"读初中不出大队"的目标。

表 4-6　1965 年、1971~1977 年县域内初中数、公社数对比

	1965 年	1971 年	1972 年	1973 年	1974 年	1975 年	1976 年	1977 年
初中数（所）	10906	75720	62384	66032	67466	82576	129676	134482
公社数（个）	74755	52674	53823	54423	54620	52615	52665	52923
校社比	0.15	1.44	1.16	1.21	1.24	1.57	2.46	2.54

资料来源：初中数由《中国教育成就统计资料（1949—1983）》中数据计算得到，公社数采用《中国农业统计资料（1949—2019）》中"全国农村基层组织情况"中的数据。

三　大力发展高中教育，上高中不出公社

　　如果说 1958 年的"大跃进"让多数县有了自己的高中，那么"文革"时期则是以往只有县城才有的高中教育向下延伸至乡镇（公社）甚至大队。各地提出"读高中不出社"，多数地区在已有公社初

中的基础上增设高中班，使得高中教育在公社即可接受。如山西省岚县在 1971 年将岚城、普明中学改为高级中学，各招生 110 人。同年，东土峪、大蛇头、河口、上明、梁家庄七年制学校开设高中班，改为九年制学校。也就是说，岚县多数乡镇有了自己的高中。全国县镇和农村高中发展均较快，县域内高中学校数由 1965 年的 2797 所增加到 1977 年的 57293 所，县域内高中在校生数由 1965 年的 74.4 万人增加到 1977 年的 1446.4 万人，增幅惊人（见表 4-7）。

表 4-7　1965 年、1971~1977 年县域内高中发展情况

单位：所，万人

年份	学校数			在校生数		
	县镇	农村	县域合计	县镇	农村	县域合计
1965	2193	604	2797	62.5	11.9	74.4
1971	1479	11819	13298	89.5	342.3	431.8
1972	3544	20485	24029	155.5	474.4	629.9
1973	4301	19925	24226	188.6	461.1	649.7
1974	4833	20908	25741	199.1	480.8	679.9
1975	5015	27935	32950	212.1	627.8	839.9
1976	5734	47793	53527	221.8	924.6	1146.4
1977	6377	50916	57293	256.7	1189.7	1446.4

资料来源：《中国教育成就统计资料（1949—1983）》，人民教育出版社，1984。

从表 4-8 可以看出，以 1976 年为例，当年我国有人民公社 52665 个，而当年县域内高中数达到 53527 所，达到了每一公社有 1 所高中的水平。

表 4-8　1965 年、1971~1977 年县域内高中数、公社数对比

	1965 年	1971 年	1972 年	1973 年	1974 年	1975 年	1976 年	1977 年
高中数（所）	2797	13298	24029	24226	25741	32950	53527	57293
公社数（个）	74755	52674	53823	54423	54620	52615	52665	52923
校社比	0.04	0.25	0.45	0.45	0.47	0.63	1.02	1.08

资料来源：初中数由《中国教育成就统计资料（1949—1983）》中数据计算得到，公社数采用《中国农业统计资料（1949—2019）》中"全国农村基层组织情况"中的数据。

县域高中教育的下移，使得一批农村青年有了读高中的机会。初中毕业生升学率持续走高，1970 年初中毕业生升学率达到 38.6%，到 1975 年达到 60.4%。① 农村青年能读上高中成为较为普遍的现象。就读"公社高中"成为 20 世纪 70 年代中后期农村学生的深刻回忆。虽然当时在条件不成熟的情况下有盲目发展的嫌疑，但农村教育的普及能达到如此高的程度，已经是难能可贵了。

当然，不按规律发展的中等教育，在快速推进中等教育普及的同时，也带来了一些问题。一方面，制约了小学的发展。"文革"期间，县域内教育层级上的跨越式发展，使得教师层层上调，大学抽调高中，高中抽调初中，初中抽调小学，导致大批小学骨干教师被抽调到中学任教，反而削弱了小学教育。如贵州省，在"读小学不出队、读初中不出社、读高中不出区"的口号指导下，全省各地采取"先上马，后配鞍"的办法，盲目发展中等教育。随着中等教育的盲目发展，小学的校舍、设备被占用，许多小学改为二部制，骨干教师几乎全被调到中学任教。同时，大量不合格的人被补充到小学教师队伍中，使小学教师的合格率由 1965 年的 70% 下降到 30% 以下。在此期间，学生进校后"学不好，留不住"，完整接受五年小学教育的人数比例很低。② 另一方面，由于层层上调教师，师资力量跟不上，加之对教学质量不重视，中等教育质量堪忧。"'文革'前，一个县只有一二所高中，高中老师的数量有限，可谓凤毛麟角。可是现在，高中基本上是一个公社一所，遍地开花。我所在的县有 16 个公社，就有 16 所高中。高中多了，需要的高中老师自然也多了，到哪里去找那么多高中老师呢？不得已，就只能退而求其次，从初中的老师

---

① 国家统计局编《中国统计年鉴 1986》，中国统计出版社，1986，第 738 页。
② 《中国教育年鉴》编辑部编《中国教育年鉴：地方教育（1949~1984）》，湖南教育出版社，1986，第 1053 页。

中抽调。"① 不得已时，甚至出现了初中毕业生教高中的情况，教学质量可以想象。

第三节　农村学前教育的再度扩张

"文革"初期，新中国成立 17 年来建立的学前教育方针被全盘否定，托幼机构遭受否定，县域内幼儿教育机构基本处于停办状态。1970 年后，随着"文革"局势的稳定，在"农业学大寨"等运动的推动下，县域内学前教育，尤其是农村学前教育再度扩张，农村地区大办"育红班"。

一　"农业学大寨"助推农村学前教育的发展

1970 年后，为了扭转 1967~1969 年农业连续三年产值下降、生产停滞的被动局面，中共中央、国务院恢复和加强了对农业生产的领导。1970 年 5 月，农林部成立。同年 8 月 25 日，我国在山西省昔阳县召开北方地区农业会议，全国再度掀起"农业学大寨"的热潮。"农业学大寨"运动在改善农村农田水利建设的同时，也助推了农村人民公社的发展，在一定程度上还推动了农村地区教育，尤其是农村托幼机构的发展。

为了解除妇女劳动的后顾之忧，把家务劳动社会化，从 20 世纪 70 年代初期开始，农村幼儿园发展迎来又一个高峰。1973~1976 年，我国县域内幼儿园数量增长迅速，1973 年县域内幼儿园有 38260 所，到 1976 年增长到 427538 所，增长了 389278 所，增长幅度达到 1017.45%，增长了 10 倍有余；1976 年以后县域内幼儿园园数呈下降趋势（见表 4-9）。

---

① 庞中信：《"文革"中公社中学诸多怪象》，《世纪》2012 年第 2 期，第 31~34 页。

表 4-9 1973~1978 年县域内幼儿园发展情况

单位：所，万人

年份	园数			在园幼儿数		
	县镇	农村	县域合计	县镇	农村	县域合计
1973	3848	34412	38260	44.78	122.16	166.94
1974	4287	26247	30534	49.50	118.50	168
1975	6164	154638	160802	61.55	449.14	510.69
1976	8004	419534	427538	68.31	1197.70	1266.01
1977	6864	239979	246843	65.62	699.37	764.99
1978	6651	141009	147660	70.26	579.04	649.3

注：1966~1972 年县域内幼儿园发展统计数据缺失。

资料来源：《中国教育成就统计资料（1949—1983）》，人民教育出版社，1984，第231页。

二 农村"育红班"的迅速发展

"文革"时期，农村幼儿园的发展速度远高于县镇幼儿园的发展速度，农村地区在"农业学大寨"的影响下普遍办起了"育红班""红孩班"等带有无产阶级特色的托幼机构，意在培养红色的革命接班人幼苗。如湖北省京山县（现京山市），在"文革"初期，农村幼儿园处于瘫痪状态。从 1972 年开始，一些生产队办起"育红班"。1975 年，全县有"育红班"504 个，入班幼儿达 1.1 万余名。1976 年，"育红班"增加到 1952 个，入班幼儿达 4.2 万余名，教职员达 1798 人。[①]

这一时期的农村幼儿园具有随意性和小学化的特点。一方面，农村幼儿园的设置根据农忙时间来定，主要是为了解决妇女劳动的后顾之忧。由于妇女参加生产劳动，家中小的孩子只能由哥哥姐姐带着上小学，一些地区便将小孩编入小学附设的"红孩班"，托幼机构完全服务于农村的农业生产。另一方面，幼儿园的教学活动具有浓重的政

① 湖北省京山县志编纂委员会编纂《京山县志》，湖北人民出版社，1990，第515页。

治化、小学化色彩。例如，当时的"育红班"或"红孩班"一般都附设在小学内，有的幼儿园设在生产队的办公室，聘有专职的民办幼儿教师或高中毕业的待业青年，由生产队为他们记工分。大多开设毛泽东思想课或政治课（学毛主席语录）、基础知识课（语言、计算）、革命文艺课（唱歌、舞蹈）、军体课（体育、劳动），原有的教学大纲和教材被毁弃，原有的一套保教和卫生保健制度被诬为"管、卡、压"，就连"娃娃人""动物园"等正常的游戏，也被当作"封、资、修"（封建残余、资本主义、修正主义）进行批判和否定，幼儿园小学化、成人化的倾向严重。①

1978 年以后，随着"农业学大寨"运动的结束和人民公社化运动的终结，农村学前班数量开始下降，一些地区的农村幼儿园逐渐转为小学附设的学前班。

第四节　县域内普通教育职业化与县县办大学

"文革"开始后不久，即全面否定了"两种教育制度"的提法。县域职业教育制度从形式上被废止，但与此同时，普通教育却出现"职业化"的倾向。

一　批判"两种教育制度"下的"半工半读"

"文革"期间认为 1965 年后盛行的"两种教育制度"实际上"阉割"了毛泽东关于半工半读的思想。1918 年 6 月，毛泽东曾想邀朋友在长沙岳麓山设工读同志会，采用半耕半读的方式运行，后来其参与创办的湖南自修大学也采用工读互助的方式办学。新中国

---

① 政协湖南省祁阳县委员会学习文史宣教卫体委员会、祁阳县教育局：《祁阳县教育志》（第一卷），内部资料，2006，第 287 页。

成立后，毛泽东多次强调教育要与生产劳动相结合，如在制定《工作方法六十条（草案）》（1958 年）时，针对各级各类学校存在的问题，他进一步提出了教育与生产劳动相结合的途径和形式："一切中等技术学校和技工学校，凡是可能的，一律试办工厂或者农场，进行生产，做到自给或者半自给。学生实行半工半读。"[①] 在毛泽东看来，半工半读是学习和掌握真知的途径，只有通过"劳动化"，知识才能变为真知。

对"两种教育制度"的批判，导致"文革"期间对职业教育进行否定，这对具有职业教育性质的"耕读学校"和农业中学的办学造成一定的影响。

二　普通教育职业化，普通中学办成五七大学

其实"文革"期间并非不要职业教育，而是认为所有学校都应该是职业教育，全部的学校都应该半工半读。因此，从某种意义上讲，在"文革"期间，县域内不仅有职业教育，而且职业教育开展得比以往更为广泛，实现了普通教育的职业化。除普通中小学要参加劳动、实行开门办学外，还专门成立了五七学校（一些县成立的是五七大学），开展职业教育活动，培养县域各方面所需技能型人才。据统计，1976 年全国五七大学（包括共产主义劳动大学）有 7449 所，在校生有 92.28 万人（长班 576801 人，短训班 346002 人），平均每校有 120 多个学生。五七学校有 9550 所，在校生有 58.19 万人（长班 411881 人，短训班 170033 人），平均每校有 60 多个学生。[②]

五七学校的盛行，除了受普通教育职业化思想的影响，还与"文革"时期农村社会的发展有一定的关系。当时我国农村地区大力

---

① 《建国以来重要文献选编》（第十一册），中央文献出版社，1995，第 56 页。
② 中央教育科学研究所编《中华人民共和国教育大事记（1949—1982）》，教育科学出版社，1983，第 475 页。

开展"农业学大寨"运动，推动农业现代化发展，当时提出的农业现代化包括水利化、机械化、化学化和电气化等"四化"，而实现农业的"四化"就需要相应的各类人才。如吉林省前郭县，在"农业学大寨"和向农业"四化"进军的过程中，全县21个公社普遍建立了农业技术推广站、拖拉机站，182个大队都建立了畜牧站，打井办电，普及合作医疗。三大革命运动的迅速发展，迫切需要一支贫下中农自己的政治理论和科学技术队伍。前郭县原有的这支队伍，远远不能适应需要。1970年，前郭县委算了一笔发人深省的大账。随着"农业学大寨"运动的发展，预计到1975年，全县需要农、林、水、农机人才与赤脚医生等各种专业人才12000多名；国家办的大学和中专每年从前郭县招生200名，即使他们毕业后全部回到原地，到1975年也只能提供1000多人，加上原有技术队伍的改造和使用，仍然只能满足一个零数的需求。也就是说，单靠国家分配这条腿走路，提供全县农村各种急需人才得用50多年。显然，这是根本不行的，必须两条腿走路，自己办大学，自力更生培养农村社会主义建设急需的人才。[1] 为此，前郭县委于1970年5月7日创办了五七大学，以培养农村发展所需人才。还有一些县在县级普通中学内附设职业教育，如山西省岚县县城的东村中学于1970年改为五七中学，除招收普通科学生外，还开设师资班、医卫班、机电班、农机班，学制均为一年。[2]

"文革"时期的五七学校具有以下一些特点。

第一，实行开门办学，服务农村。所谓"开门办学"，就是要解决办学与实践相脱节的问题，学校要坚持"请进来"和"走出去"相结合。在办学方向上，五七学校多以农村和县域所需的技能型人才为

---

[1]　吉林师范大学政治教育系编《无产阶级教育革命文选》，吉林人民出版社，1975，第71页。

[2]　康茂生主编《岚县志》，中国科学技术出版社，1991，第459页。

培养对象，为农村农业生产服务，多数五七学校的专业有医卫、兽医、机电、农机等农村和县域发展所急需的专业。在教学上实行开门办学的方针，重视理论与实践相结合。一些地区五七学校教学实行"三三制"，即一学年中 1/3 时间集中学习，1/3 时间实习、劳动，1/3 时间回工厂、农村参加生产实践。

第二，实行"社来社去"。五七学校主要招收回乡、下乡知识青年和有经验的农民为学员。学员学习期限较短，以短期培训为主，课程结束后，从哪来到哪去，实行"结业不毕业"政策。这类学校培养的是工农业技术骨干、医务人员、财会人员和中小学师资。学校发给结业证书，按照"厂来厂去、社来社去"的分配原则，毕业生由原选送单位安排使用，国家不包分配。但实际上，这批技术人员有效缓解了"文革"时期以及此后很长一段时间内县域各部门技术人才短缺状况，对县域经济社会的发展起到了积极的作用。

第三，紧密联系相关部门办学。"文革"时期，教育领域实行"块块为主"的管理体制，由各部门办学。五七学校中各种专业人才的培养多由县域相关部门负责，如农机局负责农机专业人才的培养，卫生局负责医卫专业人才的培养，教师也从相应的部门进行抽调。

到了"文革"后期，受朝阳农学院教育革命经验（简称"朝农经验"）的影响，各地纷纷将五七学校升格为五七大学。1975 年 4 月，国务院批转了教育部《关于推广辽宁朝阳农学院经验和有关政策问题的请示报告》，许多地方根据"朝农经验"，创办县办的、社办的、队办的五七大学。例如，安徽省枞阳县于 1976 年 3 月 2 日将枞阳县五七学校改为枞阳县五七大学；四川省犍为县受学习"朝农经验"的影响，于 1975 年 4 月创办犍为县五七大学。从五七大学的发展看，1975 年后五七大学的创办掀起高潮（见表 4-10）。

表 4-10　1972~1978 年五七大学发展情况

单位：所，万人

年份	学校数	招生数	毕业生数	在校生数	职工数	教师数
1972	825	11.0	8.8	11.8	1.9	0.9
1973	774	10.1	9.5	9.7	1.0	1.1
1974	924	12.1	10.5	12.1	1.5	0.8
1975	4455	30.7	32.7	46.9	2.4	1.9
1976	16999	74.0	147.0	150.5	5.7	5.3
1977	10677	33.7	30.7	48.7	4.8	3.5
1978	2952	75.0	19.0	19.7	2.5	1.4

注：本表中的五七大学包括共产主义劳动大学等。1976 年及以前各年的在校生数包括全脱产、半脱产、业余和短训班的学员数。1977 年、1978 年只包括全脱产、半脱产学习人数。

资料来源：《三十年全国教育统计资料（1949—1978 年）》，1979，第 212 页。

"文革"结束后，一些五七大学改为普通中学和师范学校。1980 年 4 月 20~25 日，教育部在北京召开五七大学座谈会，会议提出本着实事求是、区别对待的精神去整顿县办五七大学，确定将教育部门办的五七大学改办为成人技术教育性质的农民技术学校。①

三　部分农林大学下放县域办学

前文讲到，抗战时期，在特殊的社会背景下，我国一些高校向中西部山区县域内搬迁，提高了这些县域教育的层次，极大地提升了县域的文化水准。但是大学有一定的辐射范围，其一般都选择政治、文化、经济、交通各方面要素都比较集中的城市来办，在县域内办大学在一定程度上会制约大学的正常发展，因此，县域内不太适宜办大学。"文革"时期，强调大学要开门办学，教育要为贫下中农服务。因此，部分大学，尤其是农业大学，下放或迁移到县域来办。如北京农业大学奉命于 1970 年迁到陕西省甘泉县，1973 年 9 月，北京农业大学全部

① 中央教育科学研究所编《中华人民共和国教育大事记（1949—1982）》，教育科学出版社，1983，第 579 页。

搬迁到河北省涿县（现涿州市），校名也改为"华北农业大学"，1978年回迁北京。北京林学院 1970 年搬到云南的丽江，更名为"丽江林学院"，1972 年迁至下关市（现大理市），更名为"云南林业学院"。1973 年迁往昆明市安宁县（今安宁市），更名为"云南林学院"，1979年迁回北京复校。1974 年，广东农林学院从广州搬迁到湖南溆浦县并更名为"湖南林学院"。1972 年，福建农学院、福建林学院合并复办，成立福建农林大学，校总部设在南平市西芹镇福建林学院原址，分部设在三明市和沙县两地。1968 年，安徽农学院下迁农村办学，学校被一分为三，总院设在宿县，两个分院分设在滁县沙河集和凤阳。据统计，1971 年全国教育工作会议后，全国 52 所农业院校中校址发生搬迁的有 23 所。

本章小结

"文革"十年，从整体看县域内教育布局有了极大的发展，虽然前期县域内教育也陷入混乱，但是在 1970 年后，随着政局的相对稳定，县域内学校布局有了跨越式发展。从学校类型的布局看，每个县甚至每个公社都要成为一个独立的办学整体，办学类型实现多样化、全面化，提出"县县办大学"的口号。小学教育基本实现了"村村有小学"的理想，中学教育通过"戴帽"等形式，实现了跨越式的发展，入学率大幅提升。职业教育虽被取消，但弥散于整个普通教育中，达到"普通教育职业化"的程度。县域学前教育也有较大的发展。从县域学校的空间布局看，"文革"期间学校布局极大地下移，县域内学校布局基本形成"读小学不出队、读初中不出村、读高中不出社"的格局；从县域内学校办学形式的布局看，这一时期反对正规化，主张全面非正规化办学，取消了前一阶段的"耕读学校""农业学校"等非正规化的办学形式，消除了正规化与非正规化的区别，使所有学校类型全部非正规化，采用多种形式办学；从县域内学校办学的体制类型布局看，"文革"期间更加强调群众办学，公办小学一度全部下放大队（村集体）来办，民办教育（群众集体办学）比例进一步提升，小学民办教师的比例一度达到 65.8%（1977 年）。

当然，"文革"时期县域内学校布局也存在很大的问题。第一，这样的学校布局格局在一定程度上超越了当时我国的社会发展水平，县域内学校布局不顾实际地下移、趋向分散，导致学校数量"虚肿"；第二，整个县域内教育体系多靠群众办学，小学戴帽初中、初中戴帽高中，教师层层上调，教师质量跟不上教育发展水平，导致中小学发展失序，教育质量降低；第三，当时的教育结构失衡，将职业教育视为资产阶级的"双轨制"，同时，将教育劳动化，将普通教育职业化，导致普通教育和职业教育水平均有限。

第五章　县域内学校布局的收缩期
（1978~1991 年）

　　"文革"结束后，我国社会开始进行拨乱反正，1978 年 12 月，党的十一届三中全会召开，果断停止使用"以阶级斗争为纲"的口号，做出了把国家的工作重心转移到经济建设上来的战略决策，我国社会事业发展进入了改革开放的新时期。要推进现代化建设，必须处理好教育同国民经济的关系，教育事业的发展必须同国民经济发展的要求相适应。1978 年邓小平同志在全国教育工作会议上就指出："我们的国民经济是有计划按比例发展的，我们培养训练专门家和劳动后备军，也应该有与之相适应的周密的计划。"① 因此，改革开放后，我国开始调整国民经济，同时解决由"文革"造成的教育发展失序的问题。1979 年 4 月，中共中央召开工作会议，决定用三年时间对国民经济实行"调整、改革、整顿、提高"的方针。教育调整主要包括两个方面：一是调整教育的外部比例关系，使教育事业能够逐步做到与经济建设相协调；二是调整教育的内部比例关系，使各级各类学校有计划按比例稳步发展，保证教育质量的不断提高。关于教育内部的结构问题，1981 年 5 月 13~20 日，教育部在济南召开普通教育调整座谈会，会上提出普通教育事业调整、整顿的方针是"充实加强小学，

---

　　① 《邓小平文选》（第二卷），人民出版社，1994，第 108 页。

整顿提高初中，压缩普通高中，发展职业技术教育，集中力量办好重点学校"①。

1978~1991 年，我国对"文革"时期教育的乱局进行了大幅度的调整，使各级各类教育走上正常发展的轨道。这一时期县域内学校布局主要表现为"教育战线"大规模收缩，一方面缩减"文革"时期留下来的过度"膨胀"的学校数量，另一方面调整学校发展结构，使之与国民经济发展相适应。

第一节　重提普及小学教育，充实小学教育

在"大跃进"和"文革"期间已经有很多省份宣布完成了普及小学教育的任务，但是受"左"的思想影响，这时的普及小学教育有很大的夸大成分，实际普及程度较低，教育质量也较低。我国从 1987 年开始重新评估普及小学教育的情况，如 1978 年 10 月 21 日，教育部发出通知，要求各地调查普及小学教育的情况。通知指出，当时全国尚有 1/5 的县儿童入学率过低，不少地区入学统计数字有虚假现象，各地已入学的儿童流动量较大。为此，要求各地于当年第四季度采取重点检查的办法，就适龄儿童数、实际入学率、流动率、计满五年普及率、教育质量等进行调查，做出报告。② 1979 年 1 月 10 日，教育部又发出通知，要求各地继续抓紧普及农村小学五年教育。通知提出，入学率不是普及率，满足于入学率达到 90% 而放松普及小学教育工作是不对的。③ 1980 年，《人民教育》发表文章《是认真解决小学教育问

---

① 中央教育科学研究所编《中华人民共和国教育大事记（1949—1982）》，教育科学出版社，1983，第 618 页。

② 金铁宽主编《中华人民共和国教育大事记》（第 2 卷），山东教育出版社，1995，第 1092 页。

③ 金铁宽主编《中华人民共和国教育大事记》（第 2 卷），山东教育出版社，1995，第 1092 页。

题的时候了》，该文指出："到 1980 年，全国人口 25% 的地区普及了小学教育，占人口近 60% 的地区接近了普及。由于小学教育长期未能普及，新文盲大量产生，目前全国文盲中，有相当多数是青年和少年。这种状况如果再继续下去，将会贻误四化建设的大局。"① 因此，普及小学教育已经到了刻不容缓的地步。

在这种背景下，1980 年 12 月，中共中央、国务院发出《关于普及小学教育若干问题的决定》，重新认识普及小学教育，指出"建国以后，我国小学教育有很大发展，但是由于工作上的种种失误，特别是'文化大革命'的破坏，我国目前五年制小学教育尚未普及，新文盲继续大量产生"②，并提出在 20 世纪 80 年代全国应基本实现普及小学教育的历史任务。1985 年，中共中央发布《关于教育体制改革的决定》，要求有步骤地实行九年义务教育，将全国划分为三类地区，分别按不同要求推进九年义务教育的普及，提出在约占全国人口一半的中等发展程度的镇和农村，要首先抓紧按质按量普及小学教育。因此，在整个 20 世纪 80 年代，我国县域教育的重心就放在了普及初等教育上面。

一　撤销小学戴帽初中班，充实小学教育

为了普及小学教育，必须先对"文革"时期留下的小学教育进行整顿，撤销小学戴帽初中班。如山西省岚县于 1977 年对小学进行整顿，撤并了一批规模过小、复式过多的小学。整顿后全县有小学 250 所，学生 21182 人。1979 年后，小学数量回升。到 1986 年，全县有小学 339 所。而当时全县有行政村 329 个，自然村 347 个，因此，基本上每一村落有一所小学，小学数量此后长期保持这一态势。甘肃省 1979 年共有附设初中班的小学 3261 所，其学生有 31 万人，在调整中，

---

① 《是认真解决小学教育问题的时候了》，《人民教育》1980 年第 12 期，第 3~5 页。
② 《三中全会以来重要文献选编》（上），人民出版社，2011，第 589 页。

对于确实不具备条件、严重影响小学教育质量的，摘掉初中的帽子，集中办好小学。经过调整，到 1983 年，附设初中班的小学减少 1412 所，学生减为 21 万人。[①] 河北省逐渐减少"文革"中办起的小学附设初中班，合点并班。到 1982 年，全省撤销小学附设初中班 5659 处，3 万多名教师回到小学任教，大大推动了小学教育发展。[②]

受整顿小学教育的影响，这一时期县域内小学学校数呈下降趋势（见表 5-1）。小学学校数由 1978 年的 93.2 万所减少到 1991 年的 70.1 万所，减少 23.1 万所，减幅为 24.79%。当然由于前期没有教学点的统计数据，如果将教学点数也纳入小学学校数内，会发现小学学校数（含教学点数）的减幅没有那么大。其由 1978 年的 93.2 万所减少到 1991 年的 88.2 万所（个），减少 5 万所（个），减幅为 5.36%。1991 年我国有行政村 80.4 万个，而当时农村小学（含教学点）数为 81.5 万所（个）。从整体来看，1992 年前，我国小学布局仍呈"村村有小学"的面貌，校村比基本保持在 1 以上，即能保证每个行政村有 1 所小学（1 个教学点）（见表 5-2）。

表 5-1 1978~1992 年县域内小学、教学点发展情况

年份	小学学校数（万所）			教学点数（万个）			总计〔万所（个）〕	在校生数（万人）		
	县镇	农村	县域合计	县镇	农村	县域合计		县镇	农村	县域合计
1978	1.6	91.6	93.2	—	—	—	—	774.7	12878.7	13653.4
1979	1.6	89.0	90.6	—	—	—	—	808.4	12845.0	13653.4
1980	1.6	88.3	89.9	—	—	—	—	831.8	12767.5	13599.3
1981	1.7	85.8	87.5	—	—	—	—	852.2	12467.4	13319.6
1982	1.8	84.3	86.1	—	—	—	—	861.2	12118.6	12979.8

[①] 《中国教育年鉴》编辑部编《中国教育年鉴：地方教育（1949~1984）》，湖南教育出版社，1986，第 1203 页。

[②] 《中国教育年鉴》编辑部编《中国教育年鉴：地方教育（1949~1984）》，湖南教育出版社，1986，第 125 页。

续表

年份	小学学校数（万所）			教学点数（万个）			总计［万所（个）］	在校生数（万人）		
	县镇	农村	县域合计	县镇	农村	县域合计		县镇	农村	县域合计
1983	2.0	82.2	84.2	—	—	—	—	847.1	11758.9	12606
1984	3.2	79.7	82.9	—	—	—	—	1023.6	11451.3	12474.9
1985	4.3	76.6	80.9	—	—	—	—	1198.2	11076.3	12274.5
1986	3.3	76.3	79.6	—	—	—	—	1142.1	10913.9	12056
1987	3.9	74.4	78.3	0.6	16.4	17	95.3	1224.4	10463.5	11687.9
1988	4.1	72.5	76.6	0.5	15.2	15.7	92.3	1246.4	10043.7	11290.1
1989	4.4	70.5	74.9	0.6	15.3	15.9	90.8	1310.5	9729.2	11039.7
1990	4.2	69.7	73.9	0.5	14.2	14.7	88.6	1304.5	9595.6	10900.1
1991	6.0	64.1	70.1	0.7	17.4	18.1	88.2	1533.0	9251.1	10784.1
1992	7.3	61.3	68.6	0.8	17.6	18.4	87	1718.2	9060.0	10778.2

资料来源：1978~1990 年数据来源于《中国教育成就统计资料（1949—1983）》，人民教育出版社，1984；《中国教育成就统计资料（1980—1985）》，人民教育出版社，1986；《中国教育成就统计资料（1986—1990）》，人民教育出版社，1991。1991 年及之后数据来源于历年《中国教育统计年鉴》（《中国教育事业统计年鉴》）。

表 5-2 1987~1992 年农村小学（含教学点）数与行政村数对比

	1987 年	1988 年	1989 年	1990 年	1991 年	1992 年
农村小学（含教学点）数［万所（个）］	90.8	87.7	85.8	83.9	81.5	78.9
行政村数（万个）	83	74	74.6	74.3	80.4	80.6
校村比	1.09	1.19	1.15	1.13	1.01	0.98

资料来源：行政村数来源于《中国农业统计资料（1949—2019）》，中国统计出版社，2020，第 35 页。

二 延续非正规化办学的思路，重视复式教学

在改革开放后普及小学教育的过程中，我国依然延续非正规化策略，主张采取多种形式推进教育普及。如 1979 年教育部发布《关于继续切实抓紧普及农村小学五年教育的通知》，提出："适当地调整学校布局，使之既有利于普及小学五年教育，又节约人力、物力，是必要

的。但要十分慎重。农村、牧区、山区自然条件、生产条件和生活条件各不相同，十分复杂。调整学校布局，一定要坚持有利于儿童就近入学的原则，一定要坚持多种形式办学（全日制、半日制、早午晚班等等），决不能因此而造成儿童失学。"[1] 1980 年《中共中央　国务院关于普及小学教育若干问题的决定》提出："鉴于我国经济、文化发展很不平衡，自然环境、居住条件差异很大，必须从实际出发，因地制宜，采取多种形式办学。力求使学校布局和办学形式与群众生产、生活相适应，便于学生就近上学。在办好全日制学校的同时，还应举办一些半日制、隔日制、巡回制、早午晚班等多种形式的简易小学或教学班（组）。这类学校的学习年限和教学要求，可以不拘一格，只要学好语文、算术即可。"在办学条件上强调要达到"一无两有"，即"校校无危房，班班有教室，学生人人有课桌凳"。1983 年《中共中央　国务院关于加强和改革农村学校教育若干问题的通知》同样强调："农村小学的办学形式要灵活多样。学制五年、六年并存，并可实行高低年级分段。"其要求既要办一部分全日制小学，也要办好简易小学或教学班组，具体形式包括半日制、隔日制、巡回教学等。在人口稀少、居住很分散的少数民族地区，边远的山区、林区、牧区，除适当增加教学点外，还应办一些寄宿制学校。关于农村学校的教学内容，其提出要注意联系农村生产、生活的实际。之后，为在农村推行普及教育，农村教育采取了广设学校、村村办学、网点下伸的做法，以方便农村儿童就近入学，提高农村儿童的入学率。1986 年 9 月，国务院办公厅转发国家教育委员会等部门《关于实施〈义务教育法〉若干问题的意见》，指出："学校设置、布局要合理。""采取多种形式办学。小学除举办按教学计划开设全部课程的全日制小学外，也可在贫

---

[1]　何东昌主编《中华人民共和国重要教育文献（1949~1997）》，海南出版社，1998，第1661 页。

困、边远、居住分散的地区举办适当减少课程门类、适当调整教学要求的村办小学或简易小学。"①

在这种政策背景下，这一时期县域内小学发展采用多种形式，农村小学普遍采用复式教学的形式。如湖北省监利县（现监利市）提出："每个大队首先努力办好一所全日制学校，保证85%~90%的适龄儿童入学。对家庭确有困难的，让他们到多种形式学校就读。家长要求入学近一点，就伸点办学；家长要求学生学习时间短一点，就办早晚班、巡回班、隔日制、速成班。"② 广西融水苗族自治县1981年开始，在居民分散的大苗山区办起了319个早、晚班简易小学，使很多失学的女孩上了学。简易小学学制为3年，不收学费、书费，学生上学以后，还有时间参加劳动。这样做了以后，女孩子上学的人数猛增，到1983年，早、晚班全部7200多名学生中，女生占到了69%。③ 福建省武平县1980年开始贯彻福建省教育厅《关于办好农村简易小学的几点意见》，1984年全县简易小学（班）恢复、发展到240所（个）。④ "文革"结束后的学校布局调整，从数量上和结构上来看，主要是对中学进行了调整，对小学教育布局调整的态度较为缓和，使得全国小学教育的布局基本延续了"文革"时期的布局——"村村有小学"。

随着改革开放后农村地区人口出生率的下降，农村小学复式教学成为一种普遍的现象。有学者统计，我国农村1986年有76万多所小学346.5万多个教学班，其中复式班有42万多个，占12%。另外，还有农村教学点16万多个，其代表多级复式的教学形式。即使是在经济、教育都比较发达的浙江，复式班占农村小学教学班总数亦达30%

---

① 《教育改革重要文献选编》，人民教育出版社，1988，第69页。
② 游定章、李述善、霍贵炎：《办学形式多样化　质量不搞一刀切——湖北监利县农村普及小学教育的调查》，《人民日报》1981年7月7日，第3版。
③ 《融水县大办山区简易小学》，《人民日报》1983年7月9日，第3版。
④ 武平县县志编纂委员会编《武平县志》，中国大百科全书出版社，1993，第597页。

左右。至于山区面积较大的山西，仅单人校（即一所学校只有一间教室、由一名教师负责全校各年级教学的复式小学）即有 16900 多所，占全省小学数的 40%。该省沁水县属居民居住十分分散的山乡，全县 824 所小学中，即有复式小学 776 所，占 94%。① 在当时的情况下，为了普及初等教育，各地普遍将复式教学作为一种普及教育的有效方式，国家对复式教学也给予重视。国家教委基础教育司自 1987 年以来，相继在山西太原、河北张家口、江西九江、天津召开了四次有关复式教学的研讨会或工作会议，专题研究有关农村小学复式教学方面的问题。②

20 世纪 80 年代初的中小学布局调整工作，主要对中学的结构进行了调整，对小学提倡"充实提高"。当然在普及义务教育的过程中，各地为了尽快"普九"，对"村村有小学"的状况没有进行调整，复式教学大量存在，在一定程度上限制了教育效益的提高。进入 90 年代中期后，各地开始对小学教育进行调整，县域内小学教育规模有所缩减。

三　多渠道筹措教育经费，人民教育人民办

农村集体经济时代，农村教育的经费筹措主要由人民公社内部的生产队、生产大队等集体组织负责。但是随着农村家庭联产承包责任制的推行，农村集体组织的力量逐步式微，农村教育的办学经费如何筹措就成为一大问题。在农村改革的前几年，我国农民收入增长较快，农民人均纯收入从 1978 年的 134 元增长到 1984 的 355 元，扣除价格因素后实际增长了约 1.5 倍，年均增长 16.2%。1978 年，我国农村贫困人口［标准为收入低于 100 元/（人·年）］为 2.5 亿人，贫困发生

---

① 陈德珍：《加强农村小学复式教学》，《人民教育》1987 年第 Z1 期。
② 王德苓主编《"普九"中的复式教学——复式教学的创新与发展》，中国商业出版社，2000，第 3 页。

率为 30.7%；到 1985 年农村贫困人口下降为 1.25 亿人〔标准为收入低于 206 元/（人·年）〕，贫困发生率降为 14.8%。① 因此，当时农民参与办学的积极性较高。在农村地区的办学中，政府采用依靠群众、多方面筹措资金的办法。1979 年 11 月，中共中央批转了《中共湖南省桃江县委关于发展农村教育事业的情况报告》，湖南省桃江县坚持"两条腿走路"的方针，把国家拨给一点、群众自筹一点、学校勤工俭学解决一点结合起来，对广大农民群众的办学积极性加以引导，依靠群众办学。② 此后，这一办法被予以肯定，1984 年《国务院关于筹措农村学校办学经费的通知》提出："开辟多种渠道筹措农村学校办学经费。除国家拨给的教育事业费外，乡人民政府可以征收教育事业费附加，并鼓励社会各方面和个人自愿投资在农村办学。"③ 除国家拨给的教育事业费外，经费问题由乡镇政府通过征收教育事业费附加和村民自筹解决。1985 年《中共中央关于教育体制改革的决定》确立了基础教育"地方负责，分级管理"的管理体制，县域内教育形成了"县办县城学校，乡镇办乡镇初中，村办村小"的格局。县域内小学教育，尤其是农村小学的办学经费，主要由乡镇和村民委员会负责筹措，而教育事业费附加的一部分在农业税中征收。因此，20 世纪八九十年代，县域农村教育的办学经费一定程度上讲仍是间接或直接地由农民承担的，农村教育办学变为"人民教育人民办"，将改革开放前由集体承担的办学经费或明或暗地转嫁到农民身上。"公社时期的公共产品制度外筹资体制却也延续了下来。在这两个时期，制度外筹资方式在乡村社区公共产品的供给中均占有非常重要的地位。但在家庭

---

① 陈锡文：《从农村改革四十年看乡村振兴战略的提出》，《行政管理改革》2018 年第 4 期。

② 何东昌主编《中华人民共和国重要教育文献（1949~1997）》，海南出版社，1998，第 1751 页。

③ 《中国教育年鉴》编辑部编《中国教育年鉴（1985—1986）》，湖南教育出版社，1988，第 991 页。

承包制的制度环境下，这一制度在筹资对象和筹资方式上都已发生了变化，农户成为直接的资金供给者，这使得农民的负担由隐性转为了显性。"[1] 这一体制有利于调动地方政府和广大人民群众办学的积极性，对于当时解决农村教育的办学困难起到积极的作用。但是 80 年代中期以后，由于农民体制性增收效应递减和乡镇企业的衰退，农民收入增长乏力，城乡收入差距进一步扩大，城乡收入比值由 1985 年的 1.93 提高到 1993 年的 2.60，[2]"人民教育人民办"的办学体制加重了农民的负担。

第二节　县域学前教育的恢复发展

改革开放初期，我国县域内教育的发展重点转向普及小学教育，对农村学前教育的发展没有给予足够的重视，同时随着农村农业生产体制的改革，农村集体办学能力被极大削弱，县域内幼儿园数量开始下降。但伴随着县域内正规学前教育形式的式微，非正规形式的学前班迅速发展，弥补了县域内学前教育的不足。

一　县域学前教育的整体恢复发展

1979 年 7 月，教育部等部门召开全国托幼工作会议，同年 10 月，中共中央、国务院转发《全国托幼工作会议纪要》，提出要坚持"两条腿走路"的方针，从目前我国的实际情况出发，为了满足群众普及托幼组织的要求，应继续提倡机关、部队、学校、工矿、企事业等单位积极恢复和建立哺乳室、托儿所、幼儿园。对于农村地区托幼机构的建立，提出："农村要大力发展农忙托幼组织，有条件的社队要举

---

[1]　林万龙：《乡村社区公共产品的制度外筹资：历史、现状及改革》，《中国农村经济》2002 年第 7 期。

[2]　蔡昉、杨涛：《城乡收入差距的政治经济学》，《中国社会科学》2000 年第 4 期。

办常年托儿所、幼儿园（班），要普及婴幼儿卫生保健和教养知识，提高现有园所的保教水平。"① 但是由于这一时期，农村人民公社正走向解体，农村社队正走向衰落，农村托幼机构在这一时期基本处于放任状态。国家对农村学前教育的发展尚不够重视，全国托幼工作会议后，教育部随即印发《城市幼儿园工作条例》来指导城市幼儿园的发展。因此，这一时期与城镇幼儿园较为稳定且有所发展的情况不一样的是，农村幼儿园数量在这一时期由"文革"后期的较大数量快速下降。1977 年农村幼儿园有 24 万所，到 1992 年下降到8.81 万所，减少 15.19 万所，降幅达 63.29%（见表 5-3）。表 5-4是 1977～1992 年全国幼儿园办园格局，可作对比。

表 5-3　1977～1992 年县域内幼儿园发展情况

单位：万所，万人

年份	园数			在园幼儿数		
	县镇	农村	县域合计	县镇	农村	县域合计
1977	0.69	24.00	24.69	65.62	699.37	764.99
1978	0.67	14.10	14.77	70.26	579.04	649.3
1979	0.75	13.92	14.67	82.68	627.88	710.56
1980	0.87	14.34	15.21	97.13	879.00	976.13
1981	0.90	10.04	10.94	105.42	747.90	853.32
1982	1.13	9.18	10.31	126.12	755.54	881.66
1983	1.23	9.89	11.12	137.43	752.86	890.29
1984	1.90	12.21	14.11	176.22	833.42	1009.64
1985	2.40	12.19	14.59	222.77	923.98	1146.75
1986	1.87	13.03	14.90	221.26	1046.48	1267.74

---

① 中华人民共和国卫生部妇幼卫生司：《中国妇幼卫生工作法规性文件汇编》（第一辑），1989，第 196 页。

年份	园数			在园幼儿数		
	县镇	农村	县域合计	县镇	农村	县域合计
1987	1.96	12.82	14.78	257.77	1130.26	1388.03
1988	1.99	12.41	14.4	265.22	1150.90	1416.12
1989	2.08	11.99	14.07	276.23	1118.34	1394.57
1990	2.29	11.94	14.23	307.87	1217.28	1525.15
1991	2.40	11.10	13.5	373.81	1356.97	1730.78
1992	2.39	8.81	11.2	259.86	508.88	768.74

资料来源：1978～1990 年数据来源于《中国教育成就统计资料（1949—1983)》，人民教育出版社，1984；《中国教育成就统计资料（1980—1985)》，人民教育出版社，1986；《中国教育成就统计资料（1986—1990)》，人民教育出版社，1991。1991 年及之后数据来源于历年《中国教育统计年鉴》（《中国教育事业统计年鉴》）。

表 5-4　1977～1992 年全国幼儿园办园格局

单位：所，%

年份	总计	部办	部办占比	其他部门办	其他部门办占比	民办	民办占比
1977	261936	6005	2.29	255931（97.71）			
1978	163952	6985	4.26	156967（95.74）			
1979	165629	5041	3.04	19807	11.96	140781	85.00
1980	170419	7496	4.40	21353	12.53	141572	83.07
1981	130296	5980	4.59	22704	17.42	101612	77.99
1982	122107	6298	5.16	25199	20.64	90610	74.21
1983	136306	13174	9.67	29716	21.80	93419	68.54
1984	166526	10003	6.01	30486	18.31	126037	75.69
1985	172262	11196	6.50	29794	17.30	131272	76.20
1986	173376	11021	6.36	27353	15.78	135002	77.87
1987	176775	10093	5.71	32848	18.58	133834	75.71
1988	171845	10068	5.86	27887	16.23	133890	77.91
1989	172634	11234	6.51	28123	16.29	133277	77.20
1990	172322	12820	7.44	28136	16.33	131366	76.23
1991	164465	17746	10.79	27830	16.92	118889	72.29

续表

年份	总计	部办	占比	其他部门办	其他部门办占比	民办	占比
1992	139893	12761	9.12	27069	19.35	100063	71.53

注：2001 年之前幼儿园数量按城乡和办别分别统计，因此，无法按办别统计县域内幼儿园的办园格局，仅能参考全国的数据。1977~1978 年其他部门办和民办的数量及占比为合计。

资料来源：1978~1990 年数据来源于《中国教育成就统计资料（1949—1983）》，人民教育出版社，1984；《中国教育成就统计资料（1980—1985）》，人民教育出版社，1986；《中国教育成就统计资料（1986—1990）》，人民教育出版社，1991。1991 年及之后数据来源于历年《中国教育统计年鉴》（《中国教育事业统计年鉴》）。

1983 年教育部发布了《关于发展农村幼儿教育的几点意见》，指出："农村幼儿教育的发展，有利于小学教育的普及与提高，有利于促进农业生产的发展，有利于实行计划生育这一基本国策，是广大农民群众的迫切要求。各地教育行政部门要充分认识幼儿教育在农村社会主义现代化建设中的作用，主动同妇联、卫生、农业等部门配合，认真抓好这项工作。"由于"幼儿园的数量和质量均不能满足群众的要求"，"要积极创造条件，有计划地发展农村幼儿教育"。"发展幼儿教育必须坚持'两条腿走路'的方针。农村应以群众集体办园为主，充分调动社（乡）、队（村）的积极性；县镇则应大力提倡机关、厂矿企事业、街道办园，并支持群众个人办园。与此同时，要积极恢复和发展教育部门办的幼儿园。""在现阶段，一般应首先发展学前一年教育。""在县镇，可按单位办，也可以联合办或按系统办；在农村，可办独立建制的幼儿园，也可在有条件的小学附设幼儿班；可办常年性的，还可办季节性的。农村幼儿园（班）实行社（乡）办社（乡）管、队（村）办队（村）管；附设在小学的，也可实行队（村）办校管。"[①]《关于发展农村幼儿教育的几点意见》发布后，对县域内学前教育的发展起到积极的推动作用，尤其是集体办园的力量增强，县域

① 何东昌主编《中华人民共和国重要教育文献（1949~1997）》，海南出版社，1998，第 2129 页。

内幼儿园开始呈止跌回升的趋势。例如，1983 年，山西省临猗县共550 个自然村，办起幼儿园（班）557 所，做到村村普及幼儿园、乡乡都有示范园，全县 3~6 岁幼儿的入园率达 92%，其中 6 周岁幼儿的入园（班）率达 99.8%。[①] 全国县域幼儿园由 1982 年的 10.31 万所增加到 1991 年的 13.5 万所，增加 3.19 万所，增长率为 30.94%。县域幼儿园在园幼儿数量由 1982 年的 881.66 万人增长到 1991 年的1730.78 万人，增长 849.12 万人，增长率为 96.31%。整体来看，1978~1991 年县域内幼儿园数量的增长率不及在园幼儿数量的增长率，这可能与农村地区学前班数量远高于正式幼儿园的数量有关，学前班在吸纳幼儿方面起了巨大的作用。

二　农村学前班的设立与大力发展

学前班属于学前一年幼儿教育，一般附设在小学之内。农村学前班肇始于"文革"时期附设在小学里的"育红班""红孩班"等。在改革开放后全国普及小学教育的过程中，农村地区自发地在小学内附设学前班。1979 年《中共湖南省桃江县委关于发展农村教育事业的情况报告》中写道："去年我们又发现小学一年级教材难度大，学生学习质量难于保证，需要进行学前教育，同时考虑到减轻妇女的家务负担，便在全县大力兴办学前幼儿班。""办好学前幼儿教育，对于减轻妇女的家务负担、解放劳动力、开展业余教育、提高小学的教育质量和巩固率，都有显著的作用。"[②] 此后，全国各地开始学习桃江经验，推广农村学前班模式。

举办学前教育有利于小学教育的普及，也较为方便人民群众的生

---

① 《中国教育年鉴》编辑部编《中国教育年鉴：地方教育（1949~1984）》，湖南教育出版社，1986，第 160 页。

② 《中国教育年鉴》编辑部编《中国教育年鉴（1949~1981）》，中国大百科全书出版社，1984，第 707 页。

产生活。因此，各地在学习湖南省桃江县经验的过程中普遍设立了学前班。如广西玉林县（现玉林市）在普及小学教育的过程中，深感未受过幼儿园教育的儿童进入小学后难以跟班。1978 年后，部分乡村小学招收 6 周岁儿童入学，对其进行一年时间的学前教育，为其进入小学做准备，故将这些儿童所在班级命名为"学前班"，其课程多为小学一年级的学习内容。1980 年县托幼领导小组和县妇联调查了福绵镇小学一年级的教学情况，发现受过学前教育与未进过学前班的学生成绩悬殊。县托幼领导小组和县教育局发出通知，要求全县小学附设学前班，招收 5~6 周岁幼儿入班学习，学制 1 年，教学内容有语言、计算、常识、音乐、美术、体育、游戏等。[1] 湖南省郴县（现郴州市苏仙区）在 1979 年学习桃江县的农村教育经验时，将"文革"时期的"红孩班"幼教形式固定下来，称之为"学前班"。[2]

农村学前班于"文革"结束后开始在我国农村地区出现，是一种农村自发的教育形式，但在 1986 年前国家正式文件尚没有对其地位和作用进行明确的界定。1986 年 6 月，国家教育委员会印发《关于进一步办好幼儿学前班的意见》，指出："随着经济体制改革和教育体制改革的逐步展开，各地城乡的幼儿教育都有不同程度的发展，特别是广大农村幼儿学前班发展很快，使幼儿在入小学前受到良好教育。事实证明，在我国各地经济、文化、教育发展很不平衡，大部分地区幼儿教育发展尚不够发达的情况下，举办学前班是发展农村教育的一条重要途径；在城镇地区，也是满足群众送子女接受学前教育要求的一种教育形式。"[3] 1988 年，国务院办公厅转发国家教委等部门《关于加强幼儿教育工作的意见》，提出："目前，幼儿教育事业的发展应把重点

① 玉林市教育委员会编《玉林市教育志》，广西人民出版社，1996，第 70 页。
② 郴县志编纂委员会编《郴县志》，中国社会出版社，1995，第 600 页。
③ 何东昌主编《中华人民共和国重要教育文献（1949~1997）》，海南出版社，1998，第 2456 页。

放在城市以及经济发展快、教育基础比较好的农村地区。""在农村，可先发展学前一年教育，有条件的地方要发展农村幼儿园以及办好乡中心幼儿园。"① 可以看出，当时国家的政策导向是重点发展城市学前教育，农村地区以发展学前一年教育为主。因此，学前班成为一种较好的普及学前一年教育的形式。1991 年，国家教委又颁布了《关于改进和加强学前班管理的意见》，在肯定学前班作为我国学前教育不可或缺的一种组织形式，对幼儿教育事业的发展起了积极促进作用的同时，特别针对学前班在教育和管理方面存在的问题，提出要改进和加强学前班的领导和管理，提高教育质量。

此后学前班逐渐成为县域内农村地区学前教育的一种主要办学形式。1987 年之前无学前班数量的统计，从 1987 年开始，学前班数量以较快速度增长，到 1995 年学前班数量达到顶点（463878 个）。1987～1992 年，学前班数量由 246756 个增长到 397135 个，增长了 150379 个，增长率为 60.94%。1987 年学前班数量占到幼儿园总班数的 42.70%，1992 年增长到 53.56%，占比增长 10.86 个百分点（见表 5-5）。在整个 20 世纪八九十年代，县域内学前教育形成县镇以幼儿园为主、农村地区以学前班为主的基本布局，学前班成为县域学前教育的主体形式。

表 5-5 1987～1992 年全国学前班数量及其占比变化

单位：个，%

	1987 年	1988 年	1989 年	1990 年	1991 年	1992 年
学前班数量	246756	265042	283537	311341	365853	397135
幼儿园总班数	577866	594185	611668	648236	699361	741525
占比	42.70	44.61	46.35	48.03	52.31	53.56

资料来源：《中国教育成就统计资料（1986—1990）》，人民教育出版社，1991；1991 年及之后数据来源于《中国教育统计年鉴》（《中国教育事业统计年鉴》）。

---

① 全国人大常委会法制工作委员会研究室编审《中华人民共和国行政法律法规全书》（第六卷），中国民主法制出版社，2000，第 3561 页。

第三节　压缩普通中学规模

"文革"时期中学的盲目发展，不但挤占了大量的小学办学资源，还导致中等教育质量十分低下，造成教育的"虚肿"。改革开放后，我国开始强调教育与经济社会发展相适应，调整教育结构以适应经济发展状况。"邓小平和改革派认为中等教育的扩张是超出中国经济现实的过度'左'的政策。他们心目中有一个具有经济理性的教育体制，它将根据经济发展的实际，培养出不多不少刚好能满足需要的、一定数量的合格的'人才'。"① 因此，挤掉"文革"时期中等教育中的"水分"，压缩普通中学规模就显得很有必要。

一　撤销"戴帽初中"

1978 年以后，随着教育调整、整顿工作的深入，普通中学的压缩、整顿势在必行。从 1978 年开始，我国农村地区开始撤销"戴帽初中"，如 1979 年秋，四川省蒲江县调整全县初级中学，各公社只保留 1 所初级中学，小学附设初中班不再招收初中新生。② 河北省元氏县也于 1986 年下发《关于调整农村中小学布局的意见》，将 4 处乡办初中附属的高中班全部合并入县办高中，全县 10 所村级初中有计划地合并为乡办初中。1990 年，全县农村初级中学由 1986 年的 36 所合并为 27 所，形成县办高中、乡办初中、村办小学的布局。③ 由此，我国县域内初中学校数开始下降，1977 年县域内初中学校数为 134482 所，到

---

① 〔丹〕曹诗弟：《文化县——从山东邹平的乡村学校看二十世纪的中国》，泥安儒译，山东大学出版社，2005，第 264 页。

② 蒲江县教育局编《蒲江教育志（1949—2019）》，成都时代出版社，2020，第 52 页。

③ 元氏县地方志编纂委员会编《元氏县志（1986—2005）》，河北人民出版社，2015，第 630 页。

1992 年下降到 62286 所，初中学校数减少一半多（见表 5-6）。县域
内初中数与乡镇（公社）数的比值（校乡比）在波动中逐渐降低，由
1976 年的 2.46 降低到 1992 年的 1.29，即 1992 年平均每一乡镇拥有
1.29 所初中，初中的分布格局趋于合理，基本形成每一乡镇一所初中
的分布格局（见表 5-7）。

表 5-6 1976~1992 年县域内初中发展情况

单位：所，万人

年份	学校数			招生数			在校生数		
	县镇	农村	县域合计	县镇	农村	县域合计	县镇	农村	县域合计
1976	3670	126006	129676	188.5	1856.8	2045.3	401.7	3274.9	3676.6
1977	3217	131265	134482	172.8	1955.6	2128.4	420.0	3858.1	4278.1
1978	3328	107103	110431	152.5	1667.5	1820	448.0	3871.6	4319.6
1979	3197	98394	101591	143.9	1417.3	1561.2	443.2	3588.9	4032.1
1980	3327	80997	84324	146.4	1219.9	1366.3	463.3	3518.6	3981.9
1981	3442	75434	78876	149.5	1075.5	1225	463.3	3123.5	3586.8
1982	3976	72832	76808	158.4	1014.6	1173	483.3	2824.2	3307.5
1983	4198	69100	73298	166.1	970.6	1136.7	501.6	2686.8	3188.4
1984	5781	65003	70784	183.8	939.4	1123.2	585.1	2674.1	3259.2
1985	7132	63641	70773	212.5	946.9	1159.4	668.6	2698.7	3367.3
1986	7008	63512	70520	221.4	969.1	1190.5	704.8	2808.0	3512.8
1987	7620	62690	70310	229.5	970.9	1200.4	712.9	2855.0	3567.9
1988	7868	60929	68797	222.5	923.6	1146.1	693.2	2710.0	3403.2
1989	8217	58839	67056	225.8	885.8	1111.6	684.8	2548.1	3232.9
1990	8207	57321	65528	242.5	922.1	1164.3	701.4	2566.2	3267.6
1991	9308	54599	63907	272.7	920.5	1193.2	790.7	2538.8	3329.5
1992	10783	51503	62286	314.8	922.6	1237.4	899.6	2502.8	3402.4

资料来源：1978~1990 年数据来源于《中国教育成就统计资料（1949—1983）》，人民教育
出版社，1984；《中国教育成就统计资料（1980—1985）》，人民教育出版社，1986；《中国教育
成就统计资料（1986—1990）》，人民教育出版社，1991。1991 年及之后数据来源于历年《中国
教育统计年鉴》（《中国教育事业统计年鉴》）。

表5-7 1976~1992年县域内初中数和乡镇（公社）数对比

	1976年	1977年	1978年	1979年	1980年	1981年	1982年	1983年	1984年
初中数（所）	129676	134482	110431	101591	84324	78876	76808	73298	70784
乡镇（公社）数（个）	52665	52923	52781	53348	54183	54371	54352	56331	72182
校乡比	2.46	2.54	2.09	1.90	1.56	1.45	1.41	1.30	0.98

	1985年	1986年	1987年	1988年	1989年	1990年	1991年	1992年
初中数（所）	70773	70520	70310	68797	67056	65528	63907	62286
乡镇（公社）数（个）	72153	71521	68296	56002	55764	55838	55542	48250
校乡比	0.98	0.99	1.03	1.23	1.20	1.17	1.15	1.29

资料来源：乡镇数来源于《中国农业统计资料（1949—2019）》，中国统计出版社，2020，第35页。

二 压缩普通高中数量

"文革"时期，我国县域内高中发展最为迅速，县域内高中布局多下移至乡镇，在乡镇初中的基础上，戴帽形成乡镇高中，实现了"社社有高中"。"文革"结束后的1976年、1977年，延续"文革"时期的发展态势，高中数量依然庞大。1978年开始，我国对高中进行裁撤，基本原则是裁撤乡镇高中，将高中上移，使得一县内高中数量大为下降，除县城外，仅有一些大的乡镇存有高中。如四川省蒲江县教育局于1979年秋调整高中布局，只在蒲江中学、城关中学、寿安中学、大兴中学、西来中学5所完中学校招收高中生，其余初中（小学）不再招收高中生。1982年，蒲江县又一次调整高中布局，高中学制恢复为三年制。县教育局保留蒲江中学、寿安中学、大兴中学3所普通高中。[①] 这样基本形成了大的乡镇和县城有高中的格局。从表5-8可以看出，1978年，我国开始对县域内高中进行调整，以撤销农村高中为主，"文革"时期农村初中甚至小学戴帽的高中教育多数被取消，

① 蒲江县教育局编《蒲江教育志（1949—2019）》，成都时代出版社，2020，第57页。

县域内高中从 1977 年的 57293 所减少到 1992 年的 10020 所，缩减了 47273 所，减少了 82.5%。从表 5-9 来看，1978~1992 年县均高中数量（校县比）逐年下降，从 1978 年的县均 19.56 所高中下降到 1992 年的县均 5.42 所高中。到 1992 年，县域内高中基本形成在县城和大的乡镇布局的格局。

随着高中数量的减少，高中招生人数也持续下降，导致初中毕业生的升学率甚至不如"文革"时高，农村中的高中生比例也呈现下降的趋势。1975 年我国初中毕业生升学率为 60.4%，1978 年为 40.9%，1983 年降为 35.5%（见表 5-10）。

表 5-8　1976~1992 年县域内普通高中发展情况
单位：所，万人

年份	学校数			招生数			在校生数		
	县镇	农村	县域合计	县镇	农村	县域合计	县镇	农村	县域合计
1976	5734	47793	53527	114.2	574.9	689.1	221.8	924.6	1146.4
1977	6377	50916	57293	145.2	666.0	811.2	256.7	1189.7	1446.4
1978	6106	36003	42109	119.4	405.8	525.2	260.2	949.4	1209.6
1979	6375	27021	33396	130.4	296.4	426.8	260.2	680.7	940.9
1980	6149	18475	24624	100.0	163.4	263.4	240.6	442.4	683
1981	5951	12427	18378	101.9	135.8	237.7	216.5	302.2	518.7
1982	5743	9572	15315	96.5	104.5	201	218.7	245.0	463.7
1983	5633	7952	13585	92.9	87.1	180	233.5	211.7	445.2
1984	5725	6691	12416	100.7	78.9	179.6	274.1	199.1	473.2
1985	5926	5934	11860	107.2	72.3	179.5	311.2	197.8	509
1986	6154	5490	11644	114.1	67.6	181.7	342.9	194.6	537.5
1987	5969	5633	11602	112.6	70.4	183	342.5	204.3	546.8
1988	5904	5393	11297	107.9	64.6	172.5	331.0	192.1	523.1
1989	5851	4992	10843	108.0	60.8	168.8	322.7	176.4	499.1
1990	5828	4822	10650	113.4	62.0	175.4	328.3	172.8	501.1
1991	5990	4313	10303	115.7	55.7	171.4	344.5	159.7	504.2
1992	5989	4031	10020	115.3	48.1	163.4	343.9	145.7	489.6

资料来源：1978~1990 年数据来源于《中国教育成就统计资料（1949—1983）》，人民教育出版社，1984；《中国教育成就统计资料（1980—1985）》，人民教育出版社，1986；《中国教育

成就统计资料（1986—1990）》，人民教育出版社，1991。1991 年及之后数据来源于历年《中国教育统计年鉴》（《中国教育事业统计年鉴》）。

表 5-9　1978~1992 年县域内高中数和县数对比

	1978 年	1979 年	1980 年	1981 年	1982 年	1983 年	1984 年	1985 年
高中数（所）	42109	33396	24624	18378	15315	13585	12416	11860
县数（个）	2153	2153	2151	2144	2140	2091	2069	2046
校县比	19.56	15.51	11.45	8.57	7.16	6.50	6.00	5.80
	1986 年	1987 年	1988 年	1989 年	1990 年	1991 年	1992 年	
高中数（所）	11644	11602	11297	10843	10650	10303	10020	
县数（个）	2017	1986	1936	1919	1903	1894	1848	
校县比	5.77	5.84	5.84	5.65	5.60	5.44	5.42	

资料来源：县的数据来源于《中国民政统计年鉴 2017》，中国统计出版社，2017，第 127 页。

表 5-10　1970 年、1975 年、1978~1985 年初中毕业生升学情况

单位：万人，%

	1970 年	1975 年	1978 年	1979 年	1980 年	1981 年	1982 年	1983 年	1984 年	1985 年
初中毕业生数	618.9	1047.6	1692.6	1657.9	964.9	1154.2	1032.2	960.3	950.4	998.3
高级中学招生数	239.0	633.1	692.9	623.3	416.1	364.1	333.3	340.5	364.5	393.6
初中毕业生升学率	38.6	60.4	40.9	37.6	43.1	31.5	32.3	35.5	38.4	39.4

资料来源：《中国统计年鉴 1986》，中国统计出版社，1986，第 738 页。

第四节　发展农村职业教育，推进中等教育结构改革

改革开放后，我国改革与发展的重心由阶级斗争转移到经济建设上来，而当时我国的农村教育结构较为单一，农村教育在方向上是为升学服务的，农村学生缺乏生产技术知识及相关的思想准备等问题，使得农村教育不能为社会建设特别是农村经济社会建设提供有效的支持。1979 年，全国普通高中在校生达 1292 万人，各类技术职业学校

在校生有 207.3 万人，前者占二者总和的 86.2%，后者仅占 13.8%。这样的中等教育结构使中等教育与"四化"建设要求严重脱节，全国普通高中毕业生每年达 700 万~800 万人，能升入大学的只占 3%，绝大多数毕业生要就业，参加工农业生产劳动，可是他们缺乏必要的职业训练，缺乏生产知识，这就造成安排他们劳动就业的困难。教育结构单一化，不能适应各地不同实际情况的要求，教育事业的发展也因此遇到很多困难。[①] 因此，调整中等教育结构、转变农村教育的发展方向成为 20 世纪 80 年代中后期教育的重要任务。时任教育部副部长张承先指出："教育结构要同经济结构相适应，农业在国民经济中占有极重要的位置，如果农村办学不为农业服务，不为农民服务，那就犯了方向性的错误。"[②] 1987 年 9 月，国家教委主持召开了农村教育办学方向研讨会，会上时任国家教委党组书记何东昌发表了题为《农村教育办学方向要转变》的讲话，指出："我们的教育一定要因地制宜，不能搞一刀切，否则不能适应不同地区社会发展不平衡的要求……农村教育要把方向转过来，转到为县里发展经济服务为主的轨道上来。"[③] 转变农村教育办学方向，首先就必须调整中等教育结构。

一　调整中等教育结构，恢复发展农村职业教育

"文革"造成我国农村教育结构单一化，使农村教育不能很好地适应农村经济的发展。党中央十分重视农村教育结构的调整问题，1978 年邓小平在全国教育工作会议上指出，"应该考虑各级各类学校发展的比例，特别是扩大农业中学、各种中等专业学校、技工学校的

---

① 张承先：《历史转折与教育改革》，吉林教育出版社，1988，第 22 页。
② 张承先：《改革农村教育，更好地为社会主义建设服务》，《人民教育》1982 年第 9 期，第 7~9 页。
③ 何东昌：《何东昌论教育》，人民教育出版社，2009，第 172~177 页。

比例"①。时任教育部副部长张承先在 1979 年题为《关于中等教育结构改革的意见》的发言中指出："我国的中等教育受到林彪、'四人帮'的严重破坏，他们污蔑我国曾经实行的'两种教育制度'为'资本主义双轨制'，大砍中等专业学校和各种类型的职业中学，以至形成目前中等教育单一化，几乎都是全日制普通中学的状态，与'四化'要求严重脱节。"②

为了更好地利用农村教育来为农村当地经济建设服务，需要对农村教育结构做出调整，大力发展农村职业教育。1980 年国务院批转教育部、国家劳动总局《关于中等教育结构改革的报告》，指出"中等教育结构改革，主要是改革高中阶段的教育"，"县以下教育事业应当主要面向农村，为农村的各项建设事业服务"，"可适当将一部分普通高中改办为职业（技术）学校、职业中学、农业中学"。③ 1983 年 5 月，中共中央、国务院发布《关于加强和改革农村学校教育若干问题的通知》，进一步明确了农村学校的办学方向，即促进农村社会主义建设。该通知提出："改革农村中等教育结构，发展职业技术教育，是振兴农村经济，加速农业现代化建设的一项战略措施。各地要根据本地区的实际需要与可能，统筹规划，有步骤地增加一批农业高中和其他职业学校。除在普通高中增设职业技术课，开办职业技术班，把一部分普通高中改办为农业中学或其他职业学校外，还要根据可能，新办一些各类职业学校。力争 1990 年，农村各类职业技术学校在校学生数达到或略超过普通高中。农业中学和各类职业学校的毕业生，主要回农村参加工作，农村有关单位应优先从中择优录

---

① 《邓小平文选》（第二卷），人民出版社，1994，第 108 页。
② 张承先：《历史转折与教育改革》，吉林教育出版社，1988，第 21 页。
③ 《中国教育年鉴》编辑部编《中国教育年鉴（1949~1981）》，中国大百科全书出版社，1984，第 708 页。

用，也可以对口升学。"[1]

在中等教育结构调整的大环境下，不少普通中学不得不转制为职业中学，我国职业教育进入快速发展期，不少县域将普通中学改办为农业中学。例如，1980 年，山东省福山县（现烟台市福山区）调整全县中学教育结构，把 6 所普通高中改为农业中学，为农业现代化培养专业技术人才。[2] 湖北省利川县（现利川市）于 1981 年将原有的 30 所普通中学调整为 10 所，举办农业中学 9 所，其中由普通高中改办 2 所、恢复 4 所、新办 3 所。根据利川的特色，办起药材中学 3 所、农业中学 2 所、林业中学 1 所、坝漆中学 1 所、园艺中学 1 所、畜牧中学 1 所。农业中学坚持为山区建设服务的方向，突出"农"字的特点，政策上是允许农业中学学生毕业后升学的，但办学的指导思想要求必须着眼于为农业战线培养劳动后备力量，不要"脚踩两只船"，要"打一杆旗"。[3] 1982 年 8 月 28 日教育部转发山东省《关于加速农村中等教育结构改革问题的报告》，提出要"加速发展农业技术教育，大量培养农业技术人才和经营管理人才"。从此，县办农业技术学校在全国各地兴起。如山东省莒南县于 1982 年根据山东省委、山东省人民政府批转的《关于加速农村中等教育结构改革问题的报告》精神，决定将相邸中学改办成莒南县农业技术中学，开设两个农学专业班，招收学生 100 名。翌年 8 月，县委、县政府决定将涝坡中学改称莒南县第二农业技术中学，将相沟中学改称莒南县林业技术中学。[4] 湖北省通山县也对农村中等教育结构进行了大胆改革，加快了培养人才的步

---

[1]　《新时期农业和农村工作重要文献选编》，中央文献出版社，1992，第 214 页。

[2]　安郁燧、赵树国、李兆德：《适应农业现代化的需要 福山县六所普通高中改为农业中学》，《人民日报》1980 年 10 月 14 日，第 3 版。

[3]　教育部中等教育司调查组：《利川县农中调查报告（节录）》，《人民教育》1983 年第 1 期，第 19～21 页。

[4]　《莒南县教育志》编纂委员会编《莒南县教育志 1840-1997》，山东人民出版社，1999，第 449 页。

伐，改单一结构为"双轨制"，全县 8 所高中，除保留县一中、二中 2
所普通高中外，其余 6 所高中改为 5 所农业高中和 1 所职业高中，学
制为 2 年或 3 年。普通高中面向全县招生，主要为高等院校培养合格
新生。农（职）业高中在普通高中招生之后，从应届初中毕业生或社
会青年中择优招生，主要为本地经济建设培养合适的人才。学生毕业
后不包分配，国家招工和乡镇企业用人时，从毕业生中择优录用。成
绩优异者也可以对口报考高等院校。这样，农村学校就能很好地完成
既为高一级学校输送合格的新生，又为农村经济建设培养适用人才的
双重任务。[①]

从全国的数据看，1980 年全国农业中学和职业中学学校数恢复到
3314 所，在校生数为 45.37 万人，到 1992 年学校数增长到 8059 所，
在校生数增长到 342.8 万人（见表 5-11）。中等职业学校招生数占高
中阶段招生总数的比例由 1978 年的 6.06% 开始爬升，到 1991 年中等
职业学校招生数首次超过普通高中，1992 年其占比达到 53.82%，中
等教育的结构由单一走向均衡（见表 5-12）。

虽然从现有的文献看，当时普通中学规模的压缩和职业中学的大规
模发展受到民众的欢迎，但是也不得不说在这一中等教育结构调整的过
程中，县域农民应该承受了较大的阵痛，因为在农民看来，无论是农业
中学还是职业中学，总不如普通中学"吃香"。因此，"文革"结束后，
压缩教育规模，减少升普通高中的教育机会，确实带来了一些问题。

二　由农业中学转向职业中学

农业中学是面向农村农业生产的一类职业学校，但是随着封闭的
农村集体社会逐渐被打破，乡镇企业和城市服务业对职业教育的需求

[①]　张发懋、漆林、查世煜：《改单一结构为"双轨制"——通山县农村中等教育改革的调
查》，《人民日报》1985 年 4 月 14 日，第 5 版。

表 5-11　1980～1992 全国农业中学和职业中学发展情况

单位：所，万人

	1980 年	1981 年	1982 年	1983 年	1984 年	1985 年	1986 年	1987 年	1988 年	1989 年	1990 年	1991 年	1992 年
学校数	3314	2655	3104	5481	7002	8070	8187	8381	8954	9173	9164	9572	8059
招生数	30.7	26.7	42.6	75.7	93.9	116.1	112.83	113.17	119.59	118.30	123.19	137.8	152.1
在校生数	45.37	48.09	70.36	122.01	174.48	229.57	256.00	267.61	279.37	282.27	295.01	315.6	342.8

注：因 1987 年前没有分城市、县镇、农村的统计数据，这里以全国的数据为参考。

资料来源：《中国教育成就统计资料（1980—1985）》，人民教育出版社，1986；《中国教育成就统计资料（1986—1990）》，人民教育出版社，1991。1991 年及之后数据来源于历年《中国教育事业统计年鉴》《中国教育统计年鉴》。

表 5-12　1978～1992 年中等职业学校与普通高中招生数比较

单位：万人，%

	1978 年	1979 年	1980 年	1981 年	1982 年	1983 年	1984 年	1985 年	1986 年	1987 年	1988 年	1989 年	1990 年	1991 年	1992 年
中等职业学校招生数	44.7	49.1	70.9	65	77.5	106.8	130	200.8	204.4	210.3	224.7	219.6	227.2	246.45	273.56
普通高中招生数	692.9	614.1	583.4	327.8	279.3	259.8	262.3	257.5	257.3	255.2	244.3	242.1	249.7	243.83	234.73
高中阶段招生总数	737.6	663.2	454.3	392.8	356.8	366.6	392.3	458.3	461.7	465.5	469	461.7	476.9	490.28	508.29
中等职业学校招生数占比	6.06	7.40	15.61	16.55	21.72	29.13	33.14	43.81	44.27	45.18	47.91	47.56	47.64	50.27	53.82

注：这里的中等职业学校招生数（仅指普通中等职业学校的招生数，不包括成人中专的招生数。

资料来源：1976～1990 年数据来源于《中国教育成就统计资料（1949—1983）》，人民教育出版社，1984；《中国教育成就统计资料（1980—1985）》，人民教育出版社，1986；《中国教育成就统计资料（1986—1990）》，人民教育出版社，1991。1991 年及之后数据来源于历年《中国教育统计年鉴》《中国教育事业统计年鉴》。

越来越大，农业中学逐渐突破为农服务的框架，专业设置也不再以农业生产为目标。1984 年，伴随农村产业结构的调整、乡镇企业的发展和人民生活水平的提高，农业中学的专业设置开始突破"农"字的旧框框，普遍增设了第二、第三产业的专业、工种，以适应农村商品经济的发展。这时再称之为农业中学就名不符实了，所以除少数仍仅设有农业专业的学校还被称为农业中学外，其他一般都被称为职业中学。如山东省邹平县（现邹平市）的农业中学在这种背景下就改变课程，更名为职业中学。有评论说："集体组织的解体、市场导向的改革为农民提供了一些新的可能性。邹平的年轻人普遍感觉他们在工业、服务业和商业领域的前途比在农业领域更为光明。从 1986 年起，4 个农业技术学校更名为职业中学，并提供更多非农业的课程。"①

　　鉴于职业学校称谓极不统一，给工作带来很多不便，1985 年 5 月全国教育工作会议召开后，各省纷纷结合实际将原来农业中学的名称改为职业中学。根据 1984 年 11 月安徽省教育厅发布的《职业中学暂行工作条例》，凡实行普通教育与职业技术教育相结合的中等学校通称职业中学。因此，1985 年起，安徽省所有的农业中学一律改名为职业中学。② 1985 年 7 月，四川省教育厅根据形势发展需要发布《关于统一农、职业中学名称的暂行规定》，规定凡按 1980 年 10 月国务院批转的《关于中等教育结构改革的报告》改办和新办的城乡农业、职业中学统称职业中学，并从 1985 年 10 月 1 日起全部采用新名。③ 1985 年我国农业中学和职业中学数量达到 8070 所，是 1980 年 3314 所的 2.44 倍。

---

① 〔丹〕曹诗弟：《文化县——从山东邹平的乡村学校看二十世纪的中国》，泥安儒译，山东大学出版社，2005，第 264 页。

② 陈贤忠、程艺主编《安徽教育史》（下），安徽教育出版社，2006，第 927 页。

③ 四川省教委《四川普通教育年鉴》编写组主编《四川普通教育年鉴（1949—1985）》，四川教育出版社，1992，第 168 页。

在农业中学改为职业中学，名称发生变化的同时，从学校的布局上看，不少农业中学也纷纷由乡镇上移至县城。如甘肃省天祝县职业中学，1984年成立于松山镇，起初为天祝松山牧业中学，1992年迁往县城，更名为天祝县职业中学。四川省蒲江县职业中学也于1982年成立，在西来公社中学试办两个农业高中班，后将学校改制为农业中学。1994年8月，学校迁至蒲江县城新区，更名为蒲江县职业中学。[①] 河北省无极县于1986年将原郭庄高级农业技术中学迁往县城，更名为无极县职业技术中学。[②]

三 县域职业教育发展困难的显现

20世纪80年代中后期，在"农村教育要为农村经济发展服务"这一指导思想的号召下，涌现出了不少通过县域职业教育发展来推动县域经济发展的典型。例如，1988年，《中国教育报》报道了山东省平度县（现平度市）职业教育发展的案例。平度县从1984年起狠抓职业技术教育，根据平度农业经济区域特点和产业结构调整及人民群众生产生活的需要，确定职业技术学校的布局和专业的设置。在全县先后办起职业高中5所，职业教育中心、职业中专各1所，在校生达到4500人，占高中阶段在校生的48.6%。职业技术教育初步形成体系。到1988年，职业技术学校向全县输送毕业生1339名，他们中的大部分被县、乡、村企事业单位录用，回到村里的也大都成了当地的技术能手和科技带头人。平度县通过教育与经济的协调发展，使平度人才匮乏的问题开始缓解，劳动者的文化技术素质也不断提高。在农业方面，1988年，农民技术员已有550多名，比1980年全县农林水科技人员总数还多140多名，而且有了农民助理农艺师；在乡镇企业方

---

① 蒲江县教育局编《蒲江教育志（1949—2019）》，成都时代出版社，2020，第67页。
② 无极县教育志编纂委员会编《无极县教育志》，河北人民出版社，2004，第197页。

面，培养出助理工程师 62 名、技术员 900 名。[①] 在各地实践的基础上，我国从 20 世纪 80 年代末开始有组织地开展了农村教育综合改革的试点工作，1989 年，国家教委成立了"农村教育综合改革领导小组"，在全国确定了 116 个农村教育综合改革实验县，开展农村教育综合改革实验。该实验在教育体系内部推动普通教育、职业教育和成人教育"三教统筹"，在教育体系外部推进农业、科技和教育的融合，实施"燎原计划"，以推动农业的发展。1991 年，我国召开了改革开放后第二次全国职业教育工作会议，印发了《国务院关于大力发展职业技术教育的决定》，提出在广大农村地区，要积极推进农村教育综合改革，实施"燎原计划"，实行农科教结合，统筹规划基础教育、职业技术教育和成人教育，采取灵活的方式大力发展职业技术教育。[②] 在农村教育综合改革的大背景下，农村职业教育表面上呈现出欣欣向荣的景象，县域内职业中学的学校数和招生数在这一时期均呈现增长的趋向，县域内职业中学学校数从 1987 年的 6436 所增长到 1991 年的 6847 所，招生数从 1987 年的 81.2 万人增长到 1992 年的 103.6 万人。但是从当时县域内职业教育发展的实际情况看，职业教育发展已经遇到了困境，尤其是农村职业教育的发展不尽如人意。1987~1992 年，农村职业中学学校数和招生数均出现过较大幅度的下滑。学校数从 1987 年的 4411 所下降到 1992 年的 3324 所，减少了 1087 所，降幅为 24.64%。招生数从 1987 年的 52.6 万人下降到 1991 年的 37.5 万人（见表 5-13）。

---

① 中国教育报编《时代的脉动——中国教育报创刊 30 周年典型报道集》，教育科学出版社，2013，第 29 页。

② 何东昌主编《中华人民共和国重要教育文献（1949~1997）》，海南出版社，1998，第 3222 页。

表 5-13　1987~1992 年县域内职业中学发展情况

单位：所，万人

年份	学校数			招生数			在校生数		
	县镇	农村	县域合计	县镇	农村	县域合计	县镇	农村	县域合计
1987	2025	4411	6436	28.6	52.6	81.2	64.4	119.0	183.4
1988	2191	4451	6642	30.5	52.4	82.9	68.9	119.0	187.9
1989	2301	4379	6680	30.7	50.2	80.9	71.5	114.1	185.6
1990	2339	4312	6651	33.8	51.6	85.4	78.0	117.5	195.5
1991	2607	4240	6847	41.2	37.5	78.7	90.5	120.2	210.7
1992	2425	3324	5749	46.4	57.2	103.6	102.5	123.9	226.4

当时一些县的记载也反映出职业教育发展的颓势。例如，苏北某县一所农业职中、两所普通中学附设的两个农村职业班，1988 年计划招生 195 人，发榜录取 315 人，实际报到 106 人，只占计划招生数的 54%，1990 年仅有 48 人，流失率达 54.7%；其中有一个林桑果班，计划招生 50 人，发榜 74 人，实际报到 18 人，1990 年学生已经走光了。1989 年计划招生 250 人，发榜通知 395 人，实际报到入学的仅有 127 人，占计划招生数的 50.8%。1990 年春学期中途检查，这些报到入学的学生，由于各种原因，通过各种途径，流失了 48 人，流失率达 37.8%。[①] 甚至还有一些县的职业教育在创办之初就面临生源危机，如内蒙古兴和县，1988 年在原第三中学的基础上创办了兴和县职业高中，但创建之初职业高中就面临着生源枯竭的困难。[②]

县域内职业教育出现滑坡的原因有以下几个方面。

第一，农民对职业教育的偏见。由于长期以来我国传统文化影响下形成的"官本位"思想，农民特别重视脑体差别，不愿自己的子女

---

① 滕春浪、崔成富：《农村职业中学的困境与出路》，《教育科学》1990 年第 4 期，第 13~15 页。

② 马戎、龙山主编《中国农村教育发展的区域差异——24 县调查》，福建教育出版社，1999，第 473 页。

从事体力劳动,都试图让子女进普通中学,将职业教育视为低人一等的存在。

第二,职业中学本身的质量问题。由于县域内职业中学基本是由普通中学改制而来的,师资力量也基本是普通中学教师转成的,既缺乏专业知识,又没有从事职业技术教育的经验。再者,由于缺乏经费,学校也比较缺乏进行职业教育的设备,学生缺乏实习的场地和机会,"在黑板上开机器"是普遍的状况。职业中学自身缺乏辐射力、吸引力,没有摆脱普通教育模式的影响。农村职业中学都是普通中学改办的,校长、主任都是从过去的普通中学选拔而来的,他们对普通教育有所研究,对职业技术教育却很生疏,常常不自觉地将普通中学的管理方法搬到农村职业中学里来。绝大多数教师不是职业师范学校毕业的,动手能力很差,加之课程结构改变不大,教的基本是普通中学的内容,真正需要学的没有学,或学的太少不扎实,而学了的又基本用不上,学生不仅没有真正掌握劳动致富的一技之长,而且回到农村需要从头学起。"早知如此,何必当初",不少学生感到读职业中学吃了亏、上了当。

第三,学生的出路不明朗。这一时期职业中学的创办是因为政策的推动,是多数县为了达到上级对普通中学学生和职业中学学生比例的要求而进行的,而不是为了满足当地劳动力市场的需求。一些地区为了招揽生源,提出"包分配"、解决就业,但随后几年的形势并不乐观,学生毕业后难以在非农业产业中找到工作,再回到农村"修地球"又很不划算。"办学之初,生源90%在农村,那时考不上重点高中或中专的农家子女会选择上职业中学,认为国家办的职业学校总会为他们的将来找到一份稳定的工作。这种想法在开始几年大部分得到了实现,但近两年来当越来越多的职业学校毕业生不得不到社会上自谋职业时,家长和学生开始重新看待这一现实问题并作出合乎理性的选择。"①

第四，职业高中的优惠政策缺乏。职业高中和中等专业学校、技工学校之间是存在区别的，职业高中的毕业生国家不统包统配，1986年6月27日，国家教委、劳动人事部在《关于职业高中毕业生使用的有关问题的通知》中进一步明确规定："职业中学的毕业生国家不包分配，由劳动部门（或劳动服务公司）推荐，经用人单位考核，按专业对口的原则，可从职业高中毕业生中择优录用或聘用。对农村职业中学毕业生，可在乡镇企事业单位聘用干部时，择优聘用。"② 而此时的中等专业学校和技工学校毕业生是包分配的，这使得职业高中在县域内的吸引力大打折扣。而由于职业高中属于非义务教育，自1991年起职业高中按照规定也要收取一定的学费，因此职业高中的吸引力进一步下降。③ 如云南省金平县职业高中在1993年招了两个班100人，当时人们认为能包分配，许多人自费也愿意学，后来见工作不包分配，有些人陆续辍学，到1994年只剩下80人。④ 在农村职中（职业高中）兴起的最初几年，许多青年进去学习，一是因为文化成绩较差考不了普通中学，二是因为农村职中曾有"择优录用""优先录用"的许诺，但后来，农村职中毕业生没有被真正当作"人才"录用，或者被幸运录用的极少，绝大多数人只能望"录"兴叹，不能解决"出路"问题，因而人们对报考农村职中的热情迅速回落，宁愿在初中"趴"一年，或

---

① 马戎、龙山主编《中国农村教育发展的区域差异——24县调查》，福建教育出版社，1999，第333页。

② 全国人大常委会法制工作委员会研究室编审《中华人民共和国行政法律法规全书》（第五卷），中国民主法制出版社，2000，第2615页。

③ 何东昌主编《中华人民共和国重要教育文献（1949～1997）》，海南出版社，1998，第3183页。

④ 马戎、龙山主编《中国农村教育发展的区域差异——24县调查》，福建教育出版社，1999年，第581页。

者复习，千方百计考普通中学，也不愿"屈尊低就"农村职中。[①]

第五节　中等师范教育的调整与恢复发展

中等师范学校主要为县域小学教育培养师资，同时也多位于县域范围内。"文革"中，受"左"的思想的影响，一方面，不少中等师范学校停止招生，导致小学教师供给不足；另一方面，为发展中等教育，将小学教师层层上调，导致小学教师队伍数量严重不足，缺额由民办教师补充，教师质量得不到保证。而随着"文革"期间小学教育的扩张，小学师资的增量明显跟不上小学教育的发展速度。根据当时的统计，1977年小学在校学生人数比1965年净增约3000万人，按1965年小学生与专职小学教师实际比例30∶1计算，应增加教师100万人，但1965～1977年中师毕业生仅补充40余万人，加上原有小学公办教师被大批抽调到中学，大量缺额又不得不用民办教师填补。[②]小学教师不仅在数量上不能满足小学教育的发展需求，而且在文化水平上也存在严重的问题。小学教师中，中师毕业及以上的，1965年占47.4%，1973年占比下降到28%，使当时很多地区出现了"小学毕业教小学，中学毕业教中学"的现象。发展中等师范教育、迅速建立高质量的师资队伍成为改革开放后很急迫的任务。为此，1978年10月教育部发布《关于加强和发展师范教育的意见》，提出要"努力办好中等师范学校"。1980年6月13～28日，教育部在北京召开全国师范教育工作会议，会议指出为了尽快适应教育事业发展的需要，仍要继续进行调整、改革、整顿、提高，在提高质量的

---

①　滕春浪、崔成富：《农村职业中学的困境与出路》，《教育科学》1990年第4期，第13～15页。

②　李友芝、李春年、柳传欣、葛嘉训编《中国近现代师范教育史资料》（第三册），内部资料，1983，第1134页。

基础上稳步发展，建立一个健全的师范教育体系。

一 中等师范教育的调整工作

1980 年 8 月，教育部发布《关于办好中等师范教育的意见》，指出由于中等师范教育遭受的破坏严重，恢复调整工作起步较晚，遗留问题还有很多，因此，需要继续贯彻"调整、改革、整顿、提高"的方针，来建立和恢复正常的中等师范教育秩序。在此背景下，我国开启了中等师范教育调整工作。

第一，纠正为中学服务的办学方向，重新确立为小学服务的办学方向。中等师范教育历来都是为培养小学教师服务的，但是在"文革"期间，受"左"的思想的影响，中师的办学方向被盲目拔高。由于"文革"期间中学数量盲目增加，大量中等师范学校毕业生被分配做中学教师，这样多数中等师范学校的办学任务改为培养中学教师。"为了弥补中学教师的巨大缺额，各地一般采取了将部分中等师范学校毕业生分配做初中教师的办法。'文化大革命'以来，全部中等师范学校毕业生共 89.4 万人，估计约有 50% 即 45 万人分配做中学教师。"[1] 这导致中等师范学校没有为小学输送合格的小学教师，为中学输送的大部分教师又不合格，小学和中学的教育质量都受到了影响。为此，国家在 20 世纪 80 年代初期多次强调中等师范教育的办学方向问题，如 1978 年 10 月教育部发布《关于加强和发展师范教育的意见》，提出中等师范学校的任务是培养小学教师，中师招生指标必须保证用于培养小学师资，不得移作培养中学师资之用。[2] 1980 年发布的《教育部关于办好中等师范教育的意见》纠正了在"文革"中被拔高的中

---

[1] 李友芝、李春年、柳传欣、葛嘉训编《中国近现代师范教育史资料》（第三册），内部资料，1983，第 1134 页。

[2] 李友芝、李春年、柳传欣、葛嘉训编《中国近现代师范教育史资料》（第三册），内部资料，1983，第 1137 页。

等师范教育办学任务，指出：“中等师范教育的任务历来是明确的，但是由于林彪、‘四人帮’的干扰破坏，搞乱了中师办学方向，加之中学大发展，将大量中等师范学校毕业生分配做中学教师，或把中等师范学校的任务改为培养中学教师……这种不正常的情况，如不迅速纠正，势必给我国小学教育事业带来更大的损失。”其将中师的办学方向重新确定为“为小学培养合格的师资”，要求“各级教育行政部门应坚持这个办学方向，努力办好中等师范学校，扎扎实实地为小学培养合格的师资。今后，未经省、市、自治区教育行政部门批准，中等师范学校的任务不得随意改变”①。

第二，由招收高中毕业生向招收初中毕业生转变。“文革”期间，由于高等师范学校培养教师的能力不足，中等师范学校实际上分担了部分中学教师培养的任务。因此，我国中等师范学校从高中毕业生中招生录取，这在那个时代有着特定的历史背景，“文革”中由于当时的高中生水平较低，中师的教学主要是给学生补初高中的课程。1977年我国恢复高考制度后，大多数中等师范学校依然从高考毕业生中招收录取学生。但是，随着我国各级各类教育进入正轨，教育质量有了极大提升，中师继续招收高中毕业生以培养小学教师的做法就暴露出了很大的问题。为此，1980 年，教育部颁布《中等师范学校规程（试行）》，对中师的学制做了重新规定，提出中师的学制分为 3 年和 4 年两种，招收的对象为初中毕业生或具有同等学力的社会青年。同年，教育部在《关于办好中等师范教育的意见》中进一步确认了中师的招收对象为初中毕业生。1981 年，教育部发布《关于中等师范学校招生工作的通知》，随文附发《河北省教育局师范教育处关于中等师范学校招收高、初中毕业生利弊比较的调查（摘要）》（1980 年 12 月）。

---

①　李友芝、李春年、柳传欣、葛嘉训编《中国近现代师范教育史资料》（第三册），内部资料，1983，第 1155 页。

该附件对中等师范学校招收高中生的利弊进行了调查和说明，提出在"文革"中中师招收高中生问题还不突出，因为当时的高中毕业生实际水平并不高，中师的教学主要是给学生补习初、高中课程，但是1977 年恢复高考后，中师继续招收高中生，弊端就不断暴露出来，给中师培养合格的小学教师造成极大的困难。比如部分高中生进入中师后"身在中师，心向大学"，上着中师还在准备报考大学；有的在上学期间就到处"投门子""挖窗户"，为毕业后分配到中学任教打通关节；更有甚者，向学校和教育行政部门施加压力，要求改变培养目标。例如，赵庄师范二年级学生中有 1/3 以上还要报考大学，并为此在准备功课。宣化师范招收的高中毕业生入学后，强烈反对培养小学教师，一些学生写了退学申请书，声称如不改变培养目标就要退学。另外，高中毕业生进入中师后，还普遍厌弃和抵制学校开设的服务于小学教育教学的文化课和教育专业课，看不起教小学所必需的基础知识和基本功，强烈要求开大专课程。学校不满足他们的要求，有的就闹，不认真上课。[1] 因此，重新明确中师的招生对象是初中毕业生十分必要。《关于中等师范学校招生工作的通知》发布后，全国中等师范学校开始从初中毕业生中招收、录取新生。可以说，从初中毕业生中录取新生，对于我国中等师范教育教学质量的提升具有决定性的作用。

首先，从初中生源中招生，择优挑选面广。从初中毕业生而不是高中毕业生中招生，反而能够录取到更优秀的生源，"高中毕业生为了应付大专院校招生按文、理科分别考试录取，高中学生学习的偏科现象严重。在社会上普遍存在着不愿当教师，特别是不愿当小学教师的习惯势力的影响下，高中毕业生又只乐于报考符合自己志向、学业所长的大专院校或文、理科中专的对口专业，而不愿报考要求全面发

---

① 国家教育委员会师范教育司编《师范教育文件选编（1980—1987 年）》，东北师范大学出版社，1989，第 409～411 页。

展的中师。因此，近几年来中师招收高中毕业生录取成绩一向低于各类中专学校，总是'拣大、中专录取的漏子'"①。而从初中生源中招生，择优挑选面广，能够吸引到更多优秀生源，这为20世纪八九十年代中等师范教育的辉煌奠定了基础。正如一些评论所述，"那时，国家把最优秀的人才留给了基础教育"。

其次，初中毕业生年龄较小，可塑性强。培养"一专多能""多才多艺"的小学教师，年龄小是很大的优势，年龄小，好塑造。我国早在《河北省教育局师范教育处关于中等师范学校招收高、初中毕业生利弊比较的调查（摘要）》一文中就指出："教小学年龄小一点并没有害处，反而是他们工作后接触儿童、热爱儿童，能带领儿童生动活泼地得到发展的一个有利条件。过去初师毕业生也不过十六七岁，如今中师毕业生最少18周岁，教小学是不成问题的。""初中毕业生年龄小，志趣、爱好尚未定型，文化知识的学习一般不偏科，可塑性大……适合于中师培养全面发展、多才多艺、热爱小学教育事业的合格小学师资。"②

二　中等师范教育的辉煌发展

1980年中共中央、国务院颁布《关于普及小学教育若干问题的决定》，提出"在八十年代，全国应基本实现普及小学教育的历史任务"。随着我国中等师范教育调整的完成与普及小学教育目标的重新提出，我国中等师范教育进入了发展的辉煌期。中等师范学校的招生和小学教师的培养采取"就地化"的原则，如1986年3月26日国家教委印发《关于加强和发展师范教育的意见》，指出："师专、中师、

---

① 国家教育委员会师范教育司编《师范教育文件选编（1980—1987年）》，东北师范大学出版社，1989，第409~411页。

② 国家教育委员会师范教育司编《师范教育文件选编（1980—1987年）》，东北师范大学出版社，1989，第409~411页。

幼师要坚持定向招生，努力做到初中、小学、幼儿教师地方化。"[①] 师范教育直接服务于特定区域师资的需求，中等师范学校多设于中小城市甚至县城，贴近农村，又注重对师范生进行面向农村、面向家乡等的乡土意识的培养，因此，师范生毕业后回到农村任教并无多大的心理落差，能够踏实从教，留得住，教得好。普及小学教育的需求，有力地促进了 20 世纪八九十年代中等师范教育的辉煌发展。

由于当时高考升学率较低，高中阶段教育尚没有现在这样普及。此外，当时的中等师范学校对于农村生源的学生来说具有很大的吸引力，政策优待突出。在国家 1998 年实施中师并轨招生之前，由于免费入学、包干部身份、可实现户口农转非、有年龄优势、无升学风险等有利条件的吸引，当时的很多农村优秀初中毕业生选择了中等师范学校，中等师范学校成为初中生追捧的"香饽饽"，中等师范教育快速发展。1984~1990 年，中师数量保持在 1000 多所，1988 年中等师范学校数量达到顶峰 1065 所（见表 5-14）。我国中等师范教育在这一时期取得了很大的成绩，这批"中师生"对我国县域义务教育的普及做出了极大的贡献。

表 5-14　1977~1992 年中等师范学校发展情况

单位：所，万人

年份	学校数	招生数	在校生数
1977	1028	15.75	29.79
1978	1046	17.91	35.99
1979	1053	22.62	48.45
1980	1017	21.47	48.21
1981	962	19.51	43.69

① 何东昌主编《中华人民共和国重要教育文献（1949~1997）》，海南出版社，1998，第 2403 页。

年份	学校数	招生数	在校生数
1982	908	17.87	41.14
1983	861	19.14	45.49
1984	1008	19.52	51.14
1985	1028	21.63	56.24
1986	1041	22.70	61.13
1987	1059	23.03	65.13
1988	1065	23.59	68.35
1989	1044	22.72	68.46
1990	1026	22.73	67.73
1991	948	22.93	66.14
1992	919	24.09	66.56

资料来源：1978~1990年数据来源于《中国教育成就统计资料（1949—1983）》，人民教育出版社，1984；《中国教育成就统计资料（1980—1985）》，人民教育出版社，1986；《中国教育成就统计资料（1986—1990）》，人民教育出版社，1991。1991年及之后数据来源于历年《中国教育统计年鉴》（《中国教育事业统计年鉴》）。

本章小结

改革开放后，随着我国各个领域的拨乱反正，教育领域也开始对学校布局进行大规模的调整，而这一时期县域内学校布局的调整主要表现为压缩和改革。具体而言，包括以下几方面。

在学校的类型结构上，这一时期开始打破"文革"时期教育类型单一化的状况，改变农村教育的办学方向，将一些普通中学改为职业中学，大力发展职业教育。

在学校的空间布局上，这一时期由于提出普及小学教育的要求，强调"充实"小学教育，小学的数量变化不大，基本维持了"文革"时期"村村有小学"的分布格局。而中学教育则受到大规模压缩，由原来的大队有初中、公社有高中的格局向上提升，形成乡镇办初中、县城和大乡镇办高中的格局。

在学校的办学形式上，这一时期延续了以往非正规化的办学思路，小学要求办好复式教学，采用多种形式办学。

在学校的办学体制上，由于经济体制改革，开始突破以往计划经济时代国家包揽办学的局面，倡导社会力量办学，县域内民办教育开始在学前教育领域发展。

总体来看，这一时期县域内学校布局是基于封闭的城乡隔绝的空间而形成的，县域教育的探索与改革也是基于"为农论"的取向的，但是随着我国经济体制改革的进一步深入推进和城乡二元格局的进一步打破，这种封闭的学校布局思路、为农发展的县域教育改革方向是否还能够有效发挥作用就值得怀疑了。

第六章 县域内学校布局的变革期
（1992~1999 年）

经济体制改革深刻地影响着教育体制的变革，进而影响到学校教育的布局调整。我国自改革开放后开启经济体制改革的探索，到 1992 年经济体制改革走向深入，1992 年 10 月召开的党的十四大明确提出我国经济体制改革的目标是建立社会主义市场经济体制。在市场经济体制的建立过程中，教育领域也不断适应经济体制的变化做出改变。1992 年 6 月中共中央、国务院印发《关于加快发展第三产业的决定》，明确将教育事业列入第三产业，提出加快发展第三产业应主要依靠社会各方面力量，坚持"谁投资，谁所有，谁受益"的原则，不能过多依赖国家投资。在建立社会主义市场经济体制的过程中，教育深度卷入这一体制变革的过程，县域内学校布局受此影响，发生了一系列深刻的变革。

第一，随着对社会力量办学的鼓励，民办教育成为我国教育的重要组成部分，在一些领域成为办学的主导力量，如在学前教育领域，民办教育成为主导。

第二，随着中等专业学校收费和分配政策发生变化，由统包统分向缴费上学、自主择业转变，中等专业学校在县域内的影响力逐渐降低，人们都涌向高考这一独木桥，县域内职业教育发展面临困境。

第三，随着市场经济发展，城乡隔绝逐渐走向城乡开放，农村人口向城市自由流动，城镇化加速推进，导致农村教育逐渐走向"空心化"，教育的规模效益问题开始受到重视，县域内中小学布局调整迫在眉睫。

第一节　以提高办学效益为目标的县域义务教育布局调整

随着 20 世纪 80 年代普及初等教育任务的完成，县域内教育发展的重点全面转向在 2000 年前完成普及九年义务教育的任务，"普九"成为教育工作的重中之重。1992 年，党的十四大提出"在本世纪末，基本实现九年制义务教育"的目标。1993 年 2 月，中共中央、国务院印发《中国教育改革和发展纲要》，也提出要在 90 年代完成"全国基本普及九年义务教育"的任务。1994 年 7 月，《国务院关于〈中国教育改革和发展纲要〉的实施意见》正式提出 90 年代普及九年义务教育的具体目标和指标："到 2000 年全国基本普及九年义务教育（包括初中阶段的职业教育），即占全国总人口 85% 的地区普及九年义务教育。初中阶段的入学率达到 85% 左右，全国小学入学率达到 99% 以上。"[1] 此后，"普九"就成为 20 世纪末期县域教育的主题和重中之重，县域教育布局也以此为中心展开。

一　20 世纪 90 年代义务教育学校布局调整的原因

进入 20 世纪 90 年代后，由于办学经费的紧张，我国在推进"普九"的过程中特别注重办学效益的问题。受提高办学效益思想的影响，县域内义务教育学校进行了一定规模的布局调整，主要是撤销了

---

[1]　何东昌主编《中华人民共和国重要教育文献（1949～1997）》，海南出版社，1998，第 3661 页。

一批规模、效益较小的农村学校，办学形式逐步走向集中化。20 世纪 90 年代学校布局调整的具体原因有以下几个方面。

第一，人口城镇化加速，农村人口减少，学校布点太过分散。从改革开放一直到 20 世纪 90 年代初，我国乡镇企业发展势头良好，乡镇企业的发展，使得 80 年代我国农村人口的迁移呈现"离土不离乡"的模式。但是 90 年代中后期，随着乡镇企业发展遇到瓶颈，农村剩余劳动力开始出现跨区域大规模的流动，城镇化开始加速。1990 年我国流动人口的规模为 3750 万人，到 1995 年达到 7073 万人，再到 2000 年达到 10229 万人。1981 年我国城镇化率为 20.16%，到 1995 年为 29.14%，到 1996 年达到 30.48%，根据城镇化发展阶段论（纳瑟姆曲线），到 1995 年前后，我国城镇化迎来一个拐点，进入城镇化快速发展的新阶段。

同时，随着农村计划生育政策的进一步落实，农村人口的出生率持续下降。我国人口出生率于 1987 年达到新中国成立以来第三次人口生育高峰的峰值——23.33‰，之后人口出生率开始持续下降，到 1994 年人口出生率下降到 17.70‰。这导致从 1993 年开始小学学龄儿童数量呈现下降趋势，从 1999 年开始初中学龄儿童数量呈现下降趋势。由于农村学校的生源减少，校均学生数减少，农村教学点存废的问题成为社会关注的焦点。一些学者提出应撤点并校，以提高农村教育质量。他们认为"文革"后的布局调整是有成绩的，但是初中尤其是小学，设置仍嫌分散，影响了办学效益和办学质量。调整农村中小学布局已刻不容缓，到了非抓不可的时候了。①

第二，推进"普九"，要求学校布局合理、条件达标。经过 20 世纪 80 年代以来 10 余年的努力，我国县域内普及初等教育取得了巨大的成就。到 1990 年，初等教育适龄儿童入学率达到 97.8%，小学在校

---

① 时家骏：《合理调整农村中小学布局 努力提高投资整体效益》，《教育与经济》1991 年第 4 期。

生辍学率下降到 2.36%，经省级政府检查验收基本普及初等教育的县
达到 1589 个，占全国总县数的 82.8%，以城乡总体计算，基本普及初
等教育地区的人口占全国人口总数的 90% 左右。[①] 到 1991 年，我国小
学生的入学率已由 1981 年的 93% 上升到 97.87%，小学在校学生的辍
学率为 2.35%，全国已有 91% 的地区完成了基本普及小学教育的历史
任务。[②] 多数地区完成普及初等教育的任务后，转向普及九年义务教
育。而整个"普九"的过程对办学条件、学校布局有着明确的标准和
要求，因此，在推进"普九"的过程中，各地多对学校布局进行了调
整。如国家为了推动贫困地区义务教育的普及工作，在 1995~2000 年
实施了第一期的"国家贫困地区义务教育工程"，该工程投入 39 亿元
中央专款，在 852 个贫困县实施。工程改善了贫困地区义务教育办学
条件，在改扩建学校的同时，在一定程度上推动了县域学校的布局调
整工作。"一期'工程'实施后，项目县小学减少 1.7 万所，在校学
生增加 320 万人，校均规模达到 168 人，师生比达到 1∶22.7；初中在
校学生增加 153 万人，校均规模达到 660 人，师生比达到 1∶18.2。校
均规模的提高，使教育资源得到了更为有效的利用。"[③] 如贵州省以
"国家贫困地区义务教育工程"为契机，在新建和改扩建中小学校舍
的同时，推进中小学布局的调整。到 1999 年底，全省在校小学生由
1990 年的 435 万人增加到 501 万人，但小学学校数由 1990 年的 21554
所减少到 18508 所，教学点由 11907 个减少到 10298 个，校均学生由
1990 年的 130 人增加到 174 人。[④] 广西壮族自治区也以"国家贫困地
区义务教育工程"为契机对县域学校布局进行了调整，使学校布局更

---

① 《中国教育年鉴》编辑部编《中国教育年鉴 1991》，人民教育出版社，1992，第 152 页。
② 《中国教育年鉴》编辑部编《中国教育年鉴 1992》，人民教育出版社，1993，第 97 页。
③ 李岚清：《李岚清教育访谈录》，人民教育出版社，2003，第 252 页。
④ 《省人民政府办公厅转发省教育厅关于我省中小学布局结构调整意见的通知》，《贵州政报》2000 年第 18 期，第 13~15 页。

趋合理，办学效益明显提高。通过项目建设，撤并 3744 个过于分散的小学教学点，并在一些交通不便的山区建立一批寄宿制学校，校均规模由 150 人增加到 181 人（校点平均规模由 71 人增加到 78 人），初中校均规模由 587 人增加到 740 人。[①] 因此，整个"普九"的过程也伴随着县域学校的布局调整工作。

第三，"穷国办大教育"要求注意办学的效益问题。这一时期影响县域内学校布局变迁的重要因素是当时"穷国办大教育"的背景，改革开放后，我国教育事业迅速发展，各级各类学校均有大的发展，使得教育整体体量变大，但是我国预算内教育经费投入的增长有限。如 1993 年预算内教育经费支出占财政支出比例为 13.58%，较 1992 年的 14.30% 下降 0.72 个百分点；国家财政性教育经费支出占国民生产总值比例由 1992 年的 2.99% 下降至 1993 年的 2.76%。[②] 教育经费短缺，使得如何合理利用教育经费成为教育事业发展的重要问题。时任财政部文教行政司副司长张弘力在访谈时谈到："我国教育事业中存在着学校布点多、规模小、办学效益差的问题……我国农村中小学普遍存在着学校规模小，办学布点分散的问题，许多偏远地区还是'单人单岗，复式班教学'，这样，势必造成教育经费使用上的效益低下。"[③] 当时就职于财政部文教司的唐虎梅在 1995 年《关于教育资金使用效益问题的思考》一文中认为"办学体制及对办学指导思想的片面理解造成学校规模效益低下"，比如中小学办学片面理解就近办学，一味强调就近入学，甚至认为越近越好，加之六七十年代我国广大农村经济落后、交通条件很差、人口急剧膨胀、思想意识陈旧，广大农民对子女

---

① 广西壮族自治区地方志编纂委员会编《广西通志·教育志（1986—2005）》，广西人民出版社，2020，第 58 页。

② 《中国教育年鉴》编辑部编《中国教育年鉴 1995》，人民教育出版社，1995，第 863 页。

③ 郑维桢：《多渠道增加教育经费 提高资金使用效益 加快教育事业发展——财政部文教行政司副司长张弘力访谈录》，《财务与会计》1994 年第 8 期。

受教育的重要性尚无足够的认识等主客观原因，形成了村村（当时的自然村）有小学、队队（当时的大队）有中学的状况，甚至出现了"马背小学"、"炕头小学"、"一二三四式学校"（一个教师、两张课桌、三个年级、四个学生）等低水平、小规模、极分散的学校布局状况。①

　　20 世纪 90 年代初，由于小学生源减少，办学效益低下，同时农村集体经济发展热潮衰退，农村经济发展面临种种困境，导致向农村征收的教育事业费附加难以收齐收足。同时一些地区在减轻农民负担的过程中减少了面向农民的教育集资，导致教育经费筹措遇到很大困难，为了破解基础教育发展的经济困境，必然要求从规模效益的角度去推动学校布局调整，以提高办学效益，合理利用教育资金。1992年，国家教委等部门《关于进一步改善和加强民办教师工作若干问题的意见》就提出要将整顿民办教师队伍与合理调整学校布局相结合，"要根据就近上学的原则，在保证农村小学合理的服务半径的前提下，调整学校布局，精简人员，提高办学效益"②。1993 年，中共中央、国务院印发《中国教育改革和发展纲要》，特别强调教育效益的问题，要求各级教育部门和学校调整教育结构和布局，以提高教育经费的使用效益，提出："在教育事业发展上，不仅教育的规模要有较大发展，而且要把教育质量和办学效益提高到一个新的水平。""各级教育部门和学校必须努力提高教育经费的使用效益。要合理规划教育事业的规模，调整教育结构和布局，避免结构性浪费。"③ 这强调了办学效益的问题。基于此，1994 年，财政部、国家教委发布《关于印发〈部分省市合理调整中、小学布局提高资金使用效益工作座谈会纪要〉的通

---

① 唐虎梅：《关于教育资金使用效益问题的思考》，《教育财会研究》1995 年第 2 期，第 33～36 页。

② 何东昌主编《中华人民共和国重要教育文献（1949～1997）》，海南出版社，1998，第3365 页。

③ 何东昌主编《中华人民共和国重要教育文献（1949～1997）》，海南出版社，1998，第3467～3473 页。

知》，一些省份为了提高义务教育办学质量和办学效益，自发地开始进行学校布局调整。

二 县域内义务教育学校布局的变化

(一) 办学形式由多种形式转向集中化、正规化

20 世纪 80 年代，我国在普及初等教育的过程中强调多种形式办学，不讲究办学形式。但是到了 1992 年开始推动义务教育普及的时候，开始强调办学的集中化和正规化。如 1992 年国务院批准的《中华人民共和国义务教育法实施细则》提出："小学的设置应当有利于适龄儿童、少年就近入学。寄宿制小学设置可适当集中。普通初级中学和初级中等职业技术学校的设置，应当根据人口分布状况和地理条件相对集中。""省级人民政府应当制订实施义务教育各类学校的经费开支定额，并制订按照学生人数平均的公用经费开支标准、教职工编制标准和校舍建设、图书资料、仪器设备配置等标准。地方各级人民政府应当制订实施规划，使学校分期分批达到前款所列的办学条件标准，并进行检查验收。"[1] 1993 年，中共中央、国务院发布《中国教育改革和发展纲要》，提出："发展基础教育，必须继续改善办学条件，逐步实现标准化。"1994 年 9 月国家教委颁布的《普及义务教育评估验收暂行办法》对"普九"验收时的学校校舍、教学仪器设备、图书资料和教育经费等均提出了要求。因此，要完成"普九"任务就需要县域进行一定的学校布局调整，以节约教育经费、提升办学条件。20 世纪90 年代中后期正值我国农村适龄儿童入学的高峰期，为了达到"普九"所需的各项指标，在"普九"的过程中，不少地方均采用新建校舍的方式来通过"普九"验收。如广西荔浦县为完成"普九"任务，

---

[1] 何东昌主编《中华人民共和国重要教育文献（1949~1997）》，海南出版社，1998，第3291 页。

到 1995 年底全县学校共拆除危房 166200 平方米，投入 5148.32 万元，回建、新建校舍 349300 平方米，中小学砖混楼房达 300 栋。更新课桌凳 37000 套，添置了共有 7246 个床位的架床；中小学均建了围墙、校门，打水井 214 口，47 所学校装上了自来水，中学建立了图书室、阅览室、仪器室、实验室，小学添置了仪器柜，体育场扩大、增加体育器材。1994 年，其通过"普九"验收。[1] 又如江苏省沭阳县在应对"普九"验收的 1994～1995 年，全县教育投入达 4500 多万元，新建校舍 10.5 万平方米，仅 1995 年就有 40 多所学校先后新建了教学楼，面积达 4.1 万平方米。[2] 在"普九"的过程中，全国各地不断改造校舍，消除"黑屋子""土台子"，校舍新建率较高，农村义务教育办学条件极大改善，办学形式也逐渐走向正规化。

（二）适应城镇化趋势，撤并教学点，扩展县镇学校

在 1992～1999 年，为适应城镇化发展的需要，不少地区在"普九"的过程中对农村中小学布局进行调整，撤并农村规模较小的学校和教学点，以提高教育效益、提升教育质量。例如，1995 年 10 月 28 日湖南省人民政府办公厅转发省教委、省财政厅《关于进一步搞好农村中、小学布局调整工作的实施意见》，提出：对办学条件差、办学规模小、生源短缺、办学效益低、师生比例严重失调的小学进行调整。要求初级小学规模不低于 4 个班，每班人数不低于 30 人，对达不到这一规模的初级小学进行调整；丘陵地区每所初级小学服务半径为 2 公里，覆盖人口 1800 人以上，达不到这一要求的小学要调整；通过调整形成每个乡（镇）办好一所中心小学、几村联办完全小学或初级小学的格局。河北省从 1997 年开始着手开展中小学布局调整工作，1999

---

① 荔浦县教育局编《荔浦县教育志：1986—2008》，广西人民出版社，2018，第 648 页。
② 舒振远、葛恒军：《奋力拼搏 誓夺"普九"全胜》，《江苏教育》1996 年第 7 期，第 6～8 页。

年专门印发文件对中小学布局调整进行统一部署，将中小学布局调整与改善办学条件相结合，撤并那些条件差、质量低、发展后劲不足的学校。从 1985 年到 2000 年 11 月，全省小学数量由 49346 所减少到 36465 所，校均规模由 122 人增加到 217.34 人；初中由 5423 所减少到 4194 所，校均规模由 391.06 人增加到 897.12 人。[①]

在上级部门的推动下，县域内开展了农村义务教育学校的布局调整工作。如福建省浦城县，1989 年全县有小学 796 所，其中村完全小学有 290 所，还有教学点 506 个。1991 年，鉴于农村小学发展不平衡，布局过于分散，为整合教育资源、提高教学质量，实行撤点并校。至 1993 年，撤销 5 名学生以下的教学点 87 个，对 165 所农村小学进行合并，巩固完善 21 所寄宿制小学。1996 年，将 247 所农村小学调整为 146 所村级完全小学，调整后保留教学点 212 个。[②] 1998 年以来，云南省镇沅县为加强学校管理，集中资源优势，提高办学效益，按照确保"四率"（入学率、巩固率、毕业率、普及率），宜增则增、宜并则并的原则，对部分生源不足、校舍简陋、偏僻边远的学校和教学点逐步进行撤并。至 2002 年底，全县有小学 115 所，比 1997 年减少 36 所，一师一校教学点 15 个，比 1997 年减少 92 个，学校布局更加合理，学校管理得到了加强，教育资源（人、财、物）得到了较好的配置和利用，教育教学质量明显提高，"两基"成果得到了巩固。[③] 重庆市丰都县于 1995 年本着"形成规模，发挥效益，适应普九"的原则，撤并设置不合理、效益不高的乡镇中学分校，增强完小、中心校和乡镇中学力量。[④] 陕西省旬阳县（现旬阳市）于"九五"期间对县域内中小学进行布局

---

① 《中国教育年鉴》编辑部编《中国教育年鉴 2001》，人民教育出版社，2001，第 354 页。
② 浦城县地方志编纂委员会编《浦城县志（1989—2005）》，方志出版社，2016，第 635 页。
③ 镇沅彝族哈尼族拉祜族自治县地方志编纂委员会编《镇沅年鉴（1998-2002）》，德宏民族出版社，2005，第 290 页。
④ 丰都县地方志编纂委员会编《丰都县志（1986~2005）》，电子科技大学出版社，2014，第 509 页。

调整，中小学由原来的 930 所减少至 2000 年的 631 所。①

从全国的数据看，20 世纪 90 年代，"一村一校"的面貌开始发生变化，校村比波动下降（见表 6-1）。农村小学学校数开始减少，由 1992 年的 61.27 万所减少到 2000 年的 44.03 万所，减少 17.24 万所，减幅为 28.14%。农村教学点数也开始减少，由 1992 年的 17.57 万个减少到 2000 年的 15.75 万个，减少 1.82 万个，减幅为 10.36%。而同期在校生数的减幅却较小，农村小学和教学点的在校生数 1992 年有 9060 万人，到 2000 年减少到 8503.7 万人，减少 556.3 万人，减幅为 6.14%（见表 6-2）。可见，当时农村学校撤并主要是为了提高规模效益。

表 6-1　1992~2000 年农村小学（含教学点）数与行政村数对比

	1992 年	1993 年	1994 年	1995 年	1996 年	1997 年	1998 年	1999 年	2000 年
农村小学（含教学点）数〔万所（个）〕	78.8	76.3	76.0	75.2	72.9	70.0	67.2	63.4	59.8
行政村数（万个）	80.6	80.2	80.2	74.0	74.0	73.9	74.0	73.7	73.5
校村比	0.98	0.95	0.95	1.02	0.99	0.95	0.91	0.86	0.81

资料来源：小学数由相应年份农村的小学学校数和教学点数计算得来。行政村数来源于《中国农业统计资料（1949—2019）》，中国统计出版社，2020，第 35 页。

同一时期，县镇小学学校数、教学点数和在校生数均有所增长，县镇小学学校数由 1992 年的 7.25 万所增加到 2000 年的 8.12 万所，增加 0.87 万所，增幅为 12%。县镇教学点数由 1992 年的 0.82 万个增加到 2000 年的 1.51 万个，增加 0.69 万个，增幅为 84.15%。县镇小学、教学点在校生数由 1992 年的 1718.2 万人增长到 2000 年的 2692.9 万人，增长了 974.7 万人，增幅为 56.73%。随着城镇化在这一时期的加速发展，农村人口向城市转移，使得在农村小学和教学点在校生数下降的同时，县镇小学和教学点在校生数提升较快。

---

① 旬阳县地方志编纂委员会编《旬阳县志 1989~2009》，三秦出版社，2015，第 735 页。

表 6-2　1992～2000 年县域内小学及教学点发展情况

| 年份 | 小学学校数（万所） | | | 教学点数（万个） | | | 总计［万所（个）］ | 在校生数（万人） | | |
	县镇	农村	县域合计	县镇	农村	县域合计		县镇	农村	县域合计
1992	7.25	61.27	68.52	0.82	17.57	18.39	86.91	1718.2	9060.0	10778.2
1993	8.30	58.45	66.75	0.96	17.83	18.79	85.54	1932.5	8969.5	10902
1994	8.07	57.17	65.24	1.09	18.87	19.96	85.2	2075.6	9134.5	11210.1
1995	7.77	55.86	63.63	1.18	19.36	20.54	84.17	2178.1	9306.2	11484.3
1996	7.91	53.53	61.44	1.26	19.11	20.37	81.81	2360.0	9487.0	11847
1997	8.43	51.30	59.73	1.48	18.70	20.18	79.91	2603.5	9560.4	12163.9
1998	8.38	49.32	57.7	1.51	17.90	19.41	77.11	2663.7	9440.0	12103.7
1999	8.12	46.85	54.97	1.48	16.54	18.02	72.99	2636.1	9074.1	11710.2
2000	8.12	44.03	52.15	1.51	15.75	17.26	69.41	2692.9	8503.7	11196.6

资料来源：历年《中国教育统计年鉴》《中国教育事业统计年鉴》。

1992~2000年，县域内初中的布局也呈现出与小学大致的情形。农村学校数减少，由1992年的5.15万所减少到2000年的3.93万所，减少1.22万所，减幅为23.69%。县镇学校数相对有所增长，由1992年的1.08万所增加到2000年的1.47万所，增长0.39万所，增幅为36.11%（见表6-3）。

表6-3 1992~2000年县域内初中发展情况

单位：万所，万人

年份	学校数			在校生数		
	县镇	农村	合计	县镇	农村	合计
1992	1.08	5.15	6.23	899.6	2502.8	3402.4
1993	1.17	4.93	6.1	955.7	2437.0	3392.7
1994	1.26	4.78	6.04	1046.1	2520.5	3566.6
1995	1.31	4.56	5.87	1167.8	2660.0	3827.8
1996	1.36	4.41	5.77	1276.3	2818.9	4095.2
1997	1.41	4.22	5.63	1351.9	2937.6	4289.5
1998	1.40	4.13	5.53	1403.4	3075.3	4478.7
1999	1.40	4.04	5.44	1512.3	3270.0	4782.3
2000	1.47	3.93	5.4	1704.5	3428.5	5133

资料来源：历年《中国教育统计年鉴》（《中国教育事业统计年鉴》）。

三 农村义务教育经费供给仍延续多种渠道筹措的方针

进入20世纪90年代后，农村义务教育经费的供给依然延续80年代"多渠道筹措经费"的方针。由于我国从1994年开始实行分税制改革，财权上移，中央和省级财政权力增强，乡镇一级政府的财政负担加重了。而义务教育实施"分级管理"的体制，乡镇和农村办学主要依靠乡镇政府的财政和村级自筹。在推进"普九"达标的过程中，又需要大量的校舍维修和建设费用，这大大增加了乡镇的压力。1992年1月国家教委印发的《全国教育事业十年规划和"八五"计划要点》提出：我国是世界上教育规模最大的国家，但国家财力有限。从我国的实际出发，筹措教育经费是教育发展与改革所面临的一个重大课题。要确立以国家财政拨款为主、多渠道筹措教育经费的体制，牢固树立"人民教育人民办，办好教育为人民"的观念。① 国家教委于1992 年 9 月 8 日发出《关于多渠道筹措教育经费改善办学条件的公告》，对 80 年代贯彻"人民教育人民办，办好教育为人民"的方针，多渠道筹措教育经费的办法予以肯定，并提出在 90 年代基本完成"普九"任务的目标下，要继续完善筹措教育经费的机制，进一步改善办学条件。② 1992 年颁布的《中华人民共和国义务教育法实施细则》提出："实施义务教育的学校新建、改建、扩建所需资金，在城镇由当地人民政府负责列入基本建设投资计划，或者通过其他渠道筹措；在农村由乡、村负责筹措，县级人民政府对有困难的乡、村可酌情予以补助。""地方各级人民政府应当鼓励各种社会力量以及个人自愿捐资助学。"在乡镇财政仍无力提供地方"普九"所需费用的情况下，县域内各级政府不得不向下摊派，虽曰倡导捐资助学，实质上变为摊派，加重了农民的负担。同时，政府在办学的过程中，不得不依靠政策性举债来进行校舍建设与维护，形成了全国普遍存在的"普九"欠债问题。由于"普九"所需费用巨大，县域财政入不敷出，在这一时期拖欠教师工资现象十分严重，据统计，1998 年 4 月至 2000 年 4 月，全国拖欠教师工资累计达 127 亿元，全国 2300 个县中，有 1/3 的县存在不同程度的拖欠。③ 据 2007 年全国人大常委会执法检查组《关于检查〈中华人民共和国义务教育法〉实施情况的报告》透露，全国农村"普九"欠债高达 500 多亿元。债务形式主要是施工队垫款、银行贷

---

① 何东昌主编《中华人民共和国重要教育文献（1949～1997）》，海南出版社，1998，第3260 页。

② 《中国教育年鉴》编辑部编《中国教育年鉴 1993》，人民教育出版社，1994，第 267 页。

③ 蒋鸣和：《中国农村义务教育投资：基本格局和政策讨论》，载袁振国主编《中国教育政策评论 2001》，教育科学出版社，2001，第 131 页。

款以及向教师和社会借款等。①

但是随着 90 年代中后期我国农村学龄儿童逐年递减，入学儿童减少，各地新建的校舍使用率下降，进入 21 世纪后我国又开始进行大规模的农村学校撤并，新建没有几年的校舍被逐渐废弃，在一定程度上造成资源的浪费。当然回顾这一段历史，我们会发现在"普九"的过程中，各地将"普九"视为政治任务，存在一定的形式主义风，没有对人口与教育的发展做出较为长久的规划，导致在实现"普九"任务的同时，造成一定程度的教育资源的浪费。

第二节　县域内民办教育的初步探索

新中国成立初期，我国对民国时期遗留下来的私立学校进行了接办，全部改为国家办学。虽然在后面的发展中，我国一直提倡和鼓励群众办学，实行"两条腿走路"的办学方针，形成所谓的"民办教育"，但是这种"民办教育"实质上属于"集体办学"，具有"公办民助"的性质。改革开放后，随着经济体制改革而兴起的社会力量办学所形成的民办教育，与之前群众性办学的"民办教育"并不能画等号。

一　20 世纪 80 年代社会力量办学的兴起

进入 80 年代后，随着我国经济体制改革的推进，民营经济发展迅速，使得教育管理体制改革也要求政府适当放权，鼓励社会力量办学。如 1982 年我国颁布的宪法第十九条提出："国家鼓励集体经济组织、国家企业事业组织和其他社会力量依照法律规定举办各种教育事业。"1985 年，《中共中央关于教育体制改革的决定》提出，要在有限的财

---

① 何东昌主编《中华人民共和国重要教育文献（2003~2008）》，新世界出版社，2010，第 1428 页。

力物力条件下把教育搞上去，就必须调动各方面的力量，"地方要鼓励和指导国营企业、社会团体和个人办学，并在自愿的基础上，鼓励单位、集体和个人捐资助学，但不得强迫摊派"。在此背景下，1987年7月，国家教委出台了《关于社会力量办学的若干暂行规定》，提出："社会力量办学是我国教育事业的组成部分，是国家办学的补充。各级人民政府及教育行政部门应鼓励和支持社会力量举办各种教育事业。"[1] 在 80 年代中后期，县域内民办教育就开始兴起，当然当时主要是一些民办幼儿园，义务教育阶段民办学校较少。例如，河北省元氏县在 1986 年已有私人幼儿园 21 所。[2] 浙江省泰顺县的社会力量办学也主要是办幼儿园，在 1990 年有民办幼儿园 8 所。[3]

二　县域内民办教育向义务教育延伸

进入 20 世纪 90 年代后，随着教育内外部环境的变化，我国县域内社会力量办学开始迅速发展，并向义务教育阶段延伸。考察这一时期县域内民办教育发展背后的原因，主要有以下几点。

第一，从教育发展的外部环境看，1992 年邓小平南方谈话后，我国社会主义市场经济体制改革的步伐更加迅速，为办学体制改革提供了有力的环境支撑。1992 年，党的十四大提出建立社会主义市场经济体制的目标；为使教育适应社会主义市场经济体制改革的步伐，1993年 2 月 13 日，中共中央、国务院印发《中国教育改革和发展纲要》，提出："在 90 年代，随着经济体制、政治体制和科技体制改革的深化，教育体制改革要采取综合配套、分步推进的方针，加快步伐，改革包

---

① 何东昌主编《中华人民共和国重要教育文献（1949~1997）》，海南出版社，1998，第 2637 页。

② 元氏县地方志编纂委员会编《元氏县志（1986—2005）》，河北人民出版社，2015，第 631 页。

③ 《泰顺县教育志》编纂委员会编《泰顺县教育志》，方志出版社，2017，第 211 页。

得过多、统得过死的体制，初步建立起与社会主义市场经济体制和政治体制、科技体制改革相适应的教育新体制。"① 为此需要改革办学体制，改变政府包揽办学的格局，逐步建立以政府办学为主体、社会各界共同办学的体制。《中国教育改革和发展纲要》还提出"国家对社会团体和公民个人依法办学，采取积极鼓励、大力支持、正确引导、加强管理的方针"。在建立社会主义市场经济体制的过程中，我国也不断探索对学校办学体制的改革，试图在精力有限的情况下，满足人民群众对教育的需求。正如 1997 年国家教委《关于规范当前义务教育阶段办学行为的若干原则意见》所说："我国处于社会主义初级阶段，承担着世界上最大规模的教育任务。这一国情要求改变过去过多由政府包揽的办学体制，逐步建立起以政府办学为主，社会各界共同办学的新体制。"② 1997 年，为了鼓励社会力量办学，维护举办者、学校及其他教育机构、教师及其他教育工作者、受教育者的合法权益，促进社会力量办学事业健康发展，国务院发布《社会力量办学条例》，其明确提出社会力量办学事业是社会主义教育事业的组成部分，要求各级人民政府加强对社会力量办学工作的领导，将社会力量办学事业纳入国民经济和社会发展规划。

第二，随着人口的流动和对教育质量要求的提高，"择校热"产生，为民办教育的发展创造了空间。民众对学校教育数量和质量有了更高的追求，而公办教育无法满足人民群众对优质教育的需求，加之我国优质教育资源分布不均，导致"择校"的产生，在 20 世纪 90 年代初，"择校"现象从城市蔓延至县域，学生"择校"的过程中，产生高额的"择校费"或"借读费"（赞助费），由此，治理"择校费"成为治理教育乱收费的重要事项之一。如 1996 年国务院办公厅转发国

---

① 《十四大以来重要文献选编》（上），中央文献出版社，2011，第 60 页。

② 何东昌主编《中华人民共和国重要教育文献（1949～1997）》，海南出版社，1998，第 4125 页。

家教委等部门《关于 1996 年在全国开展治理中小学乱收费工作的实施意见》，指出："一些大中城市对部分重点中小学在义务教育阶段'择校生'高收费问题治理不力，有的甚至愈演愈烈。"这份文件还提出"不准义务教育阶段的公办小学和初中招收'择校生'，坚持就近入学原则""一定要把'择校生'高收费问题坚决遏制住"。[1] 当然，"择校"问题宜疏不宜堵，择校现象通过堵的方法无法遏制，只会愈演愈烈。因此，有必要借助社会力量，办更多更好的教育，以满足民众的择校需求，所谓"择校找民校"就是这个道理。

第三，"普九"的财政压力较大，县域教育的发展不得不依赖社会力量的支持。从 1992 年后，我国县级政府在教育上的精力主要放在了"普九"的任务上，而"普九"需要大量的财力投入。前文已述，当时一些县级政府在"普九"的过程中，由于财力有限，不得不依赖农民集资、贷款等方式来弥补教育经费的不足。因此，能够借助社会力量办学，发展县域教育，何乐而不为？当然，这一时期民办教育主要在学前教育领域发展，如 1993 年《中国教育改革和发展纲要》提出："在现阶段，基础教育应以地方政府办学为主。"但在鼓励社会力量办学的过程中，一些地区也存在将义务教育的办学责任推向社会的问题。为此，1997 年，国家教委《关于规范当前义务教育阶段办学行为的若干原则意见》提出："实施义务教育主要是政府行为。在社会主义市场经济体制建立过程中，既不能把义务教育推向市场，也不能把义务教育的责任完全推给社会或乡、村两级。"[2] 但由于市场经济改革不断向前推进的大环境，民办教育带着问题进一步向前发展。

在此背景下，全国县域范围内民办教育发展开始加速，办学层次

---

① 国家发展和改革委员会价格监督检查司编《现行行政事业性收费项目文件汇编》，中国市场出版社，2004，第 14 页。
② 何东昌主编《中华人民共和国重要教育文献（1949~1997）》，海南出版社，1998，第 4125 页。

上逐渐从学前教育和高中等非义务教育阶段向义务教育阶段延伸。如在四川省南部县，1994 年黄金镇广水井村办起了第一所民办小学，1995 年底，全县民办学校发展到 214 所，其中民办小学有 25 所，幼儿园（班）有 189 所（个）。1999 年蜀北学校开办高中班，首次招生 1260 多人，是南部县第一个由社会力量举办的中等教育机构。[1] 但是从发展速度看，义务教育阶段民办教育的发展速度滞后于非义务教育阶段民办教育的发展速度。

1994～2000 年，全国民办幼儿园数占比由 10.47% 增长到 25.20%，增长了 14.73 个百分点（见表 6-4）；县域内民办高中数占比由 1994 年的 1.20% 增长到 2000 年的 5.72%（见表 6-7）。民办学前教育和民办高中教育两者的发展速度较快。

县域内民办小学数占比从 1994 年的 0.14% 增长到 2000 年的 0.60%；县域内民办初中数占比由 1994 年的 0.72% 增长到 2000 年的 2.03%（见表 6-5、表 6-6）。可见，20 世纪 90 年代中后期县域民办义务教育的发展开始起步，较民办学前教育和民办高中教育而言，民办义务教育的发展相对缓慢。

表 6-4　1994～2000 年全国民办幼儿园数和在园幼儿数及占比

年份	民办幼儿园数（所）	幼儿园总数（所）	占比（%）	民办幼儿园在园幼儿数（人）	在园幼儿总数（人）	占比（%）
1994	18284	174657	10.47	1036234	26302725	3.94
1995	20780	180438	11.52	1099866	27112328	4.06
1996	24466	187324	13.06	1303902	26663270	4.89
1997	24643	182485	13.50	1348830	25189638	5.35
1998	30824	181368	17.00	1707810	24030344	7.11
1999	37020	181136	20.44	2224282	23262588	9.56
2000	44317	175836	25.20	2842600	22441806	12.67

资料来源：历年《中国教育统计年鉴》（《中国教育事业统计年鉴》）。

[1]　《南部县志》编纂委员会编《南部县志（1991～2004）》，方志出版社，2010，第 630 页。

表 6-5　1994～2000 年县域内民办小学数和在校生数及占比

年份	县域内民办小学数（所）			县域内小学总数（所）			占比（%）	县域内民办小学在校生数（人）			县域内小学在校生总数（人）			占比（%）
	县镇	农村	县域合计	县镇	农村	县域合计		县镇	农村	县域合计	县镇	农村	县域合计	
1994	146	776	922	80682	571712	652394	0.14	20988	150741	171729	20755753	91344541	112100294	0.15
1995	168	994	1162	77693	558615	636308	0.18	27347	180244	207591	21780739	93061879	114842618	0.18
1996	159	906	1065	79121	535252	614373	0.17	38594	296394	334988	23596818	94869111	118465929	0.28
1997	260	1012	1272	84300	512993	597293	0.21	72850	254675	327525	26035295	95604440	121639735	0.27
1998	392	1364	1756	83842	493152	576994	0.30	115490	321653	437143	26637234	94394988	121032222	0.36
1999	574	1690	2264	81162	468527	549689	0.41	166383	389578	555961	26360773	90741269	117102042	0.47
2000	791	2318	3109	81184	440284	521468	0.60	246046	505490	751536	26928904	85037137	111966041	0.67

表6-6 1994~2000年县域内民办初中数和在校生数及占比

年份	县域内民办初中数（所）			县域内初中总数（所）			占比（%）	县域内民办初中在校生数（人）			县域内初中在校生总数（人）			占比（%）
	县镇	农村	县域合计	县镇	农村	县域合计		县镇	农村	县域合计	县镇	农村	县域合计	
1994	178	254	432	12566	47779	60345	0.72	42427	38350	80777	10460771	25204865	35665636	0.23
1995	229	246	475	13120	45626	58746	0.81	61612	45731	107343	11677976	26598130	38276106	0.28
1996	266	269	535	13604	44098	57702	0.93	80319	57680	137999	12763342	28188513	40951855	0.34
1997	302	225	527	14067	42230	56297	0.94	113793	60384	174177	13518906	29376498	42895404	0.41
1998	369	287	656	14002	41329	55331	1.19	152546	74808	227354	14033550	30752833	44786383	0.51
1999	462	435	897	13963	40421	54384	1.65	215383	105422	320805	15123148	32697714	47820862	0.67
2000	660	435	1395	14678	39313	53991	2.03	349974	162931	512905	17045443	34284664	51330107	1.00

表 6—7　1994~2000 年县域内民办高中数和在校生数及占比

年份	县域内民办高中数（所）			县域内高中总数（所）			占比（%）	县域内民办高中在校生数（人）			县域内高中在校生总数（人）			占比（%）
	县镇	农村	县域合计	县镇	农村	县域合计		县镇	农村	县域合计	县镇	农村	县域合计	
1994	97	14	111	5930	3358	9288	1.20	17734	1792	19526	3224595	1125603	4350198	0.45
1995	108	15	123	5888	3112	9000	1.37	21694	1998	23692	3461503	1131498	4593001	0.52
1996	136	17	153	5902	2934	8836	1.73	28959	2609	31568	3746138	1184409	4930547	0.64
1997	165	24	189	5891	2807	8698	2.17	45028	4318	49346	4115172	1236845	5352017	0.92
1998	208	35	243	5896	2721	8617	2.82	67805	8962	76767	4504608	1310436	5815044	1.32
1999	285	54	339	5942	2664	8606	3.94	98918	16414	115332	5810662	1418843	7229505	1.60
2000	433	71	504	6175	2629	8804	5.72	163297	24273	187570	5810662	1578112	7388774	2.54

第三节　县域内学前教育办学格局的变化

随着我国经济体制向社会主义市场经济转型，教育事业也需适应我国经济体制的变革而调整。学前教育作为我国教育事业的"末端"，最先受到教育市场化的影响，因此，在1992年后，县域内学前教育办园格局不断变化。集体办园力量随着农村集体经济的衰弱而削弱，部门办学由于企业改制而被不断剥离，在教育部门又无力承担学前教育办学主体责任的情况下，学前教育事业向市场化的方向发展，导致县域内学前教育办园格局由以公办教育为主体向以民办教育为主体转变。

一　县域内学前教育发展较为缓慢

进入20世纪90年代中后期，随着各地将"普九"作为教育的中心工作，学前教育的发展较为缓慢（见表6-8）。县域幼儿园园数由1992年的11.2万所增长到2000年的13.89万所，增长率仅为24%。县镇幼儿园园数增长快于农村，县镇幼儿园园数由1992年的2.39万所增长到2000年的4.54万所，增幅为90%，而农村幼儿园园数由1992年的8.81万所增长到2000年的9.35万所，增幅仅为6%。以1996年为转折点，1996年后，县域内幼儿园园数不增反降，减少的幅度更大了，从1996年的15.13万所减少到2000年的13.89万所，在园幼儿数从1996年的2145.47万人减少到2000年的1741.12万人，减少了18.8%。

表6-8　1992~2000年县域内幼儿园发展情况

单位：万所，万人

年份	园数			在园幼儿数		
	县镇	农村	县域合计	县镇	农村	县域合计
1992	2.39	8.81	11.2	259.86	508.88	768.74
1993	2.84	10.49	13.33	490.07	1534.95	2025.02

年份	园数			在园幼儿数		
	县镇	农村	县域合计	县镇	农村	县域合计
1994	3.58	10.31	13.89	531.87	1575.18	2107.05
1995	3.65	10.67	14.32	549.89	1624.90	2174.79
1996	4.09	11.04	15.13	568.42	1577.05	2145.47
1997	3.93	10.73	14.66	562.57	1453.01	2015.58
1998	4.12	10.43	14.55	560.88	1340.16	1901.04
1999	4.19	10.19	14.38	556.63	1259.15	1815.78
2000	4.54	9.35	13.89	578.24	1162.88	1741.12

资料来源：1992 年及以后历年《中国教育统计年鉴》（《中国教育事业统计年鉴》）。

这一时期县域学前教育发展缓慢的原因主要有以下几点。

第一，"普九"成县域教育发展重点，幼儿教育遭忽视。1985 年以后，我国各级政府将教育的重心放到义务教育的普及上来，对学前教育的发展明显不够重视。如从 1985 年《关于教育体制改革的决定》到 1993 年《中国教育改革和发展纲要》，再到 1999 年《关于深化教育改革全面推进素质教育的决定》，在这三份影响较大的中央政策文件中，对学前教育几乎没有提及，这从根本上导致地方政府对学前教育不重视；1993 年开始"普九"验收工作后，地方政府为了减轻负担，完成验收评估任务，放弃办幼儿园，减少学前教育资金投入，希望通过吸引社会力量办学来解决国家学前教育经费投入不足的问题，导致教育部门办幼儿园的积极性不高，给县域幼儿教育的发展带来冲击。

第二，县域幼儿园陷入多头管理的窘境。新中国成立初期，在《幼儿园暂行规程（草案）》中规定幼儿园由市、县人民政府教育行政部门统一领导。后来在人民公社化运动中，由于幼儿园带有一定的福利性质，是解放妇女劳动力的重要辅助机构，所以县城内的托幼机构由妇联负责管理，农村托幼机构一般由社队管理。整体来看，妇联承担起托幼机构的管理职责。改革开放后，1979年，国务院成立了托幼工作领导小组，县域内也成立了相应的托幼工作领导小组，妇联、教育局、卫生局等多部门参与，托幼工作领导小组一般挂靠妇联，主要由妇联负责幼儿园的行政管理、教育局进行业务指导。而到1982年全国政府机构改革时，全国托幼工作领导小组及其办事机构被撤销，幼儿教育事业的管理陷入"真空"地带，但县域内幼儿教育事业一般仍由妇联负责管理。1987年，国务院办公厅转发国家教委等部门《关于明确幼儿教育事业领导管理职责分工的请示》，确立地方负责、分级管理和有关部门分工负责的原则，县域内幼儿园由教育、卫生、计划、财政、劳动人事、城乡建设、妇联等多部门联合管理。可以看到，改革开放后，单一依靠妇联无法完成管理学前教育的任务，而后虽对学前教育管理的职责进行了明确，但又使学前教育陷入"多头管理"的困局，导致学前教育一直没能有实质性的管理机构，这也在一定程度上反映了学前教育事业在改革开放后没有被实质性地重视起来。

第三，受农村学龄儿童减少的影响，农村学前教育机构数量下降。受到人口出生率下降影响，1990年后我国学龄儿童数量呈现逐年递减的趋势，同时由于农村儿童居住分散，不少农村幼儿园（班）因生源不足难以维持而停办，导致应入园的孩子也失去教育机会。如湖南省桂阳县1995年全县共办学前班213个，在班幼儿达9743人。1996年后，计划生育政策在县内进一步得到落实，人口出生率下降，学前班适龄幼儿减少，部分学前班为保证教师工资，提高收费标准，影响了家长送子弟上学的积极性。相当一部分学前班无法存续，学前教育大面积缩水。2000年，全县仅有学前班99个，在班幼儿仅有1416人。①全国学前班数在1995年之后逐年递减，1995年有学前班467838个，

---

① 桂阳县志编纂委员会编《桂阳县志（1989—2020年）》，五洲传播出版社，2003，第409页。

到 2000 年减少到 388273 个（见表 6-9）。

表 6-9　1992~2000 年全国学前班数及占比

单位：个，%

	1992 年	1993 年	1994 年	1995 年	1996 年	1997 年	1998 年	1999 年	2000 年
学前班数	397135	422764	444618	467838	462517	454218	437217	403426	388273
幼儿园总班数	741525	765423	787603	806070	809394	801233	789027	781450	771512
占比	53.56	55.23	56.45	58.04	57.14	56.69	55.41	51.63	50.33

资料来源：根据 1992 年及以后历年《中国教育统计年鉴》（《中国教育事业统计年鉴》）整理。

二　县域学前教育办园格局发生较大转变

随着社会主义市场经济体制在我国的建立，我国对传统的计划经济体制下由政府和集体包办的学前教育体制逐步进行改革，市场资本的力量最先在学前教育领域试水，民办幼儿园迅速发展，导致县域学前教育的办园格局发生较大的转变。集体和其他部门办园占比急速下降，其他部门办园占比由 1992 年的 19.35% 降到 2000 年的 8.86%，集体办园占比由 1992 年的 71.53% 降到 2000 年的 45.91%。而民办园却在崛起，到 2000 年占比达到 25.2%（见表 6-10）。

表 6-10　1992~2000 年全国幼儿园办园格局

单位：所，%

年份	总计	教育部门办园		其他部门办园		集体办园		民办园	
	数量	数量	占比	数量	占比	数量	占比	数量	占比
1992	139893	12761	9.12	27069	19.35	100063	71.53	—	—
1993	165197	17861	10.81	27899	16.89	119437	72.30	—	—
1994	174657	20645	11.82	23266	13.32	112462	64.39	18284	10.47
1995	180438	21561	11.95	23234	12.88	114863	63.66	20780	11.52
1996	187324	25217	13.46	21905	11.69	115736	61.78	24466	13.06
1997	182485	30694	16.82	20410	11.18	106738	58.49	24643	13.50
1998	181368	31741	17.50	19154	10.56	99649	54.94	30824	17.00

续表

年份	总计	教育部门办园		其他部门办园		集体办园		民办园	
	数量	数量	占比	数量	占比	数量	占比	数量	占比
1999	181136	35710	19.71	17427	9.62	90979	50.23	37020	20.44
2000	175836	35219	20.03	15578	8.86	80722	45.91	44317	25.20

资料来源：1992 年及以后历年《中国教育统计年鉴》（《中国教育事业统计年鉴》）。

第一，推行政企分开，部门力量办园被削弱。20 世纪 80 年代，作为计划经济体制下国家福利供给的重要内容，中国学前教育办学主体包括政府、事业单位、企业、街道和农村大队，定位于"单位福利"和"地方性、群众性"福利事业的学前教育可以依托城镇的各类单位和农村的社、队集体发展，这一阶段办园主体是公办学前教育机构，尤其是集体、单位部门。统计数据表明，1980 年集体办园占幼儿园总数比例为 83.1%，其他部门办园占 12.6%，教育部门办园仅占 4.4%；在整个 80 年代，集体办园比例一直超过 70%，其他部门办园比例保持在 20% 左右，如 1992 年两者占比之和达到 90.88%。教育部门办园虽有所增加，但比例始终在 10% 以下。但是进入 90 年代后，随着国企改制，迫于生存需要，像托儿所这种"企业办社会"的遗留是必须卸下来的负担，企业办的社会事业逐渐被剥离，1993 年 11 月，党的十四届三中全会通过了《关于建立社会主义市场经济体制若干问题的决定》，开始推进企业办社会分离，以减轻企业负担，推进现代企业制度的建立。1995 年，国家教委、国家计委、民政部、建设部、国家经贸委、全国总工会、全国妇联《关于企业办幼儿园的若干意见》提出："深化改革，积极稳妥地推进幼儿教育逐步走向社会化。"[1] 20 世纪 90 年代，许多企事业单位、社会团体举办的幼儿园纷纷剥离、转让、关闭。其他部门办园和集体办园所占比例逐渐下降，到 2000 年

---

[1]　何东昌主编《中华人民共和国重要教育文献（1949～1997）》，海南出版社，1998，第 3877 页。

其他部门办园占比为 8.86%，集体办园所占比例为 45.91%，两者总占比为 54.77%，比 1992 年下降 36.11 个百分点（见表 6-10）。

　　第二，鼓励社会力量办学，民办幼儿园成资本追逐热点。1992年，党的十四大提出建立社会主义市场经济体制的目标，我国经济体制改革走向深入。1992 年 2 月，国务院发布《九十年代中国儿童发展规划纲要》，提出要"建立起以政府财政拨款为主、充分调动社会参与办学的有效机制"，该纲要优化了我国民办学前教育的办学环境，适应了当时社会发展需要，对完善我国学前教育的办学体制提出了新的要求。同年，国家教委发布《全国教育事业十年规划和"八五"计划要点》，指出"要逐步建立政府办学为主体的社会各界共同办学体制"。1993 年《中国教育改革和发展纲要》提出要随着经济体制改革的深化加快教育体制改革，"改变政府包揽办学的格局，逐步建立以政府办学为主体、社会各界共同办学的体制"。由于学前教育属于非义务教育，因此，学前教育领域的社会力量办学得到鼓励。1997 年 7月，国务院出台《社会力量办学条例》，进一步为社会力量办学提供了法律保障，促进了民办教育事业的发展。同年国家教委印发的《全国幼儿教育事业"九五"发展目标实施意见》进一步指出："随着经济体制改革的深化，应积极稳妥地进行幼儿园办园体制改革，进一步明确各级政府的责任，探索适应社会主义市场经济的办园模式和内部管理机制，逐步推进幼儿教育社会化。"虽然这份文件特别强调"实现幼儿教育社会化还需要一个长期的过程。目前，可在部分大中城市和经济条件较好的农村试点。在社会保障制度尚未健全，社区服务体系尚不配套的地区，主办单位不能将幼儿园一步推向社会"[1]，但由于具体配套政策的缺位，对推进学前教育社会化的步骤、方法、管理等

---

① 何东昌主编《中华人民共和国重要教育文献（1949~1997）》，海南出版社，1998，第4243 页。

缺乏规范，也由于政策落实过程中对"社会化"的误读，即把"社会化"等同于"市场化""私营化"，部分地区弱化甚至推卸政府发展学前教育的责任，盲目将学前教育推向市场，民办学前教育迅速发展。从1994年我国开始有民办教育的统计以来，我国民办园由1994年的18284所增加到2000年的44317所，增长率为142%，民办园的占比由1994年的10.47%增长到2000年的25.20%（见表6-10）。

社会的变迁使得县域内学前教育的发展格局发展变化，教育部门没有及时对学前教育的发展做出部署，导致县域学前教育从20世纪90年代中期开始出现"滑坡"的迹象。

第四节 县域职业教育强化背后的危机

进入20世纪90年代以后，国家延续了改革开放后重视职业教育的政策。随着农村教育综合改革的推进，县域职业教育被视为农村教育综合改革的重要"纽带"，国家试图通过职业教育来改变农村普通教育办学方向。同时，在普通高中升大学这一升学渠道尚不畅通的情况下，国家极力推动农村初中毕业生向职业教育领域分流。但在20世纪90年代中后期，随着市场经济的深入发展和城镇化的快速推进，封闭式的农村教育综合改革已陷入窘境，县域职业教育的发展陷入困境。

一 县域职业教育在农村教育综合改革中得到强化

从20世纪80年代中后期开始，我国提倡农村教育综合改革，推行农科教结合来促进农村经济的发展，大力发展农村职业教育。如1992年国务院印发《关于积极实行农科教结合推动农村经济发展的通知》，提出在农科教结合中大力发展农村职业技术教育，要求每个县首先要集中力量办好一两所起示范和骨干作用的职业技术学校。1993年中共中央、国务院印发的《中国教育改革和发展纲要》，对完成

"普九"后的安排不是发展普通高中，而是"应以发展初中后职业技术教育为重点"。1993 年，我国县域内职业中学学校数较前一年增加1196 所（见表 6-11）。1994 年，国务院在《关于〈中国教育改革和发展纲要〉的实施意见》中提出："有计划地实行小学后、初中后、高中后三级分流，大力发展职业教育。""在九年义务教育尚未和一时难以普及的地区，进行小学后的分流，发展初等职业教育。在部分地区以初中后分流为主，大力发展中等职业教育，逐步做到 50% ~ 70%的初中毕业生进入中等职业学校或职业培训中心。到 2000 年各类中等职业学校年招生数和在校生数占高中阶段学生数的比例，全国平均保持在 60% 左右。"① 1995 年，国家教委转发吉林省教委《关于农村普通初中实行分流教育的若干意见》，提倡在农村普通初中内部适时进行分流教育，发展初级职业教育。1995 年 6 月 14 日，国家教委发布了《关于深入推进农村教育综合改革的意见》，要求继续调整农村教育结构，坚持"三教统筹"，在切实保证"两基"重中之重地位的同时，大力发展职业教育和成人教育。

一些地区在农村教育综合改革中涌现出了普通教育与职业教育融合发展的典型，如山西省柳林县的前元庄实验。位于山西省柳林县的前元庄乡村学校在农村教育综合改革的大背景下，一改过去农村教育脱离农村实际需要的路子，探索出了"村校一体"的农村教育发展模式。在"村校一体"的体制下，设立村教育委员会，由村党支部书记担任主任，村民委员会主任和学校校长担任副主任，吸收有关部门和群众团体的负责人参加。前元庄的村干部"一身两任"，既管经济，又管教育；学校的干部也是"一身两任"，既搞教学，也管农村经济。学校教师被聘为村委"智囊团"，既考虑育人，又考虑富民。同时，

---

① 何东昌主编《中华人民共和国重要教育文献（1949~1997）》，海南出版社，1998，第3661 页。

前元庄坚持"三教一体"，统筹基础教育、职业教育、成人教育。学校设学前教育、小学、初中和成人教育几个部分，基础教育与成人教育相互渗透，职前教育和职后教育相衔接。初中劳技课突出农村特点，力争使学生掌握 1~2 门实用生产技术，初中毕业生不能继续升学的，转入本校成人教育部门继续学习。教学目标是使学生"升学有基础，回乡有技能"。[1] 前元庄的实验在最初几年获得了成功，出现了"农促教，教促农"的良性循环局面，辉煌一时。

随着 20 世纪 90 年代我国城镇化进程的加快，前元庄的实验终究没能抵过城镇化的浪潮，以往"离土不离乡，进厂不进城"的农村人口内部就地转移的模式被打破，农村人口开始加速向城市转移，在这种背景下，前元庄实验已然陷入困境，但碍于宣传需要，前元庄实验在这一时期仍被标榜为农村教育改革的范例，导致"村校一体"的改革陷入形式主义。[2]

表 6-11　1992~2002 年县域内职业中学发展情况

单位：所，万人

年份	学校数			招生数			在校生数		
	县镇	农村	县域合计	县镇	农村	县域合计	县镇	农村	县域合计
1992	2425	3324	5749	46.4	57.2	103.6	102.5	123.9	226.4
1993	2992	3953	6945	51.3	52.8	104.1	112.1	116.6	228.7
1994	3094	3681	6775	56.4	53.9	110.3	125.4	120.5	245.9
1995	3159	3452	6611	62.9	54.3	117.2	140.3	126.1	266.4
1996	3283	3220	6503	64.3	53.6	117.9	153.7	129.9	283.6
1997	3268	3055	6323	71.0	54.8	125.8	163.9	134.2	298.1
1998	3307	2894	6201	74.8	54.5	129.3	177.5	134.3	311.8

---

① 刘辉汉：《寻觅乡村教育的曙光——前元庄实验学校整体改革实验报告》，山西省陶行知研究会首届二次学术年会会议论文，山西太原，1989 年 1 月。

② 刘秀峰：《由前元庄教育实验的兴衰说开去——论改革开放以来城镇化裹挟下彷徨失据的农村教育改革》，《职业技术教育》2016 年第 15 期，第 55~58 页。

续表

年份	学校数			招生数			在校生数		
	县镇	农村	县域合计	县镇	农村	县域合计	县镇	农村	县域合计
1999	3206	2667	5873	67.2	51.1	118.3	173.8	134.1	307.9
2000	3028	2391	5419	66.8	46.5	113.3	169.5	125.4	294.9
2001	3005	1835	4840	76.4	38.4	114.8	184.4	96.7	281.1
2002	2869	1702	4571	91.8	41.0	132.8	207.4	101.8	309.2

二　县域职业教育走向滑坡

随着我国从计划经济向市场经济转变，县域职业教育没有得到较好的发展，反而走向滑坡。1995 年后，随着普通高中的迅速发展，中等职业教育的发展陷入困境，出现滑坡。1997 年，中等职业学校招生数招生比例开始出现下降趋势，1997～2000 年，中等职业学校招生数从 415.85 万人减至 333.36 万人。中等职业学校招生数占中等职业学校和普通高中总数的比例从 56.31% 降至 41.36%（见表 6-12）。县域内中等职业学校的数量由 1992 年的 5749 所下降到 2002 年的 4571 所。例如，20 世纪 90 年代，广东省电白县（位于现茂名市电白区）在《中共中央关于教育体制改革的决定》的指示下，几年内一连创办或改办了 8 所中等职业学校。1990～1991 年是该县中等职业学校规模最大的时期，在校生达到 2500 人，中等职业学校和普通高中在校生的比例是 0.57∶1。但是其后却每况愈下，到 1994～1995 学年度，全县中等职业学校在校生只剩下 834 人，中等职业学校和普通高中在校生的比例变为 0.18∶1。到 1995～1996 学年度，电白县的中等职业学校除个别尚能维持外，大多数已走到山穷水尽的地步。[1] 安徽省中华职教社调查组撰写的《安徽省农村职业教育调查报告》显示，安徽省中等

---

[1]　马戎、龙山主编《中国农村教育发展的区域差异——24 县调查》，福建教育出版社，1999，第 62 页。

职业学校招生数和在校学生数占高中阶段的比例，由 1996 年的
61.37%和 59.60%下降到 2000 年的 32.24%和 41.95%。农村职业教育
面临着"四大难点"，即招生难、办学难、就业难、农村科技培训开
展难。[①] 这一时期县域中等职业教育的发展出现滑坡，主要原因如下。

表 6-12　1992~2000 年全国中等职业学校与普通高中招生数变化

单位：万人，%

	1992 年	1993 年	1994 年	1995 年	1996 年	1997 年	1998 年	1999 年	2000 年
中等职业学校	273.56	316.12	340.75	373.34	383.25	415.85	408.91	375.3	333.36
普通高中	234.73	228.34	243.39	273.65	282.23	322.61	359.55	396.32	472.69
总数	508.29	544.46	584.14	646.99	655.48	738.46	768.46	771.62	806.05
中等职业学校占比	53.82	58.06	58.33	57.70	58.47	56.31	53.21	48.64	41.36

注：统计中中等职业学校招生数包括中等专业学校、技工学校、职业高中的招生数，不包括
成人中专的招生数。

资料来源：1992 年及以后历年《中国教育统计年鉴》（《中国教育事业统计年鉴》）。

第一，中职毕业生就业环境发生重大变化。随着我国社会主义市
场经济体制改革逐步深化，经济结构调整、企业转制及关停并转，中
职毕业生就业岗位大幅减少。中职毕业生就业困难所释放出的信号，
开始对初中毕业生对职校的选择产生抑制效应。同时，随着城镇化的
快速发展，农村教育发展的外部环境发生急剧变化，这种变化也使得
拘泥于农村发展而采用结构调整的方式促进农村教育的模式不再有效，
前期蓬勃发展的农村职业学校面临巨大的生源危机。越来越多的农村
学生不再希望通过就读农村职业中学而在本地就业，他们选择更为直
接的外出打工谋生或就读于普通中学，"读几年职高，花几千元钱，
毕业后既不能升学，又不能就业，不如早些外出打工，还可以挣几千

[①]　安徽省中华职教社调查组：《安徽省农村职业教育调查报告》，中国教育和科研计算机
网，2002 年 1 月 25 日，https://www.edu.cn/zhong_guo_jiao_yu/zhi_ye/zhi_jiao_yan_
jiu/zhi_ye_jy/200603/t20060323_23550.shtml。

元钱"①。这就是 20 世纪 90 年代农村职业学校面临的情况的真实写照。四川某县有 4 所农村职业中学,学生因外出打工流失严重,1990 年每所学校在校生人数都在 400 人以上,而 1994 年有 3 所学校在校生人数在 150 人左右,有 1 所学校在 300 人左右。招生情况也一年不如一年。1993 年有 1 所学校招足了学生,其余 3 所分别招到了 43 人、41 人和 37 人,1994 年的情况更糟,4 所农村职中均未招足学生,分别只招到了 32 人、31 人、29 人和 17 人。②

　　第二,中职教育自身改革滞后。随着我国经济的发展,产业结构发生重大的转变,到 20 世纪 90 年代末期,我国产业比重从高到低的顺序由以往的工业、农业、服务业转变为工业、服务业、农业,农业在产业中的比重逐渐下降。在国民经济结构中,农业的比重排在第一位、第二位的时候,为农服务的职业教育发展较好。当农业比重进一步下降到第三位,服务业上升到第二位时,仍未跳出"农"门的农村职业教育就出现滑坡。如安徽省休宁县溪口职业高中,该校设有农学、茶果、多种经营、饲养四个专业,曾经是农村教育综合改革的典型,是安徽省"燎原计划"试点的主要依托,1988 年溪口职业高中的"农科教多位一体"的经验曾在省内得到推广,但是到了 2002 年该校已经被撤销了。原因之一是当地的稻谷、茶叶、香菇、能源等支柱产业不景气,以教授这些产业实用技术为目的的溪口职高对当地农民失去了吸引力,没有生源,只好关门走人。③ 县域职业教育以面向县域内农业产业为主的专业设置已经不能适应市场的变化。

　　第三,国家对中职教育支持力度下降。进入 20 世纪 90 年代后,

---

① 刘国荣:《农村职业教育亟待走出"困境"》,《职教论坛》1994 年第 11 期,第 16 页。
② 刘国荣:《农村职业教育亟待走出"困境"》,《职教论坛》1994 年第 11 期,第 16 页。
③ 安徽省中华职教社调查组:《安徽省农村职业教育调查报告》,中国教育和科研计算机网,2002 年 1 月 25 日,https://www.edu.cn/zhong_guo_jiao_yu/zhi_ye/zhi_jiao_yan_jiu/zhi_ye_jy/200603/t20060323_23550_2.shtml

随着我国社会主义市场经济体制的建立，教育领域中受计划经济体制影响的大中专学生招生、就业制度也逐渐被打破。1994 年，高等教育启动招生就业制度的"并轨"改革，缴费上学、自由择业逐渐在大中专学校中推开。1997 年，国家教委、国家计委发布《关于普通中等专业学校招生并轨改革的意见》，提出："改革招生制度，改变普通中等专业学校由政府包得过多的做法，实行学生缴费上学，并在国家方针政策指导下，大多数毕业生在一定范围内自主择业的就业制度，以促进普通中等专业教育的健康发展，培养更多适应我国社会主义市场经济建设需要的中等专业人才，更好地为社会主义现代化建设服务。"[①]至此，我国中等职业教育进入明确的收费阶段，收费且不包分配制度的实施，使得本就面临生源危机的中等职业教育发展更为困难。

第四，推动普通高中发展，"升学热"抑制了"中职热"。鄙薄职教、"抑职扬普"的观念升温。1994 年，《国务院关于〈中国教育改革和发展纲要〉的实施意见》提出："普通高中可根据各地的需要和可能适量发展。到 2000 年普通高中在校生要达到 850 万人左右。每个县要面向全县重点办好一两所中学。"而 1995 年全国有普通高中（含独立高中和完全中学）14000 余所，在校生有 664 万余人，到 20 世纪末，要达到上述实施意见提出的要求，此后几年，平均每年需要增加学生 30 多万人。为此，1995 年 5 月，我国召开了改革开放以来第一次全国普通高中教育工作会议，研究普通高中教育改革与发展方针、政策及思路。会后印发《关于大力办好普通高级中学的若干意见》《加强薄弱普通高级中学建设的十项措施（试行）》等文件，提出到 20 世纪末，每个县要面向全县重点办好一两所中学，全国要重点建设 1000 所左右实验性、示范性的高中；加强薄弱高中建设，对布局过于分散、

---

① 何东昌主编《中华人民共和国重要教育文献（1949~1997）》，海南出版社，1998，第 4318 页。

规模过小、班额不足的学校，该撤并的坚决撤并，使普通高中的规模一般不少于 12 个班，每班不少于 40 人，以提高教育质量和办学效益。此后，从县域高中发展角度看，虽然从学校数量上看，发展并不明显，但是从招生人数上看，普通高中发展较为迅速。县域内普通高中招生数从 1995 年的 178.7 万人增长到 2000 年的 296.2 万人，增长率为 66%；县域内普通高中在校生数由 1995 年的 459.3 万人增长到 2000 年的 738.9 万人，增长率为 61%（见表 6-13）。

表 6-13　1992~2000 年县域内普通高中发展情况

单位：所，万人

年份	学校数			招生数			在校生数		
	县镇	农村	县域合计	县镇	农村	县域合计	县镇	农村	县域合计
1992	5989	4121	10110	115.3	48.1	164.4	343.9	145.7	489.6
1993	5983	3604	9587	111.7	42.2	153.9	322.3	121.3	443.6
1994	5930	3358	9288	118.4	41.5	159.9	322.5	112.6	435.1
1995	5888	3112	9000	134.1	44.6	178.7	346.2	113.1	459.3
1996	5902	2934	8836	137.2	44.9	182.1	374.6	118.4	493
1997	5891	2807	8698	155.0	48.2	203.2	411.5	123.7	535.2
1998	5896	2721	8617	171.3	51.5	222.8	450.5	131.0	581.5
1999	5942	2664	8606	189.3	55.1	244.4	501.7	141.9	643.6
2000	6175	2629	8804	231.8	64.4	296.2	581.1	157.8	738.9

资料来源：1992~2000 年历年《中国教育统计年鉴》（《中国教育事业统计年鉴》）。

1999 年后，随着高校扩招政策的实施，普通高中发展更为迅速，在生源数量一定的前提下，"普高热"加剧了"职高冷"，导致了县域中等职业教育的滑坡。

第五节　中等师范教育布局的萎缩

在中等师范教育经历了 10 多年的黄金发展后，到了 20 世纪 90 年代后期，面向县域培养小学教师的中等师范教育开始走向衰落。从中等师范学校的数量看，中等师范教育不断萎缩。从 80 年代后期开始，中等师范学校的数量出现下降，1988 年中等师范学校数达到 1065 所，此后中等师范学校数量开始呈现下降的趋势，到 2000 年下降为 683 所；从中等师范学校的学生数量看，中等师范学校的招生数在 1997 年之后开始下降，1997 年招生 32.5 万人，到 2000 年招生人数下降为 21 万人（见表 6-14）。考察中等师范学校衰落的原因，发现主要有以下几个方面。

表 6-14　1992~2000 年我国中等师范学校发展情况

单位：所，人

	1992 年	1993 年	1994 年	1995 年	1996 年	1997 年	1998 年	1999 年	2000 年
学校数	919	918	894	897	893	892	875	815	683
在校生数	665617	722035	783896	847977	880082	910927	921113	905216	769796
招生数	240857	283552	290675	308307	315701	325415	319339	291245	210205

资料来源：1992~2000 年历年《中国教育统计年鉴》（《中国教育事业统计年鉴》）。

第一，对小学教师需求的降低，使得中等师范学校生存面临危机。中等师范学校存在的必要性缘于基础教育对小学教师的需求，而随着 20 世纪 90 年代中后期我国多数县域通过"普九"验收以及小学生源数量减少，对小学教师的需求降低，导致中等师范学校毕业生供大于求，因此，在 20 世纪末就有一些省份开始对中等师范学校布局进行调整。如四川省于 1997 年 11 月 27 日就下发了《关于调整全省中等师范学校布局理顺管理体制的意见》，提出："中等师范学校承担着直接为小学培养新师资的任务。小学教育事业发展的需要决定着中等师范教育的发展规模和中等师范学校的数量。目前我省小学教师总量不足的问题已基本解决，总量已趋饱和。""今后一个时期，我省中等师范学校只需培养每年因自然减员所需要补充的 700 余名小学新师资。作为 3 年制的中等师范学校，全省每年保持 2 万余名在校生的总规模，即可满足所需。考虑到各地所需小学新师资在数量上不平衡、少数民族地区情况特殊以及调整以市、地、州为单位进行规划等实际情况，结合国家教委关于中等师范学校校均办学规模应达到 100 人的要求，至'九五'末期，我省最多只需布局和建好 37 所中等师范学校即可。而目前承担小学（含幼儿园）新师资培养任务的中等师范学校多达 64 所（含幼儿师范学校 3 所）。"① 因此，有近一半的中等师范学校需要撤并，必须抓紧调整布局，减少现有学校数，合理布点，扩大保留学校的办学规模，不断提高办学效益，使之达到国家要求。四川省提出从 1998 年开始，用 3 年时间分期分批进行调整，到 2001 年，将全省中等师范学校由当时的 64 所调减至 37 所。② 其他省也存在相似的情况，因此，20 世纪末，各省中等师范教育均开始缩减招生规模或者停止招生。

第二，随着教育市场化，中师生优待政策的消失导致中师吸引力下降。进入 20 世纪 90 年代后，随着我国社会主义市场经济体制的建立，教育领域中受计划经济制度影响的大中专学生招生、就业制度也逐渐被打破。1994 年高等教育启动招生就业制度的"并轨"改革，缴费上学、自由择业逐渐在大中专学校中推开。1997 年国家教委、国家计委发布《关于普通中等专业学校招生并轨改革的意见》，中专学校的招生、就业制度的并轨改革启动。该文件提出"改革招生制度，改变普通中等专业学校由政府包得过多的做法，实行学生缴费上学，并在国家方针政策指导下，大多数毕业生在一定范围内自主择业的就业制度"③。这样，从 1998 年开始中等师范教育逐

---

① 《四川省人民政府办公厅转发关于调整全省中等师范学校布局理顺管理体制的意见的通知》，《四川政报》1998 年第 2 期，第 20~22 页。

② 《四川省人民政府办公厅转发关于调整全省中等师范学校布局理顺管理体制的意见的通知》，《四川政报》1998 年第 2 期，第 20~22 页。

③ 何东昌主编《中华人民共和国重要教育文献（1949~1997）》，海南出版社，1998，第4318 页。

步推行缴费上学与自由择业的政策，以往针对师范生的免费上学、包有干部身份的优待政策消失，中师的吸引力逐渐下降，中等师范学校出现了生源危机。

第三，国家对小学教师学历要求的提升导致中师产生升格压力。国家在促进中师发展的同时就预设将来小学教师的学历水平要提高到师专水平。如 1978 年《教育部关于加强和发展师范教育的意见》指出："有计划地积极地加速发展师专和师范学院，不是临时的应急措施，而是长远的需要。今后，在中师毕业生基本满足小学教师的需要以后，应该逐步减少中师，增加和加强高师，以适应进一步提高师资质量的需要。"[1] 到了 20 世纪 90 年代中后期，国家对小学教师最低学历的要求提高，提出要将其从中师层次不断提高到专科层次，如 1994年国务院《关于〈中国教育改革和发展纲要〉的实施意见》提出在"有条件的经济发展程度较高的地区要逐步提高中、小学教师的学历层次"。1996 年国家教委《关于师范教育改革和发展的若干意见》提出："已经实现'普九'，教师学历合格率已基本达到现行规定标准要求的经济发达地区，根据需要与可能，由省级教育行政部门申报并经国家教委审批后，可以适度扩大培养专科学历小学教师的试验规模。"[2] 可见，国家提出提升小学教师最低学历层次的目标，预示着中师层次的师范教育将面临生存危机。

第四，普通高中扩张，优秀初中生源流失。在 1995 年以前，中师的录取分数线高于一般高中，甚至高于重点高中，当时有"一类学生上中师，二类学生上高中"的说法。1995 年后随着普通高中的快速发展、县域内高中招生数量的扩张，追求升学成为越来越多初中毕业生

---

[1]　何东昌主编《中华人民共和国重要教育文献（1949~1997）》，海南出版社，1998，第1649 页。

[2]　何东昌主编《中华人民共和国重要教育文献（1949~1997）》，海南出版社，1998，第4095 页。

的选择，随着优秀的初中毕业生流向普通高中，中等师范教育的招生数逐渐减少，发展的"黄金期"也随之结束。

本章小结

这一时期我国社会发生了深刻的变革，一方面城镇化加速推进，另一方面经济体制改革层次深化。这些变化都深刻影响着县域内学校布局的变革。

从县域内学校的类型布局看，这一时期县域内教育主要以"普九"为重点，但由于国家投入不足，县域内义务教育发展加重了农民负担。职业教育和师范教育在教育体制的变革下走向滑坡。

从县域内学校的空间布局看，20世纪90年代后期，学校布局开始进行较大规模的调整，一些生源较少的小学开始被撤并，学校布局打破"村村有小学"的格局，随着城镇化的发展，农村人口向城市流动加快，学校布局开始有"上移"的倾向。

从县域内学校的办学形式看，这一时期学校布局走向正规化，开始对农村复式教学的办学效益和质量进行质疑，一些地区开始撤并复式教学班。

从县域内学校的办学体制结构看，这一时期随着经济体制改革的深入，民办教育开始在县域内兴起，但主要在学前教育领域。集体在资源配置中的力量逐渐削弱，以往靠计划手段维持的一些学校部门开始走向衰微，县域学前教育由政府推向市场，导致供给没有跟上。

大的社会环境的变革引发县域内学校布局的大变革，使得县域教育整体呈现出种种问题与矛盾，如政府投入不足，农村教育欠债严重；学生向城市流动，导致农村学校效益下降；农村职业教育滑坡，县域师范教育也走向低落。这一时期是我国农村教育问题突出的一个时期，农村"普九"的迅速推进依然掩盖不了农村教育发展的困境，农村教育发展的价值取向已不能再局限于服务农村经济建设，农村教育发展在路径上也不能再依靠内部的教育结构调整，县域教育布局需要做出重大的调整，以破解县域教育发展的困境。

第七章 县域内学校布局的调整上移期 （2000～2010 年）

20 世纪末以来，随着社会的深入变革，我国县域内各层级教育发展出现不同的困境。义务教育阶段农村学校生源流失，学前教育发展缓慢，县域内职业教育发展也开始"滑坡"，县域农村教育成为"问题"教育。

进入 21 世纪后，随着"三农"问题的凸显，国家开始从我国城乡关系发展的大趋势入手反思农村政策，提出我国已进入以工促农、以城带乡的新阶段，由此在"三农"发展上实行"多予、少取、放活"的工作方针，加大对"三农"的支持力度，对农村教育也给予了前所未有的重视。2003 年国务院召开了新中国第一次全国农村教育工作会议，印发《国务院关于进一步加强农村教育工作的决定》，将农村教育作为教育工作的重心，为扭转县域内教育发展的颓势带来了契机，县域内学校布局进入新的调整周期。

第一，顺应城镇化发展趋势，推进义务教育布局调整，大规模撤并农村中小学，以提高义务教育的办学效益和质量，县域义务教育在布局上呈现出集中化和城镇化的趋势。学校撤并上移也成为这一时期县域内学校布局的最大特征。

第二，随着 2000 年我国基本普及义务教育目标的实现，县域教育开始把一定的精力放在非义务教育领域，如加快普通高中教育的发展，

1999 年，印发《关于积极推进高中阶段教育事业发展的若干意见》后，县域普通高中迅速发展；在学前教育方面，2003 年 3 月 4 日，国务院办公厅转发教育部等部门（单位）《关于幼儿教育改革与发展的指导意见》，使学前教育状况开始有所好转；2002 年，国务院发布《关于大力推进职业教育改革与发展的决定》，之后职业教育"滑坡"的趋势得到扭转。

第三，将教育体制改革推向更深层次，2002 年，出台《中华人民共和国民办教育促进法》（以下简称《民办教育促进法》），鼓励和扶持民办教育的发展，使得资本更深入地渗透进教育领域，义务教育阶段的民办教育占比也迅速提高。

因此，这一时期，县域内学校布局呈现出政府办教育力量与资本力量同时增强的局面。民办教育在满足人民群众多元化教育需求的同时，也在一定程度上使政府办教育的成效被抵消。在国家为农民减负的同时，农民的教育负担却潜在地增长，县域学校布局在呈现出良好转机的同时，亦隐藏着危机。

第一节 县域内农村义务教育学校的布局调整

虽然"文革"结束后，县域义务教育学校布局就处在不断调整中，农村义务教育学校在不断缩减和撤并，但是与前面 20 多年的县域义务教育学校布局调整相比，21 世纪初的这一轮学校布局调整具有"全国性"和"规模大"的特点。第一，这一轮农村义务教育学校布局调整具有"全国性"的特点，以往学校布局调整多由部分省、地区或县结合自身的实际情况来推动，而这一轮布局调整由教育部提出，全国统一推进，影响较大。第二，这一轮布局调整中，学校撤并的规模较大。1979～2009 年，全国共撤并小学和初中 66.79 万所，其中 2000～2009 年减少了 27.98 万所，占 1979～2009 年学校减少总量的41.9%。[1]

一　县域内义务教育学校布局调整的原因

随着城镇化的迅速推进和农村适龄儿童数量的下降，农村中小学生源大量减少，不少地区出现了"空壳学校""麻雀学校"。同时，由于政治、经济、教育等多方面的原因，我国于2001年开始了新一轮农村中小学的布局调整，其标志是2001年5月国务院颁布的《关于基础教育改革与发展的决定》。该决定提出要"因地制宜调整农村义务教育学校布局。按照小学就近入学、初中相对集中、优化教育资源配置的原则，合理规划和调整学校布局"[2]。同年6月19日，财政部印发《中小学布局调整专项资金及项目管理暂行办法》，支持和鼓励各级地方政府推进中小学布局调整工作，加快推进中小学规范化、标准化，提高办学质量和效益。由此，在税费改革、新农村建设等背景下，新一轮布局调整大规模地在全国展开。分析这一时期县域内中小学布局调整的原因，发现主要有以下几个方面。

第一，适应义务教育管理和供给改革的需要。进入21世纪后的农村税费改革，使得乡镇教育经费收入减少，无力承担农村教育的投入，因此有必要提升农村教育的管理层级。2000年3月2日，中共中央、国务院发出了《关于进行农村税费改革试点工作的通知》，决定进行农村税费改革试点，减轻农民税费负担。在税费改革的过程中，随着农业附加税以及集资等政策的废除，乡镇财政在逐步规范化的同时，也暴露出运行困难的问题。税费改革使得乡镇主管的农村教育经费出现"空档"，为此，我国在推进税费改革的过程中就提出要改革基础教育的管

---

① 邬志辉、史宁中：《农村学校布局调整的十年走势与政策议题》，《教育研究》2011年第7期，第22~30页。
② 何东昌主编《中华人民共和国重要教育文献（1998~2002）》，海南出版社，2003，第159页。

理体制和财政体制。2001 年 3 月，《国务院关于进一步做好农村税费改革试点工作的通知》提出："在农村税费改革过程中，要高度重视农村义务教育的稳定和发展。农村税费改革必须相应改革农村义务教育管理体制，由过去的乡级政府和当地农民集资办学，改为由县级政府举办和管理农村义务教育，教育经费纳入县级财政，并建立和完善农村义务教育经费保障机制。"① 农村税费改革对县域教育管理体制产生了深远的影响，使得一直以来县域基础教育"分级管理"的体制升格为"以县为主"的管理体制。2002 年，国务院办公厅发布《关于完善农村义务教育管理体制的通知》，提出"县级人民政府对农村义务教育负有主要责任"，"乡（镇）人民政府不设专门的教育管理机构"。② 我国县域基础教育逐渐确立"以县为主"的管理体制，其为统筹县域内学校布局调整提供了体制上的便利。在实行"以县为主"管理体制后，县级政府不仅有对所管辖的中小学进行布局调整的权力，而且有通过布局调整来减轻财政压力、提高资源利用效率的动力。③

同时，由于税费改革严重制约了农村教育的经费来源，在不能"开源"的情况下，就只有"节流"才能保障乡镇及其附设机构的运转。由此，精简机构和压缩人员就成为必然选择，"优化教育资源配置"成为税费改革的配套措施。2001 年 3 月，《国务院关于进一步做好农村税费改革试点工作的通知》提出"要进一步优化教育资源配置，合理调整农村中小学校布局。根据实际情况适当撤并规模小的学校和教学点，提高农村学校办学效益"，将调整学校布局作为农村税费改革的一项配套工作。因此，从一定意义上讲，税费改革是 21 世纪

---

① 何东昌主编《中华人民共和国重要教育文献（1998~2002）》，海南出版社，2003，第895 页。

② 何东昌主编《中华人民共和国重要教育文献（2003~2008）》，新世界出版社，2010，第742 页。

③ 邬志辉、史宁中：《农村学校布局调整的十年走势与政策议题》，《教育研究》2011 年第7 期，第 22~30 页。

县域学校布局调整的直接原因。

第二，适应基础教育均衡发展的需要。基本完成"普九"任务后，基础教育的发展任务由普及转向均衡发展，这对县域学校布局调整提出了要求。早在 1998 年，教育部就下发了《关于认真做好"两基"验收后巩固提高工作的若干意见》，提出在不断推进"两基"目标实现的同时，必须不断巩固"两基"成果、提高"两基"的水平和质量，为此在"两基"基础较稳固的地区，要逐步实现学校布局的"合理化"、办学条件的"标准化"、教育管理的"规范化"、办学特色的"多样化"，明确提出"进一步调整学校布局，充实和改善办学条件"，要求在"遵循方便学生就近入学和充分利用教育资源，提高办学规模、效益原则"的基础上，"合理调整中小学校布局"。[1] 进行学校布局调整是完成"普九"任务后，提升教育质量、保障义务教育普及率的重要手段。因此，当义务教育基本普及后，学校布局调整就被提上议事日程。

我国于 2000 年如期完成了基本"普九"的任务，到 2000 年底，全国普及九年义务教育的地区人口覆盖率达到 85%，"普九"验收的县（市、区）总数达到 2541 个（含其他县级行政区划单位 156 个），11 个省份已按要求实现"普九"。[2] 基本"普九"任务的完成，使得我国有精力处理教育质量的提升问题，而质量提升的首要任务是促进城乡义务教育均衡发展，学校布局调整被突出出来。2001 年国务院颁布《关于基础教育改革与发展的决定》，这正是基础教育发展重心转移的标志，该文件对基本实现"普九"任务后基础教育的发展进行谋划，正式提出要"因地制宜调整农村义务教育学校布局"。

此后，在义务教育均衡发展的大背景下，学校布局调整成为推动

---

① 何东昌主编《中华人民共和国重要教育文献（1998~2002）》，海南出版社，2003，第 159 页。

② 《中国教育年鉴》编辑部编《中国教育年鉴 2001》，人民教育出版社，2001，第 71 页。

义务教育均衡发展的重要举措，学校布局调整的直接目的就是要实现教育的均衡发展。2005 年，教育部印发《关于进一步推进义务教育均衡发展的若干意见》，第一次将"均衡"作为义务教育发展的指导思想和方向，提出："要适应各地加快推进城镇化建设、调整乡村建制和人口变动等新的形势，合理配置好公共教育资源，在新建、扩建和改建学校时，适当调整和撤销一批生源不足、办学条件差、教育质量低的薄弱学校，并解决好人口集中的乡镇、县城及周边学校的大班额问题。"① 基础教育发展的重心转向质量提升，而撤并小而散的学校有利于发挥规模效应、提高教育质量。通过学校布局调整，合理配置好公共教育资源，适当集中办学，调整和撤销一批生源不足、办学条件差、教育质量低的学校，可以实现县域教育的高质量发展。

第三，适应国家加强农村教育的需要。进入 21 世纪后，国家为了实现义务教育的全面普及和推动义务教育的均衡发展，对农村教育给予了前所未有的重视，2003 年，我国召开了新中国成立以来首次全国农村教育工作会议，印发《国务院关于进一步加强农村教育工作的决定》，把农村教育作为教育工作的重中之重。我国还在县域内开展了多个改善农村办学条件的工程，这些工程在一定程度上助推了县域内学校布局的调整。

虽然我国在 2000 年完成了基本"普九"的任务，但是中西部不少贫困地区仍没有完成"普九"的任务，截至 2002 年，西部地区仍有 372 个县（市、区）以及新疆生产建设兵团的 38 个团场共 410 个县级行政单位尚未实现"两基"。② 同时，完成"普九"的一些农村地区

---

① 何东昌主编《中华人民共和国重要教育文献（2003~2008）》，新世界出版社，2010，第742 页。

② 《国务院办公厅关于转发教育部等部门〈国家西部地区"两基"攻坚计划（2004—2007年）〉的通知》，载何东昌主编《中华人民共和国重要教育文献（2003~2008）》，新世界出版社，2010，第 298 页。

义务教育学校办学条件也不容乐观，为此，国家在这一时期推出了一批改善义务教育办学条件的工程项目，如国家贫困地区义务教育工程（二期为 2001~2005 年）、农村中小学危房改造工程（2001~2002 年为一期，2003~2005 年为二期）、农村寄宿制学校建设工程（2004~2007年）、中西部农村初中校舍改造工程（2007~2010 年）、全国中小学校舍安全工程（2009~2012 年）、农村中小学现代远程教育工程（2003~2007 年）等。在实施这些办学条件改善工程的同时，各地结合工程进行了学校布局的调整。这些专项工程在一定程度上助推了县域学校的布局调整工作。如 2001 年教育部、国家计委、财政部在《关于实施中小学危房改造工程的意见》中明确提出："实施'工程'之前，各省（自治区、直辖市）和计划单列市教育行政部门要会同财政、计划、人事、编制等部门，制定中小学校布局调整规划。规划应根据覆盖人口数、服务半径、经济水平、地理环境和教育中长期发展的需求及农村城镇化建设规划，周密测算。对农村分散的教学点，能够撤并的要尽可能撤并；有条件的，可结合'工程'的实施建设一批寄宿制学校。不在学校布局规划内的危房应坚决拆除。凡未做好中小学布局调整规划的省（自治区、直辖市）和计划单列市，中央不拨付'工程'专款。"[1] 如河南省孟津县（2021 年撤县设区），于 2004 年把危房改造和布局调整作为改善孟津农村中小学办学条件的重要举措，至 2004 年底，全县共投入资金 5100 余万元，消除中小学 D 级危房 8.34 万平方米，新建校舍 12.23 万平方米（其中投资 3400 万元用于 15 所乡镇中心初中建设，建筑面积 8.29 万平方米；投资 1700 万元用于 43 所乡镇中心小学建设，建筑面积 3.94 万平方米），全县农村初中由 49 所合并为 16 所，小学由 212 所合并为 80 所，实现了危房改造和布局调整工

---

[1]　何东昌主编《中华人民共和国重要教育文献（1998~2002）》，海南出版社，2003，第810 页。

作的"双胜利"。①

第四，适应农村人口减少的需要。随着农村人口的自然减少和农村人口的城镇化迁移，农村学校生源减少，农村学校规模缩小，不利于教育质量的提高。20 世纪 70 年代以来，我国开始强有力地推行计划生育政策。由于计划生育政策的落实，农村人口出生率持续下降。1987 年人口出生率为 23.33‰，此后我国人口出生率持续下降，2000 年出生率下降到 14.03‰，到 2010 年下降到 11.90‰，这就意味着从 1993 年开始，我国学龄儿童呈逐年递减的趋势，其带来的问题在 20 世纪 90 年代中期就开始显现。进入 21 世纪后，农村适龄儿童越来越少，导致不少农村学校出现生源困境。1996 年，我国城镇化率达到 30% 的拐点，到 2009 年已达 46.6%，仅在 2000～2009 年这段时间里，城镇人口就增加了 1.63 亿人，达到 6.22 亿人，城镇化率提高了 10.4 个百分点，年均提高 1 个百分点以上。由于农村人口居住比较分散，随着农村学校生源的快速减少，原先"村村办小学"的格局开始受到挑战。"麻雀学校"和"空巢学校"大量出现，教学点更是难以为继。

第五，适应农村改革的需要。县域内撤乡并镇、新农村建设等也为农村学校的布局调整提供了外围的政治环境。随着税费改革的推进和减轻农民负担的呼声日益高涨，我国从 1998 年起对乡镇机构进行改革。乡镇是中国最低一级行政权力机构，乡镇内机构林立，人浮于事，给农民造成不小的负担。据不完全统计，改革前，乡镇一级需要农民养活的人员约有 1316.2 万人，平均每 68 个农民就要养活一名干部。机构臃肿给农民造成的负担占农民实际负担的 40% 左右。② 1998 年党的十五届三中全会通过《关于农业和农村工作若干重大问题的决定》后，全国掀起了合乡并镇的改革热潮，从 1999 年底到 2001 年底，全

---

① 孟津县史志总编室编《孟津年鉴 2005》，孟津县人民政府内部资料，2005，第 80 页。

② 张崇防：《中国撤并乡镇 7400 多个 精简机构减轻农民负担》，《发展》2004 年第 4 期，第 40 页。

国共撤销乡 6212 个，增加镇 1190 个，乡镇总数共减少了 5026 个，建制镇数量首次超过了乡。到 2009 年底，乡数量进一步减少到 14848 个，乡镇总量由 1984 年的 97521 个减少到 34170 个，减少了近 2/3。伴随着撤乡并镇，新农村建设也在这一时期开始推进，2005 年党的十六届五中全会通过的《中共中央关于制定国民经济和社会发展第十一个五年规划的建议》提出建设社会主义新农村的目标。2006 年，中共中央、国务院印发中央一号文件《关于推进社会主义新农村建设的若干意见》，新农村建设在全国铺展开来，各地在加快乡村基础设施建设的同时，将农村学校布局调整与新农村建设结合起来，进一步促进了农村学校布局调整。

二　办学形态上由分散转向集中

进入 21 世纪后的学校布局调整的一大特点就是大量撤并教学点等小规模学校，兴建集中化的寄宿制学校和九年一贯制学校。

（一）撤并小规模学校

小规模学校一般指人数为 100 人以下的学校和教学点，在农村多表现为复式教学点、单人校等。由于我国义务教育学校的日常公用经费是按学生人数来拨付的，小规模学校人数不占优势，公用经费紧张，办学条件不容易得到改善，学校的办学效益凸显不出来。因此，在强调办学效益的情况下，小规模学校最容易被撤销掉。在 2001 年开启的新一轮农村义务教育学校布局调整中，多地提出撤销小规模学校，以提高教育质量。例如，2002 年，山西省教育厅《关于全省中小学布局结构调整的意见》提出"农村小学，在坚持学生就近入学的前提下，重点调整一批复式小学校和单人校，压缩教学点。除贫困偏远、交通十分不便的山区仍要保留必要的教学点外，其余地区要对小学教学点积极进行调整合并，学生数在 7 人以下的学校必须撤销，10 人以下学校逐步撤销。取消四级复式教学点，严格控制三级复式教学，对二级复式教学进行严格管理。积极创造条件，新办一批小学高年级寄宿制学校，使全省贫困、偏远地区每乡有一到二所寄宿制小学"[1]。2000年，贵州省教育厅《关于我省中小学布局结构调整意见的通知》也提出，贵州省的学校布局仍然存在多（校点数多）、小（学校规模小）、缺（学校功能缺）、散（教育投资分散）、低（教育质量低）的问题，全省合计 28806 所（个）小学校点中，农村校点有 26200 所（个），村均 1.02 所（个）。全省小学共有 142845 个班，其中班额在 10 人以下的就有 6379 个班，占总数的 4.5%。由于布局分散，教育投资效益低下，财政难以支撑，农民负担重，因此，要合理布局中小学校，要重点办好管理区（片区）和乡（镇）中心小学以上完小，完善办学条件，扩大办学规模，配备相应教师，开办寄宿制学校，逐步减少村小数量，保留居住极分散山区的少数教学点。要做到在 2002 年基本取消复式班，2003 年基本取消教学点，2004 年村小减少 50%以上。提倡打破村、乡（镇）界限，实行联村、联乡（镇）办学。原则上不新办村小，可数村联合办完小，每所完小覆盖人口 5000 人左右，最小规模12 个班，在校生要达到 500 人左右。乡（镇）中心完小最小规模 18个班，在校生要达到 800 人左右，服务人口 8000 人左右。在管理区（片区）、乡（镇）完小服务半径 3 公里以内的区域，不能有（或新建）其他小学和教学点。[2] 在省级教育行政部门的推动下，县域范围内也开始进行撤点并校，如福建省浦城县将小学布局调整重点放在中心小学以下的完小和教学点上，将四、五、六年级学生集中到条件较好、人口集中、交通便捷的邻近学校，实行联村办完小；不具备办完小条件的村继续改善办学条件，办好 1 个教学点；撤销生源不足、规

---

① 《山西省人民政府办公厅转发省教育厅关于全省中小学布局结构调整的意见的通知》，《山西政报》2002 年第 19 期，第 18~20 页。

② 《省人民政府办公厅转发省教育厅关于我省中小学布局结构调整意见的通知》，《贵州政报》2000 年第 18 期，第 13~15 页。

模过小、条件较差的教学点。当年，全县小学从 362 所撤并为 300 所，撤销教学点 58 个，合并村完小 4 所。2005 年，全县有小学 264 所，其中完全小学有 130 所，教学点有 134 个。[①]

经过对农村小规模学校的撤并，2000~2010 年，我国农村小学和教学点大为减少，农村小学学校数由 2000 年的 44.03 万所减少到 2010 年的 21.09 万所，减幅达 52.1%，净减少 22.94 万所，占县域内小学学校数总减少量的 82%。农村教学点数由 2000 年的 15.75 万个减少到 2010 年的 6.54 万个，减幅达 58.48%，净减少 9.21 万个，占县域内教学点数总减少量的 86.97%。通过撤点并校，农村学校的校均规模有所扩大，2000 年农村小学（加上教学点）的校均规模是 142.25 人，到 2010 年为 193.64 人，校均在校生数增加了 51.39 人，办学效益有所提升（见表 7-1）。

表 7-1　2000~2010 年县域内小学及教学点发展情况

年份	小学学校数（万所）			教学点数（万个）			总计 [万所（个）]	在校生数（万人）		
	县镇	农村	县域合计	县镇	农村	县域合计		县镇	农村	县域合计
2000	8.12	44.03	52.15	1.51	15.75	17.26	69.41	2692.9	8503.7	11196.6
2001	4.88	41.62	46.50	0.32	11.04	11.36	57.86	2257.8	8604.8	10862.6
2002	4.69	38.40	43.09	0.34	10.83	11.16	54.25	2293.8	8141.7	10435.5
2003	4.00	36.04	40.04	0.32	10.17	10.49	50.53	2192.9	7689.2	9882.1
2004	3.34	33.73	37.07	0.26	9.81	10.07	47.77	2036.2	7378.6	9414.8
2005	2.91	31.68	34.59	0.12	9.30	9.42	44.01	2185.9	6947.8	9133.7
2006	2.96	29.51	32.47	0.15	8.76	8.91	41.38	2431.9	6676.1	9108
2007	3.09	27.16	30.25	0.16	8.31	8.47	38.72	2552.2	6250.7	8802.9
2008	3.05	25.30	28.35	0.13	7.75	7.89	36.24	2602.2	5924.9	8527.1
2009	2.97	23.42	26.38	0.13	7.10	7.23	33.61	2637.2	5655.5	8292.7
2010	3.01	21.09	24.10	0.13	6.54	6.67	30.77	2770.0	5350.2	8120.2

资料来源：2000~2010 年历年《中国教育统计年鉴》（《中国教育事业统计年鉴》）。

---

① 浦城县地方志编纂委员会编《浦城县志（1989—2005）》，方志出版社，2016，第 635 页。

延续 20 世纪 90 年代后期校村比降低的趋势，进入 21 世纪后，受农村学校布局调整的影响，校村比由 2000 年的 0.81 降至 2010 年的 0.46。也就是说，2000 年 1~2 个行政村布局 1 所小学或 1 个教学点，到 2010 年 2~3 个行政村才能拥有 1 所小学或 1 个教学点，农村小学布局明显集中化。

表 7-2　2000~2010 年农村小学（含教学点）数与行政村数对比

	2000 年	2001 年	2002 年	2003 年	2004 年	2005 年	2006 年	2007 年	2008 年	2009 年	2010 年
农村小学（含教学点）数［万所（个）］	59.8	52.7	49.2	46.2	43.5	41.0	38.3	35.5	33.1	30.5	27.6
行政村数（万个）	73.5	70.9	69.5	67.9	65.3	64.0	63.1	62.1	60.4	59.9	59.5
校村比	0.81	0.74	0.71	0.68	0.67	0.64	0.61	0.57	0.55	0.51	0.46

资料来源：小学数由相应年份小学学校数和教学点数相加得来；行政村数来源于《中国农业统计资料（1949—2019）》，中国统计出版社，2020，第 35 页。

（二）兴建寄宿制学校

小规模学校的撤并必然使学校的服务半径增大。面对学校服务半径的增大，一方面可以通过配备校车来解决这一问题，另一方面对于自理能力较好的小学高年级和初中学生而言，建设寄宿制学校也是很好的选择。因此，各地在撤点并校的过程中，多提出大力建设寄宿制学校。如山西省在农村学校布局调整中提出："农村初中，紧密结合撤并乡镇后新的行政区划，按照相对集中，适度规模办学的原则，1.5 万人至 3 万人口乡镇设一所初中学校，人口超过 3 万人以上的乡镇可设 2 所以上的初中。人口不足 1 万人的偏远乡镇由县统一安排布点，可以办成九年一贯制学校，也可以数乡合办初中学校，或者由县教育行政部门统一安排，到其他乡镇初中学校就读。积极创造条件，实行

住宿制。"① 2004 年开始实施的西部地区"两基"攻坚计划（2004 ~
2007 年）也明确提出加快农村寄宿制学校建设，实施农村寄宿制学校
建设工程。截至 2006 年底，中央下拨专项资金 90 亿元，建设学校
7651 所，预计可满足新增学生 195 万人、新增寄宿生 207 万人的就学
和寄宿需求。② 此后，我国又于 2007 年启动中西部农村初中校舍改造
工程，重点支持大约 7000 所独立设置的农村初中学校新建，或改造学
生宿舍、食堂和厕所等生活设施，使项目内学校寄宿学生生活设施达
到或接近《农村普通中小学校建设标准》，基本消除"大通铺"和校
外租房现象。③ 2010 年财政部、教育部启动的"薄改计划"也将农村
寄宿制学校建设作为重点支持项目："支持农村寄宿制学校学生附属
生活设施建设，集中力量满足农村学生特别是留守儿童的住宿需求。"
教育部发展规划司 2011 年统计数据显示，全国农村中小学在校生总数
为 10949.8 万人（小学 7319.4 万人，初中 3630.4 万人），寄宿学生总
数达到 2907.6 万人（小学 987.8 万人，初中 1919.8 万人），农村中小
学生总体寄宿率达到 26.6%。初中小学分阶段统计，发现农村初中生总
体寄宿率更高，2011 年全国农村初中生总体寄宿率达到 52.88%，16 个
省份初中生寄宿率超过 50%，6 个省份超过 60%，广西初中寄宿率甚
至达到 88.03%。就地域而言，西部 12 省份寄宿率明显高于全国，
2011 年整个西部农村地区义务教育阶段学生寄宿率达到 34.30%，初
中学生整体寄宿率达到 62.36%，小学生寄宿率达到 19.65%。④

① 《山西省人民政府办公厅转发省教育厅关于全省中小学布局结构调整的意见的通知》，
《山西政报》2002 年第 19 期，第 18 ~ 20 页。
② 《农村寄宿制学校建设工程》，中国政府网，2007 年 3 月 5 日，http://www.gov.cn/2007lh/
content_542480.htm。
③ 何东昌主编《中华人民共和国重要教育文献（2003 ~ 2008）》，新世界出版社，2010，第
1336 页。
④ 《调查数据显示：寄宿制学校已成农村学校主体》，《中国教育报》2013 年 9 月 26 日。

（三）形成九年一贯制学校

随着农村小学的撤并，不少农村地区将小学与相应地区的乡村初中合并，形成九年一贯制学校（简称"九年制学校"）。2001年《国务院关于基础教育改革与发展的决定》首次提出"有条件的地方，可以实行九年一贯制"①。所谓九年一贯制学校，指的就是小学、初中一体化办学形式，也就是义务教育都在一所学校里完成。实施九年一贯制有利于缓解学生的升学压力，让学生连贯地获得发展，确保教育的完整性，免去"小升初"的升学压力，因此，国家大力推动建立九年一贯制学校。这种学校类型在2002年开始被纳入统计，数量呈逐渐增加的趋势。2002年县域范围内有九年一贯制学校5782所，2010年发展到10433所。但是由于九年一贯制学校将小学和初中混合在一起，两个阶段的教育管理方式存在不少的差异，也给农村九年一贯制学校的管理带来很大的问题。在调查中，不少九年一贯制学校的校长和教师均表达了对九年一贯制学校管理问题的担忧，希望能够将小学和初中剥离开办学。因此，如何处理农村学校布局调整后形成的九年一贯制学校遗留问题也是未来值得教育管理者和研究者探讨的一大议题。

三　学校布局向中心城镇聚集

随着城镇化进程的快速推进，城镇人口的集聚将成为不可逆转的发展趋势，传统的"村村办小学""乡乡办初中""县镇办高中"的农村教育结构形态面临新挑战。按照人口流动的趋势与人口的布局，县域内学校形成"小学向乡镇靠拢""初中基本在镇和县城"的农村教育结构形态布局，这也成为很多地区县域学校布局调整遵循的基本

---

① 何东昌主编《中华人民共和国重要教育文献（1998～2002）》，海南出版社，2003，第888页。

原则。如甘肃省提出"高中向城市集中，初中向城镇集中，小学向乡镇集中，教学点向行政村集中"，即"四个集中"的学校布局调整方针。[①]"小学进乡""初中进城"成为这一轮学校布局调整的特征。如2001 年，重庆市丰都县结合中小学危房改造工程建设，整合教育资源，撤并部分村小学和中学教学点。2004 年，按照"小学向中心村、中心校适当集中，初中向中心镇、大镇适当集中，高中向城区城郊适当集中"的原则，对全县小学、初中、高中三类学校进行新一轮布局调整。到 2005 年，全县中小学校（点）由 1997 年的 400 所（个）调整为 230 所（个）。[②]

（一）小学向中心集镇聚集

从小学学校数看，2000 年全国县域内有小学 52.15 万所，到 2010 年减少到 24.10 万所，共减少 28.05 万所，减幅达 53.79%。其中，县镇小学学校数由 2000 年的 8.12 万所减少到 2010 年的 3.01 万所，减幅达 62.93%，净减少 5.11 万所，占县域内小学总减少量的 18%；农村小学学校数由 2000 年的 44.03 万所减少到 2010 年的 21.09 万所，减幅达 52.1%，净减少 22.94 万所，占县域内小学总减少量的 82%。2000 年全国县域内有教学点 17.26 万个，到 2010 年仅剩下 6.67 万个，共减少 10.59 万个，减幅达 61.36%。其中，县镇教学点数由 2000 年的 1.51 万个减少到 2010 年的 0.13 万个，减幅达 91.39%，净减少 1.38 万个，占县域内教学点总减少量的 13.03%；农村教学点数由 2000 年的 15.75 万个减少到 2010 年的 6.54 万个，减幅达 58.48%，净减少 9.21 万个，占县域内教学点总减少量的 86.97%。全国县域内小学及教学点总数由 2000 年的 69.41 万所（个）减少到 2010 年的 30.77

---

① 甘肃省人民政府教育督导团办公室编《甘肃省县域义务教育均衡发展督导评估文件资料汇编》，河北教育出版社，2014，第 52 页。

② 丰都县地方志编纂委员会编《丰都县志（1986~2005）》，电子科技大学出版社，2014，第 509 页。

万所（个），累计共减少 38.64 万个，减幅达 55.67%（见表 7-1）。

从小学及教学点在校生数看，2000~2010 年，小学及教学点在校生数整体呈现出下降的趋势，县域内小学及教学点在校生数由 2000 年的 11196.6 万人减少到 2010 年的 8120.2 万人，减少 3076.4 万人，减幅为 27.5%。同期农村小学及教学点在校生数由 2000 年的 8503.7 万人减少到 2010 年的 5350.2 万人，减少 3153.5 万人，减幅为 37.1%。而县镇小学及教学点在校生数有所增长，由 2000 年的 2692.9 万人增长到 2010 年的 2770.0 万人，增长 77.1 万人，增幅为 2.86%。县镇小学及教学点在校生数的增长，也在一定程度上印证了这一时期农村小学生进城的趋向。随着学生"进城"，县镇小学（加上教学点）的校均在校生数增长较快，由 2000 年的 279.6 人增长到 2010 年的 882.2人，大班额问题开始凸显。

（二）初中向县城聚集

进入 21 世纪后县域内初中的发展情况与小学的发展情况大致相似，在推动小学撤并的同时，启动了"农村初中进城工程"，如山东省平原县，陕西省潼关县，辽宁省黑山县、喀左县，江西省分宜县、资溪县，广西壮族自治区平果县（现平果市），黑龙江省杜尔伯特县等将县域内的乡镇初中全部撤并，通过新建和扩建县城初中的方式，使乡镇初中全部进城。如山东省平原县，该县在 2005~2008 年，用 3 年时间将全县 19 处初中全部撤销，在县城新建和扩建 5 所初中，到 2008 年全县农村孩子全部进城读初中。初中进城的原因有两点。一方面，农村教师大规模向县城流动，1999~2004 年，该县乡镇中学外流教师达 213 人，且大都是优秀教师，而新毕业的大学生又不愿到乡镇任教，致使教师队伍青黄不接。另一方面，农村学生向县城流动，导致县城中学人满为患。越来越多的农民开始把孩子送到县城或外地读书，县城中学人满为患，学校超负荷运转。通过初中学校进城，可以用"最短时间内实现教育公平"①。江苏省洪泽县（现淮安市洪泽区）也采取农村初中生全部进城的方式来促进初中教育的发展。2010 年 9 月，洪泽县在江苏率先实行农村初中进县城，打算 3 年内将农村初中生全部接进县城。这一是因为生源流失严重，2009 年，该县 12 所农村初中共有在校生 4612 人，平均每个学校不足 400 人，而 10 年前，这些学校都有在校生 1000 人左右；二是因为农村初中师资状况堪忧，全县农村初中教师共 573 人，按照正常的师生比例算，教师数量超了一半还多，但信息技术、音乐、美术等课程的教师却严重不足。虽然县里面一直加大投入力度以改善农村办学条件，完善制度鼓励县城教师下乡任教，但收效并不明显。"既然原地修补不能解决问题，那就干脆改换思路……如果仍然走老路子，对全县 12 所农村初中进行教育现代化达标建设及校舍安全改造，3 年需要投入近 1 亿元，效果还很难说。而把农村初中搬进城，只需投入 6000 万元对城区两所中学进行改扩建。如果对进城后原乡镇学校的土地资源进行综合利用，又能收回 1 亿元的教育发展资金。另外，还可以连带解决 150 名结构性师资缺口问题，一年可节省 1000 万元。一举三得，说干就干。"② 在农村初中生源持续减少的背景下，多数县采取了"初中进城"的办法，直接实现城乡初中教育的均衡发展。

从统计数据看，这一时期农村初中学校数下降，2000 年农村初中学校数为 39313 所，到 2010 年下降到 28670 所，减少 10643 所，减幅为 27.07%。而县镇初中学校数有所增长，由 2000 年的 14678 所增长到 2010 年的 18874 所，增长了 4196 所，增幅为 28.59%，这主要得益于九年制学校的增设，九年制学校由 2002 年的 1514 所增长到 2010 年

---

① 刘成友：《山东省平原县撤销 19 处初中，在县城新建和扩建 5 所初中——农村初中全部进城》，《人民日报》2008 年 10 月 17 日，第 11 版。

② 贺广华：《江苏洪泽整合优秀师资推进均衡发展——农村中学生全部进城就读》，《人民日报》2011 年 4 月 8 日，第 16 版。

的 3074 所。从在校生数方面看，农村初中在校生数减少，而县镇初中在校生数有所增长。农村在校生数由 2000 年的 3428.5 万人减少到 2010 年的 1784.5 万人，减少 1644 万人，减幅为 47.95%。而县镇在校生数由 2000 年的 1704.5 万人增长到 2010 年的 2432.4 万人，增长 727.9 万人，增幅为 42.7%（见表 7-3）。这也表明在城镇化的带动下，农村初中生进城的趋向明显。同一时期县镇初中学校数的增幅远低于在校生数的增幅，这也在一定程度上导致部分县镇初中学校大校额、大班额问题的出现。

表 7-3 2000~2010 年县域内初中发展情况

单位：所，万人

年份	学校数							在校生数		
	县镇			农村			县域合计	县镇	农村	县域合计
	单设初中	九年制	合计	单设初中	九年制	合计				
2000	—	—	14678	—	—	39313	53991	1704.5	3428.5	6167.6
2001	—	—	16641	—	—	35023	51664	2245.6	3121.3	6431.1
2002	16922	1514	18436	33155	4268	37423	55859	2377.2	3108.8	6604.1
2003	15889	1582	17471	32588	4663	37251	54722	2314.1	3160.4	6618.4
2004	14596	1622	16218	32713	5382	38095	54313	2187.0	3168.3	6475.0
2005	15521	1802	17323	30524	5881	36405	53728	2351.3	2784.7	6171.8
2006	15696	2381	18077	28664	6619	35283	53360	2423.6	2563.7	5937.4
2007	16096	2554	18650	26124	6741	32865	51515	2430.0	2243.3	5720.8
2008	15951	2711	18662	24558	6900	31458	50120	2442.8	2064.2	5574.2
2009	15789	2864	18653	22921	7257	30178	48831	2440.1	1934.5	5433.6
2010	15800	3074	18874	21311	7359	28670	47544	2432.4	1784.5	5275.9

资料来源：2000~2010 年历年《中国教育统计年鉴》（《中国教育事业统计年鉴》）。

四 对农村学校布局调整的不断规范

农村中小学布局调整促进了教育资源的合理配置，提高了农村学校的规模效益，对提高农村学校的教育质量起到了一定的作用。如

2013 年审计署发布的对 1185 个县的调查报告显示，2006~2011 年，此次审计调查的 1185 个县初中、小学学龄人口总量分别减少 19% 和 11%，撤并布局分散、生源不足、师资力量薄弱的学校 9.6 万所（其中 1.13 万所变更为教学点），新建和改扩建设施相对齐全的学校 1.22 万所，进一步整合了教育资源，校均学生人数增加 17%，扩大与提高了办学规模和效益。通过中小学布局调整，提升了办学标准化水平和教学质量。各地以布局调整为契机推进中小学规范化、标准化建设，并以此带动教学质量和学习效果的提升。350 个县多年级一个班的"复式班"减少了一半以上。

但部分地区也出现了片面地将办学规模和学校数量作为调整的主要依据，进行简单"撤并"或"一刀切"的现象，一定程度上影响了相关政策的实施效果。部分地区就学距离明显增加，有的学生上学耗时偏长。部分学校校车配备和监管不到位，交通安全风险增加。部分学校寄宿设施建设滞后、条件简陋、空间拥挤，管理和服务能力不足。部分学生家庭教育支出负担加重，辍学人数有所增加。一些地方生源向县镇学校集中，出现新的教育资源紧张。一些地区在布局调整过程中片面追求县镇集中办学的规模，使现有生源大量向县镇学校集中，造成这些学校教室等教育资源难以满足需要。①

基于县域农村学校布局调整中存在的问题，教育部不断发出通知要求各地实事求是地进行农村学校布局调整。如 2006 年 6 月，教育部发出《关于实事求是地做好农村中小学布局调整工作的通知》，指出"有的地方工作中存在简单化和'一刀切'情况，脱离当地实际撤销了一些交通不便地区的小学和教学点，造成新的上学难"，提出："各地要认真落实科学发展观，按照'以人为本'的要求，立足本地实

---

① 中华人民共和国审计署：《1185 个县农村中小学布局调整情况专项审计调查结果》，中华人民共和国审计署网站，2013 年 5 月 3 日，https://www.audit.gov.cn/oldweb/n5/n25/c63610/content.html。

际，充分考虑教育发展状况、人口变动状况和人民群众的承受能力，按照实事求是、稳步推进、方便就学的原则实施农村中小学布局调整，确保适龄儿童少年顺利完成九年义务教育。""农村小学和教学点的调整要在保证学生就近入学的前提下进行，在交通不便的地区仍须保留必要的小学和教学点，防止因过度调整造成学生失学、辍学和上学难问题。"① 同年，教育部办公厅印发《关于切实解决农村边远山区交通不便地区中小学生上学远问题有关事项的通知》，指出："各地教育行政部门要按照科学发展观的要求，高度重视农村边远山区、交通不便地区中小学生上学远问题。要实事求是，因地制宜，坚持寄宿制学校建设和低年级学生就近入学并举的原则，采取有效措施，切实予以解决。""各地教育行政部门要进一步加强对农村边远山区、交通不便地区中小学校布局调整、寄宿制学校建设等方面的调查研究工作，慎重对待撤点并校，确保当地学生方便就学。"② 2010 年 1 月，教育部印发《关于贯彻落实科学发展观进一步推进义务教育均衡发展的意见》，要求地方各级教育行政部门在调整中小学布局时，对条件尚不成熟的农村地区，要暂缓实施布局调整，自然环境不利的地区小学低年级原则上暂不撤并。要进一步规范学校布局调整的程序，撤并学校必须充分听取人民群众意见。③ 2010 年 7 月，《国家中长期教育改革和发展规划纲要（2010—2020 年）》发布，提出"适应城乡发展需要，合理规划学校布局，办好必要的教学点，方便学生就近入学"。这些政策文件均强调在合理规划学校布局的同时，要保证学生尤其是低年级学生的就

---

① 何东昌主编《中华人民共和国重要教育文献（2003~2008）》，新世界出版社，2010，第1100 页。

② 何东昌主编《中华人民共和国重要教育文献（2003~2008）》，新世界出版社，2010，第1097 页。

③ 《教育部关于贯彻落实科学发展观进一步推进义务教育均衡发展的意见》（教基一〔2010〕1 号），中国政府网，2010 年 1 月 4 日，http://www.gov.cn/gongbao/content/2010/content_1653849.htm。

近入学，保留必要的教学点。

五　县域公办义务教育实现由政府举办的突破

20 世纪 80 年代初人民公社制度解体后，我国县域内义务教育办学形成了多渠道筹措经费的机制，农村地区学校的办学经费以乡、村自筹为主。除了乡、村两级政府征收农村教育事业费附加，八九十年代还提倡乡村向农民摊派集资。这就导致提供整个农村地区的义务教育办学经费的责任直接或间接地落在了农民的身上，加重了农民的负担。进入 21 世纪后，国家为了减轻农民的负担，推行农村税费改革，取消了乡镇统筹和农村教育集资等专门向农民征收的行政事业性收费和政府性基金、集资，在减轻农民负担的同时，却加重了地方政府举办教育的负担。2001 年《国务院关于进一步做好农村税费改革试点工作的通知》提出，在农村税费改革过程中，要高度重视农村义务教育的稳定和发展。农村税费改革必须相应改革农村义务教育管理体制，由过去的乡级政府和当地农民集资办学，改为由县级政府举办和管理农村义务教育，将教育经费纳入县级财政，并建立和完善农村义务教育经费保障机制，加强县级政府对教师管理和教师工资发放的统筹职能，将农村中小学教师工资的管理上收到县，由县级财政按国家规定的标准及时足额发放。[①] 针对税费改革后农村义务教育经费筹措上出现的问题，我国逐步将农村义务教育的管理层级提升至县，实施"以县为主"的教育管理体制，同时开始建立农村义务教育经费保障机制。2005 年，国务院印发《关于深化农村义务教育经费保障机制改革的通知》，提出逐步将农村义务教育全面纳入公共财政保障范围，建立中央和地方分项目、按比例分担的农村义务教育经费保障机制。随

[①] 《国务院关于进一步做好农村税费改革试点工作的通知》，中国政府网，2001 年 3 月 24 日，http://www.gov.cn/gongbao/content/2001/content_60763.htm。

着义务教育经费保障机制的建立，2006 年春季，国家免除西部地区农村义务教育阶段 4800 多万学生的学杂费，2007 年这一政策推广到全国农村地区，我国农村教育的举办实现了"人民教育人民办"到"人民教育国家办"的重大突破。

第二节　县域普通高中规模的迅速扩张

20 世纪末，随着我国义务教育普及的基本实现，县域内教育发展的重心有机会从义务教育向两端延伸，大力发展高中教育成为社会发展的必然选择。继 1995 年国家教委出台《关于大力办好普通高级中学的若干意见》后，1999 年教育部印发《关于积极推进高中阶段教育事业发展的若干意见》，要求各地大力发展高中教育。在此背景下，县域普通高中教育在 21 世纪进入了新的发展阶段。

一　县域内普通高中招生数迅速攀升

这一时期县域普通高中的迅速发展，主要有两方面的原因。

第一，随着"普九"任务的基本完成，教育普及的触角开始延伸至高中阶段。1999 年《中共中央　国务院关于深化教育改革全面推进素质教育的决定》就提出："调整现有教育体系结构，扩大高中阶段教育和高等教育的规模，拓宽人才成长的道路，减缓升学压力。"为落实该文件的精神，同年教育部印发《关于积极推进高中阶段教育事业发展的若干意见》，提出："各地教育行政部门要在确保实现'两基'目标和巩固提高的基础上，重视发展高中阶段教育事业，积极发展包括普通教育和职业教育在内的高中阶段教育，为初中毕业生提供多种形式的学习机会。"① 2001 年《国务院关于基础教育改革与发展的决定》同样

---

① 何东昌主编《中华人民共和国重要教育文献（1998～2002）》，海南出版社，2003，第338 页。

提出:"大力发展高中阶段教育,促进高中阶段教育协调发展。""支持已经普及九年义务教育的中西部农村地区发展高中阶段教育。"①

第二,高校扩招政策推动了县域普通高中的发展。受亚洲金融危机的影响,我国对外贸易疲软,为了扩大内需,1999 年我国提出了高校扩招的决策。1999 年高等教育毛入学率仅为 10.5%,到 2010 年高等教育毛入学率达到 26.5%。1999 年高等学校数为 1071 所,本专科在校生为 408.59 万人。到 2010 年高等学校数为 2358 所,普通本专科在校生数达 2231.79 万人。高等学校扩大招生规模,与此相应地,其必然带来下一级高中教育的发展,尤其是普通高中的发展。

在这种背景下,县域内高中(本节中"高中"均指普通高中)开始迅速扩张。县域内高中延续了 1995 年后迅速发展的趋势,进入 21 世纪后招生数陡增,从 2000 年的 296.2 万人开始迅速攀升,到 2010 年招生数达到 543.1 万人,增长了 246.9 万人,增幅为 83%(见表 7-4)。

表 7-4   1980~2020 年县域内高中招生数变化趋势

单位:万人

	1980 年	1985 年	1990 年	1995 年	2000 年	2005 年	2010 年	2015 年	2020 年
招生数	263.4	179.5	175.4	178.7	296.2	576.3	543.1	431.7	444.7

二   高中向县城集中趋势明显

这一时期,从学校数看,县域内高中学校数变化不大,甚至有减少的趋向,由 2000 年的 8804 所减少到 2010 年的 8564 所,减少 240 所。农村高中学校数由 2000 年的 2629 所减少到 2010 年的 1428 所,减少 1201 所。与此相反,县镇高中在这一时期却明显增加,由 2000 年的 6175 所增加到 2010 年的 7136 所,增加近 1000 所。普通高中向县城

① 何东昌主编《中华人民共和国重要教育文献(1998~2002)》,海南出版社,2003,第 888 页。

集中的趋势在2010年后进一步加强，农村高中数量日益减少，到2020年农村高中仅剩777所（见表7-5）。

由于农村高中区位条件较差，在招生批次中又居县城高中之后，其生源日益减少，不少农村高中难以为继。由此，不少县域对农村高中进行了撤并，提出"高中向县城集中"的学校撤并思路。如山东省高密市（县级）在2004年之前有3所农村高中，但由于教学条件差、优质教育资源配置不均等原因，2001年以来，每年都有近百名学生从农村高中转入城区高中就读。同时，由于条件差，农村高中教师外流现象也比较突出。2001~2004年，3所农村高中有近百名教师外流，而这些教师大多是各学科教学骨干，这使得城乡高中教育差距越来越大。为此，2004年高密市委、市政府决定，在城区原有3所高中的基础上，用3年时间再新建3所高中，将农村孩子全部迁入城区读高中。到2007年11月，高中进城工程全部结束。原高密3所农村高中撤销，农村学生已全部迁入新建的县城高中。至此，高密市2万余名高中生全部享受到平等的高中教育。

表7-5 2000~2020年县域内高中发展情况

单位：所，万人

年份	学校数			招生数			在校生数		
	县镇	农村	县域合计	县镇	农村	县域合计	县镇	农村	县域合计
2000	6175	2629	8804	231.8	64.4	296.2	581.1	157.8	738.9
2001	6939	2312	9251	298.7	66.4	365.1	743.4	158.0	901.4
2002	7089	2312	9401	364.5	77.6	442.1	902.6	186.6	1089.2
2003	7191	2288	9479	400.9	81.4	482.3	1045.3	210.4	1255.7
2004	7169	2454	9623	433.8	96.0	529.8	1167.0	255.1	1422.1
2005	7661	2180	9841	488.3	88.0	576.3	1332.0	233.7	1565.7
2006	8086	2160	10246	515.1	82.4	597.5	1470.4	232.1	1702.5
2007	7637	1912	9549	477.1	69.9	547	1419.8	209.3	1629.1
2008	7526	1762	9288	477.9	64.7	542.6	1407.0	192.1	1599.1

年份	学校数			招生数			在校生数		
	县镇	农村	县域合计	县镇	农村	县域合计	县镇	农村	县域合计
2009	7314	1618	8932	477.3	59.5	536.8	1394.5	174.2	1568.7
2010	7136	1428	8564	486.4	56.7	543.1	1406.2	162.9	1569.1
2011	6451	848	7299	439.5	36.6	476.1	1252.7	103.4	1356.1
2012	6390	718	7108	437.2	24.0	461.2	1264.1	69.3	1333.4
2013	6296	708	7004	421.0	28.1	449.1	1239.9	81.5	1321.4
2014	6164	667	6831	404.7	27.0	431.7	1207.9	78.6	1286.5
2015	6147	668	6815	404.7	27.0	431.7	1198.6	77.0	1275.6
2016	6103	652	6755	401.7	27.0	428.7	1178.4	75.7	1254.1
2017	6070	675	6745	393.7	27.8	421.5	1165.2	77.9	1243.1
2018	6042	710	6752	386.0	28.5	414.5	1149.4	82.1	1231.5
2019	6034	740	6774	401.1	30.8	431.9	1153.7	82.9	1236.6
2020	6044	777	6821	410.1	34.6	444.7	1171.7	90.5	1262.2

三 高中附设初中班剥离

为了集中精力发展高中教育，教育部要求充分利用高中现有资源，以节约办学成本。1999年，教育部印发《关于积极推进高中阶段教育事业发展的若干意见》，提出："高中阶段教育的发展要充分利用现有教育资源。已经'普九'的地方，可以通过学校布局调整、高初中分离、重点学校与薄弱学校联合办学、灵活多样的授课制等形式，挖掘潜力，扩大现有公办普通高中的招生规模。"[1] 2001年《国务院关于基础教育改革与发展的决定》同样提出："有步骤地在大中城市和经济发达地区普及高中阶段教育。挖掘现有学校潜力并鼓励有条件的地区实行完全中学的高、初中分离，扩大高中规模。"[2] 可见，为了实现高

---

[1] 何东昌主编《中华人民共和国重要教育文献（1998~2002）》，海南出版社，2003，第338页。

[2] 何东昌主编《中华人民共和国重要教育文献（1998~2002）》，海南出版社，2003，第888页。

中教育规模的迅速扩大，我国将完全中学中的初中剥离，以"腾笼换鸟"的方式扩大高中招生规模，从而促进高中的发展。在这种背景下，各地开始提出初高中分离的政策，如河北省提出在2004年全省完全中学全部实现初高中分离。[①]

四 县域民办高中的迅速发展

县域在发展高中教育的过程中，由于整体财力有限，不得不借助社会资本的力量。进入21世纪后，我国对社会力量办学持明显的鼓励态度。1999年《中共中央 国务院关于深化教育改革全面推进素质教育的决定》明确提出："凡符合国家有关法律法规的办学形式，均可大胆试验。在发展民办教育方面迈出更大的步伐。""鼓励社会力量以各种方式举办高中阶段教育。"1999年教育部《关于积极推进高中阶段教育事业发展的若干意见》提出："各地要实行鼓励民间办学的优惠政策，包括无偿提供办学用地，免收配套费用，充分利用现有设施和房屋等，为民间兴办高中阶段的学校创造条件。""鼓励办学条件较好、教育质量较高的公办普通高中在保证本校规模和教育质量的前提下，采取多种方式与其他学校、社会力量联合举办民办普通高中。"[②] 基于此，在大力发展高中教育的过程中，各地对于社会资本的介入持积极开放的态度，创造各种条件为社会资本办学服务，我国县域内民办高中发展迅猛。2000~2010年，县域内民办高中数由504所增长到1212所，县域内民办高中数占县域内高中总数的比例由5.72%增长到14.15%。县域内民办高中在校生数占比由2.54%增长到8.34%（见表7-6）。

---

① 霍晓丽：《明年全省完全中学全部实施初高中分离》，《河北日报》2003年4月2日。

② 何东昌主编《中华人民共和国重要教育文献（1998~2002）》，海南出版社，2003，第338页。

表7-6　2000~2010年县域内民办高中数和在校生数及占比

年份	县域内民办高中数（所）			县域内高中总数（所）				县域内民办高中在校生数（人）			县域内高中在校生总数（人）			占比（%）
	县镇	农村	县域合计	县镇	农村	县域合计	占比（%）	县镇	农村	县域合计	县镇	农村	县域合计	
2000	433	71	504	6175	2629	8804	5.72	163297	24273	187570	5810662	1578112	7388774	2.54
2001	589	120	709	6939	2312	9251	7.66	282586	39436	322022	7433742	1579834	9013576	3.57
2002	775	172	947	7089	2312	9401	10.07	432027	65119	497146	9025532	1865796	10891328	4.56
2003	931	203	1134	7191	2288	9479	11.96	598162	85435	683597	10453499	2103804	12557303	5.44
2004	1049	264	1313	7169	2454	9623	13.64	818244	138974	957218	11670174	2551326	14221500	6.73
2005	1162	337	1499	7661	2180	9841	15.23	1038641	196340	1234981	13320026	2336752	15656778	7.89
2006	1281	374	1655	8086	2160	10246	16.15	1209282	234200	1443482	14704187	2320898	17025085	8.48
2007	1188	309	1497	7637	1912	9549	15.68	1196066	206092	1402158	14198003	2093282	16291285	8.61
2008	1149	268	1417	7526	1762	9288	15.26	1183040	204531	1387571	14070082	1921342	15991424	8.68
2009	1050	246	1296	7314	1618	8932	14.51	1120143	197055	1317198	13945001	1741561	15686562	8.40
2010	986	226	1212	7136	1428	8564	14.15	1113842	194199	1308041	14062284	1629035	15691319	8.34

这一时期县域内普通高中的迅速发展极大地满足了县域初中生升学的需要，有利于县域教育的发展。但在发展高中教育的同时，民办高中也迅速发展，而由于民办高中在招生和教育教学方面具有一定的自由空间，其在与当地公办中学竞争时具有明显的优势，导致县域公办高中走向衰落。比如湖南省衡山县百年名校岳云中学，在与民办迴程实验中学（后以其为基础成立了星源实验学校）的竞争中，逐渐落入颓势，陷入困局。与此同时，高中附设初中班的剥离在一定程度上导致县域公办高中生源的流失，使其在与民办高中竞争中处于明显的劣势。因此，这一时期县域高中的发展也隐藏着"县中衰落"的危机。

第三节　民办教育向义务教育领域的拓展

20世纪末，各地普遍出现"择校热"，民众对优质教育资源极为渴求，由此引发了收取"择校费"等教育乱收费行为。在国家整体财力有限的情况下，发展民办教育有利于满足民众对优质教育的需求。进入21世纪后，国家对民办教育发展提出了更为鼓励性的扶持政策，使得县域内民办教育发展逐渐由非义务教育领域向义务教育领域扩展，甚至出现了由公办教育举办民办学校的"公参民"的办学形式，县域内民办义务教育占比提升，民办教育的扩张搅动了县域整体教育生态。

一　县域内民办教育发展迅速

进入21世纪，随着社会主义市场经济体制的进一步完善，民办教育发展的外部政策环境更为宽松。1999年《中共中央　国务院关于深化教育改革全面推进素质教育的决定》提出："进一步解放思想、转变观念，积极鼓励和支持社会力量以多种形式办学，满足人民群众日益增长的教育需求，形成以政府办学为主体、公办学校和民办学校共同发展的格局。凡符合国家有关法律法规的办学形式，均可大胆试验。在发展民办教育方面迈出更大的步伐……在保证适龄儿童、少年均能就近进入公办小学和初中的前提下，可允许设立少数民办小学和初中，在这个范围内提供择校机会，但不搞'一校两制'。"① 这一提法是对1993年《中国教育改革和发展纲要》"基础教育应以地方政府办学为主"的重大改变。2003年，《民办教育促进法》正式开始实施，标志着民办学校具有了与公办学校同等的法律地位，其办学自主权得到国家的保障。在《民办促进教育法》的推动下，不少县级政府把发展民办教育事业纳入县域国民经济和社会事业发展规划中，县域内民办教育发展迅速。县域内民办幼儿园数占比由2001年的38.6%增长到2010年的66.33%，增长了27.73个百分点（见表7-7）；县域内民办小学数占比由2000年的0.6%增长到2010年的1.61%（见表7-8）；县域内民办初中数占比由2000年的2.03%增长到2010年的5.92%（见表7-9）；县域内民办高中数占比由2000年的5.72%增长到2010年的14.15%（见表7-6）。如果说20世纪90年代县域民办教育发展的重心主要在学前教育阶段的话，进入21世纪后，在《民办教育促进法》的推动下，县域民办教育开始向义务教育阶段延伸。如湖北省红安县2003年前全县没有民办中小学，《民办教育促进法》实施之后，2003年8月17日县长办公会通过《关于积极支持民办教育发展有关规定报告的通知》，在政策上对民办教育进行扶持和优惠，设立专项资金资助民办学校的发展，奖励和表彰有突出贡献的集体和个人。2004年，红安县第一所民办学校——光明学校诞生。到2007年底，全县有民办中学4所（其中有附属小学3所），共有在校学生2120人；

---

① 何东昌主编《中华人民共和国重要教育文献（1998～2002）》，海南出版社，2003，第288页。

民办幼儿园 47 所，在园幼儿 4007 人。①

表 7-7　2001~2010 年县域内民办幼儿园数与在园幼儿数及占比

年份	县域内民办幼儿园园数及其占比			县域内民办幼儿园在园幼儿数及其占比				
	县域内民办幼儿园园数（所）	县域内幼儿园总园数（所）	占比（%）	县镇民办幼儿园在园幼儿数（人）	农村民办幼儿园在园幼儿数（人）	县域内民办幼儿园在园幼儿数（人）	县域内幼儿园在园幼儿总数（人）	占比（%）
2001	32367	83858	38.60	1293607	987516	2281123	15577860	14.64
2002	34440	82447	41.77	1574289	1053126	2627415	15473555	16.98
2003	38720	84738	45.69	1792654	1259567	3052221	14782921	20.65
2004	43162	84961	50.80	1938679	1756570	3695249	15359676	24.06
2005	48681	91103	53.44	2175112	2128111	4303223	16098456	26.73
2006	54776	98667	55.52	2661867	2532280	5194147	17258126	30.10
2007	55225	96140	57.44	2992388	2722218	5714606	17573649	32.52
2008	60090	100557	59.76	3402783	3157143	6559926	18514156	35.43
2009	65527	104713	62.58	3956500	3717052	7673552	19884914	38.59
2010	76000	114575	66.33	4932952	4703690	9636642	22240936	43.33

　　进入 21 世纪后，由于民办教育发展的宏观政策较为宽松，县域政府为了缓解办学经费的紧张，大力鼓励发展民办教育，为民办教育的发展在政策上大开"绿灯"，县域民办教育享受到倾斜性的政策支持，甚至一些地方不惜牺牲公办教育的利益去支持民办教育发展，在一定程度上造成县域教育生态的混乱。如 2003 年江西省余干县委办和政府办联合发文，大力支持发展民小教育，按照政府划拨优惠价格提供私立学校用地，公立学校教师在开学前 1 个月提出申请，即可保编进入私立学校，职称评聘、工资晋级、工龄计算等与公立学校一致，并可随

---

①　湖北省红安县地方志编纂委员会：《红安县志 1990-2007》，武汉大学出版社，2016，第 508 页。

表 7-8 2000~2010 年县域内民办小学数和在校生数及占比

年份	县域内民办小学数（所）			县域内小学总数（所）			占比（%）	县域内民办小学在校生数（人）			县域内小学在校生总数（人）			占比（%）
	县镇	农村	县域合计	县镇	农村	县域合计		县镇	农村	县域合计	县镇	农村	县域合计	
2000	791	2318	3109	81184	440284	521468	0.60	246046	505490	751536	26928904	85037137	111966041	0.67
2001	884	2711	3595	48764	416198	464962	0.77	378781	662435	1041216	22577859	86048027	108625886	0.96
2002	989	2703	3692	46949	384004	430953	0.86	477140	759331	1236471	22937748	81416791	104354539	1.18
2003	1053	2943	3996	40007	360366	400373	1.00	591292	927615	1518907	21929021	76891519	98820540	1.54
2004	1137	3159	4296	33420	337318	370738	1.16	726399	1146809	1873208	20362265	73785984	94148249	1.99
2005	1211	3225	4436	29050	316791	345841	1.28	968713	1350129	2318842	21858606	69478276	91336882	2.54
2006	1335	3132	4467	29588	295052	324640	1.38	1142779	1350720	2493499	24318225	66761432	91079657	2.74
2007	1372	2723	4095	30942	271584	302526	1.35	1180932	1180932	2361864	25521904	62507310	88029214	2.68
2008	1430	2651	4081	30474	253041	283515	1.44	1598266	1211756	2810022	26022475	59248829	85271304	3.30
2009	1522	2395	3917	29664	234157	263821	1.48	1754297	1260235	3014532	26371538	56555439	82926977	3.64
2010	1479	2405	3884	30116	210894	241010	1.61	1901449	1417918	3319367	27700170	53502198	81202368	4.09

注：这里的民办初中统计时包含了九年一贯制初中。

表7-9　2000~2010年县域内民办初中数和在校生数及占比

年份	县域内民办初中数（所）			县域内初中总数（所）			占比（%）	县域内民办初中在校生数（人）			县域内初中在校生总数（人）			占比（%）
	县镇	农村	县域合计	县镇	农村	县域合计		县镇	农村	县域合计	县镇	农村	县域合计	
2000	660	435	1095	14678	39313	53991	2.03	349974	162931	512905	17045443	34284664	51330107	1.00
2001	699	600	1299	16641	35023	51664	2.51	615088	291840	906928	22456184	31213026	53669210	1.69
2002	1132	856	1988	18436	37423	55859	3.56	811477	351971	1163448	23772008	31088266	54860274	2.12
2003	1252	1106	2358	17471	37251	54722	4.31	1023275	484158	1507433	23140839	31603983	54744822	2.75%
2004	1384	1392	2776	16218	38095	54313	5.11	1261853	650114	1911967	21870482	31682659	53553141	3.57
2005	1528	1526	3054	17323	36405	53728	5.68	1607081	746941	2354022	23513281	27846594	51359875	4.58
2006	1583	1532	3115	18077	35283	53360	5.84	1751962	804174	2556136	24236201	25636576	49872777	5.13
2007	1579	1366	2945	18650	32865	51515	5.72	1777141	710541	2487682	24299955	22433178	46733133	5.32
2008	1570	1278	2848	18662	31458	50120	5.68	1890041	675879	2565920	24428493	20642417	45070910	5.69
2009	1585	1222	2807	18653	30178	48831	5.75	1929723	646478	2576201	24400826	19345061	43745887	5.89
2010	1625	1191	2816	18874	28670	47544	5.92	1998788	687448	2686236	24337317	17865217	42202534	6.37

注：这里的民办初中指普通民办初中，包括九年一贯制初中在校内。

时返回公立学校;对愿意去私立学校的学生,公立学校不得阻拦。①
这导致余干县民办教育出现"三乱":乱招生,从开学招到学期结束,
从起始年级招到毕业年级;乱打广告,吹嘘自己,诋毁对手;乱挖老
师,个别民办校甚至故意要整垮附近公立学校,以吸引更多学生。

县域内民办教育的办学乱象造成县域内教育生态严重失衡,受到
严重破坏。一些县域内农村学校的生源多流向县城的民办学校,导致
农村学校难以为继。2000 年以后,随着国家对农村教育的重视,农村
校舍建筑、教育教学设施等办学条件已经得到了极大改善。但由于生
源的急剧流失,成建制的班级越来越少,开始出现校舍闲置、教师闲
置的现象,农村学校的规模也日益萎缩。

二　义务教育阶段"公参民学校"的产生与发展

20 世纪 90 年代,我国在探索办学体制的改革时,除了鼓励社会
力量办学、促进民办教育发展,也鼓励地方公办学校探索办学体制改
革,以激发公办学校的办学活力,满足人民群众对优质教育的需求,
缓解"择校热"。如在 1994 年,《国务院关于〈中国教育改革和发展
纲要〉的实施意见》指出:"基础教育主要由政府办学,同时鼓励企
事业单位和其他社会力量按国家的法律和政策多渠道、多形式办学。
有条件的地方,也可实行'民办公助''公办民助'等形式。"② 在这
种背景下,在一些大城市,如上海、天津等地进行了公办学校改制的
试验。进入 21 世纪后,在《民办教育促进法》的推动下,"公参民学
校"不断在县域范围内出现,公办学校办学体制改革从大城市走向县
域。这一时期"公参民学校"的快速发展有着以下几方面的原因。

第一,受国有企业股份制改革的影响,公办学校亦需寻求教育资

---

① 江宜航:《江村之忧:中国农村问题报告》,中国发展出版社,2014,第 41 页。
② 何东昌主编《中华人民共和国重要教育文献（1949~1997)》,海南出版社,1998,第
　 3662 页。

源的增加。1997 年，党的十五大确立了"公有制为主体、多种所有制经济共同发展"这一社会主义初级阶段的基本经济制度，并强调"公有制实现形式可以而且应当多样化"，"要努力寻找能够极大促进生产力发展的公有制实现形式"，倡导国有企业股份制改革，使所有权和经营权分离，以提高企业和资本的运作效率。其认为："不能笼统地说股份制是公有还是私有，关键看控股权掌握在谁手中。国家和集体控股，具有明显的公有性，有利于扩大公有资本的支配范围，增强公有制的主体作用。"[①] 国有企业股份制改革的浪潮也蔓延到教育领域，通过公办学校的转制，国有教育资源成为吸引和组织社会资本的基础资本，可以增加国有教育资源，增强政府在民办教育中的控制力、影响力和带动力，起到稳定和提高民办教育总体质量的作用。因此，在此后的国家政策中，对"公参民"的办学形式一直持鼓励的态度。1999 年中共中央、国务院颁布的《关于深化教育改革全面推进素质教育的决定》明确提出社会力量可采用多种形式参与办学，"凡符合国家有关法律法规的办学形式，均可大胆试验"。在这种背景下，一些大城市最先进行了"公办民助""民办公助"等不同形式的办学体制改革试验，在一定程度上满足了人民群众日益增长的教育文化需要。

第二，公办学校办学形式多样化有利于扩大优质教育资源覆盖面，缓解"择校热"。由于优质教育资源短缺，一些大中城市出现重点学校学位供不应求、上学要"走后门"的现象。与此同时，教育投入严重不足，无力满足增加优质教育资源和改善薄弱学校条件的需求。在这一背景下，政府出台政策，允许一些公办中小学进行办学体制改革的尝试，即通过"国有民办""公办民助""民办公助"等形式吸纳社会资源，增加优质教育资源，以弥补办学经费的不足。

---

① 江泽民：《高举邓小平理论伟大旗帜，把建设有中国特色社会主义事业全面推向二十一世纪——在中国共产党第十五次全国代表大会上的报告》，《人民日报》1997 年 9 月 22 日，第 1 版。

　　第三，高等教育方面的探索为名校办民校探了路。20 世纪 90 年代末，一些省份对大学独立学院的办学模式进行了探索，如 1999 年浙江大学与杭州市政府、浙江省邮电管理局联合创办了浙江大学城市学院，这是我国第一所独立学院。1999 年第三次全国教育工作会议召开之后，这种新型办学模式由经济发展水平较高、民办教育发展基础较好的地区迅速向其他地区扩展。"几年的实践证明，独立学院是一个符合中国特色的新的办学模式，完全可以在职业教育、高中阶段教育和义务教育阶段推广。"①

　　第四，初高中剥离办学为民办学校的发展带来契机。21 世纪，我国在大力发展高中教育的时候，提出"腾笼换鸟"的办法，将原高中附设的初中部剥离，以集约资源、扩大高中办学规模，不少高中不得不"忍痛割爱"。在国家大力发展民办教育的背景下，一些高中学校为了保障优质初中生源，与社会资本达成合作办学协议，不少高中名校的初中部变为名校与社会资本合设的民办初中学校。通过这种"藕断丝连"的办法，一方面民办初中可以继续为公办高中提供优质生源，另一方面民办初中的高收益还可以为高中发展提供可观的资金。由此，这种名校办民校的办法在 21 世纪初在各地盛行起来。

　　在这种背景下，进入 21 世纪后，在《民办教育促进法》的推动下，"公参民"的办学体制改革逐渐由大城市延伸至县域，不少县级政府为了减轻自身举办教育的压力、激发公办学校的办学活力，推动公办学校改制，如 2004 年 5 月，四川省蒲江县依托蒲江中学的品牌优势，由蒲江中学、鹤山中学、蒲江县西南建筑有限公司联合投资新建蒲江中学实验学校。该校采用"民办公助"的办学体制，按股份制模

---

① 《教育部部长周济谈如何扩大优质教育资源：公办不择校、择校找民校、名校办民校》，《人民日报》2004 年 3 月 26 日，第 11 版。

式运作。① 2005 年，湖南省下发了"重点高中不得办初中"的初高中剥离政策，湖南省衡山县名校岳云中学初中部在此时改为民办学校，取名为"迴程实验中学"（"迴程"是岳云中学创始者何炳麟先生的号），管理模式为"一套人马，两个牌子"，岳云中学的校长兼任迴程中学的董事长，迴程实验中学的所有教师均为岳云中学正式在职在编的教师，迴程实验中学以民办学校的名义，向义务教育阶段的初中生收取高额的学费和择校费。

从县域教育发展的角度看，名校办民校的"公参民学校"，实现了教育体制的转变，有利于县域教育的发展。由于公办学校受办学体制的制约，在招生、办学过程中受到诸多限制，而民办教育的办学具有一定的自主性，这些改制学校在一定程度上可以摆脱教育部门相关政策的束缚，更好地为"应试"服务，发展成县域教育的"重点校"，为高一级学校输送"更好"的生源，提高县域教育整体的"升学率"。因此，转制学校实质上是在国家要求"义务教育阶段不设置重点中学"这样一种背景下变了样的"重点校"。

允许公办学校参与举办民办学校本是为了有效集聚社会和教育的优质资源，深化办学体制改革，做大、做强、做活民办学校，但由于缺乏对公办学校参与举办民办学校管理的规范，出现了许多不规范行为，进而产生了许多负面影响。比如：其一，公办学校转制后按民办学校收费，必然会损害一部分家长的利益，有悖于义务教育阶段免收学费的初衷；其二，这些转制学校借着名校和重点学校的头衔，在招生方面必然具有优势，冲击真正民办教育的发展，搅乱民办教育发展的环境；其三，名校办民校造成"公""民"不分，容易导致国有资产的流失，造成腐败。

---

① 蒲江县地方志编纂委员会编《蒲江县志（1986~2005）》，方志出版社，2011，第 533 页。

三　禁而不止的"公参民办学"

虽然"公参民学校"在办学之初就存在种种争议，国家也不时对公办学校改制问题进行规范，但在民办教育发展的大趋势下，"公参民学校"一直在争议中前行，公办学校改制成为悬而未决的问题。早在 1998 年，国务院办公厅就批转教育部《关于义务教育阶段办学体制改革试验工作的若干意见》，提出："'公办民助''民办公助'等不同的办学模式是对义务教育阶段政府办学的适当补充，目前仍处在探索试验阶段，因此，义务教育阶段公办学校办学体制改革试验要从严控制。"[①]　总体来看，办学体制改革既要积极又要稳妥。2002 年 2 月，教育部印发《关于加强基础教育办学管理若干问题的通知》，进一步强调国有学校改制不应造成国有资产流失，改制后的学校在 2003 年底前必须落实"四独立"。[②]　2005 年底，国家发展和改革委员会、教育部在《关于做好清理整顿改制学校收费准备工作的通知》中指出，"近年来，公办中小学进行办学体制改革试点，在一定程度上拓宽了教育经费筹措渠道，利用社会资金促进了教育发展。但是，一些地方在进行公办中小学办学体制改革试点过程中，存在办学性质不清、改制行为不规范、收费过高等问题，甚至简单地出售、转让公办学校，偏离了教育宗旨和办学体制改革方向，在社会上产生了很大的负面影响，广大群众反映强烈"，同时，为全面规范中小学教育收费行为，促进教育事业健康发展，按照国务院领导要求，其提出从 2006 年 1 月 1 日起，各地应全面停止审批新的改制学校，并对既有改制学校的有关情

---

① 何东昌主编《中华人民共和国重要教育文献（1998~2002）》，海南出版社，2003，第130 页。

② 何东昌主编《中华人民共和国重要教育文献（1998~2002）》，海南出版社，2003，第1132 页。

况进行全面调查。^① 2006 年修订的《中华人民共和国义务教育法》第二十二条规定："县级以上人民政府及其教育行政部门不得以任何名义改变或者变相改变公办学校的性质。"^②

由于政府对"公参民学校"的认识存在摇摆，如当时教育部领导在讲话中提出希望形成"公办不择校、择校找民校、名校办民校"这样一个新的教育发展格局，^③ 以名校办民校为主的"公参民办学"禁而不止。民办教育发展不规范的问题越来越严重，没有得到根本性解决。民办义务教育在教育事业中所占比重虽然不大，但是由于在招生、学生择校等方面具有优势，与公办教育展开不良竞争，对县域教育生态造成不良的影响。

第四节　县域学前教育发展乏力

1996 年，我国县域学前教育进入发展乏力阶段，不论是县域幼儿园数量还是在园幼儿数量都呈现下滑趋势。进入 21 世纪后，虽然国家出台《关于幼儿教育改革与发展的指导意见》来促进幼儿教育事业发展，但我国县域学前教育的发展仍没有较大的改观，甚至走向更大的"滑坡"。

一　县域内学前教育发展缓慢

延续 1996 年以来县域学前教育"下滑"的发展趋势，21 世纪初县域学前教育发展仍显乏力。2000 年县域内有幼儿园 138929 所，但

---

① 何东昌主编《中华人民共和国重要教育文献（2003～2008）》，新世界出版社，2010，第934 页。

② 顾明远主编《21 世纪初中国教育》，湖北教育出版社，2015，第 2 页。

③ 《教育部部长周济谈如何扩大优质教育资源：公办不择校、择校找民校、名校办民校》，《人民日报》2004 年 3 月 26 日，第 11 版。

是到了 2002 年，数量下滑到 82447 所，减少了 56482 所，下降率为
41%。农村地区幼儿园数量下降的幅度更大，2000 年，农村地区幼儿
园有 93495 所，但是到 2002 年仅有 49133 所，减少了 44362 所，下
降率为 47%，幼儿园减少了近一半。县域内幼儿园数量的减少，固
然有适龄儿童减少所引发的学校布局数量减少的连锁反应的原因，
但也与政府部门对学前教育的不重视有很大关系。

　　面对如此严峻的学前教育发展态势，2003 年 3 月 4 日，国务院办
公厅转发教育部等部门（单位）《关于幼儿教育改革与发展的指导意
见》（以下简称《意见》），这是 21 世纪以来，面对我国学前教育的
"滑坡"现象，我国做出的一项重要决策。然而，2003 年《意见》颁
布后，虽然在一定程度上扭转了自 1996 年以来学前教育发展的颓势，
县域内不论是幼儿园园数还是在园幼儿数都由前期的下滑转向增长，
但从整体看，2000~2010 年县域学前教育的发展仍较为缓慢。2000 年
县域内幼儿园有 13.89 万所，到 2010 年县域内幼儿园数量为 11.46 万
所，减少了 2.43 万所。这一时期，随着城镇化的发展，人口由农村向
县镇聚集，农村幼儿园在园幼儿数变化不大，而县镇幼儿园在园幼儿数
增长较为迅速，由 2000 年的 578.24 万人增长到 2010 年的 1010.06 万人，
增长 431.82 万人，增长率为 74.68%，而这一时期县镇幼儿园园数却不
增反降，减少 0.24 万所（见表 7-10），县镇幼儿园数量的增长远不能适
应学前儿童向县镇聚集的速度。

表 7-10　2000~2010 年县域内幼儿园发展情况

单位：万所，万人

年份	园数			在园幼儿数		
	县镇	农村	县域合计	县镇	农村	县域合计
2000	4.54	9.35	13.89	578.24	1162.88	1741.12
2001	3.09	5.30	8.39	512.33	1045.45	1557.78
2002	3.33	4.91	8.24	542.45	1004.90	1547.35

续表

年份	园数			在园幼儿数		
	县镇	农村	县域合计	县镇	农村	县域合计
2003	3.42	5.06	8.48	537.90	940.40	1478.30
2004	3.07	5.43	8.50	539.35	996.62	1535.97
2005	3.09	6.02	9.11	592.92	1016.92	1609.84
2006	3.39	6.47	9.86	677.97	1047.84	1725.81
2007	3.48	6.13	9.61	724.25	1033.12	1757.37
2008	3.63	6.43	10.06	784.06	1067.36	1851.42
2009	3.83	6.64	10.47	862.49	1126.00	1988.49
2010	4.30	7.16	11.46	1010.06	1214.03	2224.09

资料来源：2000~2010 年《中国教育统计年鉴》（《中国教育事业统计年鉴》）。

这一时期县域内幼儿园发展缓慢有以下几方面原因。

第一，农村中小学布局调整的连带影响。随着 2001 年县域内学校布局调整的开始，县域内小学数量大幅度减少，之前小学附设的学前班也随之取消。2000~2010 年，农村小学减少 22.94 万所，减少了 52.1%；教学点减少 9.21 万个，减少了近六成。在农村中小学布局调整中，许多地方没有把幼教事业发展与中小学发展结合起来同步考虑，造成许多村办小学附设的幼儿园、学前班随小学的调整而关闭。县镇学前班由 2001 年的 54825 个减少到 2010 年的 19638 个，减少了 35187 个，减少率为 64%；农村学前班由 2001 年的 288008 个减少到 2010 年的 115706 个，减少了 172302 个，减少率为 60%。

第二，虽然《意见》提出强化各级政府办园的责任，但仍强调"以社会力量兴办幼儿园为主体"，导致县域学前教育发展进一步市场化。《意见》指出，要"形成以公办幼儿园为骨干和示范，以社会力量兴办幼儿园为主体，公办与民办、正规与非正规教育相结合的发展格局"[1]。

---

[1] 何东昌主编《中华人民共和国重要教育文献（2003~2008）》，新世界出版社，2010，第 51 页。

当时由于县级政府的精力主要放在义务教育的普及上面，学前教育的办学主体仍被定为"社会力量"。这就导致进入 21 世纪后，教育部门办园仍呈现出力量不足的问题。而民办园在一定程度上弥补了政府办园的不足，得以迅速发展。政府部门办园数总体呈下降的态势，社会力量办学兴起。农村教育部门办园数从 2001 年的 35568 所下降到 2010 年的 16142 所，减少了 19426 所，下降幅度达 55%。而同一时期农村民办园数由 2001 年的 15055 所增加到 2010 年的 45312 所，增加了 30257 所，增长率超过 200%。2004 年县域内民办园数占比首次超过 50%，2005 年农村民办园数首次超过教育部门办园数。到 2010 年县域内民办园数占比已达 66.33%。可见，政府部门将学前教育的举办推给了社会和市场，学前教育进一步市场化。可以看到，2004 年以后，农村民办园数迅速超过教育部门办园数，农村幼儿园办园格局发生转变。到 2010 年，县镇民办园数比重达到 71.39%，农村民办园数比重达到 63.30%，县域范围内，民办园占据大多数（见表 7-11）。在笔者的调研中，一些县域里县城公办园仅有几所，农村公办园也为数不多，县域范围内以民办园为主，一些民办幼儿园由于没有备案，因此不在统计范围之内，如果将没有备案的幼儿园纳入统计的话，民办幼儿园的占比远不止于此。由于政府部门对学前教育没有足够的精力去布局，县域内民办幼儿园疯狂扩张，其中部分有备案的幼儿园收费较高，而多数未备案的幼儿园收费低廉，在一定程度上满足了县域各阶层家庭子女入园的需求。根据一项关于辽宁省农村学前教育的调查，2010 年，辽宁省仍有 23.1% 的乡镇没有设立中心幼儿园，村幼儿园（班）的布局和数量远不能满足幼儿就近入园的需要。从办园类型看，农村有乡镇政府办幼儿园 398 所，占总数的 6.9%；学校办幼儿园（班）1734 所，占总数的 30.2%；企事业单位办幼儿园 17 所，占总数的 0.3%；民办幼儿园（班）2774 所，占总数的 48.3%。收费合理的标准化公办幼儿园数量较少，且只集中在乡镇政府所在地；很多农村幼

表 7-11 2000~2010 年县域内幼儿园办园格局

单位：所，%

年份	总计	教育部门办园数				集体办园数				民办园数				其他部门办园数			
		县镇	农村	县域合计	占比	县镇	农村	县域合计	占比	县镇	农村	县域合计	占比	县镇	农村	县域合计	占比
2000	138929	—	—	—	—	—	—	—	—	—	—	—	—	—	—	—	—
2001	83858	11646	35568	47214	56.30	—	—	—	—	17312	15055	32367	38.60	1897	2380	4277	5.10
2002	82447	12777	32368	45145	54.76	—	—	—	—	18926	15514	34440	41.77	1611	1251	2862	3.47
2003	84738	12518	30774	43292	51.09	—	—	—	—	20140	18580	38720	45.69	1519	1207	2726	3.22
2004	84961	10424	28950	39374	46.34	—	—	—	—	19033	24129	43162	50.80	1244	1181	2425	2.85
2005	91103	7142	14146	21288	23.37	3344	16139	19483	21.39	19412	29269	48681	53.44	984	667	1651	1.81
2006	98667	7520	15547	23067	23.38	3348	15872	19220	19.48	22128	32648	54776	55.52	952	652	1604	1.63
2007	96140	7670	14961	22631	23.54	3218	13742	16960	17.64	23127	32098	55225	57.44	782	542	1324	1.38
2008	100557	7867	15539	23406	23.28	3170	12640	15810	15.72	24506	35584	60090	59.76	711	540	1251	1.24
2009	104713	8155	14741	22896	21.87	2919	12222	15141	14.46	26721	38806	65527	62.58	552	597	1149	1.10
2010	114575	8816	16142	24958	21.78	2974	9758	12732	11.11	30688	45312	76000	66.33	509	376	885	0.77

注：2000 年及以前无县域内分部门办学数据。2001~2004 年的统计中，教育部门办学和集体办学两者数据统一。

资料来源：2000~2010 年《中国教育统计年鉴》《中国教育事业统计年鉴》。

儿园（班）因小学的撤并而解散，这使一批未经过任何审批、注册，且无基本办园条件和存在安全卫生隐患的"黑园"应运而生，一直未得到有效的管治和清理，政府办园的比例明显不足。①

第三，受"税费改革"影响，乡镇及村委会无力举办学前教育。2003年，《关于幼儿教育改革与发展的指导意见》提出"坚持实行地方负责，分级管理和有关部门分工负责的幼儿教育管理体制"，明确了"乡（镇）人民政府承担发展农村幼儿教育的责任"。② 虽然《意见》初步划分了省级和地（市）级、县级、乡（镇）级人民政府发展学前教育的责任，但规定较为模糊，最终仍然使农村学前教育的管理权责落到乡镇政府头上。而乡镇政府，作为五级政府中的最基层组织，其行政管理能力与财政保障能力均十分有限。特别是在很多财政实力薄弱、长期依靠中央转移支付的中西部欠发达和贫困地区，不少县级财政实质上都是"吃饭财政"，乡镇政府更是无财力可言。③ 2001年农村税费改革后，乡镇财政困难更为严重，难以继续履行发展学前教育的职责，使得农村幼儿园失去了乡镇的支持，生存和发展面临危机。县域学前教育发展主体不明确，导致县域学前教育发展没有根本改观。

第四，县域教育中完成"普九"攻坚任务仍是重要的事项，县级政府对办幼儿园的积极性不高。到2000年底我国虽然基本实现了"普九"的目标，但是尚有522个县没有完成"普九"的任务。同时，完成"普九"的多数县仍要完成"普九"的巩固提高工作，因此，县级政府对发展幼教事业没有足够的精力和积极性。一些地区以确保

---

① 罗英智、李卓：《当前农村学前教育发展问题及其应对策略》，《学前教育研究》2010年第10期。

② 何东昌主编《中华人民共和国重要教育文献（2003～2008）》，新世界出版社，2010，第51页。

③ 庞丽娟、范明丽：《"省级统筹 以县为主"完善我国学前教育管理体制》，《教育研究》2013年第10期，第24～28页。

"两基"达标为名，停办、租赁、外包、变卖幼儿园和学前班。例如，遵义市在 2001 年"两基"达标前取消了 155 个学前班，致使6723 名幼儿不能入园；山西省有的地区在将小学学制由 5 年改为 6年时，不仅挤占了幼儿园的活动室，而且还将幼儿园的教师改为小学教师。[①] 如贵州省雷山县 2005 年前学前班盛极一时，此后到 2009 年"两基"攻坚督导评估检查期间，由于小学校舍和师资的不足，学前班相继停办。[②]

二　农村学前班的式微

小学附设学前班在农村很常见，但随着学前教育"去小学化"的行动在全国各地广泛开展，学前班这种学前教育形式被推到了风口浪尖。2003 年的《关于幼儿教育改革与发展的指导意见》提出："积极推进幼儿教育改革，摆脱'保姆式'的教育模式，防止'应试教育'的消极因素向幼儿教育渗透，全面实施素质教育。"[③] 在实施素质教育的大背景下，由于各方面环境所限，学前班小学化严重，农村学前班甚至已经成为"小学化"的代名词。因此，在"去小学化"的背景下，学前班的取消是大势所趋。

各地从城市到农村开始取消学前班。1999 年，青海省教委提出将在 1999 年秋季取消城镇小学附设学前班。2005 年，《成都市人民政府办公厅关于推进幼儿教育改革与发展的实施意见》提出："加强对小学举办学前班的管理。各区（市）县政府所在城镇的小学，要在 2006年 8 月 31 日前取消学前班。乡、村小学举办的学前班每班要配备具有

① 王化敏：《关于幼儿教育事业发展状况的调查报告》，《早期教育》2003 年第 5 期，第 2～5 页。

② 雷山县地方志编纂委员会办公室编《雷山县志（1988－2015）》（下册），方志出版社，2017，第 906 页。

③ 何东昌主编《中华人民共和国重要教育文献（2003～2008）》，新世界出版社，2010，第51 页。

幼儿教师资格的专任教师；要防止'小学化'倾向，禁止使用小学一年级教材，且不得与儿童入学挂钩。"在这种背景下，成都一些县域基本取消了农村学前班。北京市教委于 2006 年出台了《关于取消小学附设学前班的通知》，要求限期取消既有的小学附设学前班。其他省份也相继颁布相关政策限制和取消学前班。重庆市在《关于规范学前教育机构办园行为的通知》中规定市级示范小学在 2006 年 8 月 31 日前取消学前班，各区县城镇地区在 2007 年 8 月 31 日前取消学前班。2009 年 7 月，山东省教育厅发布了《关于规范办园行为防止和纠正小学化倾向等有关问题的通知》，该通知规定："中小学、妇女儿童活动中心、少年宫等各种举办学前班（小学预科班）的机构，按照《山东省教育厅关于进一步加强农村学前教育工作的意见》提出的要'逐步取消学前班和混合班，只招收学前一年儿童的学前班，要逐步向招收学前三年儿童的完全性幼儿园过渡'的要求，可以创造条件举办完全性幼儿园。从今年秋天开始，各种学前班（小学预科班）一律停止招生。"[①] 这一时期城市学前班下降幅度远大于县域，城市 2001 年学前班数量为 31300 个，到 2010 年减少为 4488 个，减少 26812 个，减幅为85.66%；2001 年县镇学前班有 54825 个，到 2010 年下降到 19638 个，减少 35187 个，减幅为 64.18%；2001～2010 年，农村学前班减少172302 个，减幅为 59.83%（见表 7-12）。如黑龙江省肇源县 1983 年有学前班 20 个，在班幼儿达 400 人。1989 年学前班发展到 208 个，在班幼儿达 4500 人。1998 年班数减少到 205 个，在班幼儿增加到 5500人。2003 年减少到 78 个班，在班幼儿减少到 3168 人。2005 年全县有154 所小学，附设学前教育班 160 个，在班幼儿达 3500 人。[②] 陕西省彬县（现彬州市）1999 年有学前班 345 个，入班儿童达 8785 名，学

---

① 《关于规范办园行为防止和纠正小学化倾向等有关问题的通知》，山东省教育厅网站，2009 年 7 月 20 日，http://edu.shandong.gov.cn/art/2009/7/20/art_11990_7738893.html.

② 郭风主编《肇源县志（1983—2005）》，黑龙江人民出版社，2009，第 464 页。

前教师达 400 余名。但进入 21 世纪后，随着九年义务教育的不断普及、民办幼儿园的迅速崛起，缺乏活力、处于小学教育附属地位的学前班日渐衰微。2010 年 3 月，县幼儿园及民办幼儿园在园幼儿为 8132 名，而小学附设学前班在班幼儿仅有 358 名，这 358 名幼儿分布在 24 所小学内，这些小学多属边远农村的小学，幼儿最多的小学有 44 名，最少的小学仅有 3 名。2009 年 12 月，县教育局下发《关于加强学前教育机构管理规范办园行为的通知》，决定从 2010 年 2 月新学期开始，各校区不得再开设学前班，学前班的儿童应在当地上幼儿园。[①]

表 7-12　2000~2010 年学前班发展情况

单位：万个，%

年份	城市	县镇	农村	总计	幼儿班班级总数	占比
2000	—	—	—	38.83	77.15	50.33
2001	3.13	5.48	28.80	37.41	74.84	49.99
2002	3.04	5.38	27.27	35.70	74.21	48.11
2003	3.35	4.77	24.41	32.52	72.85	44.64
2004	3.29	4.57	24.30	32.16	75.74	42.46
2005	2.87	4.60	22.85	30.32	77.49	39.13
2006	2.53	5.05	21.83	29.42	78.87	37.30
2007	2.59	5.12	20.31	28.02	79.91	35.06
2008	2.44	5.09	18.75	26.28	82.49	31.86
2009	2.31	5.12	17.18	24.61	86.79	28.36
2010	0.45	1.96	11.57	13.98	97.15	14.39

资料来源：2000~2010 年历年《中国教育统计年鉴》（《中国教育事业统计年鉴》）。

在农村学前班随着小学布局调整被撤销的同时，在新合并的小学附设幼儿园成为多数地区农村的选择，小学附设幼儿园成为县域内学前教育领域新的办学形态。

---

① 李万凌主编《彬县教育志》，三秦出版社，2013，第 52 页。

第五节　县域职业教育的调整与强化

20世纪90年代末期以来我国出现中等职业教育滑坡的现象，中等职业教育招生规模连续急剧下降，1998~2001年这4年的招生规模分别是530.03万人、473.27万人、408.3万人和399.94万人，同期的中等职业教育招生数占高中阶段教育比例分别是59.56%、54.42%、46.35%和41.75%。在此背景下，我国于2004~2005年连续召开2次全国职业教育工作会议，出台相应的支持政策，通过调整县域中等职业学校布局、加强县级职教中心建设、推动中等职业学校扩招等对中等职业教育的发展加以强化。

一　调整县域中等职业学校布局

在20世纪90年代后期，随着人口城镇化的加速，原有的计划经济体制下形成的中等职业学校布局结构已经不能继续适应经济社会发展的需求，教育资源分散、学校规模小、专业设置重复、办学质量和办学效益不高等问题凸显，严重制约了我国中等职业教育的发展。尤其是县域农村中等职业教育规模急剧缩小，部分中等职业学校甚至出现了难以为继的现象。为了改善这种情况，优化中等职业教育资源配置，对中等职业教育进行布局调整势在必行。早在1993年，《中国教育改革和发展纲要》就提出"到本世纪末，中心城市的行业和每个县，都应当办好一两所示范性骨干学校或培训中心"的目标。在此背景下，一些地区对县域职业教育进行了统筹整合，建立职教中心。如辽宁省提出每个县要在政府统筹下，重点办好一所适应本地区发展特点的综合性职业学校（教育中心）。到1995年底，全省已有19个县（市、郊区）建立了职业教育中心，合并学校65所，使教育资源得到合理配置，办学条件得到进一步改善，教育投资效益明显提高。[①] 1999 年 9 月，教育部正式出台了《关于调整中等职业学校布局结构的意见》。该意见提出采用合并、共建、联办、划转多种形式对中等职业学校布局结构进行调整，要求"在县（市）一级要尽快将教育部门、各有关部门举办的各类中等职业学校、成人中专等进行中等职业教育和培训的机构进行统一的规划调整，集中力量建设一到两所面向当地经济和社会发展需要的，融职前、职后教育于一体，学历教育与职业培训相结合的中等职业教育办学实体，改变县（市）职业学校点多、规模小、效益低的状况"[②]。在此背景下，全国职业高中进行布局调整，撤销办学规模小、办学效益低的学校，从学校数量上看，全国职业高中学校数呈现波动下降的趋势，从 2000 年的 7189 所减少到 2010 年的 5206 所，共减少 1983 所，减少幅度为 27.58%。从招生规模看，全国职业高中招生数呈波动上升趋势（见表 7-13）。可见，全国职业高中的校均规模有所扩大，呈现出较好的规模效益。以往县均 2 所左右的县域内职业中学撤并为县均 1 所县域职业教育中心。

县域职业教育在空间布局上呈现出从农村向县城集中的趋势，农村职业学校由于招生困难、校均人数少、办学效益差而被撤销。如陕西省三原县在 20 世纪 90 年代有 2 所乡镇职业高中、2 所农村职业高中，2000 年 2 所乡镇职业高中（西阳职校、独李职校）与教师进修学校合并为三原职教中心，2 所农村职业高中被撤销。福建省将乐县于 1999 年按照市教委"每个县至少要重点办好一所示范性、骨干性学校"的要求，将县农业职业中学和高级职业中学合并，成立县职业中专学校。[③] 虽然县域

---

① 《中国教育年鉴》编辑部编《中国教育年鉴 1996》，人民教育出版社，1997，第 487 页。
② 咸立亭主编《中华人民共和国教育法律法规全书》（第 3 册），兵器工业出版社，2001，第 1291 页。
③ 将乐县地方志编纂委员会办公室编《将乐县志（1991—2005）》，中国时代经济出版社，2015，第 666 页。

中等职业学校进入 21 世纪后一直处于布局调整和撤并的过程中，但由于国家对中职教育的财政支持力度较大，部分中职学校"养懒校"的现象严重，部分运行不佳甚至濒临停办的中职学校因得到了全额补助，从而能够继续维持，得以生存，中等职业学校的布局仍存在严重的"空、小、散、弱"的问题。

表 7-13　2000~2010 年全国职业高中发展情况

单位：所，万人

年份	学校数				招生数
	城市	县镇	农村	全国	
2000	3288	2650	1251	7189	150.4
2001	2816	2506	940	6262	155.1
2002	2690	2429	823	6418	187.4
2003	—	—	—	5824	197.3
2004	—	—	—	5781	212.7
2005	—	—	—	5822	248.2
2006	—	—	—	5765	288.0
2007	—	—	—	5916	302.2
2008	—	—	—	5915	290.7
2009	—	—	—	5652	313.2
2010	—	—	—	5206	278.7

注：2003 年及以后职业高中不再分县镇、农村统计。

资料来源：数据来源于 2000~2010 年历年《中国教育统计年鉴》（《中国教育事业统计年鉴》）。

二　加强县级职教中心建设

县级职教中心是一县范围内，由政府统筹，对各部门分别办的小规模的中等职业技术学校进行合并形成的一种综合性、职前培养与职后培训结合的多功能职业教育机构。县域职教中心除了开展高中阶段职业教育的功能外，同时还是农科教结合的载体，是农村剩余劳动力转移培训的场所。这一职业教育办学形式始自河北省的职教改革。河北省在 20 世纪八九十年代的农村教育综合改革中，对县域内各部门办的职业教育机构进行资源整合，扩大办学规模，优化资源配置，形成一种多专业、多功能的县级职教机构，被称为"职教中心"。2004 年，在新农村建设的背景下，为了进一步提升职业教育服务"三农"的能力，国家发改委、教育部、劳动和社会保障部三部门联合发布《关于组织制订推进职业教育发展专项建设计划的指导意见》，提出在 2004~2007 年用 4 年左右时间，由中央安排 20 亿元专项资金实施"推进职业教育发展专项建设计划"，集中加强 700 个左右县级中等职业学校（或职教中心）和 300 个左右城市骨干中等职业学校建设，形成一批设施、设备条件基本满足技能型人才培养要求和农村劳动力转移培训要求的职教基地。[①] 县级职教中心建设计划正式被纳入国家级专项计划。2005 年《国务院关于大力发展职业教育的决定》提出："每个县（市、区）都要重点办好一所起骨干示范作用的职教中心（中等职业学校）。""继续实施县级职教中心专项建设计划，国家重点扶持建设 1000 个县级职教中心，使其成为人力资源开发、农村劳动力转移培训、技术培训与推广、扶贫开发和普及高中阶段教育的重要基地。"[②] 2005 年，时任教育部部长周济在全国县级职业教育中心改革与发展座谈会上讲话时指出："目前，广大农村地区已经基本普及了九年义务教育，农民群众希望自己的子女能够接受更高水平的教育。我们要引导和保护好农民群众接受教育的积极性，统筹好普通教育与职业教育的关系，不能一说加快发展农村地区高中阶段教育，就把目光都聚焦

① 国家发展改革委教育部劳动和社会保障部：《关于组织制订推进职业教育发展专项建设计划的指导意见》，中华人民共和国教育部网站，2004，http://www.moe.gov.cn/jyb_xxgk/gk_gbgg/moe_0/moe_1/moe_446/tnull_5618.html。

② 何东昌主编《中华人民共和国重要教育文献（2003~2008）》，新世界出版社，2010，第 866 页。

在'县一中'的建设上，让所有的人读完初中后都去读普通高中、都去上大学，那是不现实的，千军万马过独木桥的状况在任何时候都是不切实际的，这不符合农村经济社会发展的需要，不利于各尽所能、人尽其才局面的形成。我们要以满腔的热情发展好农村职业教育，做大做强公办中等职业教育。因此，在建设好县一中的同时，还要进一步加大工作力度，抓好县级职教中心的建设，夯实中等职业教育的基础。"① 在此背景下，不少县启动县级职教中心建设，县域职业教育的基础设施等硬件条件有所改观，但是，多数县职业教育中心经费投入不足、办学条件差、"双师型"教师缺乏、办学模式"普通教育化"、招生困难等问题依然突出。

三　推动中等职业学校扩招及其发展困境

为了应对20世纪90年代以来的中职"滑坡"，进入21世纪后，我国接连出台促进职业教育发展的政策文件。2002年，我国召开第四次全国职业教育工作会议，会后发布《国务院关于大力推进职业教育改革与发展的决定》，提出"要以中等职业教育为重点，保持中等职业教育与普通高中教育的比例大体相当"②。为贯彻党中央、国务院有关加强职业教育的重要指示精神，2004年《教育部等七部门关于进一步加强职业教育工作的若干意见》提出，到2007年，中等职业教育与普通高中教育的比例保持大体相当，在有条件的地方职业教育所占比例应该更高一些。③ 鉴于职业教育仍然是我国教育事业的薄弱环节，

---

① 《深化改革 开拓创新：推动公办中等职业教育快速健康发展——周济部长在全国县级职业教育中心改革与发展座谈会上的讲话》，http://wap.moe.gov.cn/jyb_xxgk/gk_gbgg/moe_0/moe_495/moe_1083/tnull_12656.html。

② 何东昌主编《中华人民共和国重要教育文献（1998~2002）》，海南出版社，2003，第1324页。

③ 何东昌主编《中华人民共和国重要教育文献（2003~2008）》，新世界出版社，2010，第502页。

存在发展不平衡，投入不足，办学条件比较差，办学机制以及人才培养的规模、结构、质量还不能适应经济社会发展需要等问题，2005年，国务院又一次召开全国职业教育工作会议，出台《国务院关于大力发展职业教育的决定》，提出"到 2010 年，中等职业教育招生规模达到 800 万人，与普通高中招生规模大体相当"[①]。为贯彻全国职业教育工作会议的精神，2005 年，教育部发布《关于加快发展中等职业教育的意见》，指出在高中阶段教育的发展中，出现了普通高中教育和中等职业教育发展"一条腿长、一条腿短"的不协调现象。2004 年，全国普通高中招生 820 万人，中等职业学校招生 550 万人，中等职业教育在高中阶段教育招生总数中所占的比例仅有 40%，有些地方不足30%。因此，有必要采取强有力的措施，加快中等职业教育发展，力争 2005 年中等职业学校招生人数在 2004 年的基础上增加 100 万人，达到 650 万人，经过几年的努力，到 2007 年，使中等职业教育和普通高中教育规模大体相当，实现中等职业教育快速健康持续发展。[②]

在上述政策的支持下，从 2002 年开始，中职教育连续扩大招生规模，2007 年中职教育实际完成招生 810.02 万人，招生数占高中阶段教育比例是 49.09%，提前完成了国务院提出的 2010 年招生规模达到800 万人的目标。在国家强有力的政策扶持下，中等职业教育的发展到 2009 年达到这一时期的顶点，招收 868.52 万人，占高中阶段教育招生数的比例达到 51.13%。但此后，这一比例又开始呈现下降的趋势（见表 7-14）。

为实现普职招生比例的大体相当，国家采取了一系列强硬举措。早在 2005 年，时任教育部部长周济在职成教工作会议上就特别强调：

---

① 何东昌主编《中华人民共和国重要教育文献（2003~2008）》，新世界出版社，2010，第866 页。

② 何东昌主编《中华人民共和国重要教育文献（2003~2008）》，新世界出版社，2010，第651 页。

表 7-14 1998~2012 年中等职业教育招生数及占比

单位：万人，%

	1998 年	1999 年	2000 年	2001 年	2002 年	2003 年	2004 年	2005 年	2006 年	2007 年	2008 年	2009 年	2010 年	2011 年	2012 年
中等职业教育招生数	530.03	473.27	408.30	399.94	473.55	515.75	566.2	655.66	747.82	810.02	812.11	868.52	870.42	813.87	754.13
高中阶段教育招生数	930.61	905.26	911.31	987.99	1180.74	1267.88	1387.71	1533.39	1619.03	1650.18	1649.12	1698.86	1706.66	1664.65	1598.74
占比	56.96	52.28	44.80	40.48	40.11	40.68	40.80	42.76	46.19	49.09	49.25	51.13	51.00	48.89	47.17

注：与上文表格中数据的统计口径有所差别。中职中包括普通中等专业学校、职业高中、技工学校和成人中等专业学校。
资料来源：根据历年《全国教育事业发展统计公报》整理。

"教育部将把中等职业学校扩招 100 万的计划分解到各省……此项工作任务的完成情况要与年度工作业绩考核和奖励结合起来。"① 这些举措在一定程度上推进了普职招生规模大体相当政策的有效落实，但也造成县域中等职业教育中争抢生源、买卖生源、弄虚作假等招生乱象层出不穷。为完成任务和指标，各级层层施压，各地为完成摊派指标，要么虚报数字，要么强制执行，学生被迫分流到中职。如福建省惠安县 2008 年《关于做好 2009 年春季惠安县中等职业学校招收保送生工作的通知》要求："各中学务必保证 8% 的初中毕业班学生保送职业中专，没有完成任务的后五名中学将予以通报批评。"这导致县里数百名初中生还没有毕业，就被县教育局强行"保送"上了职业中专。县里为此专门下指标摊派到各个中学，引起部分被保送学生和家长不满。② 福建省南靖县在其年度招生工作方案中就明确提出：中职招生任务完成率低于 50% 的学校校长、毕业班领导小组成员、年段长、班主任当年度均不得评优评先和晋升职称，绩效工资定为末等。③ 民进中央的调研报告指出："为保证职普比大体相当，上级政府规定'普高与中职比例严重失衡的地方政府，年度考评一票否决'，因而下级政府不得不通过瞒报虚报规避'否决'……有些中职院校的负责人甚至谎报学额的 10 倍数字，以完成上级领导下发的指标。"④ 县域内中职学校不仅要应对本地民办中学的无序招生，还得应对外地中职学校的不规范招生。在私立学校和外地中职学校的双面夹击下，本地中职

① 《教育部长周济：以就业为导向促中等职业教育发展》，搜狐网，2005 年 3 月 3 日，http://news.sohu.com/20050303/n224525637.shtml。

② 《学生初中未毕业 福建惠安教育局强行保送上职专》，搜狐网，2009 年 4 月 14 日，http://news.sohu.com/20090414/n263381899.shtml。

③ 《关于印发〈南靖县 2010 年中职招生工作方案〉的通知》，南靖县教育局网站，2010 年 3 月 16 日，http://www.fjnj.gov.cn/cms/infopublic/publicInfo.shtml?id=60431580807760007&siteId=60425512515290000。

④ 民进中央：《普高职高招生比例亟需调整》，《民主》2015 年第 1 期，第 24~25 页。

学校的生存空间慢慢被吞噬，发展动力丧失。

20世纪90年代，我国着力推动"普九"，对农村教育"普九"后的安排，主要倾向于发展农村职业教育，以服务当地经济的发展。这一政策安排在改革开放初期城乡交流尚不频繁的情况下产生了较好的效果，促进了县域经济的发展。但是随着90年代后期我国城镇化的加速，城乡人口流动加快，县域教育继续坚持"为农论"，将人才束缚在县域范围内，已经不合时宜。进入21世纪后，高校扩招的实施整体上改变了县域教育的生态，以往完成义务教育—就读职业学校—回县域本土服务的"教育链"被斩断，取而代之的是完成"普九"后上普通高中、接受高等教育的路子，县域教育发展的路向实现了转轨，县域教育走上了向上提升的道路。在高等教育迅速发展的背景下，"上大学"取代"上中专"成为县域内受教育者的新追求，这就意味着县域职业教育发展走向与国家政策不一致的方向。在国家促进中职发展的政策与民众对县域职业教育的漠视之间，县域职业教育发展陷入了尴尬的境地。

第六节　中等师范教育布局的调整与取消

随着21世纪初我国"普九"任务的基本完成，以培养小学教师为目标的中等师范教育也走到了终点。中等师范教育由于培养学历层次属于中专，且基本位于中小城市甚至县城，其发展受到限制，转制升格成为必然选择。

一　中等师范教育布局调整的过程

师范教育层次与国家教育普及的进程密切相关。早在1978年，《教育部关于加强和发展师范教育的意见》就提出："今后，在中师毕业生基本满足小学教师的需要以后，应该逐步减少中师，增加和加强高师，以适应进一步提高师资质量的需要。"① 进入 20 世纪 90 年代后，随着我国农村地区"普九"任务的逐步完成，到 20 世纪末我国提出三级师范体系向二级师范体系转变的具体计划。1998 年教育部制定的《面向 21 世纪教育振兴行动计划》提出要实施"跨世纪园丁工程"，要求"2010 年前后，具备条件的地区力争使小学和初中专任教师的学历分别提升到专科和本科层次"。② 在这一文件精神的指导下，我国开始了中等师范学校的升格和转制运动，1999 年 3 月 16 日，教育部颁布《关于师范院校布局结构调整的几点意见》，指出"中师学校布点过多，办学层次重心偏低，布局结构不尽合理，规模效益、质量不高和投入不足并存"，因此，有必要"重组师范教育资源，调整学校布局，逐步提高层次结构重心"。其提出"由三级师范（高师本科、高师专科、中等师范）向二级师范（高师本科、高师专科）过渡。到 2010 年左右，新补充的小学、初中教师分别基本达到专科和本科学历"。这意味着到 2007 年左右，以培养中专学历教师为目标的中等师范学校将无法适应国家对小学教师的学历需求，必须进行升格或转制。文件中又提出学校布局调整目标：到 2003 年中等师范学校调整到 500 所左右。③ 在这种情况下，我国中等师范教育进入了布局调整的阶段。

根据文件精神，各省纷纷启动中等师范教育的布局调整工作。广东省中等师范学校于 2000 年开始停止招生。浙江省规定从 2000 年起中等师范学校普通师范专业全部停止招生，并通过合并或转向对学校进行调整，待到 2002 年原有中师在校生全部毕业后即撤销中师的建制。全省有中师学校 29 所，并入高师院校的有 11 所，并入非师范院

① 何东昌主编《中华人民共和国重要教育文献（1949～1997）》，海南出版社，1998，第 1649 页。
② 何东昌主编《中华人民共和国重要教育文献（1998～2002）》，海南出版社，2003，第 218 页。
③ 教育部师范教育司编《师范教育工作资料汇编（1996 年—2000 年）》，东北师范大学出版社，2001，第 175 页。

校的有 9 所, 改为教师进修学校的有 5 所, 转办高中阶段学校的有 3 所, 浙江幼儿师范学校暂时保留。[①] 作为中等师范学校大省的山东省于 2006 年出台《山东省教育厅关于调整中等师范学校布局结构的意见》, 提出通过升格、合并、改制等方式, 从 2007 年开始根据布局调整进度, 将五年一贯制小学教育专业招生计划下达给合并后的高等院校, 逐步取消中等师范学校招生计划。

在中等师范教育调整的大背景下, 我国中等师范学校的数量不断减少。1998 年我国有中等师范学校 875 所, 1999 年下降到 815 所, 2000 年下降到 683 所, 2001 年调整到 570 所, 2002 年为 430 所, 2003 年为 317 所, 2005 年为 244 所, 2007 年为 196 所, 2010 年为 141 所(见表 7-15)。在中等师范学校的布局调整中, 一些中等师范学校转制为普通中学, 例如, 四川省蓬溪师范学校和射洪师范学校于 2000 年停止招收师范生, 前者更名为四川省蓬溪实验中学, 后者更名为四川省射洪子昂中学。[②] 一些师范学校与大学合作办学, 举办大专学历教育。如四川省阆中师范学校, 虽然未改校名, 但从 2000 年开始招收五年制小教大专生。再如有着百年办学历史的山东省平度师范学校, 自 1999 年暑假开始停招中师生, 改招五年一贯制大专班(生源为初中毕业生)和二年制大专班(生源为中师毕业生), 培养大专层次的小学师资。2001 年, 中师最后一级(1998 级)毕业, 该校中师教育宣告结束。就全国看, 中等师范学校实际上在 2005 年之前已基本上完成了开展中等师范教育的使命, 退出历史舞台。当前虽然仍存在少量的中等师范学校, 如四川德阳的孝泉师范学校、南充的阆中师范学校、汶川的威州民族师范学校等, 但是从整体的办学层次上看, 以大专层次为主, 中等师范教育基本消亡。

---

① 《中国教育年鉴》编辑部编《中国教育年鉴 2001》, 人民教育出版社, 2001, 第 475 页。

② 遂宁市地方志办公室编《遂宁市志》(下), 方志出版社, 2006, 第 1695 页。

表 7-15　1999~2014 年（2006 年、2008~2009 年、2012 年除外）中等师范学校数

单位：所

	1999年	2000年	2001年	2002年	2003年	2004年	2005年	2007年	2010年	2011年	2013年	2014年
学校数	815	683	570	430	317	282	244	196	141	132	110	125

　　资料来源：1999~2002 年历年《中国教育统计年鉴》（《中国教育事业统计年鉴》），2003 年及以后数据在《中国教育年鉴》中相应部分查得。

二　对中等师范教育取消的反思

　　中等师范学校多处在区级甚至县级城镇，对于中小城市甚至县城而言，中等师范教育在一定程度上就是当地的"高等教育"，是当地文化的渊薮，中等师范学校在县域范围内撤销后，也预示着县域教育已经突破中等教育的限制，开始将"离土"的高等教育作为目标，县域教育进入完全为升学服务的阶段。在专业教育尚居于县域范围内时，县域内培养的人才尚能够返乡就业，为县域教育留住不少本乡本土的优秀人才。当中师等专业教育远离县域范围后，县域优秀人才将不断被城市的高等教育所"抽取"，最终为县域社会留下的将是经过城市"筛选"后的人才。

　　百年前的中国，为拯救乡村而掀起乡村教育运动，进而提倡"师范下乡"。1922 年袁观澜发表《师范学校添办乡村分校之建议》，认为"我国师范学校设立既少，且均在比较繁盛之城邑，师范生毕业以后，求能服务乡校者，十不得二三"[1]。他最早提议在江苏建立省立师范的乡村分校。此后经陶行知倡导，乡村师范开始下乡，在县域内广泛设立。1926 年陶行知在《师范教育下乡运动》中讲道："中国的师范学校多半设在城里，对于农村儿童的需要苦于不能适应。城里的师范生平日娇养惯了，自然是不愿到乡间去的。就是乡下招来的师范生，经

---

　　① 袁观澜：《师范学校添办乡村分校之建议》，《新教育》第 4 卷第 5 期，1922 年 5 月。

过几年的城市化，也不愿回乡服务了。所以师范学校虽多，乡村学校的教员依然缺乏。做教员的大有城里没人请才到乡下去之势。这种教员安能久于其职，又安能胜乡村领袖之重任呢?"① 就此，陶行知倡导师范教育下乡，去培养乡村改造的人才，培植最有生活力的农民。受此种风气影响，我国乡村师范学校蓬勃发展。新中国成立后，我国县域教育走的也是一条"就地化"解决师资问题的道路，依靠中等师范教育来解决县域教育发展的师资问题。可以说，中等师范教育为我国县域教育的普及奠定了坚实的基础。但是在进入 21 世纪后，在教育走向高学历取向的背景下，县域师范教育的道路越走越狭窄，终至完全"抽离"县域之境。

当县域师范教育消逝后，学历取向背景下培养的高等师范教育人才却面临着"下不去""留不住""教不好"的困境。基于此，国家又进一步从形式和精神两方面推动师范教育下乡。一方面，在形式上，国家出台"特岗教师计划""免费师范生计划""硕师计划"等政策，鼓励师范生和其他优秀人才下乡，回到县域任教。实行"县管校聘"改革，健全县域交流轮岗机制，引导教师向县域内乡村流动。另一方面，国家也在精神层面推动师范教育的"乡村化"，培养适应乡村生活的教师。如 2020 年《教育部等六部门关于加强新时代乡村教师队伍建设的意见》提出"厚植乡村教育情怀"，"引导教师立足乡村大地，做乡村振兴和乡村教育现代化的推动者和实践者"，"注重发挥乡村教师新乡贤示范引领作用，塑造新时代文明乡风，促进乡村文化振兴"，"各地要加强面向乡村学校的师范生委托培养院校建设，高校和政府、学生签订三方协议，采取定向招生、定向培养、定向就业等方式，精准培养本土化乡村教师"。②

---

① 《陶行知全集》(第二卷)，四川教育出版社，1991，第 295 页。

② 《教育部等六部门关于加强新时代乡村教师队伍建设的意见》，中国政府网，2020 年 7 月 31 日，http://www.gov.cn/zhengce/zhengceku/2020-09/04/content_5540386.htm。

因此，在师范教育"下乡运动"百年之际，在中等师范教育消逝不久的当下，亟待对师范教育的布局进行反思，在"乡土化"与"学历化"中间找到恰当的平衡点。面对我国乡村振兴的长期性特点，应思考农村教师队伍建设的制度性问题，重新确立农村教师的稳定补充机制和制度，从根本上解决农村教师队伍存在的问题。

本章小结

这一时期国家开始加大对农村教育的投入力度，极大地促进了县域内学校的布局调整。同时，随着经济体制改革的进一步深入，教育体制改革使得民办义务教育迅速发展，改变着县域内学校的布局结构。总体来看，这一时期县域内学校布局呈现出以下一些特点。

在学校的类型布局上，这一时期我国进行义务教育普及攻坚，县域教育的重心仍在义务教育上，国家加大了对农村教育的投入力度，义务教育实现真正的免费。随着高等教育的扩招，县域教育由以往的"为农"导向转向"升学"导向，县域职业教育发展乏力。伴随义务教育布局调整，学前教育有所"滑坡"。

在学校的空间布局上，由于城镇化的迅速推进，这一时期义务教育阶段展开了大规模的布局调整，学校布局整体"上移"，小学进镇、初中进城，中等师范教育退出县域范围。

在学校的办学形式上，这一时期县域教育开始向正规化、集中化迈进，撤销了大量的教学点、复式教学班，重视寄宿制学校的建设，学校向集中化发展。

在教育的办学体制方面，这一时期随着经济体制改革的深入，民办教育进一步向义务教育阶段布局，公办教育也开展了体制改革，形成大量的"公参民学校"。这类学校办学体制模糊，县域民办教育成为县域教育的重要组成部分，改变着县域教育的生态。

　　由于国家对农村教育的重视，前一阶段农村教育的各种问题得以缓解，为县域教育的发展带来了转机，但是由于县域教育对社会资本的过度依赖，一些地区县域内民办教育无序发展，给县域教育带来巨大的危机。县域教育需要进一步落实县级政府办教育的主体责任，对县域学校布局进行优化。

第八章　新时代县域内学校布局的优化期
（2011~2020 年）

2010 年，我国进入全面建成小康社会的最后 10 年，中共中央、国务院召开了改革开放以来第四次全国教育工作会议，会后发布的《国家中长期教育改革和发展规划纲要（2010—2020 年)》，这是中国进入 21 世纪之后的第一个教育规划，是此后 10 年间指导全国教育改革和发展的纲领性文件。2012 年党的十八大提出"努力办好人民满意的教育"，2017 年召开的党的十九大又宣布中国特色社会主义进入新时代。在新时代有着新的社会矛盾，在教育上人民群众日益增长的对优质教育的需求与教育发展不平衡、不充分的矛盾，成为新时代教育发展的主要矛盾。为此，国家始终将教育置于优先发展的地位，将教育作为实现中华民族伟大复兴的重要基石。为了满足人民群众对优质教育的需求，县域内学校布局需要进一步优化。

2010 年，我国 GDP 超过日本，成为世界第二大经济体，经济实力的增强，使得我国由"穷国办大教育"转向"大国办强教育"，2012 年国家财政性教育经费支出达到 2.2 万亿元，占 GDP 的比例达到 4.28%，实现了 1993 年《中国教育改革和发展纲要》提出的财政性教育经费支出占 GDP 比例达到 4%的目标。随着国家实力的增强，我国在教育上的投入力度不断加大，使得国家有一定能力重塑教育布局。

从教育方面讲，2011 年，我国全面完成了普及九年义务教育的任务，教育发展的重心开始发生转变。从义务教育看，义务教育的发展任务开始转向均衡发展、提高质量。由此，对义务教育学校布局调整进行规范和优化，重点加强县镇学校布局和小规模学校发展，解决"县镇挤、乡村弱"的问题。除义务教育外，县域教育也更有余力去发展非义务教育阶段的教育，如在学前教育领域，明确提出学前教育要解决好"入园难、入园贵"的问题，将学前教育作为各级教育中的"短板"来补齐，政府部门办园占比明显提高；在民办教育领域，开始着手规范民办教育发展，2017年，国务院出台《关于鼓励社会力量兴办教育促进民办教育健康发展的若干意见》，开始对民办教育进行分类治理。在这种背景下，我国县域内学校布局进入不断优化的新阶段。

第一节　县域内义务教育学校布局调整的规范与优化

2012年，党的十八大召开，提出"努力办好人民满意的教育"的教育发展方向。同时，部分地区在调整农村中小学布局的过程中出现了诸多问题：一些地方政府不能科学、合理、因地制宜地执行调整政策，盲目地撤并和缩减当地农村中小学校，将撤销一定数量的学校作为硬性的指标。并且，在大量撤并农村中小学时，有的地方还片面追求办学的集中和学校规模的扩大。县域内学校布局调整的不规范、不科学导致一系列问题，影响了农村教育的良性发展。例如，农村中小学生上学路程远、困难，且存在严重的安全隐患；子女教育费用骤增，农民家庭无力支撑；农村寄宿学校在安全、卫生、管理等方面出现许多困难，严重影响学生身心健康；中心学校班额陡增，教师工作繁重，难以有效保障教育质量。一些地区农民群众的切身利益与感情受到伤

害，产生社会稳定隐患。① 学校布局调整是一项系统性的工程，地方
上在执行学校布局调整政策时考虑不周导致各种问题的凸显，引发舆
论的争议和民众的意见较大，因此，严格规范学校布局调整程序已箭
在弦上。

一　县域内义务教育学校布局调整规范的原因

除了以上由布局调整带来的一系列问题外，学校布局调整的政策
转向也与新型城镇化的政策转向、由校车事故引发的网络舆情以及我
国义务教育转向均衡发展有关。

第一，学校布局调整的转折与国家城镇化战略的转型有关系。在
城镇化的发展过程中，一些地区有违背农民意愿，赶农民"上楼"，
毁掉乡村进行城镇化的现象。2010 年，国务院在《关于严格规范城乡
建设用地增减挂钩试点切实做好农村土地整治工作的通知》中指出：
"要尊重农民意愿并考虑农民实际承受能力，防止不顾条件盲目推进、
大拆大建。严禁在农村地区盲目建高楼、强迫农民住高楼。"② 其还要
求严格规范村庄撤并，稳步推进乡村城镇化。2011 年中国城镇人口首
次超过农村人口，比例达到了 51.3%。人口城镇化率超过 50% 是中国
社会结构的一个历史性变化，表明中国已经结束了以乡村型社会为主
体的时代，开始进入以城市型社会为主体的时代。我国的城镇化道路
该如何走？是以城市化消灭乡村社会，还是城市和乡村同步发展？
2013 年 12 月，党中央召开了中央城镇化工作会议，我国城镇化战略
开始转向尊重农民意愿、保护乡村文化的新型城镇化路向。习近平总
书记在讲话中指出："城镇化是城乡协调发展的过程。没有农村发展，

---

① 庞丽娟：《当前我国农村中小学布局调整的问题、原因与对策》，《教育发展研究》2006
年第 4 期，第 1～6 页。

② 《国务院关于严格规范城乡建设用地增减挂钩试点切实做好农村土地整治工作的通知》，中国
政府网，2010 年 12 月 27 日，http://www.gov.cn/zwgk/2011-04/02/content_ 1837370. htm。

城镇化就会缺乏根基。有些地方错误理解城镇化和城乡一体化，干了一些'以城吞乡、逼民上楼'的事，严重损害了农民利益。城镇化和城乡一体化，绝不是要把农村都变成城市，把农村居民点都变成高楼大厦。""城乡一体化发展，完全可以保留村庄原始风貌，慎砍树、不填湖、少拆房，尽可能在原有村庄形态上改善居民生活条件。"[①] 中央城镇化工作会议对这一时期脱离实际赶农民"上楼"的现象进行了批评，而学校布局调整中的"大撤大并"也与逼农民"上楼"相似，均违背了农民的意愿和农村的实际。在这种背景下，继续进行大规模的农村学校撤并，必将挖掉农村发展的文化之根，因此，对学校布局调整进行规范势在必行。

第二，学校布局调整政策的转折也与一些随机的公共事件有关。农村学校布局调整后，学生就学半径增大，不少学校和家长为学生配备了接送车辆，由于校车运营的种种不规范，2010 年以来我国发生了多起严重的校车事故，悲剧发生最多的是 2011 年，共发生了 14 起。在媒体舆论已成为社会监督的重要工具的社会里，"校车事故"引起了人们对学生上学距离的关注，这也引起了国家对学校布局调整工作的重新审视。2012 年 4 月 5 日，国务院公布《校车安全管理条例》："县级以上地方人民政府应当根据本行政区域的学生数量和分布状况等因素，依法制定、调整学校设置规划，保障学生就近入学或者在寄宿制学校入学，减少学生上下学的交通风险。实施义务教育的学校及其教学点的设置、调整，应当充分听取学生家长等有关方面的意见。县级以上地方人民政府应当采取措施，发展城市和农村的公共交通，合理规划、设置公共交通线路和站点，为需要乘车上下学的学生提供方便。对确实难以保障就近入学，并且公共交通不能满足学生上下学需要的农村地区，县级以上地方人民政府应当采取措施，保障接受义

---

① 《十八大以来重要文献选编》（上），中央文献出版社，2014，第 605~606 页。

务教育的学生获得校车服务。①《校车安全管理条例》的出台成为国家规范义务教育布局调整的前奏。

第三，学校布局调整政策的转折也与"普九"任务全面完成、义务教育向均衡发展推进有关。2011 年，我国全面完成了"普九"的任务。"普九"任务完成后，义务教育发展的重心从普及转向均衡发展和质量提升。为推进义务教育的均衡发展，在发展城市教育的同时，也需要重视农村小规模学校的发展，而不是一味地撤并。2010 年，教育部印发《关于贯彻落实科学发展观进一步推进义务教育均衡发展的意见》，提出："对条件尚不成熟的农村地区，要暂缓实施布局调整，自然环境不利的地区小学低年级原则上暂不撤并。对必须保留的小学和教学点，要加强师资配备，并充分利用现代远程教育手段传送优质教育资源，保证教育教学质量。"② 2012 年国务院印发《关于深入推进义务教育均衡发展的意见》，同样提出推进义务教育均衡发展的基本目标是让每一所学校都符合国家办学标准，办学经费都得到保障，率先在县域内实现义务教育基本均衡发展，县域内学校之间差距明显缩小。③ 可见，县域义务教育发展走向均衡的目标也必然要求重视农村的小规模学校，促进城镇学校和农村学校的均衡发展。

二　对义务教育学校布局调整的规范

在进入 21 世纪后的 10 余年时间里，我国各地对县域内学校布局进行了大规模的调整，虽然在学校布局调整的过程中国家一直要求坚持实事求是和因地制宜的学校布局原则，但是在实际的学校布局调整

---

① 《中国教育年鉴》编辑部编《中国教育年鉴 2013》，人民教育出版社，2014，第 996 页。

② 《教育部关于贯彻落实科学发展观进一步推进义务教育均衡发展的意见》，中华人民共和国教育部网站，2010 年 1 月 19 日，http://www.moe.gov.cn/srcsite/A06/s3321/201001/t20100119_87759.html。

③ 《国务院关于深入推进义务教育均衡发展的意见》，中国政府网，2012 年 9 月 7 日，http://www.gov.cn/zhuanti/2015-06/13/content_2878998.htm。

中的确存在"一刀切"的问题，不顾学校所在地民众的意愿，把学校布局调整作为政治任务，造成了一些不好的社会影响。不少学者对学校布局调整过程中的问题提出意见，如有学者认为农村学校的撤并涉及程序正义、学校规模与机会公平等政策议题。东北师范大学农村教育研究所对全国8个县77个乡镇下辖的村级被撤并学校进行调查发现，有45.4%的县级教育决策部门在村小学撤并过程中没有进行认真调研，更没有召开村民大会让利益受影响主体参与讨论，领导只是走走过场，开一个会就直接宣布学校被撤并了。此外，学校撤并本为节约成本，但研究显示，政府节约的教育成本几乎全部转嫁到农民身上了。因学校撤并部分农村儿童不得不到更远的邻村和乡镇去上学，他们的父母也不得不为此多花费额外的伙食费、交通费和住宿费。① 为此，国务院办公厅于2012年9月发布《关于规范农村义务教育学校布局调整的意见》（以下简称《调整意见》），其被称为21世纪以来县域内学校布局调整的一大"转捩点"，标志着新一轮学校布局调整进入规范发展阶段，一些地区甚至停止学校布局调整。《调整意见》对于规范农村义务教育学校布局调整具有积极的意义。

第一，明确了农村义务教育学校布局的基本原则。提出农村义务教育学校布局要保障学生就近上学的需要。农村小学1~3年级学生原则上不寄宿，就近走读；小学高年级学生以走读为主，确有需要的可以寄宿；初中学生根据实际可以走读或寄宿。原则上每个乡镇都应设置初中，人口相对集中的村寨要设置村小学或教学点，人口稀少、地处偏远、交通不便的地方应保留或设置教学点。各地要根据不同年龄段学生的体力特征、道路条件、自然环境等因素，合理确定学校服务半径，尽量缩短学生上下学路途时间。

---

① 邬志辉、史宁中：《农村学校布局调整的十年走势与政策议题》，《教育研究》2011年第7期。

第二，对农村中小学撤并的程序进行了规范。提出确因生源减少需要撤并学校的，县级人民政府必须严格履行撤并方案的制订、论证、公示、报批等程序。要统筹考虑学生上下学交通安全、寄宿生学习生活设施等条件保障，并通过举行听证会等多种有效途径，广泛听取学生家长、学校师生、村民自治组织和乡镇人民政府的意见，保障群众充分参与并监督决策过程。学校撤并应先建后撤，保证平稳过渡。撤并方案要逐级上报至省级人民政府审批。在完成农村义务教育学校布局专项规划备案之前，暂停农村义务教育学校撤并。要做好依法规范撤并后原有校园校舍再利用工作，优先保障当地教育事业需要。

第三，提出要办好必要的村小学和教学点。对保留和恢复的村小学和教学点，要采取多种措施改善办学条件，着力提高教学质量。提高村小学和教学点的生均公用经费标准，对学生规模不足 100 人的村小学和教学点按 100 人核定公用经费，保证其正常运转。

第四，提出要完善布局调整后学校的配套保障条件。要加强农村寄宿制学校建设和管理。学校撤并后学生需要寄宿的地方，要按照国家或省级标准加强农村寄宿制学校建设。各地人民政府要认真落实《校车安全管理条例》，切实保障学生上下学交通安全。要通过增设农村客运班线及站点、增加班车班次、缩短发车间隔、设置学生专车等方式，满足学生的乘车需求。要高度重视并逐步解决学校撤并带来的"大班额"问题。

第五，要求县级人民政府制定好农村义务教育学校布局专项规划。在 2012 年国务院办公厅《调整意见》出台之前，全国大部分地方没有农村义务教育学校布局专项规划。《调整意见》要求县级人民政府制定好农村义务教育学校布局专项规划，合理确定县域内教学点、村小学、中心小学、初中学校布局，以及寄宿制学校和非寄宿制学校的比例，保障学校布局与村镇建设、学龄人口居住分布相适应，明确学校布局调整的保障措施。专项规划经上一级人民政府审核后报省级人民政府批准，并由省级人民政府汇总后报国家教育体制改革领导小组备案。省级人民政府教育督导机构要对农村义务教育学校布局进行专项督查，督查结果要向社会公布。①

　　这样，在 2012~2013 年，各省纷纷出台相应的规范农村义务教育学校布局调整的意见，教育部要求各地以县为单位制定 2015 年前农村义务教育学校布局专项规划，并报国家教育体制改革领导小组备案，在完成备案之前，暂停农村义务教育学校撤并。② 县域内纷纷叫停"小学进镇，初中进城"。如山西省文水县在 2013 年《文水县中小学布局调整专项规划》中提出，2013~2015 年，原则上不再进行撤并。③

　　此后一段时期，从整体来看，县域内小学及教学点数量减少的幅度呈现缩小的趋势，如 2010~2020 年县域内小学学校数及教学点数之和由 2010 年的 30.77 万所（个）减少到 2020 年的 21.75 万所（个），减少 9.02 万（个），减幅为 29.31%，较 2000~2010 年减少的幅度（55.67%）明显缩小。④ 此外，县域内教学点数在 2012~2017 年有所回升（见表 8-1）。

表 8-1　2010~2020 年县域内小学及教学点发展情况

年份	小学学校数（万所）			教学点数（万个）			总计[万所（个）]	在校生数（万人）		
	镇区	乡村	县域合计	镇区	乡村	县域合计		镇区	乡村	县域合计
2010	3.01	21.09	24.10	0.13	6.54	6.67	30.77	2770.0	5350.2	8120.2
2011	4.60	16.90	21.50	0.56	6.10	6.66	28.16	3254.2	4065.2	7319.4

① 《国务院办公厅关于规范农村义务教育学校布局调整的意见》，中国政府网，2012 年 9 月 6 日，http://www.gov.cn/gongbao/content/2012/content_2226140.htm。

② 《教育部喊停农村义务教育学校撤并》，中华人民共和国教育部网站，2013 年 2 月 27 日，http://www.moe.gov.cn/jyb_xwfb/xw_fbh/moe_2069/s7135/s7182/s7185/201302/t20130227_147940.html。

③ 《文水县中小学布局调整专项规划》，文水县人民政府网站，2013 年 8 月 15 日，http://www.wenshui.gov.cn/wsxzw/xxgk/xzfwj/201805/t20180510_558557.html。

④ 2000~2010 年县域内小学及教学点由 2000 年的 69.41 万所（个）减少到 2010 年的 30.77 万所（个），累计共减少 38.64 万所（个），减幅达 55.67%。

续表

年份	小学学校数（万所）			教学点数（万个）			总计[万所（个）]	在校生数（万人）		
	镇区	乡村	县域合计	镇区	乡村	县域合计		镇区	乡村	县域合计
2012	4.74	15.50	20.24	0.64	6.25	6.89	27.13	3355.0	3652.5	7007.5
2013	4.72	14.03	18.75	0.81	7.36	8.17	26.92	3370.5	3217.0	6587.5
2014	4.64	12.87	17.51	0.90	7.86	8.76	26.27	3458.0	3049.9	6507.9
2015	4.61	11.84	16.45	0.97	8.18	9.15	25.6	3655.4	2965.9	6621.3
2016	4.46	10.64	15.10	1.01	8.68	9.69	24.79	3754.1	2891.7	6645.8
2017	4.38	9.61	13.99	1.10	9.03	10.13	24.12	3856.1	2775.4	6631.5
2018	4.34	9.06	13.40	1.09	8.88	9.97	23.37	3950.7	2666.4	6617.1
2019	4.31	8.86	13.17	1.03	8.45	9.48	22.65	4039.6	2557.5	6597.1
2020	4.27	8.61	12.88	0.95	7.92	8.87	21.75	4071.8	2450.5	6522.3

受农村学校布局规范政策的影响，乡村（受统计口径差异影响，本章有时会使用"镇区""乡村"代指"县镇""农村"）小学（教学点）撤并速度放缓，校村比由2010年的0.46下降到2020年的0.33，下降的速度明显低于2000~2010年。2010年2~3个行政村布局1所（个）小学或教学点，到2020年3~4个行政村布局1所（个）小学或教学点，农村小学的集中化程度进一步提升（见表8-2）。

表8-2 2010~2020年乡村小学（含教学点）数与行政村数对比

	2010年	2011年	2012年	2013年	2014年	2015年	2016年	2017年	2018年	2019年	2020年
小学（含教学点）数[万所（个）]	27.6	23	21.8	21.4	20.7	20.0	19.3	18.6	17.9	17.3	16.5
行政村数（万个）	59.5	59.0	58.8	58.9	58.5	58.1	55.9	55.4	54.2	53.3	50.2
校村比	0.46	0.39	0.37	0.36	0.35	0.34	0.35	0.34	0.33	0.32	0.33

三 县域义务教育学校布局调整的优化

如果说21世纪的前10年，我国县域内义务教育学校布局主要以撤并为标志的话，那么进入 21 世纪的第二个 10 年后，我国在义务教育均衡发展的大背景下，开启了义务教育学校布局的优化过程，主要解决教育布局"城挤、乡弱、村空"的问题。2010 年我国启动农村义务教育薄弱学校改造计划（"薄改计划"），就意在解决"县镇学校太挤，农村学校太弱"的问题。在县域义务教育学校布局优化的过程中，一方面强化县镇学校布局，解决城镇学校挤的问题；另一方面加强乡村小规模学校和寄宿制学校建设，解决乡村教育弱的问题。

（一） 强化县镇学校布局

前一章已述及 2000~2010 年县域内学校布局调整的特点，这一时期县镇义务教育学校增长的幅度远小于县镇学生增长的幅度。也就是说，县镇教育供给不足，导致县镇教育出现大班额和拥挤的现象。为此，我国从 2010 年起开始强化县镇学校布局，解决大班额和"城镇挤"的问题。

2010 年，《国家中长期教育改革和发展规划纲要 （2010—2020 年)》首次提出"逐步消除大班额现象"。2011 年，财政部、教育部印发《关于实施农村义务教育薄弱学校改造计划的通知》，决定于 2010 年起实施农村义务教育薄弱学校改造计划，其中一项内容就是"县镇学校扩容改造"。其提出"综合考虑现有校舍面积总额，对接收流动子女较多、'大班额'问题突出的市县，每县重点改扩建 1~2 所县镇薄弱学校，基本消除超大规模班级，使县镇学校逐步达到国家规定的班额标准"。2012 年，国务院印发《关于深入推进义务教育均衡发展的意见》，再次提出："要采取学校扩建改造和学生合理分流等措施，解决县镇'大校额''大班额'问题。"此后，解决县镇"大校额""大班额"问题不断受到重视。2013 年，教育部、国家发展改革委、财政部印发《关于全面改善贫困地区义务教育薄弱学校基本办学条件的意见》，其提出的工程简称"全面改薄工程"，工程周期为 2014~2018 年，提出"妥善解决县镇学校大班额问题。要适应城镇化发展趋势，充分考虑区域内学生流动、人口出生和学龄人口变化等情况，科学规划学校布局，并充分利用已有办学资源，首先解决超大班额问题，逐步消除大班额现象。必要情况下，可以采取新建、扩建、改建等措施，对县镇义务教育学校进行改造"①。2014 年，教育部办公厅、国家发展改革委办公厅、财政部办公厅印发《全面改善贫困地区义务教育薄弱学校基本办学条件底线要求》，提出"全面改薄 20 条底线"，其中一条便是"消除 66 人以上超大班额"。② 按照"全面改薄工程"的规划，当时全国已有 77% 的县被纳入"全面改薄"实施范围，覆盖学校达到 21.8 万所，2014~2018 年规划新建、改扩建校舍约 2.2 亿平方米。③

　　尤其是 2016 年后，解决县域范围内大班额问题进入冲刺阶段，2016 年《国务院关于统筹推进县域内城乡义务教育一体化改革发展的若干意见》提出"增加城镇义务教育学位"，"同步建设城镇学校"，"城镇新建居住区配套标准化学校建设，老城区改造配套学校建设不足和未达到配建学校标准的小规模居住区，由当地政府统筹新建或改扩建配套学校，确保足够的学位供给，满足学生就近入学需要"。2019 年，教育部、国家发展改革委、财政部印发《关于切实做好义务教育薄弱环节改善与能力提升工作的意见》，提出："争取到 2020 年底，全部消除 66 人以上超大班额，基本消除现有 56 人以上大班额。""各地要采取'倒排任务'的方式，将省级人民政府审定的消除大班

---

① 《教育部　国家发展改革委　财政部关于全面改善贫困地区义务教育薄弱学校基本办学条件的意见》，中华人民共和国教育部网站，2013 年 12 月 31 日，http://www.moe.gov.cn/srcsite/A06/s3321/201312/t20131231_161635.html。

② 《教育部办公厅　国家发展改革委办公厅　财政部办公厅关于印发全面改善贫困地区义务教育薄弱学校基本办学条件底线要求的通知》，教育部网站，2014 年 7 月 30 日，http://www.moe.gov.cn/srcsite/A06/s3321/201407/t20140730_172545.html。

③ 《教育部：保留农村必要教学点将成"全面改薄"专项督导重点内容之一》，中华人民共和国教育部网站，2015 年 12 月 16 日，http://www.moe.gov.cn/jyb_xwfb/xw_fbh/moe_2069/xwfbh_2015n/xwfb_151215/151215_mtbd/201512/t20151217_225224.html。

额专项规划 2019~2020 年工作任务进一步细化，制定详细的路线图和时间表。对于整体教育资源不足的地区，新建和改扩建学校校舍项目要提早实施，并先期启动征地、立项审批、招投标等前期准备工作，力争在 2019 年底校舍建设项目都能开工建设，2020 年底前建设项目基本竣工。"① 县城义务教育阶段学校新建和改扩建力度增大。据统计，到 2020 年底全国 23 个省份、95.3% 的县级单位实现义务教育基本均衡发展，99.8% 的义务教育学校（含教学点）办学条件达到"20 条底线"要求，56 人以上大班额比例由 2016 年的 12.7% 下降到 3.98%。②

在解决城镇大校额、大班额问题的政策背景下，县镇义务教育学校数量增长较快。如县镇小学数由 2010 年的 3.01 万所增加到 2020 年的 4.27 万所，增加了 1.26 万所，增幅为 41.86%；县镇初中数由 2010 年的 18874 所增加到 2020 年的 24580 所，增加了 5706 所，增幅为 30.23%。

（二）加强乡村小规模学校和寄宿制学校建设

加强乡村小规模学校和寄宿制学校的建设成为解决农村教育弱问题的关键。2012 年，国务院办公厅印发《关于规范农村义务教育学校布局调整的意见》，提出要"办好村小学和教学点"，"提高村小学和教学点的生均公用经费标准，对学生规模不足 100 人的村小学和教学点按 100 人核定公用经费，保证其正常运转"。同时提出"加强农村寄宿制学校建设和管理"，学校撤并后学生需要寄宿的地方，要按照国家或省级标准加强农村寄宿制学校建设，为寄宿制学校配备教室、

---

① 《教育部　国家发展改革委　财政部关于切实做好义务教育薄弱环节改善与能力提升工作的意见》，中国政府网，2019 年 7 月 18 日，http://www.gov.cn/xinwen/2019-07/18/content_5410847.htm。

② 《教育部：义务教育阶段 56 人以上大班额比例下降到 3.98%》，中华人民共和国教育部网站，2020 年 12 月 1 日，http://www.moe.gov.cn/fbh/live/2020/52692/mtbd/202012/t20201201_502755.html。

学生宿舍、食堂、饮用水设备、厕所、澡堂等设施和聘用必要的管理、服务、保安人员，寒冷地区要配备安全的取暖设施。① 此后，建设乡村小规模学校和寄宿制学校成为县域教育发展的重要事项。

2013 年 12 月，教育部发出《关于进一步做好村小学和教学点经费保障工作的通知》，要求切实提高村小学和教学点运转水平。其提出：做好村小学和教学点经费保障工作是巩固"两基"成果、促进教育公平的客观要求，是践行党的群众路线的具体体现。同年，教育部、国家发展改革委、财政部印发《关于全面改善贫困地区义务教育薄弱学校基本办学条件的意见》，提出的"全面改薄计划"的重点任务中就有"改善学校生活设施。保障寄宿学生每人 1 个床位，消除大通铺现象"和"办好必要的教学点"。② 2016 年，《国务院关于统筹推进县域内城乡义务教育一体化改革发展的若干意见》提出"努力办好乡村教育""办好必要的乡村小规模学校""增加乡镇学校寄宿床位"。2018 年，国务院办公厅专门印发《关于全面加强乡村小规模学校和乡镇寄宿制学校建设的指导意见》，提出："办好两类学校，是实施科教兴国战略、加快教育现代化的重要任务，是实施乡村振兴战略、推进城乡基本公共服务均等化的基本要求，是打赢教育脱贫攻坚战、全面建成小康社会的有力举措。"其还提出到 2020 年，基本补齐两类学校短板，进一步振兴乡村教育。③ 2019 年，《中共中央　国务院关于深化教育教学改革全面提高义务教育质量的意见》提出"重点加强乡村小

① 《国务院办公厅关于规范农村义务教育学校布局调整的意见》，中国政府网，2012 年 9 月 6 日，http://www.gov.cn/gongbao/content/2012/content_2226140.htm。

② 《教育部　国家发展改革委　财政部关于全面改善贫困地区义务教育薄弱学校基本办学条件的意见》，中华人民共和国教育部网站，2013 年 12 月 31 日，http://www.moe.gov.cn/srcsite/A06/s3321/201312/t20131231_161635.html。

③ 《国务院办公厅关于全面加强乡村小规模学校和乡镇寄宿制学校建设的指导意见》，中国政府网，2018 年 5 月 2 日，http://www.gov.cn/zhengce/content/2018-05-02/content_5287465.htm。

规模学校和乡镇寄宿制学校建设，打造'乡村温馨校园'"。在中央政策的影响下，乡村小规模学校和寄宿制学校成为解决农村教育薄弱问题的抓手而受到重视。

在国家要求办好必要的教学点的政策下，全国不少县域又重新恢复原已被撤掉的教学点，如湖南省慈利县从 2013 年起，3 年内恢复教学点 12 个、小学 1 所，原则上方便学生就近入学。① 四川省宣汉县也恢复部分教学点。宣汉县自 2001 年以来进行过多次学校布局调整，到 2010 年，宣汉县共撤并了 126 所（个）村小及教学点。然而，由于宣汉县边远乡村山高路陡、群众居住分散，加之乡镇中心校条件有限，不能完全实现学生寄宿要求，因此，布局调整后，部分乡镇学校并没有完全满足老百姓子女就近入学的需求。由此，宣汉县政府 2012 年根据老百姓的诉求及学生就学情况，新建、恢复或完善部分教学点，并规定从 2012 年起，县财政每年从教育附加费中安排专项资金，对恢复、新建的边远山区教学点给予补贴。② 江苏省睢宁县恢复 13 个村级教学点。③ 根据审计署 2013 年 5 月 3 日发布的 1185 个县农村中小学布局调整情况专项审计调查结果，江西等 9 个省份的 130 个县陆续恢复了已撤并的 1099 个农村教学点。④ 从全国数据看，县域内教学点数从 2012 年开始有所上升，2011 年县域教学点数为 6.66 万个，2012 年增加到 6.89 万个，到 2017 年增加到 10.13 万个。2017 年与 2011 年相比，增长 3.47 万个，增长率为 52.1%（见表 8-1）。

在重新强调小规模学校价值的情况下，不少乡村小规模学校提出

---

① 宋双来：《慈利县将调整学校布局——三年内恢复教学点 12 个、小学 1 所，原则上方便学生就近入学》，《科教新报》2013 年 5 月 15 日，第 3 版。

② 刘磊：《村小又"回来"了——四川宣汉倾听百姓诉求恢复部分教学点》，《中国教育报》2013 年 4 月 4 日，第 8 版。

③ 王玉琪：《睢宁恢复 13 个村级教学点》，《农民日报》2013 年 10 月 10 日，第 1 版。

④ 王珂：《各地完善农村中小学布局　1099 个农村教学点撤了又恢复》，《人民日报》2013 年 5 月 4 日，第 1 版。

建设"小而美、小而优"学校的目标，比如浙江省丽水市景宁畲族自治县，对小规模学校"变撤为改"，进行校舍改造、校园文化营造，推行小班化教育、个性化教学，把原本面临或拆或撤局面的农村小规模学校办出"小而美"的特色，办出过硬的教学质量。全县16所农村学校中，100人以下的小规模学校就有10所；全县农村教学班当中，超过六成都是学生在15名以下的微小班级。[①]

（三）农村义务教育学校进一步向城镇集中

虽然国家在这一时期规范义务教育学校布局，但是在城镇化快速发展的势头下，农村义务教育学校在这一时期仍呈现出向城镇集中的趋向。2010~2020年，我国城镇化继续保持高位发展，城镇化率由2010年的49.7%增长到2020年的63.9%，增长14.2个百分点，这一速度较2000~2010年的城镇化速度更快。在城镇化的迅速推进下，义务教育学校布局延续前一时期的"学校上移"趋向。小学在基本进镇后，进一步向县城集中，一些地区的乡镇小学已经沦为"小规模学校"。如我们调研的山西省岚县，多数乡镇中心小学学生数为个位数，校舍闲置，而这些校舍多为2000~2010年国家开展各项农村教育工程时所修。县域初中也呈现出大致相同的发展趋向，乡镇初中生源向县城聚集的趋向更为明显，当前保留下的乡镇初中人数多不足百人。

从表8-1可以看出，乡村小学及教学点数和小学及教学点在校生数均呈现下滑趋势，乡村小学及教学点数由2010年的27.63万所（个）下降到2020年的16.53万所（个），减少11.22万所（个），减幅为40.2%。乡村小学及教学点在校生数由2010年的5350.2万人下降到2020年的2450.5万人，减少2899.7万人，减幅为54.2%。而镇区小学及教学点数在2010~2020年增加2.08万所（个），增幅为66.2%。镇区小学及教学点在校生数在2010~2020年增长1301.8万

---

① 江南：《农村小规模学校期待"小而美"》，《人民日报》2018年8月30日，第17版。

人，增幅为47%。县域内小学及教学点向镇区集中趋势明显。

2010~2020年，乡村初中学校数和在校生数也呈现出下滑趋势，乡村初中学校数从2010年的28670所下降到2020年的14237所，减少14433所，减幅为50.3%。同一时期乡村初中在校生数减少1146.7万人，减幅为64.3%。2010~2020年镇区初中学校数增加5706所，增幅为30.2%。镇区初中在校生数趋于下降，2010~2020年减少59.1万人，减幅为2.4%（见表8-3）。镇区初中在校生数的下降，一方面与初中整体在校生数下降有关，2010~2020年，全国初中在校生由2010年的5279万人下降到2020年的4914万人，减少365万人；另一方面也与县域初中生源向大城市流动有关，相较于年龄较小的小学生源，初中生源流向城市的可能性更大，导致2010~2020年县域初中在校生减少。而同期城市初中在校生由2010年的1059万人增长到2020年的1903万人，增长844万人。

表8-3 2010~2020年县域内初中发展情况

单位：所，万人

年份	学校数							在校生数		
	镇区			乡村			县域合计	镇区	乡村	县域合计
	单设校	九年制	合计	单设校	九年制	合计				
2010	15800	3074	18874	21311	7359	28670	47544	2432.4	1784.5	4216.9
2011	18214	4121	22335	15112	5862	20974	43309	2467.4	1163.0	3630.4
2012	18403	4447	22850	13713	5676	19389	42239	2347.9	974.1	3322
2013	18437	4737	23174	12777	5693	18470	41644	2195.6	814.5	3010.1
2014	18368	5049	23417	11896	5801	17697	41114	2167.5	748.5	2916
2015	18448	5457	23905	11134	5848	16982	40887	2168.4	702.5	2870.9
2016	18355	5663	24018	10324	5839	16163	40181	2172.9	667.0	2839.9
2017	18260	5986	24246	9506	5775	15281	39527	2231.5	643.4	2874.9
2018	18123	6243	24366	9043	5744	14787	39153	2312.3	648.4	2960.7
2019	17974	6571	24545	8743	5729	14472	39017	2369.9	650.4	3020.3
2020	17805	6775	24580	8515	5722	14237	38817	2373.3	637.8	3011.1

可见，这一时期虽然国家对义务教育学校布局调整进行了规范，但是在城镇化的迅速推进下，县域义务教育学校布局仍呈现出向县镇集中的趋向。国家义务教育学校布局的政策应该进一步顺应城镇化的这种趋势，按照人口分布和教育意愿来优化学校布局，以满足人民群众对优质教育的需求。

第二节　县域学前教育布局的重塑

自 2000 年以来，随着农村生源的减少和农村小学布局调整的开展，农村学前班走向式微，公办农村学前教育衰微，县域内学前教育布局形成以民办幼儿园为主体的格局，到 2010 年民办幼儿园占县域学前教育的比例达到 66.3%。随着 2010 年我国全面普及九年义务教育的实现，解决"有学上"的问题，自然转向义务教育的两端。2010 年《国家中长期教育改革和发展规划纲要（2010—2020 年）》提出了"实现更高水平的普及教育"的任务。学前教育作为各阶段教育中的最短板，"入园难""入园贵"问题突出，要实现更高水平的普及教育，必须加强学前教育的布局。该纲要提出在 2020 年基本普及学前教育的目标："到 2020 年，普及学前一年教育，基本普及学前两年教育，有条件的地区普及学前三年教育。"2009 年我国学前一年毛入园率为74.0%，学前三年毛入园率为 50.9%，到 2020 年学前一年毛入园率要达到 95%，学前三年毛入园率要达到 70%。实现这一目标任务艰巨。为此，2010 年开始国家迅速出台关于学前教育的政策文件，启动"学前教育三年行动计划"，对我国县域学前教育布局进行重塑。

一　强化政府在学前教育发展中的主导作用

（一）将农村学前教育的管理层级提升至县

2003 年，国务院转发教育部等部门（单位）《关于幼儿教育改革与发展的指导意见》。这一文件对县域内学前教育的促进作用不大，其中一个重要原因在于政府部门没有承担起学前教育发展的主体责任。该文件提出，要"形成以公办幼儿园为骨干和示范，以社会力量兴办幼儿园为主体，公办与民办、正规与非正规教育相结合的发展格局"。很明显，该政策强调公办幼儿园仅起示范作用，幼儿园的主体是民办幼儿园，这就导致民办幼儿园占比长期处于高位。到 2009 年，我国民办幼儿园占比达到 64.62%，其中县镇地区民办幼儿园占比达到 69.68%，农村地区民办幼儿园占比达到 58.47%，县域内公办学前教育资源短缺较为严重，"入园难""入园贵"问题较为突出。2010 年，《国家中长期教育改革和发展规划纲要 （2010—2020 年)》提出"建立政府主导、社会参与、公办民办并举的办园体制"，突出政府在学前教育发展方面的主导作用。同年国务院印发了《关于当前发展学前教育的若干意见》（又被称为"国十条"），重申学前教育发展必须坚持政府主导，社会参与，公办民办并举，落实各级政府责任，充分调动各方面积极性。其提出的"政府主导"仍显含糊，没能明确各级政府的职责。到 2017 年 4 月，《教育部等四部门关于实施第三期学前教育行动计划的意见》明确提出要"建立健全'国务院领导，省地（市）统筹，以县为主'的学前教育管理体制。省级、地市级政府加强统筹，加大对贫困地区支持力度。落实县级政府主体责任，充分发挥乡镇政府的作用"[①]。同年 9 月，中共中央办公厅、国务院办公厅印发《关于深化教育体制机制改革的意见》，再次强调要"理顺学前教育管理体制和办园体制，建立健全国务院领导、省市统筹、以县为主的学前教育管理体制。省市两级政府要加强统筹，加大对贫困地区的支持

---

① 《教育部等四部门关于实施第三期学前教育行动计划的意见》，中华人民共和国教育部网站，2017 年 4 月 17 日，http://www.moe.gov.cn/srcsite/A06/s3327/201705/t20170502_303514.html。

力度。落实县级政府主体责任，充分发挥乡镇政府的作用"①。2018年，《中共中央　国务院关于学前教育深化改革规范发展的若干意见》发布，这是以中共中央、国务院名义专门印发的关于学前教育工作的意见，其再次强调"认真落实国务院领导、省市统筹、以县为主的学前教育管理体制"②。由此，我国县域学前教育"以县为主"管理体制正式确立，这标志着 1985 年以来不断下放的学前教育管理权力开始上收，由乡镇一级政府上收到县一级政府，强化了县级政府在学前教育发展中的主体责任，为县域内学前教育的迅速发展奠定了制度基础。

（二）以县为单位连续实施三期"学前教育三年行动计划"

为了贯彻落实"国十条"，从 2011 年开始国家连续实施了三期"学前教育三年行动计划"，到 2016 年前两期"学前教育三年行动计划"完成，我国县域内学前教育事业得到快速发展，学前教育布局得以重塑。如贵州省丹寨县，1991 年全县有 2 所教育部门办的幼儿园，即县示范幼儿园（县城）和兴仁幼儿园（兴仁）。直到 2011 年公办园仍为 2 所，私立幼儿园有 15 所，乡镇小学附设学前班有 57 个。2010 年，制订下发《丹寨县学前教育三年行动计划》；2011 年，启动第一轮"学前教育三年行动计划"。2010~2013 年，共新建园舍面积 7087.63 平方米，改扩建面积 7260 平方米，总投资 1255.20 万元。2013 年，全县共有公办幼儿园 25 所、民办幼儿园 37 所。2014 年，全县有幼儿园 67 所。其中有公办幼儿园 23 所、公助民办幼儿园 13 所、民办幼儿园 31 所，附设学

---

①　《中共中央办公厅　国务院办公厅印发〈关于深化教育体制机制改革的意见〉》，中国政府网，2017 年 9 月 24 日，https://www.gov.cn/zhengce/2017-09/24/content_5227267.htm。

②　《中共中央　国务院关于学前教育深化改革规范发展的若干意见》，中国政府网，2018年 11 月 15 日，https://www.gov.cn/zhengce/2018-11/15/content_5340776.htm。

前班 21 个。① 再如湖南省长顺县，20 世纪 80 年代初到 90 年代末，长顺县的教育发展以普及初等教育为主，对学前教育投入严重不足，导致学前教育十分薄弱。至 1991 年底，全县有幼儿园 4 所，其中公办 1 所（县机关幼儿园），集体办 3 所，共有 10 个幼儿班，有在园儿童 383 人，其中女童 182 人。小学附设学前班 17 个，有学前班儿童 717 人，其中女童 178 人。合计有在园（班）儿童 1100 人，其中女童 360 人。2001 年以后的 10 年间，以普及九年义务教育和巩固提高"两基"成果为主，对学前教育的投入亦不足。2011 年，全县幼儿园增至 5 所。其中公办幼儿园有 4 所，集体办幼儿园有 1 所；2012 年，公办幼儿园增至 11 所，集体办幼儿园达 18 所；2013 年，公办园增至 21 所，集体办园有 15 所；2014 年底，全县共有幼儿园 33 所，其中公办幼儿园有 18 所，集体办幼儿园有 15 所，共设 183 个幼儿班。②

（三）大力发展普惠性幼儿园

经过实施第一期（2011～2013 年）和第二期（2014～2016 年）"学前教育三年行动计划"，我国极大地补齐了县域范围内学前教育的缺口，全国学前三年毛入园率从 50.9% 提高到 75%，社会普遍关注的"入园难""入园贵"问题有效缓解。但总体上，普惠性资源依然不足，公办园少、民办园贵的问题在许多地区还比较突出，因此，2017 年《教育部等四部门关于实施第三期学前教育行动计划的意见》发布后，我国学前教育发展的重心转向提升"普惠性幼儿园的覆盖率"。所谓"普惠性幼儿园的覆盖率"，是指公办幼儿园和普惠性民办幼儿园在园幼儿数占在园幼儿总数的比例。2017 年启动第三期"学前教育三年行动计划"，提出"到 2020 年，基本建成广覆盖、保基本、有质

① 贵州省丹寨县地方志编纂委员会编《丹寨县志（1991—2015）》（下），方志出版社，2016，第 806 页。
② 长顺县地方志编纂委员会编《长顺县志（1991~2014）》，方志出版社，2018，第 926 页。

量的学前教育公共服务体系。全国学前三年毛入园率达到85%，普惠性幼儿园覆盖率达到80%左右"。提升普惠性幼儿园覆盖率，一方面需要大力发展公办幼儿园，提高公办园在幼儿园总量中的占比，扭转公办资源严重短缺的现状，另一方面需要规范民办园发展，不断提高普惠性民办园在民办园中的占比。2018年中共中央、国务院印发了《关于学前教育深化改革规范发展的若干意见》，其指出虽然"入园难"问题得到有效缓解，但是学前教育资源尤其是普惠性资源不足、部分民办园过度逐利等问题还比较明显，因此，各地要把发展普惠性学前教育作为重点任务，结合本地实际，着力构建以普惠性资源为主体的办园体系，坚决扭转高收费民办园占比偏高的局面。① 在此背景下，各地展开了普惠性民办幼儿园的申报与认定工作。普惠性民办幼儿园的保教费实行政府最高指导价管理。通过支持普惠性民办幼儿园的发展，县域内学前教育逐渐走向良性发展，县域教育"入园贵"的问题得以逐渐解决。

2010年开启"学前教育三年行动计划"后，经过10年间对学前教育的大力发展，到2020年我国学前教育的不足有力地得到了弥补。2020年全国教育事业统计结果显示，2020年全国共有幼儿园29.17万所，在园幼儿4818.26万人，普惠性幼儿园在园幼儿达4082.83万人，普惠性幼儿园覆盖率达到84.74%，学前三年毛入园率为85.2%（见表8-4），超额完成了2010年《国家中长期教育改革和发展规划纲要（2010—2020年）》定下的到2020年学前三年毛入园率达到70%的目标，如期完成了2018年《中共中央　国务院关于学前教育深化改革规范发展的若干意见》提出的到2020年全国学前三年毛入园率达到85%、普惠性幼儿园覆盖率达到80%的目标。

---

① 《中共中央　国务院关于学前教育深化改革规范发展的若干意见》，中国政府网，2018年11月7日，http://www.gov.cn/gongbao/content/2018/content_5343737.htm。

表 8-4　2009~2020 年学前三年毛入园率与普惠性幼儿园覆盖率变化

单位：%

	2009 年	2010 年	2011 年	2012 年	2013 年	2014 年	2015 年	2016 年	2017 年	2018 年	2019 年	2020 年
学前三年毛入园率	50.9	56.6	62.3	64.5	67.5	70.5	75.0	77.4	79.6	81.7	83.4	85.2
普惠性幼儿园覆盖率	—	—	—	—	—	—	—	67.3	70.6	73.1	76.0	84.7

注：我国从 2016 年才开始统计普惠性幼儿园覆盖率。

二　县域学前教育布局的加强与重塑

2010~2020 年，是县域内学前教育发展较为迅速的一个阶段，在政府部门的大力投入下，县城、乡镇和乡村幼儿园布局均有所扩展。县域内幼儿园园数从 2010 年的 114575 所增长到 2020 年的 196685 所，增长 82110 所，增长幅度为 71.66%；在园幼儿数从 2010 年的 22240936 人增长到 2020 年的 28213009 人，增长 5972073 人，增长率为 26.85%（见表 8-5）。

从县域内幼儿园的办园格局看，县域内教育部门办园比例迅速提升，由 2010 年的 21.78% 上升到 2020 年的 44.05%，增长 22.27 个百分点。民办园比例由 2010 年的 66.33% 下降到 2020 年的 50.54%，下降 15.79 个百分点（见表 8-6）。民办园比例有所下降，县域内学前教育布局得以不断重塑。

表 8-5　2010~2020 年县域内幼儿园发展情况

单位：所，人

年份	园数			在园幼儿数		
	镇区	乡村	县域合计	镇区	乡村	县域合计
2010	42987	71588	114575	10100646	12140290	22240936
2011	54519	58684	113203	12835047	9937937	22772984
2012	60483	63091	123574	13951769	10397779	24349548

续表

年份	园数			在园幼儿数		
	镇区	乡村	县域合计	镇区	乡村	县域合计
2013	67436	69878	137314	14978832	10792442	25771274
2014	71464	72583	144047	15549049	10898562	26447611
2015	77402	77260	154662	16614616	11135793	27750409
2016	81666	83884	165550	17052679	11175370	28228049
2017	85807	90182	175989	17575032	11357860	28932892
2018	88894	94051	182945	17732771	11095428	28828199
2019	92910	98688	191598	17781386	10537472	28318858
2020	95238	101447	196685	17938099	10274910	28213009

（一）县城学前教育公办园布局的加强

在城镇化发展较慢的年代，县城幼儿园布局较少，很多县一般仅有一所公办的机关幼儿园。进入21世纪后，随着县域人口向县城的集中、县城人口规模的扩大，县城内民办幼儿园数量增长迅速，但是政府办的幼儿园依然稀缺。2010年后，随着我国持续促进学前教育的发展，县城幼儿园的布局才有所转变。2018年，《中共中央　国务院关于学前教育深化改革规范发展的若干意见》提出"公办园资源不足的城镇地区，新建改扩建一批公办园"，同时要求旧城（棚户区）改造、新城开发和居住区建设、易地扶贫搬迁将配套建设幼儿园纳入公共管理和公共服务设施建设规划，并按照相关标准和规范予以建设。在此背景下，县域内一般新建小区均开始配套建设幼儿园。在这些政策的支持下，县城区域结合人口分布情况，将新建和改扩建幼儿园作为重要任务。如陕西省长武县2018年公布的《长武县第三期学前教育三年行动计划（2018—2020年）》，提出扩充县城学前教育资源。2018～2020年，在县城新建、改扩建公办幼儿园3所，到2020年底县城公办幼儿园达到6所。同时，制定优惠政策鼓励企业和公民个人在城区举办标准化普惠性的民办幼儿园，逐步清退条件较差、管理不规范的民

表8-6　2010~2020年县域内幼儿园办园格局

单位：所，%

年份	全国总计	教育部门办园				集体办园				民办园				其他部门办园			
		镇区	乡村	县域合计	占比	镇区	乡村	县域合计	占比	镇区	乡村	县域合计	占比	镇区	乡村	县域合计	占比
2010	114575	8816	16142	24958	21.78	2974	9758	12732	11.11	30688	45312	76000	66.33	509	376	885	0.77
2011	113203	11144	13938	25082	22.16	2864	6565	9429	8.32	38811	36522	75333	66.54	1700	1659	3359	2.97
2012	123574	13272	17014	30286	24.51	2755	6221	8967	7.26	42738	38410	81148	65.67	1718	1446	3134	2.54
2013	137314	15879	21703	37582	27.37	2824	6258	9122	6.64	46978	40311	87289	63.57	1755	1606	3361	2.44
2014	144047	17799	24627	42426	29.45	2737	6116	8853	6.15	49217	40296	89513	62.14	1711	1544	3255	2.26
2015	154662	19819	28751	48570	31.40	2786	6148	8937	5.78	53054	40935	93989	60.77	1743	1426	3169	2.05
2016	165550	21492	34858	56350	34.04	2676	5889	8565	5.17	55758	41600	97358	58.81	1740	1537	3277	1.98
2017	175989	23613	41230	64843	36.84	2521	5725	8246	4.69	57976	41741	99717	56.66	1697	1486	3183	1.81
2018	182945	25186	45608	70794	38.70	2432	5316	7748	4.23	59629	41707	101336	55.39	1647	1420	3067	1.68
2019	191598	26801	49867	76668	40.02	2346	5004	7350	3.84	62133	42378	104511	54.55	1630	1439	3069	1.60
2020	196685	30573	56071	86644	44.05	2495	4923	7418	3.77	60511	38902	99413	50.54	1659	1551	3210	1.63

注：本表将教育部门办、集体办和民办外的其他办园形式归为其他部门办。

办幼儿园。[①]

（二）乡镇中心园的普遍建立

自20世纪80年代首次提出要发展乡镇中心幼儿园以来，国家颁布了一系列政策支持发展乡镇中心园，如1997年颁布的《全国幼儿教育事业"九五"发展目标实施意见》明确提出，到2000年，"农村绝大多数的乡（镇）应建立一所中心幼儿园"。但实际上县域内乡镇中心幼儿园建设的效果甚微。如根据一项对中部地区12个县的调研，67.4%的乡镇没有独立的乡镇中心幼儿园，绝大部分幼儿园都是散落在农村私人民宅的民办园和小学撤并以后因空置校舍增加而开办的幼儿园。其中民办幼儿园数量最多，占比达到70.6%，学校办园也占有较大比例，为13.5%，相比之下县级公办园、乡镇中心幼儿园、村委会办园、企业办园及其他类型办园数量极少，总共占15.9%。[②]

随着小学的布局向乡镇集中，农村幼儿园的布局也有必要向乡镇集中。2010年颁布的《国家中长期教育改革和发展规划纲要（2010—2020年）》强调要"发挥乡镇中心幼儿园对村幼儿园的示范指导作用"。2010年《国务院关于当前发展学前教育的若干意见》提出乡镇和大村独立建园，将乡镇中心幼儿园建设与发展作为农村学前教育普及的核心举措。在此后的关于学前教育的政策文件中，"每一乡镇原则上办好一所乡镇中心园"这一政策得到强化。2017年《教育部等四部门关于实施第三期学前教育行动计划的意见》要求"继续办好公办乡镇中心幼儿园，充分发挥辐射指导作用"。2018年11月《中共中央　国务院关于学前教育深化改革规范发展的若干意见》重申了2010年提出的农村学前教育布局的原则，即"大力发展农村学前教育，每个乡镇

---

① 《长武县第三期学前教育三年行动计划（2018-2020年）》，长武县政府官网，http://changwu.gov.cn/zfxxgk/fdzdgk/zdly/msbz/ywjy/202010/t20201023_678138.html。

② 杨莉君、曹莉：《中部地区农村学前教育事业发展存在的问题及解决对策》，《学前教育研究》2011年第6期。

原则上至少办好一所公办中心园"。2010～2020 年，镇区幼儿园总数增加 52251 所，增长幅度为 121.55%。其中教育部门办园数由 2010 年的 8816 所增长到 2020 年的 30573 所，增长 21757 所，增长幅度为 246.79%，教育部门办园数占比也由 2010 年的 20.51% 增长到 2010 年的 32.10%（见表 8-7）。

表 8-7　2010～2020 年镇区幼儿园办园格局

单位：所，%

	2010 年	2011 年	2012 年	2013 年	2014 年	2015 年	2016 年	2017 年	2018 年	2019 年	2020 年
总数	42987	54519	60483	67436	71464	77402	81666	85807	88894	92910	95238
教育部门办园数	8816	11144	13272	15879	17799	19819	21492	23613	25186	26801	30573
占比	20.51	20.44	21.94	23.55	24.91	25.61	26.31	27.52	28.33	28.85	32.10
集体办园数	2974	2864	2755	2824	2737	2786	2676	2521	2432	2346	2495
占比	6.92	5.25	4.55	4.19	3.83	3.60	3.28	2.94	2.74	2.53	2.62
民办园数	30688	38811	42738	46978	49217	53054	55758	57976	59629	62133	60511
占比	71.39	71.19	70.66	69.66	68.87	68.54	68.28	67.57	67.08	66.87	63.54

镇区幼儿园增长较快，但是镇区民办幼儿园占比仍高达 63.54%。2019 年镇区民办幼儿园在园幼儿数为 996.67 万人，占到镇区在园幼儿数（1778.14 万人）的 56%，意味着仍有近六成的县镇幼儿在民办幼儿园就读。

（三）利用农村闲置校舍和其他公共资源改建幼儿园，乡村学前教育公办园布局加强

2010 年，《国务院关于当前发展学前教育的若干意见》提出："中小学布局调整后的富余教育资源和其他富余公共资源，优先改建成幼儿园。"此后，2011 年，财政部、教育部相继印发《支持中西部地区农村小学增设附属幼儿园实施方案》和《支持中西部地区利用农村闲置校舍改建幼儿园实施方案》。前一方案提出："从 2011 年起，用 3 年时间，中央财政支持中西部地区和东部困难地区依托当地布局调整规划中保留的农村小学或教学点现有富余校舍资源，增设附属幼儿园。"① 后一方案提出："从2011年开始，用3年时间，中央财政支持中西部地区和东部困难地区在做好规划、促进农村幼儿园合理布局的基础上，在确需设立幼儿园的地区，选择部分可用的农村闲置校舍和其他富余公共资源，按照地方制定的幼儿园建设标准改建成幼儿园。"② 由此，在农村小学布局调整后，部分地区将小学原有校舍改造为独立幼儿园，也有一些幼儿园附设于小学，成为小学附设园，这种类型的幼儿园在农村地区大量存在。

从表8-8可以看出，从2010年开始乡村幼儿园总数增长较快，由2010年的71588所增长到2020年的101447所，增加了29859所，增长率为41.71%。但这一增长幅度远小于镇区幼儿园，这与农村人口向县镇集中、乡村幼儿园生源减少有着很大的关系。其中，教育部门办园数由2010年的16142所增加到2020年的56071所，增加39929所，增长率为247.36%。教育部门办园数占比由2010年的22.55%增长到2020年的55.27%。民办园数的比重由2010年的63.30%下降到2020年的38.35%。乡村幼儿园办园格局发生转变，但民办幼儿园占比仍较高。

表8-8　2010～2020年乡村幼儿园办园格局

单位：所，%

	2010年	2011年	2012年	2013年	2014年	2015年	2016年	2017年	2018年	2019年	2020年
总数	71588	58684	63091	69878	72583	77260	83884	90182	94051	98688	101447
教育部门办园数	16142	13938	17014	21703	24627	28751	34858	41230	45608	49867	56071

---

① 幸福新童年学前教育研究中心编《学前教育政策法规规章汇编》，旅游教育出版社，2014，第133页。

② 幸福新童年学前教育研究中心编《学前教育政策法规规章汇编》，旅游教育出版社，2014，第139页。

	2010 年	2011 年	2012 年	2013 年	2014 年	2015 年	2016 年	2017 年	2018 年	2019 年	2020 年
占比	22.55	23.75	26.97	31.06	33.93	37.21	41.56	45.72	48.49	50.53	55.27
民办园数	45312	36522	38410	40311	40296	40935	41600	41741	41707	42378	38902
占比	63.30	62.24	60.88	57.69	55.52	52.98	49.59	46.29	44.35	42.94	38.35
集体办园数	9758	6565	6221	6258	6116	6148	5889	5725	5316	5004	4923
占比	13.63	11.19	9.86	8.96	8.43	7.96	7.02	6.35	5.65	5.07	4.85

三 农村学前班转设为小学附设幼儿园

如果说前一阶段小学附设学前班的取消主要发生在城市的话，从 2010 年开始，农村学前班也开始面临被取消的局面。这一时期伴随农村学前班的取消和小学向乡镇集中，农村幼儿园以 "小学附设幼儿园" 的形式重新出现，农村幼儿园的办园逐渐走向正规化。学前班转设为小学附设园主要有三方面的原因。

第一，国家对学前教育 "小学化" 的治理，促使农村办园形式走向正规化。由于农村学前班有着明显的 "小学化" 的倾向，其始终面临着被改造的命运。如甘肃省庄浪县于 2011 年出台《关于加强全县学前教育工作的指导意见（试行）》，指出："已经开展学前教育的农村完全小学，要积极创造条件，加快配套设施建设，力争将附设学前班改建为招收学前三年适龄幼儿的完全性幼儿园。"[①] 安徽省规定从 2013 年起，省内将全面取消学前班，农村小学学前班改设为附属园或幼教点，有条件地区改为独立园。2013 年，四川省自贡市教育局出台《关于进一步规范学前教育管理提高保教质量的意见》，决定于 2014~2016 年分年分批取缔小学学前班，到 2016 年全面取缔，同时要求所有幼儿园不得使用教材。江西省萍乡市教育局下发《关于清理取缔小学附设

---

① 庄浪县教育局编《庄浪教育年鉴 2012》，甘肃文化出版社，2015，第 43 页。

学前班及进一步规范农村小学附属幼儿园管理的通知》，规定 2015 年秋季开学起，萍乡市城镇小学（包括市区、县城、乡镇中心学校）附设的学前班全部取消，一律不得再招收学龄前儿童入读学前班，各小学不得以任何借口或变换形式继续保留学前班。对极个别因幼儿园布局缺位等尚无法取消的偏远地区的农村小学学前班，采取一定措施，将目前附设在农村小学的学前班逐步完善过渡为成规模的独立幼儿园，确保 2016 年秋季起，全市所有的小学全部取消附设学前班。

第二，随着农村小学撤并，小学附设学前班随之转设为小学附设幼儿园。这一时期虽然乡村小学撤并放缓，但是乡村小学数量因撤并仍呈现较明显的下降趋势，2010 年乡村小学数为 210894 所，到 2020 年下降为 86085 所，减少 124809 所，随着乡村小学的撤并，附设于乡村小学的学前班必然被撤并。随着乡村小学向乡镇中心"上移"，乡村幼儿也向合并后的小学"上移"，成为小学的附设幼儿园。小学附设幼儿园充分利用农村中小学布局调整后空置下来的校舍，有利于节约办园成本。

第三，幼儿园附设于小学可节约办园成本。虽然国家鼓励农村幼儿园独立办园，但是随着农村地区学生生源减少，农村幼儿园独立举办成本太高，采用设立小学附设园的办法能够在一定程度上节约办学成本。农村地区新生人口不断减少，加之不少农村人口向县镇迁移，导致农村入园人口数量减少。2010 年我国乡村在园幼儿数为 1214 万人，到 2020 年在园幼儿数下降到 1027 万人，减少 187 万人（见表 8-5）。这样依托小学办附设幼儿园能够最大限度节约办园成本，且有利于幼小衔接。

小学附设幼儿园的办园体制虽然有利于节约办园成本，但也存在一定的问题。由于小学附设幼儿园大多不是独立的法人单位，没有专门的账户，上级下拨的办园经费多由小学开支，难以做到专款专用。幼儿园附属于小学，其管理者多数缺乏对学前教育的专业性认识，在配备设施设备、购置玩教具时，常出现不符合幼儿年龄特点的情况。因此，小学附设幼儿园依托小学运行，"大树底下好乘凉"，暂时解决了许多运转中的困难和问题，但长期下去，在经费使用、人员聘用等方面缺乏自主权，则会影响其管理和指导作用的发挥，继而影响乡村幼儿园一体化的良性发展。[①]

从县域范围内来看，通过乡镇中心幼儿园的建设以及小区配套幼儿园的建设和治理，实现了公办园数量的逐步回升；通过民办幼儿园"改办普惠"工作，实现了一部分幼儿园价格的平抑。县域内学前教育数量发展实现了大的跨越，但是，要解决"入园难""入园贵"问题，除扩大公益性幼儿园的布局范围外，还得不断提高幼儿园的办园质量，尤其是农村幼儿园的办园质量，否则老百姓的获得感或将依然有限。

第三节　县域内职业教育的困境
与"普职相当"的争论

进入 21 世纪的第二个 10 年，面对县域内职业教育发展的困境，国家用政策给予了职业教育大力支持，如继续实施中等职业教育基础能力建设项目。这一时期，各地区职业教育在硬件上发生了翻天覆地的变化，一改往日职业学校"破旧"的局面，多地建设新的职业学校。同时，进一步推行中职免费政策，以增强职业教育的吸引力，强化"职普比例相当"的政策。虽然这些政策对县域职业教育的发展起到了积极的促进作用，但是县域内职业教育的发展仍不尽如人意。

一　进一步推进县域职业教育布局调整

2010 年后，我国中等职业教育的发展逐渐从数量扩张转向内涵式

[①] 周立明：《"以园养校"问题值得关注》，《中国教育报》2014 年 9 月 14 日，第 1 版。

发展，提升中等职业教育的发展质量成为时代发展的新要求。因此，延续 21 世纪初中等职业教育布局调整的政策，在 2010 年后关于中等职业教育发展的政策中，也多次强调要整合资源，提升中等职业教育发展水平。如 2014 年《国务院关于加快发展现代职业教育的决定》提出"巩固提高中等职业教育发展水平"，"鼓励优质学校通过兼并、托管、合作办学等形式，整合办学资源，优化中等职业教育布局结构"。[①] 2020 年《教育部等九部门关于印发〈职业教育提质培优行动计划（2020—2023 年）〉的通知》也提出："全面核查中职学校基本办学条件，整合'空、小、散、弱'学校，优化中职学校布局。"[②] 在这种背景下，县域内职业教育进一步进行整合，全国各省纷纷出台政策，提出整合中等职业教育资源、优化布局调整的意见。如江西省于2015 年发布《关于推进中等职业教育资源整合的指导意见》，要求切实解决中等职业学校普遍存在的"散、小、弱"问题，坚持"一县一校"的布局原则。通过撤销、合并、划转、共建等整合方式，每县、市（区）域内都必须建成 1 所达标中职学校；少数人口较多、基础较好的县、市（区）可建设 2 所达标中职学校。对已经达标的中职学校，根据自愿的原则进行整合。[③] 2019 年，江西省又进一步下发《关于大力推进全省县级中等职业学校建设的指导意见》，提出对没有自有产权校园、没有基本办学用房和教学设施、没有稳定师资队伍的"三无"中等职业学校以及连续两年以上没有招生、办学行为处于中止状态的"僵尸学校"，依法依规采取"关、停、并、转"等措施进

---

① 《国务院关于加快发展现代职业教育的决定》，中国政府网，2014 年 5 月 2 日，http://www.gov.cn/gongbao/content/2014/content_2711415.htm。

② 《教育部等九部门关于印发〈职业教育提质培优行动计划（2020—2023 年）〉的通知》，中华人民共和国教育部网站，2020 年 9 月 23 日，http://www.moe.gov.cn/srcsite/A07/zcs_zhgg/202009/t20200929_492299.html。

③ 《关于推进中等职业教育资源整合的指导意见》，江西教育网，2015 年 10 月 10 日，http://jyt.jiangxi.gov.cn/art/2015/10/12/art_25822_1396199.html。

行整合。① 陕西省于 2014 年出台《陕西省人民政府办公厅关于优化整合中等职业教育资源的意见》，提出："各县（市、区）要将县域内所属各类中等职业教育资源整合到县级职业教育中心。按照'渠道不变，用途不变，统筹安排，各计其功'的原则，鼓励有关部门将培训项目逐步集中到县级职业教育中心，发挥职教中心职业培训的集聚效应和规模效应。"② 基于此，县域内农村职业教育机构数量进一步缩减，一县一所职教中心的格局进一步得以确立。如河南省兰考县提出在 2018 年前整合兰考县第一职业中专、兰考县高级技工学校和县直有关部门技能培训资源，新建兰考县职业技术学院。安徽省舒城县在 2017 年整合舒城师范学校、舒茶高级职业中学、舒城高级职业中学 3 所中职学校，成立舒城职业学校。安徽省怀远县县域职业教育也存在"散、小、弱"的问题，由怀远县教育局主管的职业学校有 6 所，分别是广播电视大学怀远教学点、怀远县职业教育中心、怀远师范学校、怀远县唐集高级职业中学、怀远县龙亢高级职业中学、怀远县双桥高级职业中学。几所职业学校办学条件除怀远师范学校外都不达标，办学条件十分简陋、落后，实训基地建设迫切需要加强。人社、农委、工会、妇联、科技局、团县委等部门或机构承担的培训任务主要依赖于私立培训机构来完成，且私立培训机构不规范，培训的效果差。管理上条块分割，各自为政，单打独斗，封闭办学，远远不能适应发展现代职业教育的需求。为此，怀远县提出以怀远县职教中心为基础，成立怀远职业技术学校。③ 从全国看，全国中等职业学校由 2010 年的

---

① 《江西推进县级中职学校建设 "三无"学校将被整合》，中国政府网，2019 年 9 月 24 日，http://www.gov.cn/xinwen/2019-09/24/content_5432692.htm。

② 《陕西省人民政府办公厅关于优化整合中等职业教育资源的意见》，陕西省人民政府网站，2014 年 12 月 15 日，http://www.shaanxi.gov.cn/zfxxgk/fdzdgknr/zcwj/nszfbgtwj/szbf/202208/t20220808_2235383.html。

③ 《怀远县职业教育布局调整及资源整合方案》，怀远县人民政府网站，2016 年 11 月 24 日，https://www.ahhy.gov.cn/zfxxgk/public/24621/50771023.html。

10864 所减少到 2020 年的 7473 所，减少 3391 所。其中，普通中专由 2010 年的 3938 所减少到 2020 年的 3266 所；职业高中由 2010 年的 5206 所减少到 2020 年的 3216 所，减少 1990 所（见表 8-9），中等职业学校的数量整体上呈现下降的趋势。

表 8-9　2010~2020 年全国职业高中学校数及招生数变化

单位：所，万人

	2010 年	2011 年	2012 年	2013 年	2014 年	2015 年	2016 年	2017 年	2018 年	2019 年	2020 年
学校数	5206	4802	4517	4267	4067	3907	3726	3617	3431	3315	3216
招生数	278.7	246.4	213.9	183.5	161.5	155.2	151.4	148.4	140.3	152.2	158.4

二　通过推动涉农中职免费，提升中职吸引力

为了促进农村中等职业教育的发展，我国逐步推行中职免费的政策。2009 年，财政部、国家发展改革委、教育部、人力资源社会保障部下发《关于中等职业学校农村家庭经济困难学生和涉农专业学生免学费工作的意见》，提出："经国务院同意，从 2009 年秋季学期起，对中等职业学校农村家庭经济困难学生和涉农专业学生免学费。"在此基础上，2012 年我国进一步扩大中职免费政策的范围。2012 年，财政部国家发展改革委教育部人力资源社会保障部印发《关于扩大中等职业教育免学费政策范围进一步完善国家助学金制度的意见》，决定从 2012 年秋季学期起，对公办中等职业学校全日制正式学籍一、二、三年级在校生中所有农村（含县镇）学生、城市涉农专业学生和家庭经济困难学生免除学费。[①] 中等职业教育免学费范围由农村家庭困难学生扩大到所有农村学生，这是我国政府继城乡全面实行免费九年义

---

① 《财政部　发展改革委　教育部　人力资源社会保障部关于扩大中等职业教育免学费政策范围进一步完善国家助学金制度的意见》，中国政府网，2012 年 10 月 22 日，http://www.gov.cn/gongbao/content/2013/content_ 2332779.htm。

务教育之后的又一重大举措，是我国职业教育发展史上的一个里程碑。

国家推动中职免费是试图增强中职在县域生源中的吸引力，但是在实际的发展中，县域内中职教育发展仍"不温不火"，县域内中职招生仍显困难。不少研究表明，农村中职免费政策在相当大的程度上偏离了其预定的政策目标，政策已经部分失灵。绝大多数学生就读中职学校，并不是冲着"经济资助"，而主要是出于学业（预期）失败等其他非经济方面的原因。人们只要有继续追求高学历的潜力和机会就不会就读中职学校。①

与国家支持中职发展政策的初衷相反，中职教育免费反而刺激了各地中职学校间"抢生源"，进一步降低了社会对职业学校的认可度。这是由于国家财政补助的生均经费拨款与中职招生人数直接挂钩，导致免费后中职院校争抢生源问题更为突出。据业内人员介绍，每招一个学生，公办学校的平均成本（包括出差、宣传和给初中的奖励）为200~1000元，民办学校的平均成本为600~2500元，这几乎相当于半年或一年的学费，造成了财政补助资金的浪费。同时中职免费政策也有"养懒校"之嫌。免费政策实施后，部分运行不佳甚至濒临停办的民办中职学校得到了全额补助，从而能够继续维持，生存下来。由于免学费政策并没有为职业学校增设绩效指标，这些学校发展的动力、效率问题都没有任何解决迹象。②

三　"普职相当"的坚守与底层焦虑的矛盾

进入 21 世纪的第二个 10 年后，面对"职普比"连年下降的大趋势，我国一直试图促进职业教育的发展，仍将"普职相当"作为职业教育发展的重要指标，如 2010 年发布的《国家中长期教育改革和发展

---

① 陈胜祥：《农村中职免费政策失灵：表现、成因与对策——基于浙、赣、青三省的调查》，《教育科学》2011 年第 5 期。

② 韩凤芹：《中职免学费"一刀切"结果事与愿违》，《中国青年报》2016 年 8 月 8 日。

规划纲要（2010—2020年)》提出："今后一个时期总体保持普通高中和中等职业学校招生规模大体相当。"2014年，国务院召开改革开放以来第三次全国职业教育工作会议，发布《国务院关于加快发展现代职业教育的决定》，提出："各地要统筹做好中等职业学校和普通高中招生工作，落实好职普招生大体相当的要求，加快普及高中阶段教育。"① 同年，教育部等六部门下发《现代职业教育体系建设规划（2014—2020年)》，提出："将普及高中阶段教育重点放在中等职业教育。"这意味着在普及高中阶段教育的过程中将普及的重点转向中等职业教育方面。2017年，教育部等四部委印发的《高中阶段教育普及攻坚计划（2017—2020年)》提出"统筹普通高中和中等职业教育协调发展，提高中等职业教育招生比例"，"到2020年，普通高中与中等职业教育结构更加合理，招生规模大体相当"。2019年2月13日国务院印发《国家职业教育改革实施方案》（又被称为"职教20条"）继续坚持普职比例大体相当的政策安排，提出优化教育结构，"把发展中等职业教育作为普及高中阶段教育和建设中国特色职业教育体系的重要基础，保持高中阶段教育职普比大体相当，使绝大多数城乡新增劳动力接受高中阶段教育"②。

　　但是，从2009年开始中等职业教育招生规模缩减，"职普大体相当"政策已经受到极大挑战，职普比已经很难达到1∶1，且有进一步下降的趋势。2009年，全国普通高中招生830.34万人，全国中等职业教育招生868.52万人，中等职业教育招生数首次超过普通高中，其占比达到51.12%，但是2009年之后，中等职业教育招生数占比却呈现出连年下降的趋势，2010年为50.94%，而到2019年下降为41.70%，比

---

① 《国务院关于加快发展现代职业教育的决定》，中国政府网，2014年6月22日，http://www.gov.cn/zhengce/content/2014-06/22/content_8901.htm。

② 《国务院关于印发国家职业教育改革实施方案的通知》，中国政府网，2019年2月13日，http://www.gov.cn/zhengce/content/2019-02/13/content_5365341.htm。

2010 年下降了 9.24 个百分点（见表 8-10）。

表 8-10　2010~2020 年全国中等职业教育招生数及占比

单位：万人，%

	2010 年	2011 年	2012 年	2013 年	2014 年	2015 年	2016 年	2017 年	2018 年	2019 年	2020 年
中等职业教育招生数	870.42	813.87	754.13	674.76	619.76	601.25	593.34	582.43	557.05	600.37	644.66
职普招生总数	1706.66	1664.65	1598.74	1497.45	1416.36	1397.86	1396.26	1382.49	1349.76	1439.86	1521.10
占比	50.94	48.89	47.17	45.06	43.76	43.0	42.49	42.13	41.27	41.70	42.38

注：中等职业教育包括普通中等专业学校、职业高中、技工学校和成人中等专业学校。
数据来源：整理自 2010~2020 年《全国教育事业发展统计公报》。

2019 年"职教 20 条"发布后，"普职相当"的落实更为严格，各地纷纷将"普职相当"作为高中招生的一条严格的要求来落实，普职的配比政策收紧。为了保障中职学校的生源，各地纷纷设置"大体相当"的普职比，通过中考进行分流。

强化"普职相当"的政策，加剧了民众对教育的焦虑。很多中考分数达不到普高录取线的学生宁愿冒着没有学籍的风险上违规招生的民办高中，也不愿意去中职学校。近些年来，学生拒绝就读中职学校，民办学校铤而走险违规招生，导致学生学籍"失踪"的事件层出不穷。2017 年，山西省晋城市凤兰学校（民办）违规超计划招生，导致 400 名左右的学生没有学籍，无法参加高考报名。而这些学生基本都是按中考分数应该分流到职业中学的学生。2016 年 11 月，江苏省泰州市振泰高级中学（民办）违规招生，向家长虚假承诺为低分学生办理学籍，致使近千名学生不能进行学业水平测试和高考报名，也是因为学生不愿就读职业高中。2020 年 9 月有媒体报道，在湖南省怀化市，因民办高中以低于普通高中最低分数线违规招收而被清退的考生可能有上千名。"怀化市共 21 所民办高中，此前一些学校向这些中考未过线、无法就读普通高中的学生承诺，往年以低分进校的学生，后续补上了学籍。但今年，随着教育部门严抓招生指标，落实中考生在普通高中和职业院校按照 1∶1 分流的政策，使得这些学生将被清退。"①由于中等职业教育吸引力不足，在国家强化"普职相当"的政策背景下，读中职成为许多家庭无奈的选择。

"普职相当"的政策出现于改革开放初期，此后一直延续下来，并不断得到强化。改革开放后，基于我国普通中学规模过大，超越了当时的经济社会发展水平，我国对中等教育结构进行了调整，降低普通中学学校和学生的比例，提升中等职业学校和学生在中等教育中的比例，开始提出"普职相当"的要求。1980 年，国务院批转教育部、国家劳动总局《关于中等教育结构改革的报告》，首次提出："应当实行普通教育与职业、技术教育并举……经过调整改革，要使各类职业（技术）学校的在校学生数在整个高级中等教育中的比重大大增长。"②1983 年，教育部等四部委联合出台的《关于改革城市中等教育结构、发展职业技术教育的意见》明确提出，力争到 1990 年，使各类职业技术学校在校生与普通高中在校生的比例大体相当。③ 至此，"普职相当"的要求在国家职业教育政策安排中正式出现。1985 年，《中共中央关于教育体制改革的决定》提出，力争用 5 年左右，使大多数地区的各类高中阶段的职业技术学校招生数相当于普通高中的招生数。该政策强调了 20 世纪 90 年代中职教育的发展目标，即"普职相当"。1994 年，国务院出台的《关于〈中国教育改革和发展纲要〉的实施意

---

① 《入学民办高中无学籍面临被清退 各类教育如何均衡发展各司其职?》，"央广网"百家号，2020 年 9 月 14 日，https://baijiahao. baidu. com/s? id = 1677736154392504161&wfr = spider&for = pc。

② 何东昌主编《中华人民共和国重要教育文献（1949～1997）》，海南出版社，1998，第 1855 页。

③ 何东昌主编《中华人民共和国重要教育文献（1949～1997）》，海南出版社，1998，第 2090 页。

见》提出，大部分地区以初中后分流为主，大力发展中等职业教育，逐步做到 50%~70% 的初中毕业生进入中等职业学校或职业培训中心。到 2000 年各类中等职业学校年招生数和在校生数占高中阶段学生数的比例，全国平均保持在 60% 左右；普及高中阶段教育的城市可达到 70%。① 该政策提出了到 2000 年中职发展的指标，进一步提升了中职教育在中等教育中的占比。

但进入 21 世纪后，随着大学的扩招和高等教育的持续发展，继续延续初中后分流的政策、坚守"普职相当"就显得不太人性化，"普职相当"的政策遭到了底层的质疑。如有研究显示，多数农村学生在初中毕业后仍希望能继续升学，选择普高的学生比例达到 71.2%，远高于选择中职的学生比例（18.8%）。且无论学生学业成绩如何，愿意就读普高的学生比例总是最高的。即便在学业成绩处于中下水平的学生中，选择普高的学生比例仍达到四成。农村学生对于接受普高教育有着普遍而强烈的意愿。② 还有一些学者提出："保持高中阶段普通教育与职业教育招生规模大体相当，是我国近 40 年来的一贯政策。该政策很难适应目前经济发展水平提升的需求，其对中职的扶持也受到高等教育普及的冲击。该政策目前阻碍了学制体系贯通，加剧了升学竞争和家长的教育焦虑，造成了事实上的教育不公平。"③ 也有一些学者认为我国提出"普职比大体相当"缺乏科学依据，我国提出"普职比大体相当"的主要依据是发达国家的经验。如《国家中长期教育改革和发展规划纲要 （2010—2020 年)》职业教育发展战略研究报告指出："2006 年，欧盟 27 个国家高中阶段职业教育的比例平均为 51.7%。"但

① 何东昌主编《中华人民共和国重要教育文献（1949~1997)》，海南出版社，1998，第 3661 页。
② 黄斌、徐彩群、姜晓燕：《中国农村初中学生接受中职教育的意愿及其影响因素》，《中国农村经济》2012 年第 4 期。
③ 朱新卓、赵宽宽：《我国高中阶段普职规模大体相当政策的反思与变革》，《中国教育学刊》2020 年第 7 期。

是，普职比是否相当不能仅看中等职业教育的单口径，而应采用既比较中职，又比较高职的"中高职合一"的双口径比较来确定。在发达国家，普职分流主要有两种模式。一种是以初中后分流为主，如欧盟，中职的比例超过50%，但是高职很少，只占15%左右，还有相当一部分国家没有高职。另一种是以高中后分流为主，如澳大利亚、新加坡、加拿大、韩国等，相当于我国高职的学校的比例超过50%，而中职很少，只有15%左右。中高职相加后所占比例，高的也只有60%左右，而我国对中高职都要求大体相当。当前我国高职比例早已超过50%，而在此基础上仍要求中职占比超50%，这就显得有些不科学，没考虑到中高职两个"大体相当"相加，接受职业教育的学生比例高达75%左右。可见现实中中职萎缩，也许是结构失调的一种必然结果。[①]

　　"普职相当"的政策，强化了初中后的分流，给包括县域民众在内的民众增加了教育焦虑，在当前职业教育仍然被视为"失败者的教育"的情形下，有必要对这一政策进行重新审视，适当给予地方一定的自由度，地方可结合自身教育普及的程度、经济发展的水平、产业的需求、民众的期望等来调整中等职业教育的招生比例。

第四节　县域民办义务教育发展的逐渐规范

　　自2003年《民办教育促进法》实施以来，我国县域内民办教育持续发展，民办教育在弥补政府教育投入不足、满足人民群众对多样化教育需求方面起到了积极的作用。但是与此同时，一些地区政府履行发展义务教育职责不到位，没有承担起发展教育的主体责任，过多地以民办教育来供给学位，导致民办教育占比过高，出现了公办、民办教育发展

[①]　欧阳河：《"普职比大体相当"缺乏科学依据——未来职教重心应放在高职》，《中国青年报》2016年12月2日，第7版。

失衡的状况。一些民办学校过度追求利益，重金买生源，提前签约招生，"掐尖""密考"，没有按照教育规律办学，违规办学，扰乱县域办学秩序，破坏了县域教育生态，严重损害了人民群众利益。2010～2015年，国家对民办教育的政策以鼓励为主，2016 年及以后，我国对《民办教育促进法》进行修订，对民办义务教育的规范明显加强。

一　县域内民办义务教育布局比例过高

2010 年后，国家对民办教育发展的积极鼓励的政策得以延续，2010 年颁布的《国家中长期教育改革和发展规划纲要（2010—2020年)》提出要深化办学体制改革，"形成以政府办学为主体、全社会积极参与、公办教育和民办教育共同发展的格局"，并提出"民办教育是教育事业发展的重要增长点和促进教育改革的重要力量。各级政府要把发展民办教育作为重要工作职责，鼓励出资、捐资办学，促进社会力量以独立举办、共同举办等多种形式兴办教育"。在此背景下，县域内民办教育仍持续发展，尤其是民办义务教育的发展速度加快。如县域内民办小学数占比由 2011 年的 1.50%增长到 2020 年的 3.12%，民办小学在校生数占比由 2011 年的 3.70%增长到 2020 年的 6.89%（见表 8-11）。县域内民办初中数占比由 2011 年的 5.37%增长到 2020年的 8.01%，民办初中在校生数占比由 2011 年的 6.18%增长到 2020年的 11.34%（见表 8-12）。

虽然从占比上看，县域内民办义务教育的占比并不算太高，但是由于民办教育在招生、培养过程中具有很强的自主性，因此，民办教育能够对县域内生源产生"虹吸效应"，导致一些县域出现"民强公弱"的态势，对县域教育生态的破坏很大。如 2018 年 11 月教育部办公厅发出《关于近期几起地方民办义务教育发展问题的通报》，对一些地区民办教育的问题进行了通报。例如，湖南省耒阳市（县级市）在通报发布时有城区义务教育阶段公办学校 29 所，民办学校 11 所；

小学学位 5.59 万个，其中民办 2.21 万个，占比 39.5%；初中学位
3.17 万个，其中民办 2.09 万个，占比 65.9%。耒阳市对公办义务教
育投入严重不足，20 多年来城区人口不断增加，但仅新建了 2 所公办
义务教育学校。同时，当地向民办学校提供诸多优惠条件，但一些学
校仍然收取民办学校学生每生每学期近 1 万元的费用。民办教育过度
发展和公办教育资源严重不足，损害了义务教育的公益性，增加了人
民群众接受义务教育的经济负担，同时造成了严重的大班额问题。
2018 年 8 月，当地将部分学生从公办学校分流到民办学校就读，产生
了新的收费，引发群众不满，导致部分群众聚集上访。《2019 年全国
义务教育均衡发展督导评估工作报告》提出："有些地方政府对民办
教育的招生管理、办学管理不到位，义务教育阶段民办学校及在校生
比例偏高，个别受检县城区义务教育近一半是民办学校。河北省民办
小学、初中在校生分别占全省小学、初中学生总数的 10.84%、
18.67%。陕西省个别地方民办教育体量过大，存在'民强公弱'态
势，导致民办学校'择校热'等问题。还有部分地方校际间办学水平
和教育质量差距较大，生源向优质学校集中，海南省部分县择校率仍
然高于 5%。"①

二　县域民办义务教育的不规范发展

由于一些县域内县级政府不负责任地发展民办教育，甚至将民办
教育作为一些官员牟利的手段，民办中小学举办者与地方政府官员结
成了利益共同体，从而促成民办中小学的非常规发展。一些县民办学
校的举办者或者是财力雄厚的商界老板，或者是退居二线的教育官员，
而一些在任的教育行政人员又在民办学校多有兼职，这种利益交叉的

---

① 《2019 年全国义务教育均衡发展督导评估工作报告》，中华人民共和国教育部网站，2020 年 5
月 19 日，http://www.moe.gov.cn/fbh/live/2020/51997/sfcl/202005/t20200519_456057.html。

表8-11　2011~2020年县域内民办小学数和在校生数及占比

年份	县域内民办小学数（所）			县域内小学总数（所）				县域内民办小学在校生数（人）			县域内小学在校生总数（人）			
	镇区	乡村	县域合计	镇区	乡村	县域合计	占比（%）	镇区	乡村	县域合计	镇区	乡村	县域合计	占比（%）
2011	1593	1630	3223	45977	169045	215022	1.50	1792615	912333	2704948	32542101	40651984	73194085	3.70
2012	1698	1558	3256	47431	155008	202439	1.61	1940993	898671	2839664	33549812	36524886	70074698	4.05
2013	1821	1639	3460	47152	140328	187480	1.85	2046148	906078	2952226	33705362	32170406	65875768	4.48
2014	1932	1725	3657	46414	128703	175117	2.09	2150946	959662	3110608	34579558	30498612	65078170	4.78
2015	2045	1780	3825	46086	118381	164467	2.33	2342219	1039063	3381282	36554044	29658985	66213029	5.11
2016	2071	1832	3903	44581	106403	150984	2.59	2473169	1126150	3599319	37540969	28917345	66458314	5.42
2017	2112	1872	3984	43798	96052	139850	2.85	2711730	1188487	3900217	38560500	27753626	66314126	5.88
2018	2110	1929	4039	43397	90603	134000	3.01	2923475	1285801	4209276	39506834	26664138	66170972	6.36
2019	2157	1921	4078	43056	88631	131687	3.10	3179191	1311376	4490567	40395871	25575075	65970946	6.81
2020	2099	1913	4012	42687	86085	128772	3.12	3180524	1313843	4494367	40717741	24504815	65222556	6.89

表8-12　2011~2020年县域内民办初中数和在校生数及占比

年份	县域内民办初中数（所）			县域内初中总数（所）				县域内民办初中在校生数（人）			县域内初中在校生总数（人）			
	镇区	乡村	县或合计	镇区	乡村	县域合计	占比（%）	镇区	乡村	县域合计	镇区	乡村	县域合计	占比（%）
2011	1567	760	2327	22362	20997	43359	5.37	1803133	439071	2242204	24674229	11629815	36304044	6.18
2012	1609	695	2304	22876	19408	42284	5.45	1852425	368032	2220457	23479363	9740993	33220356	6.68
2013	1693	716	2409	23195	18485	41680	5.78	1868782	363020	2231802	21955710	8145335	30101045	7.41
2014	1778	737	2515	23429	17707	41136	6.11	1931123	383240	2314363	21674750	7484587	29159337	7.94
2015	1890	744	2634	23915	16991	40906	6.44	2082452	377692	2460144	21684430	7024964	28709394	8.57
2016	1910	790	2700	24023	16171	40194	6.72	2179248	409887	2589135	21729103	6670387	28399490	9.12
2017	1988	805	2793	24251	15288	39539	7.06	2378134	452452	2830586	22315114	6434094	28749208	9.85
2018	2018	839	2857	24369	14792	39161	7.30	2561591	524157	3085748	23122983	6484062	29607045	10.42
2019	2108	889	2997	24548	14477	39025	7.68	2739573	579674	3319247	23689943	6504235	30203178	10.99
2020	2189	920	3109	24583	14241	38824	8.01	2792206	621552	3413758	23733472	6378055	30111527	11.34

注：这里的初中包括九年制学校和职业初中。

组合关系使民办学校获得了非常优惠的办学条件。① 2004 年实施的《中华人民共和国民办教育促进法实施条例》提出民办学校"可以自主确定招生的范围、标准和方式",可以跨地区招生。在实际招生中,民办学校采取两种方式保证生源质量:一是提供奖学金、减免学费以吸引一部分成绩优秀的学生,二是通过笔试、面试等方式淘汰掉一些成绩较差、难管的后进学生。由于能保证招收到较为优秀的生源,民办学校的教学成绩能够很快凸显出来,成为地方优质教育的代表。而公办学校承担保障所有适龄儿童和青少年受教育权利的责任,对于片区内义务教育阶段学生均实行免试就近入学政策,在优秀学生不断进入民办学校就读的背景下,公办学校生源质量不断下降,教育质量也因此下降。

民办教育的无序发展,改变了县域教育原有的生态,导致县域内教育呈现"民进公退"的趋向。民办教育依靠其自身在办学方面的自主性,大量抢夺公办学校的生源,使县域内优秀生源,甚至是一般的生源纷纷涌入县城的民办学校,导致县域内公办学校出现生源危机。民众对公办教育的信任度降低,在一定程度上造成所谓的"教育的拉丁美洲化"问题。所谓"教育的拉丁美洲化",是指这样一种教育格局:在人口收入差距显著的社会中,大量中高等收入的家长可能逃离公共教育体系而在私立部门中寻求更高水准的服务,公立学校特别是基础教育阶段的公立学校逐渐成为低劣教育质量的代名词。② 民办教育的无序发展,导致县域教育出现分层:县城内政府部门公职人员多在省城购买了房产,因此多将子女送入省城就读;一般的工薪阶层选择县域内办得较好的民办学校就读;而县域公办教育沦落为劣等学校,

---

① 肖军虎、王一涛、李丽君:《民办中小学"非常规扩张"现象透视及对策建议——以山西省 Y 县为例》,《教育发展研究》2015 年第 6 期,第 29 页。
② 王蓉:《直面我国的"教育拉丁美洲化"挑战》,载王蓉主编《中国教育财政政策咨询报告（2015~2019)》,2019。

成为最底层农民教育的选择。因此，规范民办教育发展已经到了十分紧迫的时刻。

三　规范民办义务教育发展的提出与实施

在向中华民族伟大复兴目标迈进的过程中，我国更加需要教育坚持社会主义的办学方向。民办教育作为事业的一部分，也需要把握好社会主义的办学方向，坚持公益性的办学原则。2016 年以后，国家明显加快了对民办教育的规范和分类治理。具体而言，有以下一些措施。

第一，明确对民办教育进行分类管理，强调民办学校要重视社会效益。早在 2010 年，《国家中长期教育改革和发展规划纲要（2010—2020 年）》就提出"积极探索营利性和非营利性民办学校分类管理"。2016 年 4 月 18 日，中央全面深化改革领导小组第二十三次会议召开，会议强调，"支持和规范民办教育发展，要坚持和加强党对民办学校的领导，设立民办学校要做到党的建设同步谋划、党的组织同步设置、党的工作同步开展，确保民办学校始终坚持社会主义办学方向。要建立营利性和非营利性民办学校分类登记、分类管理制度，提高教育质量"①。2016 年 11 月，我国对《民办教育促进法》进行了修订，进一步明确规定要确保民办学校始终坚持社会主义办学方向。其规定："民办学校的举办者可以自主选择设立非营利性或者营利性民办学校。但是，不得设立实施义务教育的营利性民办学校。"正式确定了对民办教育实行分类管理办法，以差异化扶持促进民办教育发展。此后，2017 年 1 月国务院发布的《关于鼓励社会力量兴办教育促进民办教育健康发展的若干意见》指出："实行非营利性和营利性分类管理，实施差别化扶持政策，积极引导社会力量举办非营利性民办学校。坚持

---

① 《习近平主持召开中央全面深化改革领导小组第二十三次会议》，中国政府网，2016 年 4 月 18 日，http://www. gov. cn/xinwen/2016-04/18/content_5065495. htm。

教育的公益属性，无论是非营利性民办学校还是营利性民办学校都要始终把社会效益放在首位。"①　这改变了以往对民办教育的一味鼓励与提倡，而是按照营利性和非营利性分而治之。引导社会力量举办非营利性民办学校，强调民办学校要重视社会效益。2017年，党的十九大报告提出"支持和规范社会力量兴办教育"，更加强调对民办教育的规范。2021年5月，中共中央办公厅、国务院办公厅向县团级下发《关于规范民办义务教育发展的意见》，提出从党和国家事业发展全局出发，加强分类指导，落实政府责任，强化民办义务教育规范管理，营造良好教育生态；强调民办义务教育要依法依规办学。2021年7月8日，教育部等八部门《关于规范公办学校举办或者参与举办民办义务教育学校的通知》提出，"公参民"办学模式诱发了许多矛盾和问题，引起社会广泛关注。为贯彻义务教育由国家统一实施的要求，推动义务教育优质均衡发展，对"公参民"学校进行专项规范。②　2021年9月1日，修订后的《中华人民共和国民办教育促进法实施条例》正式实施，规定："实施义务教育的公办学校不得举办或者参与举办民办学校，也不得转为民办学校。其他公办学校不得举办或者参与举办营利性民办学校。"③

第二，强调公办教育的主导地位和政府发展义务教育的责任。对于民办义务教育的治理，国家一方面对民办教育办学进行规范，另一方面也开始强化政府在举办义务教育中的责任。2018年11月30日，教育部通报了几起地方民办义务教育发展问题，并在通报中指出：

①　《国务院关于鼓励社会力量兴办教育促进民办教育健康发展的若干意见》，中国政府网，2017年1月18日，http://www.gov.cn/zhengce/content/2017-01/18/content_5160828.htm。

②　《教育部等八部门关于规范公办学校举办或者参与举办民办义务教育学校的通知》，2021年7月8日，中国政府网，http://www.gov.cn/zhengce/zhengceku/2021-08/25/content_5633199.htm。

③　《中华人民共和国民办教育促进法实施条例》，中国政府网，2021年5月14日，http://www.gov.cn/zhengce/content/2021-05/14/content_5606463.htm。

"近年来，民办教育事业取得快速发展，为人民群众提供了多样化教育服务，一定程度上增强了义务教育办学活力。但同时，一些地方在义务教育发展中出现了公办民办发展失衡、履行政府职责弱化、少数民办学校违规办学等突出问题，严重损害了人民群众利益和教育良好生态。"通报还提出："坚持政府发展义务教育的法定责任，在依法保障义务教育公益性的前提下，合理统筹公办民办义务教育协调发展，严禁以发展民办教育为名推卸政府责任。"[①] 此后，2019 年《中共中央　国务院关于深化教育教学改革全面提高义务教育质量的意见》也提出："对办学方向、教育投入、学校建设、教师队伍、教育生态等方面存在严重问题的地方，要依法依规追究当地政府和主要领导责任。"[②] 2020 年 9 月，中央全面深化改革委员会审议通过《关于规范民办义务教育发展的实施意见》，指出："各级党委和政府要坚持国家举办义务教育，确保义务教育公益属性，办好办强公办义务教育。"[③] 2021 年 5 月，中共中央办公厅、国务院办公厅向县团级下发《关于规范民办义务教育发展的意见》，提出各地要强化政府责任落实，规定建立民办义务教育在校生占比监测和通报制度，原则上不得审批新的民办义务教育学校。要求地方各级政府要加快推进义务教育结构调整和布局优化，民办义务教育在校生比例高的地方要通过多种方式积极稳妥加以整改。依据常住人口规模积极扩大公办教育资源，防止因教育结构调整而出现公办学校大校额、大班额现象，严禁把公办义务教育学校转

---

① 《教育部通报近期几起地方民办义务教育发展问题》，中华人民共和国教育部网站，2018 年 11 月 30 日，http://www.moe.gov.cn/jyb_xwfb/gzdt_gzdt/s5987/201811/t20181130_361997.html。

② 《中共中央　国务院关于深化教育教学改革全面提高义务教育质量的意见》，中华人民共和国教育部网站，2019 年 7 月 8 日，http://www.moe.gov.cn/jyb_xxgk/moe_1777/moe_1778/201907/t20190708_389416.html。

③ 《习近平主持召开中央全面深化改革委员会第十五次会议》，中国政府网，2020 年 9 月 1 日，http://www.gov.cn/xinwen/2020-09/01/content_5539118.htm。

为民办学校。文件下发后,各省份组织陆续召开工作会议,贯彻落实中央精神,多数省份提出暂停审批、压缩存量、控制增量的民办义务教育发展策略,不少地区提出在 2022 年底前将民办义务教育在校生规模占比控制在 5% 以内的目标,如河北省易县在 2021 年招生工作的有关要求中提到,"义务教育是国家事权,根据国家、省、市政策要求,2022 年底前将民办义务教育在校生规模县内占比控制在 5% 以内。今年易县根据实际情况对民办学校起始年级招生计划削减 30%,严禁超规模招生,严禁非起始年级招生"①。

第三,实施公民同招,对民办义务教育招生进行规范。与公办学校严格执行义务教育免试就近入学政策相比,民办学校由于招生限制较少,可以通过提前招生考试、面谈等选拔方式录取相对优质的学生。这种"提前掐尖"的招生优势在为民办学校带来优质生源、提高其教育质量的同时,也对公办学校的生源质量造成了一定的冲击,拉大了公办学校与民办学校之间的生源差距,最终造成二者教学质量的巨大差距。不少民办中小学在发展过程中,逐渐形成了"以生养校"的办校理念,为达到招生目的"不择手段",进而引发校际缺乏秩序的恶性竞争。2019 年 6 月中共中央、国务院印发的《关于深化教育教学改革全面提高义务教育质量的意见》明确提出:"民办义务教育学校招生纳入审批地统一管理,与公办学校同步招生;对报名人数超过招生计划的,实行电脑随机录取。"教育部在 2018 年和 2019 年做好普通中小学招生入学工作的通知中,也多次强调要推行"公民同招"。教育部门还对违规进行招生的民办学校进行严厉惩处。例如,2021 年 3 月 27 日,山西省岚县新希望学校违规组织 306 名学生到校参加小升初考试,同年 3 月 28 日,岚县育才学校违规组织 461 名学生到校参加小升

---

① 《易县教育和体育局关于做好 2021 年招生工作的有关要求》,搜狐网,2021 年 6 月 26 日,https://www.sohu.com/a/474200728_121123761。

初考试这两起民办学校组织违规招生考试的事件被曝光后，山西省教育厅十分重视，于 2021 年 4 月 15 日发布《山西省教育厅关于对岚县两所民办义务教育阶段学校违规组织考试招生情况的通报》，提出："岚县两所民办学校违规招生发生在当前全省大力规范民办义务教育发展、大力规范中小学招生秩序、大力提升社会治理水平的情况下，性质十分严重、影响十分恶劣。"其要求必须从严规范招生秩序、从严查处违规行为、从严核定办学规模、从严规范宣传报道。① 过去不少民办学校以测试、面谈等为名"掐尖招生""超纲抢跑"，不仅损害了学生平等接受教育、公平选择学校的权利，更有悖于基础教育保障公共利益最大化的基本要求。"公民同招"新政的实施，使义务教育真正回归公益属性，让公办教育和民办教育站在同一条起跑线上竞争，有效保障了每个孩子在入学机会上的公平性和接受优质均衡教育的权利。

第五节　县中衰落问题的凸显与关注

前文述及县域的高中教育多始自"大跃进"时期，县域内高中教育的建立，为县域内学生的升学创造了极大便利，大大提升了县域教育的发展水平。县域高中作为县域教育的"总出口"，汲取县域人才精英，向国家输送了大量的人才。但时光荏苒，进入 21 世纪后，尤其是 2010 年后，随着社会的变迁，县域高中呈现出"衰落"的景象。如 2013 年 6 月 28 日《中国青年报》刊发了《超级中学成高考状元最大赢家——曾经辉煌的县中风光不再》一文，指出："记者共收集到了 2013 年 21 个省、自治区、直辖市文理科 46 名状元的资料。从这些

---

① 《山西省教育厅关于对岚县两所民办义务教育阶段学校违规组织考试招生情况的通报》，山西省教育厅网站，2021 年 4 月 15 日，http://jyt. shanxi. gov. cn/sjytxxgk/xxgkml/jytwj/202110/t20211016_ 2653671. html。

状元毕业的学校看，20 个状元来自地级市的高中，占所统计状元的
43.5%；17 个状元来自省会城市的高中，占所统计状元的 37.0%；来
自直辖市高中的状元有 4 名；出自县及县级市高中的状元有 4 名；另
外来自计划单列市高中的状元有 1 名。"[1] 以往各省的高考状元比较分
散，一些县域高中也不乏"状元"，但是 2010 年后，各省的高考状元
多出自位于省会城市和地级市的"超级中学"，而曾经辉煌的"县中"
风光不再。

一　县中衰落的原因考察

前文述及县域高中在进入 21 世纪后，在国家大力发展高中教育的
政策背景下，进入迅速发展的阶段。但是在发展高中教育的同时，一
方面，将高中原附设的初中剥离，使高中的优质生源流失；另一方面，
县域民办高中的发展，也危及公办高中的生存发展，这给县域高中的
衰落埋下了伏笔。深究县中衰落的原因，分析起来主要有以下几个
方面。

第一，城镇化和市场化是县域高中教育衰落的根本原因。在城乡
相对分割的年代里，县域高中可以将一县的精英人才汇聚不外流，一
方面，县域高中的教师群体由一县人才汇聚而成；另一方面，县域内
优质生源也没有外流。这两方面原因使县域高中能够人才辈出。但是
随着城镇化和教育市场化的发展，县域人口已不可能固守县域这一范
围。一方面，优秀人才向城市聚集，县域（尤其是一些区位条件较差
的县域）既无法吸引外地人才，也无法留住本地优秀人才，使得县域
师资水平不升反降。不少优秀教师由于县城与城市薪酬待遇悬殊，选
择了更有发展前景、更有物质保障的城市中学，而师范类优秀大学毕

---

[1]　樊未晨、徐晶晶：《超级中学成高考状元最大赢家——曾经辉煌的县中风光不再》，《中
国青年报》2013 年 6 月 28 日，第 3 版。

业生也少有留在县中的意愿。另一方面，随着城乡间交通的极大便利，城乡间通勤成本降低，使得县域内一些精英群体有能力送孩子去更好的城市学校读书。人口的向城流动，在农村造成一批"空壳学校"产生，在县城则让县城高中固有优势不守，陷入发展困境。

第二，民办高中大力发展，吸引了县域众多生源，搅乱了县域高中教育的生态。进入21世纪后，在高中教育发展需求旺盛的背景下，国家提出给予社会力量办学各种优惠政策，以弥补公办高中教育的不足。如在1999年《关于积极推进高中阶段教育事业发展的若干意见》中，提出"各地要实行鼓励民间办学的优惠政策，包括无偿提供办学用地，免收配套费用，充分利用现有设施和房屋等，为民间兴办高中阶段的学校创造条件"，"鼓励办学条件较好、教育质量较高的公办普通高中在保证本校规模和教育质量的前提下，采取多种方式与其他学校、社会力量联合举办民办普通高中"。① 随着2003年《民办教育促进法》的实施，民办高中在城乡都迅速发展。从全国民办高中的发展来看，民办高中数占高中总数的比例由2000年的10.42%增长到了2020年的25.95%。民办高中在校生数占比由2000年的4.29%增长到了2020年的16.09%（见表8-13）。县域内民办高中数及民办高中在校生数占比虽不及城市的水平，但也较高（见表8-14）。民办高中的持续发展，吸收了大量的县域高中生源。如山西省柳林县联盛中学，前身是2001年柳林县政府设立的柳林四中。其于2003年由当地的山西联盛能源有限公司资助并冠名，改制成为一所"民办公助"学校。学校成立后高薪聘请大量周边县域高中教师，通过大力资助学生，吸引优秀生源，对周边县域教育生态造成极大破坏。湖南省衡山县百年名校岳云中学，有着悠久的办学历史和深厚的文化积淀，但是随着当

---

① 《关于积极推进高中阶段教育事业发展的若干意见》，中华人民共和国教育部网站，1999年8月12日，http://www.moe.gov.cn/srcsite/A26/s7054/199908/t19990812_166063.html。

地民办学校星源实验学校的发展，岳云中学逐渐落入下风，陷入困局。[①] 一些超级中学，通过"名校办民校"，利用民办学校招生便利在全省掐尖招生，升学率上升，形成马太效应，使得一般县中根本无招架之力。如2014年8月22日，由衡水中学、泰华公司合作新建的民办高级中学——衡水第一中学建成，接受衡水中学托管。衡水中学提供品牌和师资，政府帮忙搞定办学资质，企业提供资金。依托"加盟开店"的建校模式，衡水中学得到了土地、生源和收入。据统计，2018年衡水当地的衡水中学、衡水第一中学、衡水中学实验学校三个校区总共招生4793人，其中外地生源占了54%。全国政协委员唐江澎提到："一所学校挺出来，一批学校倒下去；数所'超级学校'的强势崛起，总伴随着省域内诸多地市学校办学境况的雪上加霜。"[②] "超级中学"在优秀师资和生源的"掐尖"大战中无往不胜，没了好老师和尖子生的县中，从此一蹶不振。[③]

表8-13 2000~2020年全国民办高中数和在校生数及占比

年份	民办高中数（所）	高中总数（所）	占比（％）	民办高中在校生数（人）	高中在校生总数（人）	占比（％）
2000	1517	14564	10.42	514767	12012643	4.29
2001	1849	14907	12.40	745146	14049717	5.30
2002	2273	15406	14.75	1034445	16838105	6.14
2003	2679	15779	16.98	1413680	19648261	7.19
2004	2953	15998	18.46	1847315	22203701	8.32
2005	3175	16092	19.73	2267777	24090901	9.41
2006	3246	16153	20.10	2477160	25144967	9.85
2007	3101	15681	19.78	2459561	25224008	9.75

[①] 王猛：《岳云：一所百年中学的现实困局》，《看世界》2011年第15期。

[②] 孙庆玲：《唐江澎委员呼吁：整治"超级中学"重振"县中"教育》，《中国青年报》2020年5月22日，第6版。

[③] 张鹏：《"县中"高考不再风光透露出的信号》，《中国青年报》2013年7月3日，第2版。

年份	民办高中数（所）	高中总数（所）	占比（%）	民办高中在校生数（人）	高中在校生总数（人）	占比（%）
2008	2913	15206	19.16	2402983	24762842	9.70
2009	2670	14607	18.28	2301299	24342783	9.45
2010	2499	14058	17.78	2300706	24273351	9.48
2011	2394	13688	17.49	2349833	24548227	9.57
2012	2371	13509	17.55	2349575	24671712	9.52
2013	2375	13352	17.79	2316445	24358817	9.51
2014	2442	13253	18.43	2386542	24004723	9.94
2015	2585	13240	19.52	2569644	23743992	10.82
2016	2787	13383	20.82	2790794	23666465	11.79
2017	3002	13555	22.15	3062608	23745484	12.90
2018	3216	13737	23.41	3282687	23753709	13.82
2019	3427	13964	24.54	3596765	24143050	14.90
2020	3694	14235	25.95	4012899	24944529	16.09

在名校跨区域招生的背景下，面对民办教育和外部"超级中学"的冲击，县域教育为了实现更好的发展，只有通过引进更为强大的民办教育集团，才有可能保住当地优质生源，在与外部教育的竞争中，也才有可能立于不败之地。这也是不少县级政府不惜人力、物力、财力去发展民办教育的主要缘由。但与此同时，引入民办教育又会扰乱当地教育生态，使当地公办高中在竞争中落入下风，引发民众对政府的不满，县域教育发展正是在这种悖论中煎熬。

第三，高中教育招生体制存在问题，跨区域招生扰乱教育秩序。高中阶段不属于义务教育，多年来长期存在优质公办高中和民办高中跨区域招生、公办民办高中招生不同步的问题，一些优质高中和民办高中可以在县域内掐尖招生，使得县域内优质生源流失，这也是导致县域高中衰落的原因之一。因此，要解决县中衰落的问题，需要加强

表 8-14　2011~2020 年县域内民办高中数和在校生数及占比

年份	县域内民办高中数（所）			县域内高中总数（所）			占比（%）	县域内民办高中在校生数（人）			县域内高中在校生总数（人）			占比（%）
	镇区	乡村	县域合计	镇区	乡村	县域合计		镇区	乡村	县域合计	镇区	乡村	县域合计	
2011	809	184	993	6451	848	7299	13.60	983836	151401	1135237	12527046	1033662	13560708	8.37
2012	807	162	969	6390	718	7108	13.63	1016375	134312	1150687	12641342	834282	13475624	8.54
2013	801	169	970	6296	708	7004	13.85	975054	149738	1124792	12398955	814909	13213864	8.51
2014	807	162	969	6164	667	6831	14.19	981296	141154	1122450	12079068	786071	12865139	8.72
2015	879	183	1062	6147	668	6815	15.58	1090147	152253	1242400	11986174	770058	12756232	9.74
2016	947	194	1141	6103	652	6755	16.89	1155654	170674	1326328	11783882	756708	12540590	10.58
2017	1010	213	1223	6070	675	6745	18.13	1257820	185675	1443495	11651820	779284	12431104	11.61
2018	1074	242	1316	6042	710	6752	19.49	1351930	207494	1559424	11494020	820790	12314810	12.66
2019	1151	264	1415	6034	740	6774	20.89	1468098	223223	1691321	11536825	828916	12365741	13.68
2020	1237	301	1538	6044	777	6821	22.55	1611925	265839	1877764	11716754	905077	12621831	14.88

注：这里的高中是指普通高中。

高中教育的省域统筹，由省级教育行政部门统筹省域内高中的管理，遏制省内高中学校市域间招生的乱象，解决市域间高中发展的不平衡问题。

第四，县中衰落与我国基础教育的管理体制也有一定的关系。我国基础教育实行的管理体制是"以县为主"的管理体制，县级教育的经费由县级政府自行负责，上级转移支付的作用较小，造成地方经济直接影响地方教育的局面。尤其是县域高中一般由县级政府来负责管理，县中教育常常受到县政府财政的制约，县政府财政富裕、重视教育，县中教育经费就相对宽裕，而县政府财政紧张或不重视教育，县中教育经费就捉襟见肘。这也导致一些地区县域高中发展经费紧张、缺乏长足发展的动力和与城市高中竞争的能力。因此，解决县中衰落问题，还应该把注意力放在破解教育经费与地方政府财政关联的难题上，加强省级统筹，从更高的管理层次上统筹解决县中衰落问题。

二 县中的衰落问题受到重视

县域高中对县域教育的整体发展意义重大，县域高中作为一县教育的"总出口"，对县域教育发展具有重要的支撑和引领作用，可谓"县中兴，县域教育兴"，"县中强，全县民心安"。因此，不能任由县域高中衰落下去。2019 年 11 月 15 日，《光明日报》时评《不能任由"县中衰落"继续下去》指出："'县中衰落'，不仅事关区域教育公平发展，更关切社会公平，事关能否斩断贫困的代际传递。"[1] 2021年，全国两会上民进中央向全国政协十三届四次会议提交《关于振兴县域普通高中的提案》，建议实施"县中教育振兴五年计划"。其提出具体的六项建议。第一，完善县中教育财政经费分担机制。实施中央、

---

[1] 杨三喜：《不能任由"县中衰落"继续下去》，光明网，2019 年 11 月 15 日，https://m.gmw.cn/baijia/2019-11/15/33323672.html。

省、县（市、区）按比例分担机制，中央财政加强对财政困难县的县中教育经费的专项支持。第二，全面提升县中教育办学条件，按照高考综合改革、新课程实施的要求，制定出台县中办学条件标准，实施县中标准化建设工程。第三，严禁高中各种形式的跨规定区域招生行为。第四，实施县中教师振兴计划。第五，全面实施县中教育质量提升计划。第六，增加县中学子就读国家重点高校的机会，逐步缩小城市高中和县中学子入读国家重点大学的机会差距。[①] 在社会的呼吁下，2021 年 12 月，教育部等九部门印发《"十四五"县域普通高中发展提升行动计划》，提出通过加强普通高中招生管理、健全教师补充激励机制、提高县中教师能力素质、实施县中托管帮扶工程、实施县中标准化建设工程、消除大班额和有效控制大规模学校、提高县中经费投入水平等具体措施来促进县中的发展提升。[②]

县级中学可以被视为县域教育发展水平的"风向标"，如果任由县中无限度地衰落下去，那么县域整体教育也将如多米诺骨牌般层层衰落，县域内生源也将无限度地向外流失，进而影响县域经济社会的发展，甚至社会的稳定。因此，在县域教育发展不断面临挑战的背景下，国家应积极支持县中的振兴，尽可能扭转县域教育不断走向衰落的趋势。

本章小结

这一时期随着国家实力的增强，我国实现了由"穷国办大教育"

[①] 《关于振兴县域普通高中的提案》，中国民主促进会网站，2021 年 2 月 28 日，https://www.mj.org.cn/wzt/2021jsj/2021jy/202109/t20210903_243742.htm。

[②] 《教育部等九部门关于印发〈"十四五"学前教育发展提升行动计划〉和〈"十四五"县域普通高中发展提升行动计划〉的通知》，中华人民共和国教育部网站，2021 年 12 月 14 日，http://www.moe.gov.cn/srcsite/A06/s7053/202112/t20211216_587718.html。

到"强国办大教育"的转变，政府在办学中的主体责任开始加强，县域内学校布局得以优化。

在学校的类型布局上，这一时期由于义务教育普及的全面完成，县域教育开始完善之前教育发展上的薄弱环节，学前教育得到发展，高中教育也开始走向普及。在学校的空间布局上，这一时期开始对前一阶段义务教育学校布局调整进行规范，不少地区重新恢复了教学点，开始加强小规模学校建设。但在城镇化的推动下，学校上移的趋势仍在持续。在学校的办学形式上，这一时期开始推行学校标准化建设，对农村薄弱学校进行改造，县域内学校在硬件上发生了翻天覆地的变化。同时重视农村寄宿制学校建设，农村学校向集中化方向发展。在办学体制的布局上，这一时期开始增强政府在举办学前教育上的力量，民办学前教育开始有所缩减。2016年后国家开始规范民办义务教育的发展，强化政府的办学主体责任，县域内学校办学体制的布局开始得到优化。

在"办好人民满意的教育"的目标导向下，这一时期县域内学校布局在各方面均得到优化，但是随着城镇化的加速发展和民众对优质教育需求的不断增加，县域内学校布局仍存在不足，有待进一步优化，例如，冗余教学点得不到撤并，乡村学校教育质量有待改善；学前教育布局仍不够合理，县镇学前教育布局有待加强；民众对职业教育信心仍显不足；县域高中教育衰落；县域民办教育发展不规范；等等。这些问题均有待进一步解决。随着我国人口出生率的持续下滑和城镇化的持续推进，县域内学校布局优化在未来很长一段时间内将是一个持续的过程。

第九章　新中国 70 年来县域内学校布局变迁的特征、经验与走向

通过前面几章的阐述，我们基本上厘清了新中国 70 年来县域内学校布局的变迁情况，本章我们主要对新中国 70 年来县域内学校布局变迁的特征、影响因素、基本经验和县域内学校布局未来走向等进行进一步的研究。

第一节　新中国 70 年来县域内学校布局变迁的特征

教育的发展与国家的发展同步，县域内学校布局的变迁也反映着中华民族由站起来到富起来再到强起来的过程。新中国 70 年来县域内学校布局在社会变迁的大背景下，从学校的空间布局、办学形式、办学体制、办学类型角度看，呈现出以下一些特征。

一　学校的空间布局呈现出由下移转向上移的特征

随着近代我国现代化进程的开启，城市最先在欧风美雨的浸润下走向现代化，现代性的学校机构最先在城市布局。清末我国基本上形成了都城布局大学、省城布局中学、县城布局高小的学校布局格局，县城以下的乡村进行私塾改良。整个民国时期，虽然这种学校布局模

式略有下移趋势，例如，20 世纪 20 年代我国出现"大学热"，大学终于下移至省会城市，一些县城也兴办起了中学，但是对于多数县域而言，中等教育尚处于空白。县域最高等级的教育就是高等小学，要上中学必须去邻近的城市。虽然民国时期也有推动教育普及的行动，掀起国民教育运动，但其终究还是由于政治上不能代表广大人民的利益，不能够充分发动群众，因此在普及教育的道路上作用较小。

中华人民共和国的成立标志着人民在政治上的胜利，新中国的成立为我国各项事业的大规模发展奠定了坚实的政治基础。在教育上，我国确立了"为工农服务"的目标，为扫除文盲、普及小学教育，我国学校布局迅速下移。"大跃进"期间"村村办小学""村村办幼儿园"，农村学前教育和初等教育的普及率极大提升。"文革"期间，"读小学不出队""读初中不出村""读高中不出社"，县域内学校布局进一步下移，甚至"县县办大学"。

一些学者认为县域内学校空间布局的"上移"始自 20 世纪 90 年代中后期。"从 20 世纪 90 年代中后期，特别是 21 世纪以来，我国农村教育发展所表现出的新进程不同于百年来以'文字下乡'为特征的教育现代化过程，而是一个相反的'文字上移'的新趋向，这一进程与'村落的终结'相同步，并比村落终结的速度更快"①。从新中国 70 年来县域内学校布局的变迁中我们可以发现，县域内学校布局的"下移"和"上移"的分水岭，其实不在 21 世纪初，也不在 20 世纪 90 年代中后期。这种"上移"在"文革"彻底结束时（1978 年）即已开始，只是 1999~2009 年学校数量减少的速度更快。以小学为例，小学数于 1979~1989 年减少 14.63 万所，1989~1999 年减少 19.49 万所，1999~2009 年减少 30.21 万所，2009~2019 年减少 12.01

---

① 熊春文：《"文字上移"：20 世纪 90 年代末以来中国乡村教育的新趋向》，《社会学研究》2009 年第 5 期。

万所（见表 9-1）。

新中国成立后前 30 年，学校布局可以用"下移"来概括，而这之后的 40 年，学校布局即处于"上移"的过程中。新中国成立后 1949~1959 年小学增量较大，增加 39.06 万所。1959~1979 年中学增量较大。此后，1978 年我国开始了对学校布局结构的调整，对小学进行整顿，对中学进行缩减。小学学校数量由此逐渐减少，由"文革"时期的 100 多万所逐渐减少到 2019 年的 16 万所。中学教育也是如此，普通中学的数量由"文革"结束时期的 20 万所缩减到 2019 年的不足 7 万所（初中 5.24 万所，高中 1.4 万所），减幅均是巨大的，当然缩减比例最大的当数农村学校，"村村有小学"的状况逐渐被"小学进镇"所取代，村办戴帽初中、乡办戴帽高中几乎被取消，乡镇初中也逐渐面临进城的危机，"初中进城"逐渐成为乡镇初中的"宿命"。多年前一直追求的"就近入学"的农村教育生态，逐渐被"进城读书"的教育生态所取代。

表 9-1　1949~2019 年中小学数量变化

单位：万所

	1949 年	1959 年	1969 年	1979 年	1989 年	1999 年	2009 年	2019 年
小学数	34.68	73.74	91.57	92.35	77.72	58.23	28.02	16.01
变量	—	+39.06	+17.83	+0.78	-14.63	-19.49	-30.21	-12.01
中学数	0.41	2.08	9.49	14.42	8.96	7.72	7.08	6.64
变量	—	+1.67	+7.41	+4.93	-5.46	-1.24	-0.64	-0.44

注："+"号表示增量，"-"号表示减量。中学指普通中学。

除了义务教育阶段学校的"上移"，其他高段专业性教育的"上移"趋势更为明显。比如在 20 世纪 50 年代初，县域内最高级别的教育当数初级师范学校，但这一级别的教育在 1960 年后已基本消失，取而代之的是一些中级师范学校。而由于县域环境的有限性，中等师范教育也于 2000 年后逐渐上移和消逝。当前县域内教育的最高级别当数高中教育,但是高中教育也呈现出上移的趋势,如县域内职业高中在各方面都无法与处于城市的中等专业学校竞争,其布局太少这一点也饱受诟病。另外,县域高中教育生源流失严重,呈现出"县中衰落"的趋势。

县域范围内专业教育上移的趋势,主要是由于县域专业教育主要面向农村,县城是城之尾、乡之首,不利于专业教育的发展。在计划经济时代,县域可以通过行政计划手段留住学生进行专业教育。但是随着城乡壁垒被打破,城乡人口自由流动,县域已经无法留住专业教育的生源,即使有人留下来接受专业教育,也是勉为其难。从某种程度上讲,县域教育只适合进行基础教育,但即使这样,基础教育的高段仍在逐渐上移,这是需要我们真正深思的问题。如果县域内教育无限制地不断上移,那么可以想象,在不远的将来,县域内高中教育上移、初中教育上移,甚至小学教育也将上移,如此一来,县域教育生态会完全崩溃。因此,要想遏制这种上移的趋势,首要的是遏制县中的衰落。

二 学校办学形式由非正规转向正规,兼顾多种形式办学

教育现代化首先表现为教育条件的现代化,县域内学校布局的形态,由不重形式、采用多种形式转向正规化、标准化办学。

延安时期,我党对教育正规化的倾向进行过批判。新中国成立后随着我国各项事业步入正轨,学校教育不可避免地向正规化方向靠拢,但是在我国农村地区,受经济条件、地理环境的影响,正规化难免影响教育的普及程度。因此,我国延续革命根据地时期非正规化的学校布局思想,采用多种形式来普及教育。如在学制上肯定工农业余教育的地位,继续开展冬学运动,发展农村半耕半读的简易学校,延续巡回学校、二部制学校、春冬小学、一揽子学校的办学形式,鼓励私塾改良等,在农村采用多种形式普及教育。在学校空间布局上,反对过度强调农村教育质量,主张分散办学,把学校办到农民的家门口,

"文革"时期更是提出"小学不出队""初中不出社"。

改革开放后一段时间内，中央针对农村教育的办学形式，仍然强调非正规化办学，如 1980 年《中共中央　国务院关于普及小学教育若干问题的决定》提出："鉴于我国经济、文化发展很不平衡，自然环境、居住条件差异很大，必须从实际出发，因地制宜，采取多种形式办学。力求使学校布局和办学形式与群众生产、生活相适应，便于学生就近上学。在办好全日制学校的同时，还应举办一些半日制、隔日制、巡回制、早午晚班等多种形式的简易小学或教学班（组）。"但同时，其也开始注重引导农村教育向正规化方向发展。《中共中央　国务院关于普及小学教育若干问题的决定》提出："中央希望，经过集体与国家共同努力，切实改善农村办学条件。用两三年或稍长一些的时间，做到'校校无危房，班班有教室，学生人人有课桌凳'，以保证教学工作的正常进行。"[1] 此后，在我国推进义务教育的普及与质量提高的过程中，学校的办学形式不断走向正规化，政府对一些小规模的学校进行"撤点并校"，推进学校布局调整，实现农村教育的集中化、正规化和标准化。

当然，虽然我国农村教育逐渐走上正规化发展道路，但是我国农村学校布局的一些思路仍然受到革命根据地时期学校布局思想的影响，坚持正规化与非正规化相结合，重视非正规化办学，如在进入 21 世纪以来的学校布局调整中，在学校"进城"的形势下，一直强调要保留和建好必要的农村教学点，以方便人民群众上学。

三　学校办学体制由"公办民助"到"公民一体"，再到以公办为主体

新中国成立初期，国家对私人办学进行了接管，统一将私立学校

---

① 何东昌主编《中华人民共和国重要教育文献（1949~1997）》，海南出版社，1998，第 1878 页。

改成公办学校。但是因为当时政府的财力有限，政府完全包办不利于教育的普及，中央逐步认识到政府包办教育是不对的，要普及教育仍然应该走延安时期所倡导的群众办学的路线，因此，新中国成立后很长一段时间内，县域教育的办学主要采取的办学体制是"公办民助"。虽然一度将农村小学下放到大队来办，但这也属于集体办学，实质上仍是一种公办民助的办学形式。

改革开放后，要推进教育的普及，实现"穷国办大教育"的目标，农村公办教育实行"人民教育人民办"、以多种方式筹措办学经费的策略。由于政府的办学力量不足，不得不大力倡导社会力量办学，通过社会力量办学来弥补政府办学的不足。国家鼓励民办教育的发展，民办教育享受跟公办教育同样甚至更优的政策待遇，由此，县域民办教育得到长足发展，公办、民办教育共同支撑了县域教育的发展，县域民办教育逐渐成为教育版图上的一支重要力量。

民办教育在弥补公办教育学位不足、提供多样化教育方面起到了积极的作用，但是也在一定程度上侵蚀着县域教育的根基，尤其是一些地区民办教育的不规范发展，导致县域教育存在着"民进公退"的危机，严重制约着县域教育的良性发展，规范民办教育发展势在必行。2020 年后，随着我国教育进入高质量发展的新阶段，教育进入高质量发展的新阶段，我国明显加大了对民办教育的规范力度，明确义务教育为国家事权，一些地区开始控制民办义务教育增量，暂停新的民办学校的审批，压缩民办教育存量，强调政府举办义务教育的责任，公办教育在办学体制上的主体地位重新回归。

由此可以看出，新中国 70 年来县域内学校办学体制的布局，基本经历了由"公办民助"到"公民一体"，再到以公办为主体的发展历程。学校办学体制上的这种变迁，也反映出我国经济实力的不断增强。

四 学校办学类型从初等教育向两端延伸

推进教育的普及一直是我国教育发展的重要方向。早在新中国成立前的《中国人民政治协商会议共同纲领》中，我国即提出"有计划有步骤地实行普及教育"。从县域内学校办学类型上看，县域内教育基本呈现以初等教育的发展为核心，逐渐向两端延伸的趋势。

从新中国成立到 20 世纪 80 年代末，我国县域教育发展的重心在于普及初等教育。新中国成立后的 1951 年 8 月，教育部召开的第一次全国初等教育及师范教育会议就明确提出，要在 1952~1957 年，争取全国平均有 80% 的学龄儿童入学；从 1952 年开始，争取 10 年内基本普及小学教育，也就是到 1962 年左右普及小学教育。"大跃进"期间，在 1958 年《关于教育工作的指示》中又再次提出全国应在 3~5 年内普及小学义务教育，也就是在 1961~1963 年实现普及小学教育。但是受三年自然灾害的影响，教育事业发展受挫，到 1962 年我国小学学龄儿童入学率仅为 56.1%。此后通过"两条腿走路"的方针，我国小学普及率逐渐提升，到 1965 年达到 84.7%。"文革"期间，受"左"的思想的影响，农村地区的教育普及反而受到重视，1971 年《全国教育工作会议纪要》提出"大力普及教育，扫除文盲。争取在第四个五年计划期间，农村普及小学教育"。由此，我国要求在 1971~1975 年普及小学教育，在此背景下，县域内小学普及程度不断提高，到 1976 年"文革"结束时，我国小学学龄儿童入学率达到 96%。"文革"结束后，我国对全国普及小学教育的情况进行重新摸底调查，提出"入学率不是普及率，满足于入学率达到 90% 以上，放松普及小学教育工作是不对的"，我国又重新启动小学教育的普及工作。1980 年 12 月，中共中央、国务院发出《关于普及小学教育若干问题的决定》，提出在 20 世纪 80 年代普及小学教育，有条件的地区还可以进而普及初中教育。1985 年《中共中央关于教育体制改革的决定》进一步明确提出"普及九年义务教育"

的任务，将普及初等教育的目标进一步延伸至初中教育。到 1990 年，我国初等义务教育适龄儿童入学率达到 97.83%，有 1459 个县通过"普初"验收，占全国总县数的 76%，以城乡总数计，基本"普初"人口约占全国总人口的 91%。2011 年，我国全面普及了九年义务教育。

2000 年前后，随着我国大多数县域完成"普九"的任务，虽然县域教育发展的重心仍在"普九"攻坚和提高九年义务教育的质量上，但我国教育的普及开始向着高中教育和学前教育阶段延伸。1999 年，随着高等教育的扩招，县域高中教育发展进入"快车道"，这一年教育部印发《关于积极推进高中阶段教育事业发展的若干意见》，推动县域教育快速发展。2000 年县域普通高中招生 296.2 万人，2010 年县域普通高中招生数达到 543.1 万人，2000~2010 年普通高中招生数增长 246.9 万人，增幅为 83.4%。

在高中教育迅速发展的同时，教育各环节中最为薄弱的学前教育也开始受到政府的重视。2010 年，国务院印发《关于当前发展学前教育的若干意见》，提出以县为单位，启动"学前教育三年行动计划"，到 2020 年已经实行了三期，学前教育普及率大为提升，到 2020 年底，学前三年毛入学率达到 85.2%，学前教育已基本完成普及的任务。当然，农村地区学前教育的普及率仍较低。

可以看出，我国县域教育的发展是按照"普及小学教育—普及九年义务教育—普及高中教育—普及学前教育"这样的逻辑进行的。

但是县域教育有其不同于全国的固有特点，县域教育面向农村，因此，在推动县域各类型教育普及的同时，我国教育政策在一定程度上凸显县域教育"为农"服务的特点，兼顾升学与就业，重视县域职业教育的发展。在新中国成立后，在面对升学压力的情况下，国家往往就会号召和鼓励学生返乡从事农业生产，由此形成了兼顾升学和服务农村的职业教育性质的"农业中学"。到了 20 世纪八九十年代，在教育要为经济建设服务的方针下，对整个县域教育的定位趋于"为农"服务。如 1980 年国务院批转教育部、国家劳动总局《关于中等教育结构改革的报告》，明确提出："县以下教育事业应当主要面向农村，为农村的各项建设事业服务。"由此，当时便将一部分普通高中改为职业学校。当前，从现实的情况来看，县域教育已基本走上"升学"的单一轨道，县域普通教育受重视，而职业教育遭受忽视，但是国家在县域教育发展路径上依然十分强调"为农服务"，一直保持对农村职业教育的重视。

新中国 70 年来县域内学校布局虽然呈现出以上复杂多变的发展趋势，但是仍保有一些基本的原则。如在教育形态结构上，在大力推进农村教育向义务教育两端普及的同时，兼顾农村职业成人教育；在办学形式上，在坚持正规化、标准化、集中化方向的同时，注意考虑不同地区和人民的需要，坚持多种形式办学；在办学体制上，在倡导社会力量办学的同时，坚持公办教育的主体地位和强化政府办教育的政治责任；在办学的空间形态上，在县域学校上移的进程中，注意对农村教学点的重点支持。这些原则是由中国共产党的性质决定的，体现了为人民服务的政治立场，反映了中国共产党根本的政治路线——群众路线，在学校布局的思想上一直考虑人民的便利性，以人民为主体。新中国 70 年来县域内学校布局的变迁，在很大程度上延续了延安时期学校布局的思路，在学校布局逐渐走向正规化的过程中，用非正规化的策略来兜住底线。

第二节　新中国 70 年来县域内学校布局变迁的逻辑分析

考察新中国 70 年来县域内学校布局变迁背后的历史逻辑，大致可以将其分为四个阶段。从新中国成立到改革开放，县域内学校布局更多地受政治因素的影响，学校布局的意图在于使旧社会的被压迫阶级在文化上翻身，重视农村地区的学校布局，因此，这一时期的学校布局以"阶级-农村"价值为导向；改革开放后到 20 世纪 90 年代末，县域内学校布局更多地受经济因素的影响，由于我国教育经费投入不足，学校布局的意图在于实现学校的办学效益提升和多种体制办学，从而实现"穷国办大教育"的愿望，学校布局以"市场-效益"价值为导向；2000~2020 年，县域内学校布局更多地受促进社会走向公平因素的影响，同时经济体制改革的进一步深化也影响着学校办学体制方面的布局，体现出"公平-市场"的学校布局价值取向；2020 年后随着我国全面建设小康社会任务的完成，我国开始向共同富裕的目标迈进，在走向民族复兴的道路上，试图构建面向民族复兴大业的教育体系，学校布局以"政府-质量"价值为导向。

一　劳动人民文化翻身："阶级-农村"导向的学校布局观（1949~1977 年）

这一时期县域内学校布局，一方面考虑了从阶级身份上让劳动人民实现文化翻身的需要，另一方面也主动适应了农村生产劳动的特点。

第一，基于满足人民群众文化上翻身需要的考虑，新中国成立后的学校布局迅速向下延伸，满足劳动人民子女入学的需求。新中国成立前，我国农村文盲充斥，新中国成立之初我国文盲率达到 80% 以上，普及教育、扫除文盲自然成为新中国成立后我国重要的教育任务。当然，最需要在文化上翻身的是工农大众。在强调阶级斗争的政治背景下，工农大众是共产党的忠实依靠，是国家政权的基础，因此，新中国甫一成立，就提出教育的方针是为工农服务。旧的社会制度下，工农被阻挡在学校大门之外，学校教育被地主、资产阶级所垄断。因此，教育想要为工农服务，首先应为工农开门，教育布局由城镇向农村延伸，在农村大办教育、迅速普及教育。如第一次全国初等教育及师范教育会议指出，新中国成立以来入学儿童的成分已发生了很大的变化，小学和幼儿园已广泛地向工农子女开门。根据东北四个省（包括当时的热河省）的统计，工农子女已占小学学生总数 81%。京津二市，自新中国成立以来，已吸收 7 万多工人子女入学。在工业地区，如东北、天津等地，各工厂已开始为工人子女办幼儿园；上海和蚌埠等地的民主妇联，已经在帮助农村妇女和修堤女民工办托儿所。[①] 此后，学校布局向农村不断延伸，"文革"时期在无产阶级和资产阶级路线斗争的大的设想下，教育既是阶级斗争的"利器"，也是无产阶级才配享有的"精神产品"。学校布局要为无产阶级服务，布局进一步下移，形成"读小学不出村，读初中不出队，读高中不出社"的极端下移布局模式。表 9-2 较好地概括了这一时期。

表 9-2　民国时期至 1977 年县域内学校空间布局模式的变迁

时期	初小	高小	初中	高中
民国时期	大村有初小	县城有高小	较少	较少
1949~1955 年	小村设初小	大镇设高小	较少	较少
1956~1965 年	村村有初小	大镇设高小	开始办初中	开始办高中，但仍较少
1966~1977 年	小学改为五年制，村村有完小		村小戴帽初中，读初中不出队	大镇（公社）设高中，读高中不出社

注：表中对空间布局模式的概括仅基于对全国县域普遍情况的考察，不针对部分发展较好的县。

第二，县域内学校布局也开始重视农民农业生产劳动的需要，确立了分散布局和就近入学的原则。新中国成立后，我国城乡之间几乎不存在人口的流动，那时农村人口就是农业生产的劳动力，在一段时间内，劳动与教育是矛盾的存在，教育的发展会抢夺农业生产的劳动力，农业劳动生产会制约教育的发展，一些农村地区学生辍学的主要

---

① 何东昌主编《中华人民共和国重要教育文献（1949~1997）》，海南出版社，1998，第 110 页。

原因就是要参加生产劳动、挣工分。如根据 20 世纪 60 年代的调查，"历山人民公社学龄儿童入学率：贫农、下中农子女只有 71%，中农子女为 80%，地富子女则为 100%。全公社的失学学龄儿童大多数是贫下中农子女。已上学又半途流掉的，也绝大多数是贫下中农"，"贫下中农子女失学的原因：首先还是由于目前农村经济的特点。不能只怨群众'看不远，只顾眼前利益'。农村的习惯势力也确是使他们存在着'迟劳动不如早劳动'的思想"①。正是考虑了当时我国处于农业社会的背景，考虑到劳动人民的需要，虽然县域内学校布局走过正规化的道路，但正规化和非正规化的胶着与争论长期持续。总体来看，从新中国成立到改革开放，我国县域内学校布局基本上延续了延安时期学校布局的模式，强调走非正规化的道路，学校布局要注意农民的需要，要分散布局、采用多种形式布局。

二　"穷国办大教育"："市场－效益"导向的学校布局观（1978~1999 年）

改革开放以来，我国不断拨乱反正，废止了"以阶级斗争为纲"的发展指导思想，国家经济社会发展转向以经济建设为中心。1984 年党的十二届三中全会通过《中共中央关于经济体制改革的决定》，打破了以往计划经济的条条框框，突破把计划经济同商品经济对立起来的传统观念，提出发展有计划的商品经济，在资源配置中给予了市场一定地位。此后，随着我国经济体制改革越发深入，1992 年，党的十四大明确提出，我国经济体制改革的目标是建立社会主义市场经济体制。在这一过程中，市场在教育资源配置中所起的作用越来越大，学校布局中依靠社会资源办学成为我国教育的重要补充，同时国家统一计划的思维被打破，教育布局越来越考虑办学的经济效益。

---

① 亦飞：《农村教育见闻》，《人民教育》1963 年第 12 期。

第一，经济结构影响着县域内学校类型布局的结构。改革开放后，我国社会发展由"以阶级斗争为纲"转向以经济建设为中心。教育事业的发展也必然要适应经济建设的发展，为经济建设服务。1978年邓小平同志在全国教育工作会议上的讲话就指出："我们的国民经济是有计划按比例发展的，我们培养训练专门家和劳动后备军，也应该有与之相适应的周密的计划。""这个计划，应该考虑各级各类学校发展的比例，特别是扩大农业中学、各种中等专业学校、技工学校的比例。"① 经济建设的这一要求反映到县域内学校布局上，就要求农村教育必须面向农村社会发展，在当时我国普通高中教育发展尚不能满足初中生升学需求的情况下，农村教育的目标主要是为农村培养劳动力。由此，对县域内农村教育的类型进行了调整，重点发展农村职业教育，"文革"时兴起的不少农村普通中学改办为农业中学或职业中学，"文革"期间县域教育结构单一的状况得以改变。

第二，经济体制改革影响着县域内学校办学体制的类型格局。改革开放后，经济改革的主旋律就是改变计划经济体制，逐步建立起社会主义市场经济体制。因此，学校的办学体制也逐步改变国家包办教育的办学体制，鼓励社会力量兴办教育。1987年7月，国家教委出台了《关于社会力量办学的若干暂行规定》，提出"社会力量办学是我国教育事业的组成部分，是国家办学的补充。各级人民政府及教育行政部门应鼓励和支持社会力量举办各种教育事业"。1993年，中共中央、国务院印发《中国教育改革和发展纲要》，提出："改革办学体制。改变政府包揽办学的格局，逐步建立以政府办学为主体、社会各界共同办学的体制。""国家对社会团体和公民个人依法办学，采取积极鼓励、大力支持、正确引导、加强管理的方针。"此后，县域民办教育迅速发展，打破了长期以来政府包揽教育的办学体制，民办教育

---

① 《邓小平文选》（第二卷），人民出版社，1994，第108页。

在教育事业中的比例迅速提升。

第三，办学的效益也影响着县域内学校布局的走向。"文革"结束时，我国县域内学校布局"下移"较为严重，"读书不出公社"，具体而言，"小学不出村，初中不出大队，高中不出公社"。随着市场在资源配置中地位的显现，尤其是随着农村出生率的下降，20 世纪八九十年代，我国乡村学校布点多、复式班多，导致学校布局与经济效益间的矛盾越来越突出，办学的效益问题引发关注。因此，20 世纪 90年代，我国开始了以提高办学效益为目标的学校布局调整，农村学校"小而散"的面貌有所改观，规模效益有所提升。

三　追求教育的公平："公平-市场"的学校布局导向（2000~2020 年）

进入 21 世纪后，随着我国经济实力的增强，我国社会发展的理念逐渐由改革开放以来重视经济建设转向重视社会发展。面对新中国成立以来建立起来的城乡二元经济社会体系所带来的日益扩大的城乡差距，我国开始以推进社会公平为目标去缩小城乡差距，给予农村倾斜性的政策帮扶。从国家发展层面讲，新中国成立后到 21 世纪初，我国社会发展呈现一种农村支持城市、农业支持工业的特征。随着工业化发展到一定阶段，我国社会发展已经进入城市帮扶农村、工业反哺农业的阶段，城乡社会日益拉大的差距已经成为国家发展所要着力解决的问题。党中央针对"三农"问题，提出"多予、少取、放活"的方针，以逐渐促进社会公平。教育作为社会民生中极为重要的一部分，是社会公平的"基石"，由此农村教育被予以前所未有的重视。2003年，国务院召开了新中国成立以来首次全国农村教育工作会议，出台《国务院关于进一步加强农村教育工作的决定》，加强和促进农村教育发展，以缩小城乡教育间的差距。

第一，实现城乡教育公平是县域内学校布局的追求。这一时期县域内学校布局追求城乡社会发展的公平，以促进城乡教育均衡发展为旨趣。对农村地区义务教育阶段学校布局的调整主要是为了提高农村教育质量，缩小城乡差距。进入 21 世纪后，我国对农村义务教育学校进行了大规模的调整，一些学者将这次学校布局调整的主要原因归结为税费改革引起的县域教育经费紧张，这虽然是直接的原因，但是进入 21 世纪后的这一轮学校布局调整从社会发展的阶段和教育发展的阶段看，主要是国家为缩小城乡教育差距而进行的。与 20 世纪 90 年代考虑办学效益而进行学校布局调整不同，此轮义务教育学校布局调整的主要目的在于促进城乡教育均衡发展。20 世纪末，由于我国义务教育分级管理体制的作用，城乡教育差距日渐拉大，在 20 世纪 90 年代中后期虽然基本实现了义务教育的普及，但是农村地区的普及是低水平的，硬件和软件均与城市教育存在巨大落差。因此，到了 21 世纪，为促进农村教育的发展，必须有效整合农村教育资源，更好地提升农村教育质量，学校布局调整由此而来。通过近 20 年的农村地区义务教育学校布局调整，农村学校小而散的面貌有所改观，农村教育的校舍等硬件条件有了极大的提升，有力地促进了城乡教育的均衡发展。

第二，更加注重教育的公平兜底功能，不排斥采取多种形式因地制宜来办学。面对乡村教育的衰败，国家政策也开始表现得"积极"，如 2012 年出台《关于规范农村义务教育学校布局调整的意见》，提出"坚决制止盲目撤并农村义务教育学校"，"办好村小学和教学点"。这一政策的出台，成为农村教育政策的一大转捩点，我国对农村学校从撤并转向积极"拯救"。2018 年 5 月，国务院办公厅发布《关于全面加强乡村小规模学校和乡镇寄宿制学校建设的指导意见》，指出："办好两类学校，是实施科教兴国战略、加快教育现代化的重要任务，是实施乡村振兴战略、推进城乡基本公共服务均等化的基本要求，是打赢教育脱贫攻坚战、全面建成小康社会的有力举措。""既要防止过急过快撤并学校导致学生过于集中，又要避免出现新的'空心校'。"当时真正的乡村学校多为小规模学校或教学点，而这些学校学生的家庭多为经济状况一般、无能力向城镇转移的弱势群体，是乡村社会的最底层。乡村学校作为我国教育的最底部，是阻断贫困代际传递的最后防线，乡村小规模学校在我国基础教育体系中起到了为教育公平兜底的重要作用。国家对小规模学校建设的重视，也体现了维护教育公平正义的决心。

第三，进一步提高市场在教育资源配置中的地位，民办教育在县域学校布局中所占比例提高。进入 21 世纪后，随着社会主义市场经济体制不断走向完善，我国对待社会资本、民办教育的态度也进一步趋向包容。2002 年，我国制定《民办教育促进法》，将民办教育的地位确立为"社会主义教育事业的组成部分"，肯定了民办教育与公办教育具有同等的法律地位。我国还进一步扩大资本参与教育的空间，社会资本向义务教育领域扩张，导致县域内民办教育在义务教育中的占比不断提升。其中，民办幼儿园园数的占比由 2000 年的 25.20% 增长到 2020 年的 50.54%。民办小学学校数的占比由 2000 年的 0.60% 增长到 2020 年的 3.12%。民办初中学校数的占比由 2000 年的 2.03% 增长到 2020 年的 8.01%。民办普通高中学校数的占比由 2000 年的 5.72% 增长到 2020 年的 22.55%（见表 9-3）。

表 9-3　1994~2020 年县域内各级教育民办学校数（园数）
和在校生数（在园幼儿数）占比变化

单位：%

年份	民办幼儿园		民办小学		民办初中		民办普通高中	
	园数占比	在园幼儿数占比	学校数占比	在校生数占比	学校数占比	在校生数占比	学校数占比	在校生数占比
1994	10.47（全国）	3.94	0.14	0.15	0.72	0.23	1.20	0.45
2000	25.20（全国）	12.67	0.60	0.67	2.03	1.00	5.72	2.54
2010	66.33	43.33	1.61	4.09	5.92	6.37	14.15	8.34
2020	50.54	44.70	3.12	6.89	8.01	11.34	22.55	14.88

注：1994 年、2000 年幼儿园数据为全国而非县域数据。

县域民办教育比例的提升，有力地缓解了县域教育经费紧张的状况，满足了人民群众对优质教育的需求。但是随着民办教育的过度扩张，民办教育在一定程度上扰乱了县域教育秩序，导致一些地区"民进公退"，民众对政府办学公信力下降。因此，有必要对民办教育，尤其是民办义务教育办学进行治理，强化政府在义务教育办学中的主体责任。

四 追求有质量的教育："政府-质量"导向的学校布局观（2021 年至今）

2020 年不仅是我国社会发展的重要节点，也是我国教育发展的重要节点。2020 年后，一方面，随着我国社会进入追求共同富裕的新阶段，在资源配置上更加强调政府的力量，在学校布局中更加强调政府的主体责任。另一方面，由于我国教育已经基本实现全面普及，义务教育达到基本均衡的状态，我国教育开始向高质量发展转型。构建高质量的教育体系，要求不断优化学校布局。因此，进入 2021 年后，我国县域内学校布局将以"政府-质量"的学校布局观为旨趣，追求学校布局的优化。

第一，县域内学校布局将不断优化，以提高教育质量。经过 70 多年的快速发展后，我国已经建立起了全世界规模最大的教育体系，基本实现了教育的全面普及。例如，我国已于 2011 年全面完成了"普九"的任务，到 2021 年底，我国 31 个省（区、市）和新疆生产建设兵团的 2895 个县全部通过了国务院教育督导委员会的均衡发展认定，实现了县域内义务教育的基本均衡发展。① 2020 年，学前三年毛入园率达到 85.2%，普惠性幼儿园占全国幼儿园的比例为 80.24%，普惠性

---

① 《全国县域义务教育基本均衡发展国家督导评估认定收官》，中华人民共和国教育部网站，2022 年 5 月 5 日，http://www.moe.gov.cn/jyb_xwfb/gzdt_gzdt/s5987/202205/t20220505_624731.html。

幼儿园在园幼儿占全国在园幼儿的比例为 84.74%，学前教育这一教育上的"短板"已经在一定程度上被补长，实现了基本的普及。2020年，高中阶段毛入学率达到 91.2%，意味着高中教育也实现了基本普及。2019 年我国高等教育毛入学率达到 51.6%，高等教育同样由大众化转向普及化。当前，从我国教育的各个层次看，我国教育已经基本实现了普及，进入"后普及教育时代"。我国教育发展的目标已经由数量的普及转向质量的全面提升，由建成全世界最大的教育体系转向建设高质量的教育体系。① 建设高质量教育体系，要求有更加合理的学校布局，因此，对以往的学校布局必然要进行进一步优化。

第二，追求公平的教育要求更强大的政府力量的介入，民办教育办学得到规范。2020 年全面建成小康社会后，我国社会发展开始向实现共同富裕的目标迈进，向建成社会主义现代化强国的目标迈进。走向共同富裕，必然要求教育上更加追求公平，这就要求在办学体制上更好地处理好政府和市场的关系，尤其在义务教育阶段要更加凸显政府办学的主体责任，由此开始了在教育上限制资本过度逐利的过程。2020 年 9 月，中央全面深化改革委员会第十五次会议审议通过《关于规范民办义务教育发展的实施意见》，要求坚持国家举办义务教育，确保义务教育公益属性，办好办强公办义务教育，促进民办义务教育学校全面贯彻党的教育方针，依法加强规范管理、规范办学行为，构建良好教育生态。2021 年 5 月，中共中央办公厅、国务院办公厅印发《关于规范民办义务教育发展的意见》，提出"强化政府责任落实"，"地方各级政府要加快推进义务教育结构调整和布局优化，民办义务教育在校生占比较高的地方要通过多种方式积极稳妥加以整改"。此后，多数县域提出在 2022 年 8 月前将民办义务教育学校在校学生占比

① 刘秀峰：《论我国良好教育生态构建的提出、内涵与路径》，《四川师范大学学报》（社会科学版）2022 年第 2 期。

控制在 5% 以内。2022 年 4 月 29 日，习近平总书记在主持中共中央政治局关于依法规范和引导我国资本健康发展的第三十八次集体学习时强调："要历史地、发展地、辩证地认识和把握我国社会存在的各类资本及其作用。在社会主义市场经济体制下，资本是带动各类生产要素集聚配置的重要纽带，是促进社会生产力发展的重要力量，要发挥资本促进社会生产力发展的积极作用。同时，必须认识到，资本具有逐利本性，如不加以规范和约束，就会给经济社会发展带来不可估量的危害。"① 在我国由小康社会走向共同富裕的进程中，对资本在教育市场中的运行必须进行有效的规范，使民办教育更有利于教育公平的实现。

第三节　新中国 70 年来县域内学校布局的影响因素

对教育现象变迁背后的深层结构分析有利于了解教育发生变迁的动力。新中国 70 年来县域内学校布局变迁，从其背后的深层结构看，受到了教育内部的发展程度和外部的政治话语、经济供给制度、人口数量变化、城乡关系等的影响，只是在各个时期上述各种因素的影响程度不同。

一　服务于国家各阶段发展，是县域内学校布局调整的重要原因

新中国 70 年来县域内学校的布局体现出很强的国家主导性。县域是农民生产生活的主要场域，而农民作为工人阶级的天然同盟者，是中国共产党革命和建设的主要依靠力量。因此，70 年来县域内学校布局一直在考量城乡教育的公平性，将农村教育置于国家发展的长远规

---

① 《习近平主持中共中央政治局第三十八次集体学习并发表重要讲话》，中国政府网，2022年 4 月 30 日，http://www.gov.cn/xinwen/2022-04/30/content_5688268.htm。

划之中，体现出国家主导的理念。

新中国成立后，为了迅速地让农民群众参与社会主义建设和分享人民革命胜利的果实，学校布局坚持"为工农开门"，大力发展农村教育，提高学校教育中农民群众子女的招生比例，使人民群众尽快在文化上翻身。1950 年，时任教育部部长马叙伦在第一次全国工农教育会议开幕式上的讲话指出："中国英勇、勤劳的工人和农民，创造了中国的历史和文明，但在旧中国，他们却被剥夺了享有文化和教育的权利。工农及其子女向来被排斥在国家教育的门外。这现象一直到中华人民共和国成立，才在全国范围内开始了根本的改变。伟大的人民革命的胜利，使工人、农民取得了作为国家基础的政治地位，也取得了享受各级正规教育的政治权利。当前整个国家的教育事业正在从过去为少数人独占转变为给广大劳动人民服务的基础上来。中央人民政府把发展工农教育，培养工农出身的新型知识分子，作为自己的极为重要的任务。"[①] 因此，新中国成立后很长一段时间内，我国都将农村教育发展作为一项政治任务，学校布局也围绕这一任务来展开，学校布局不断向下延伸，采用多种形式以方便群众上学，实现了"村村有小学、大队有中学"的布局。

改革开放后，我国将农村教育作为现代化建设的有力支撑，农村教育需要承担起传统农业向现代农业转化的智力支持作用。1983 年，《中共中央　国务院关于加强和改革农村学校教育若干问题的通知》提出："各级党委和政府必须充分认识加强和改革农村学校教育、提高农村文化水平的重要性和紧迫性，认清教育在农村现代化建设中的地位和作用。"因此，在国家走向现代化的征程中，农村教育的布局需要调整，要压缩整体的学校规模，调整中等教育结构，发展职业教

---

① 何东昌主编《中华人民共和国重要教育文献（1949~1997）》，海南出版社，1998，第58 页。

育，以服务农业现代化的发展。

进入 21 世纪以来，我国将农村教育置于全面建设小康社会的重要影响因素的地位上，认识到农村教育在全面建设小康社会中具有基础性、先导性、全局性的重要作用。由此，我国将农村教育作为教育工作的"重中之重"来发展。对农村义务学校布局进行调整，改善办学条件，以提高农村义务教育发展的质量。大力发展农村学前教育、高中教育和职业教育。

2012 年党的十八大后，我国开始向中华民族伟大复兴的"中国梦"有计划地迈进，实现中华民族的伟大复兴、实现全面建成小康社会的第一个百年奋斗目标，不能落下农村地区，因此，2015 年我国打响了农村地区"脱贫攻坚战"。农村教育成为通过教育脱贫的主场域，我国通过实施教育扶贫工程，让贫困家庭子女都能接受公平且有质量的教育，阻断贫困代际传递。由此，合理布局农村中小学校、重视小规模学校和寄宿制学校、提高义务教育的巩固率就成为这一时期县域内学校布局的方向。2018 年，国务院办公厅印发《关于全面加强乡村小规模学校和乡镇寄宿制学校建设的指导意见》，提出："办好两类学校，是实施科教兴国战略、加快教育现代化的重要任务，是实施乡村振兴战略、推进城乡基本公共服务均等化的基本要求，是打赢教育脱贫攻坚战、全面建成小康社会的有力举措。"①

我国全面建设小康社会的第一个百年奋斗目标完成后，2021 年，我国社会发展目标开始转向共同富裕，要实现共同富裕的战略目标，就必须规范资本的行为，防止资本无序扩张、肆意操纵、牟取暴利。习近平总书记在《正确认识和把握我国发展重大理论和实践问题》一

---

① 《国务院办公厅关于全面加强乡村小规模学校和乡镇寄宿制学校建设的指导意见》，中华人民共和国教育部网站，2018 年 4 月 25 日，http://www.moe.gov.cn/jyb_xxgk/moe_1777/moe_1778/201805/t20180502_334855.html。

文中提出进入新发展阶段需要"正确认识和把握资本的特性和行为规律"①。在这种形势下，规范教育领域资本的无序扩张就成为实现共同富裕征程中的一项重要内容。我国开始规范民办义务教育的办学行为，降低民办教育在教育中的比例。2021 年 5 月 16 日，中共中央办公厅、国务院办公厅共同印发《关于规范民办义务教育发展的意见》，要求强化政府办学主体责任，不再审批新的民办义务教育学校，将民办义务教育学校在校生占比控制在 5% 以内。

可以看出，新中国成立 70 年来，我国一直将农村教育作为实现政治目标的重要手段加以重视，县域内学校布局凸显出浓重的国家主导特色，学校布局是实现国家政治目标的重要举措。

二　农村教育供给制度深刻影响着县域内学校的布局

学校布局涉及教育资源的分配，而一个时期教育资源的总量必然影响教育资源的分配情况，因此，教育的供给制度是学校布局的重要影响因素。所谓教育的供给是指，为了满足居民对教育资源的需求，由供给主体通过一定的方式提供教育资源的行为和过程。教育供给制度主要涉及教育的办学体制问题，教育的办学体制涉及各级各类学校的经费投入主体和结构问题，并与国家的财政制度有着密切的联系。也就是说，国家一定时期的财政制度影响着办学体制，而办学体制又影响着学校布局。

新中国成立后一直到改革开放前，我国实行"统收统支"高度集中的财政管理体制，这种体制有利于集中力量办大事，但是地方财政收支不挂钩，地方财政较为困难。加之新中国成立之初，主要精力放在国家的工业化上，我国面临着"穷国办大教育"的局面，国家对基础教育不可能完全包下来，因此新中国成立后我国对义务教育执行的

---

① 习近平：《正确认识和把握我国发展重大理论和实践问题》，《求是》2022 年第 10 期。

是一种城乡二元化的教育供给体制，即城市教育靠国家、农村教育靠群众。如 1957 年教育部《关于提倡群众办学的通知》，指出由于我国地广人多，经济落后，中、小学教育不可能完全由国家包下来，此后除国家办学外，还必须大力提倡群众办学。后来，随着人民公社的大量建立与发展，在农村人民公社的体制下，县域教育基本依赖群众集体办学，办学资金从人民公社的公益金中抽取。民办小学在小学总数中的占比迅速提升，1956 年为 9.58%，到 1965 年达到 69.81%。"文革"时期，公办小学一度全部下放由生产大队来办，县域内学校的办学格局几乎变为完全依靠民办。依靠群众办学必然会强调适应农村需要、采用多种形式办学，在学校布局上会更加强调分散办学、就近入学。

改革开放后，虽然中小学教育规模在压缩，但是我国整体教育规模迅速扩大。1994 年我国开始进行分税制改革，中央财政能力增强，而地方财政有所削弱，导致地方政府举办教育的能力下降。由此，20 世纪 90 年代中期开始，我国不断提倡教育要注意办学效益，部分省份开始对学校布局进行调整，撤并了一些效益低下的中小学。

进入 21 世纪后，为了减轻农民负担，我国开启税费改革，取消了地方农村教育事业费附加和向农民的教育集资，导致农村教育的办学经费紧张，这也直接促使新一轮大规模的学校布局调整开启，2001 年《国务院关于进一步做好农村税费改革试点工作的通知》就将优化教育资源配置、合理调整农村中小学布局作为农村税费改革的配套工作。

此外，由于我国"穷国办大教育"的格局一直存在，在改革开放后，随着民众对优质教育资源的不断寻求，教育供给开始由国家、集体供给转向向社会资本求助。新时期民办教育开始兴起，进入 21 世纪后民办教育占教育的比例进一步提升，深刻影响着县域内教育的生态。

因此，农村教育供给制度是学校布局的重要影响因素，教育供给的充足与否、教育供给的主体结构等都影响着学校的布局情况。

三　人口数量的变化影响着县域内学校布局的调整

一定时期人口的数量变化会对学校布局产生影响。中国共产党认为旧中国贫穷落后的根源不是人口过剩，而是不平等的社会制度，1949 年 9 月，在新民主主义革命即将取得胜利之际，针对当时的美国国务卿艾奇逊把中国革命的发生归因于"人口太多，饭太少，发生革命"的人口决定论，毛泽东在《唯心历史观的破产》中明确指出，"中国人民历次推翻自己的封建朝廷，是因为这些封建朝廷压迫和剥削人民，而不是什么人口过剩"[①]。新中国成立后，我国进入社会主义革命和建设时期。随着卫生状况改善、生活条件好转，人口死亡率快速下降，人口数量快速增长。1949 年我国总人口为 5.4 亿人，到 1978 年我国人口已经增长到 9.6 亿人。从 1949 年新中国成立一直到 1970 年，我国的人口出生率除个别时期外基本保持在 30‰ 以上（见表 9-4）。人口的迅速增长对教育普及提出了巨大的挑战，要完成普及教育的任务，完全依靠政府不可行，因此在农村教育的办学上不得不依靠群众，也不得不因陋就简采用多种形式办学，将办学点延伸至群众的家门口。

表 9-4　1949~1976 年我国人口出生率变化

单位：‰

	1949 年	1952 年	1955 年	1958 年	1961 年	1964 年	1967 年	1970 年	1973 年	1976 年
人口出生率	36.00	37.00	32.62	29.22	18.02	39.14	33.96	33.43	27.93	19.91

资料来源：《中国统计年鉴 1990》。

改革开放后，由于 20 世纪 60 年代出生的人口进入婚育期，20 世纪 80 年代我国经历了一个人口出生的高峰期，人口出生率在 1981~1990 年基本在 20‰ 以上，1987 年人口出生率达到顶点——23.33‰

[①]　《毛泽东选集》（第四卷），人民出版社，1991，第 1510 页。

（见表 9-5）。此后，人口出生率开始下降，1990 年人口出生率为
21.06‰，到 2010 年人口出生率下降到 11.90‰（见表 9-6）。80 年代
中后期到 2010 年人口出生率的下降，使得学龄儿童从 90 年代中后期
开始减少，农村前期留下的"村村有小学"的分散办学格局导致办学
效益低下的问题日益突出，撤点并校、提高办学效益成为这一时期急
需进行的工作。从 20 世纪 90 年代开始，我国在一些省份进行学校布
局调整工作，进入 21 世纪后，随着学龄人口的进一步减少，我国启动
了大规模的农村地区学校布局调整工作。

表 9-5　1978~1990 年我国人口出生率变化

单位：‰

	1978年	1979年	1980年	1981年	1982年	1983年	1984年	1985年	1986年	1987年	1988年	1989年	1990年
人口出生率	18.25	17.82	18.21	20.91	22.28	20.19	19.90	21.04	22.43	23.33	22.37	21.58	21.06

资料来源：《中国人口年鉴 2021》。

表 9-6　1990~2020 年我国人口出生率变化

单位：‰

	1990年	1995年	2000年	2005年	2010年	2011年	2012年	2013年	2014年	2015年	2016年	2017年	2018年	2019年	2020年
人口出生率	21.06	17.12	14.03	12.40	11.90	13.27	14.57	13.03	13.83	11.99	13.57	12.64	10.86	10.41	8.52

资料来源：《中国统计年鉴 2021》。

出生人口的减少，使得小学招生人数下降。以我国小学的招生人
数为例，小学招生人数以 1994 年为分界点，1994 年及以前招生人数
呈上升趋势，1994 年后小学招生人数开始下降。1990 年，我国小学招
生人数为 2064 万人，到 1994 年达到 2537 万人的峰值，2000 年下降到
1946 万人，2010 年进一步下降到 1692 万人。农村小学招生人数的下
降尤为明显，农村小学招生人数由 1990 年的 1617 万人下降到 2010 年
的 915 万人，减少 702 万人（见表 9-7、表 9-8）。农村小学招生人数

的减少，使得农村小学的办学效益越发低下，撤点并校、集中办学成为农村教育布局的重要选择。

2011 年以来，我国对计划生育政策进行调整，2011 年 11 月实施"双独二孩"政策，2013 年 12 月实施"单独二孩"政策，2016 年 1 月实施"全面二孩"政策。此后，虽然人口出生率在政策效应下有所提升，但是政策效应很快释放完毕，2016 年以后，我国人口出生率持续下滑，2022 年全年出生人口仅有 956 万人，这是 1950 年以来年出生人口首次跌破 1000 万人。出生人口的持续下滑，必将对我国整体学校的布局产生重大影响。

表 9-7　1990~2010 年我国小学招生人数变化

单位：万人

小学招生人数	1990 年	1992 年	1994 年	1996 年	1998 年	2000 年	2002 年	2004 年	2006 年	2008 年	2010 年
总数	2064	2183	2537	2525	2201	1946	1953	1747	1729	1696	1692
城市	232	239	307	315	277	289	287	300	268	300	314
县镇	214	307	413	441	415	404	371	317	380	410	463
农村	1617	1637	1817	1769	1510	1254	1295	1130	1081	986	915

表 9-8　2010~2020 年我国小学招生人数变化

单位：万人

小学招生人数	2010 年	2011 年	2012 年	2013 年	2014 年	2015 年	2016 年	2017 年	2018 年	2019 年	2020 年
总数	1692	1737	1715	1695	1658	1729	1752	1767	1867	1869	1808
城市	314	469	483	518	540	558	592	630	714	745	759
县镇	463	552	574	585	584	632	643	650	683	684	653
农村	915	716	657	592	535	539	517	487	471	440	396

四　城乡关系的变迁也影响县域内学校布局

县域是农村的集合体，我国城乡关系的变迁也必然引起县域内学校布局的变化。纵观新中国成立以来的城乡关系变化历程，其大体上可以划分为三个大的阶段。新中国成立到 1983 年，城乡发展相对隔绝，处于城乡分割阶段。1984~2012 年，城乡开始交流互动，1984 年的中央一号文件提出允许务工、经商、办服务业的农民自理口粮到集镇落户，随后我国逐步放宽农村人口向城市流动的限制。1984 年 10 月发布的《关于农民进入集镇落户问题的通知》是中国户籍制度松动后的第一个规范性政策，打破了 30 余年来铁板一块的二元户籍制度，使农民合法进城工作成为可能。但这主要表现为农村人口向城镇的流动，20 世纪 90 年代中期后，城镇化加速推进。2012 年以来，随着我国开始推行新型城镇化战略、农村脱贫攻坚和乡村振兴，城乡逐渐走向融合，城乡间流动不再是单向的"向城性"流动，而是城市要素也开始"下乡"，城乡关系进入融合发展阶段。城乡关系的这种变迁，对县域内学校布局产生了一定的影响。

新中国成立后一直到 20 世纪 80 年代，由于我国经济发展水平有限，国家走上了一条农业补给工业、农村支持城市的发展道路，城乡之间相对隔绝，农村人口被束缚在农业生产上。因此，县域内学校的发展目标基本定位在"为农"发展上，升学教育成为一种"奢侈"的事情，县域学校在类型上也比较强调实用性，学校的布局必须考虑农业生产的需要，要考虑农村劳动力的需要和农忙的需要，这在一定程度上决定了农村教育的非正规办学形式。

改革开放后，随着城乡人口交流隔绝的局面被打破，城镇化加速推进，20 世纪 90 年代中后期，随着我国经济体制改革的深入推进，我国于 1992 年确定建立社会主义市场经济体制的改革目标，"民工潮"爆发，流动人口迅速增长。1990~2014 年，流动人口进入快速增长期，1990 年全国流动人口为 2135 万人，占全国总人口的 1.89%；2000 年已经超过 1 亿人，占全国总人口的 9.5%；2010 年为 2.21 亿人，占全国总人口的 16.5%；2014 年，我国流动人口达到峰值 2.53

亿人，占全国总人口的比重达到 18.5%。与此同时，我国的常住人口城镇化率也开始进入快速增长期，1990 年我国常住人口城镇化率为 26.41%，1996 年常住人口城镇化率达到 30.48%，此后我国常住人口城镇化率年均增长超过 1 个百分点，进入快速增长的一段时期，到 2000 年常住人口城镇化率达到 36.22%。2002~2011 年，中国常住人口城镇化率以平均每年 1.35 个百分点的速度快速增长。2011 年，中国常住人口城镇化率首次突破 50%，达到 51.83%（见表 9-9）。

人口的城镇化即农村人口向城镇的转移也深刻影响着县域内学校的布局情况。随着城镇化的发展，学生的城乡分布格局也发生变化，农村小学招生人数整体呈现递减的趋势，由 1994 年的 1617 万人减少到 2010 年的 915 万人，减少 702 万人，下降幅度为 43.4%。而与此同时，县镇和城市小学生招生数呈现递增趋势。1990~2010 年，城市小学招生人数增长 82 万人，增幅为 35.3%；县镇小学招生人数增长 249 万人，增幅为 116.4%。

由于城镇化的加速，广大农村地区，尤其是中西部地区农村，越来越多的农民选择进城，农村空心化的情况越发严重，农村小学普遍面临生源锐减的情况，"麻雀学校""空壳学校"越来越多见，为了提高办学效益和办学质量，2001 年以后，我国针对这类学校开启了大规模的布局调整工作，推动小学向镇区集中、初中向县城集中。

2010~2020 年，我国城镇化仍处于较快发展阶段，2020 年城镇化率为 63.89%，较 2010 年提高 13.94 个百分点，这一速度甚至高于 2000~2010 年城镇化率提升的速度。城镇化的快速发展，使得农村小学的招生人数进一步缩减，从 2010 年的 915 万人减少到 2020 年的 396 万人，减少 519 万人，减幅为 56.7%。而县镇小学和城市小学招生人数均大幅上升，县镇小学招生人数增幅为 41%，城市小学招生人数增幅为 141.7%，城市小学的招生人数在 2018 年已经超过县镇小学的招生人数（见表 9-8）。

表 9-9 1978～2020 年我国常住人口城镇化率

单位：%

	1978 年	1980 年	1985 年	1990 年	1995 年	1996 年	2000 年	2005 年	2010 年	2011 年	2012 年	2013 年	2014 年	2015 年	2016 年	2017 年	2018 年	2019 年	2020 年
常住人口城镇化率	17.92	19.39	23.71	26.41	29.04	30.48	36.22	42.99	49.95	51.83	53.10	54.49	55.75	57.33	58.84	60.24	61.50	62.71	63.89

资料来源：《中国统计年鉴 2021》。

按照美国城市学者诺瑟姆（Ray M. Northam）提出的"S"形城镇化曲线，当前我国人口城镇化已经进入增长趋缓的中后期。随着我国城镇化速度的放缓和乡村振兴战略的实施，城乡关系进入融合发展阶段，不仅农村要素会向城市流动，城市要素也将加速向农村渗透。当前城市资金、人口和各种要素向农村转移，农村教育的发展自然也不会维持前一阶段单向快速的"向城"流动，而是会进入一个较为稳定的时期。因此，我们需要放缓学校撤并，重视农村教育的特色化发展。

五　教育发展的阶段性任务是县域内学校布局调整的内部影响因素

学校布局服务于教育发展，是教育发展的基础。不同的教育发展阶段会对学校布局提出不同的要求。从我国教育发展的整体过程看，自新中国成立到 2000 年，我国教育的主要阶段任务是保障人民群众"有学上"，2000 年我国完成基本普及九年义务教育的任务。虽然到 2000 年底全国仍有 522 个县没有完成"普九"的任务，但我国教育的发展目标已经开始向"上好学"转变，开始强调义务教育的发展质量问题。1999 年《中共中央　国务院关于深化教育改革全面推进素质教育的决定》的发布是这种转型的一大标志。全面推进素质教育，意味着我国已经不仅注重教育的普及程度，也开始转向注重教育的质量。

从新中国成立到 2000 年，我国县域内教育的基本任务就是完成教育普及，从普及初等教育到普及九年义务教育。在普及教育阶段，由于我国教育总的资源有限，不能太过注重教育的质量问题。新中国成立后，在普及与提高的问题上有过争议，如面对整顿小学、注重质量的发展方向，1953 年毛泽东主持的中共中央政治局会议提出："关于整顿小学，整顿巩固、重点发展、提高质量、稳步前进的方针好，但不要整过了头。不可能把小学都办成一样，不可能整齐划一，不应过分强调正规化。"① 整体来看，在改革开放前，我国对于县域学校布局基本持反对正规化的态度，主张采用多种形式普及教育。即使到了改革开放后，重提普及小学教育、普及义务教育，也主张采用非正规化的多种形式办学，在办学的硬件上，能够达到"一无两有"即可，1980 年《中共中央　国务院关于普及小学教育若干问题的决定》指出："鉴于我国经济、文化发展很不平衡，自然环境、居住条件差异很大，必须从实际出发，因地制宜，采取多种形式办学。力求使学校布局和办学形式与群众生产、生活相适应。"在这一时期，学校布局调整的价值取向就是普及教育，方便民众"有学上"，对教育的质量没有做过多的要求，强调的是数量上的扩张，而非质量上的提升。但是随着民众物质生活水平的不断提升，仅仅是数量上的"有学上"已经越来越无法满足民众的教育需求，这就导致 20 世纪 90 年代我国开始出现"择校热"，民众开始主动择校，政府对学校布局不得不做出调整。

2000 年，随着我国基本普及九年义务教育任务的完成，我国义务教育的发展任务转向提升质量，强调城乡教育均衡发展，由此，对学校布局的要求也发生变化，面对普及教育时遗留下来的大量"复式班"和"教学点"，为了提升教育质量，有必要从学校规模上着手改革，由此开启新一轮学校布局调整，分散的办学被停止，转向集中办学，大量兴办寄宿制学校，开始强调学校的硬件，学校转向标准化建设。

可以看出，70 年来学校布局与教育发展阶段有着密切的联系，普及教育阶段，学校布局倡导分散办学、就近入学、多种形式办学；而强调教育质量阶段，学校布局要求集中化、标准化，就近入学原则受到质疑。

---

① 中央教育科学研究所编《中华人民共和国教育大事记（1949—1982）》，教育科学出版社，1983，第 77 页。

第四节　新中国 70 年来县域内学校布局的基本经验

学校布局问题涉及多方利益，要处理好国家、地方、民众、教育等多方诉求。回顾新中国 70 年来县域内学校布局的变迁历程，我们认为学校布局要处理好办学效益与民众利益、就近普及与提升质量、正规化办学与多种形式办学、公办主体与民办辅助、为农服务与离农升学、中央政策与因地制宜、长远规划与短期优化等多重矛盾，保持矛盾各方面间的张力。

一　学校布局要处理好办学效益与民众利益间的关系

如前文所述，学校布局问题涉及教育的供给制度。在一定历史时期，县域内教育的投入总是有限的，况且教育占据县域财政投入的大头，县域财政多被视为"吃饭财政"，县域财政的困难会自然而然地让县级政府部门将减少县域内学校数量、缩小县域教育"铺展面"作为节约县域教育投入的必然之举。2001 年开启的农村学校布局调整，在很大程度上就缘于县级政府的这一诉求。但大规模的学校撤并，在一些地区危害了群众利益，使得民众子女上学需要付出更大的时间成本和经济成本，甚至由于学校撤并后没有足够的配套性措施，给学生的上学路程带来很大的安全隐患。2012 年《国务院办公厅关于规范农村义务教育学校布局调整的意见》，纠正了地方政府在学校布局调整中危害群众利益的错误做法，要求"办好村小学和教学点""解决学校撤并带来的突出问题"。2018 年国务院办公厅又专门下发文件，要求全面加强乡村小规模学校和乡镇寄宿制学校建设，以便兜住农村教育发展的底线，更好地满足人民群众就近接受优质教育的需要。

学校布局要考虑布局背后的经济效益问题，如果不考虑学校布局的经济效益，将会造成教育资源的极大浪费，一些地区对学校布局没有长远规划，没有科学考虑学校生源的可持续性，导致学校建成即废置，学校建设项目完全成为政府部门利益寻租的工具。

因此，学校布局要考虑办学效益问题，同时也要顾及民众利益诉求。在学校的布局中，要考虑民众受教育的需求，降低学校布局带给民众的经济成本。同时，在学校布局调整的过程中，要考虑学校撤并的程序问题，一些学者提出了学校布局调整中的"程序正义"问题，也就是在学校布局调整中要保证学校布局调整不是一个简单的行政决策过程，而是一个多元利益相关群体参与的民主决策过程。① 2012 年《国务院办公厅关于规范农村义务教育学校布局调整的意见》就吸收了这一建议，要求各地在学校布局调整中"严格规范学校撤并程序和行为"，提出"规范农村义务教育学校撤并程序"，"确因生源减少需要撤并学校的，县级人民政府必须严格履行撤并方案的制定、论证、公示、报批等程序。要统筹考虑学生上下学交通安全、寄宿生学习生活设施等条件保障，并通过举行听证会等多种有效途径，广泛听取学生家长、学校师生、村民自治组织和乡镇人民政府的意见，保障群众充分参与并监督决策过程"②。

二　学校布局要处理好就近普及与提升质量的关系

"就近入学"是我国多年来形成的学校布局中的一条基本原则，早在延安时期，中国共产党就基于农村地区办学的实际情况，反对集中化办学，主张分散办学。新中国成立后，为了普及教育，我国提出采取多种形式办学，把学校办到贫下中农的家门口。到"文革"时期，实现了"读书不出公社"的愿景。"就近入学""多种形式办学"

---

① 史宁中：《新农村建设与城镇化推进中农村教育布局调整研究》，经济科学出版社，2014，第 90 页。
② 《国务院办公厅关于规范农村义务教育学校布局调整的意见》，中国政府网，2012 年 9 月 7 日，http://www.gov.cn/zhengce/content/2012-09/07/content_5334.htm。

逐渐成为学校布局的基本原则。1980 年中共中央、国务院《关于普及小学教育若干问题的决定》提出："力求使学校布局和办学形式与群众生产、生活相适应，便于学生就近上学。"此后，1986 年颁布的《中华人民共和国义务教育法》明确规定："地方各级人民政府应当合理设置小学、初级中等学校，使儿童、少年就近入学。"1992 年经国务院批准，国家教育委员会发布《中华人民共和国义务教育法实施细则》，进一步明确提出："实施义务教育学校的设置，由设区的市级或者县级人民政府统筹规划，合理布局。小学的设置应当有利于适龄儿童、少年就近入学。寄宿制小学设置可适当集中。普通初级中学和初级中等职业技术学校的设置，应当根据人口分布状况和地理条件相对集中。"虽然在这一实施细则中没有排除"相对集中"的学校布局方式，但是"就近入学"仍受到强调。2006 年修订后的《中华人民共和国义务教育法》仍将"就近入学"作为学校布局的一条原则，提出："地方各级人民政府应当保障适龄儿童、少年在户籍所在地学校就近入学。"2012 年，《国务院办公厅关于规范农村义务教育学校布局调整的意见》提出："保障适龄儿童少年就近入学是义务教育法的规定，是政府的法定责任，是基本公共服务的重要内容。""农村义务教育学校布局要保障学生就近上学的需要。""农村小学 1 至 3 年级学生原则上不寄宿，就近走读上学；小学高年级学生以走读为主，确有需要的可以寄宿；初中学生根据实际可以走读或寄宿。原则上每个乡镇都应设置初中，人口相对集中的村寨要设置村小学或教学点，人口稀少、地处偏远、交通不便的地方应保留或设置教学点。"① 可见，就近普及教育已经成为我国学校布局调整中坚守的一条"底线"。

　　"就近入学"原则体现了"以人民为中心"的执政理念，但是对

---

① 《国务院办公厅关于规范农村义务教育学校布局调整的意见》，中华人民共和国教育部网站，2012 年 9 月 6 日，http://www.moe.gov.cn/jyb_xxgk/moe_1777/moe_1778/201209/t20120907_141774.html。

"就近入学"政策的理解要与时俱进。这一原则是追求教育普及时代为满足民众"有学上"的需求提出来的，随着社会的发展，民众对教育的需求已经发生了质的变化，民众对优质教育的需求远比"就近入学"所带来的获得感强烈，20 世纪 90 年代出现的"择校热"就证明了这一点。当前不少民众宁愿跨区域送子女进入学费高昂的民办学校，也不愿接受政府所提供的免费"就近入学"机会的现象就证实了这一点。我国追求教育公平的重心，应该由追求"机会公平"转向"质量公平"，如有学者提出："在现有教育资源不均衡分布的状态下，'就近入学'政策逐步与住房的空间分异、阶层区隔相匹配而形成了明显的教育层化格局，进而导致教育再生产意义上的阶层复制与流动固化。为此，亟待呼吁中国教育公平通过'差异补偿'和'实质公正'的政策升级加速实现从'机会公平'向'质量公平'的深度范式转型。"[①]可以说，随着我国教育的进一步发展和民众对优质教育资源需求的日益强烈，在学校布局的过程中，保证质量原则的地位将会越来越高，这也要求我们对"就近入学"政策做出适度的调整和包容性的理解，摒弃对"就近入学"原则的刻板处理，让民众就近享受优质的教育才是学校布局的方向。

我国在学校布局中已经开始注意到这种倾向，比如 2012 年国务院办公厅《关于规范农村义务教育学校布局调整的意见》提出"处理好提高教育质量和方便学生就近上学的关系，努力满足农村适龄儿童少年就近接受良好义务教育需求"，"对保留和恢复的村小学和教学点，要采取多种措施改善办学条件，着力提高教学质量"。例如，通过提高村小学和教学点的生均公用经费标准，对学生规模不足 100 人的村小学和教学点按 100 人核定公用经费，保证其正常运转等种种措施来

---

① 李涛：《中国教育公平亟待深度范式转型——"就近入学"政策背后的社会学观察》，《教育发展研究》2015 年第 6 期。

实现教学点等小规模学校质量的提升。2018 年国务院办公厅《关于全面加强乡村小规模学校和乡镇寄宿制学校建设的指导意见》也同样提出："妥善处理好学生就近上学与接受良好义务教育的关系，切实保障广大农村学生公平接受教育的权利。"其还要求将"内涵发展，提高质量"作为乡村两类学校发展的原则，通过各种措施，为乡村学生提供公平而有质量的教育。

三　学校布局要处理好正规化办学与多种形式办学之间的关系

延安时期，我国教育事业的发展采用非正规化的发展道路，在普及与质量的关系上，多强调教育普及，而不强调教育的质量。新中国成立后，虽然围绕我国教育发展的路线出现过争论，但毛泽东等人认为教育要普及，就不要过分强调质量。尤其是对农村教育而言，要普及农村教育，就要放低对质量的要求，如 1953 年 5 月毛泽东主持召开的中共中央政治局会议就提出："关于整顿小学，整顿巩固、重点发展、提高质量、稳步前进的方针好，但不要整过了头。不可能把小学都办成一样，不可能整齐划一，不应过分强调正规化。农村小学可分为三类：中心小学、不正规的小学、速成小学。农村小学应便于农民子女上学。应允许那些私塾式、改良式、不正规的小学存在。"[①] 此后，面对小学的升学压力，毛泽东也倡导采用"戴帽中学"的办学来解决，如 1957 年在普通教育工作座谈会上提出"办戴帽中学还是一种好办法"，"在农村，教育要强调普及，不要强调提高，不要过分强调质量"，"戴帽中学的这个帽子不要摘掉，有条件的要多戴一点，学校应该分散在农村里头，摘掉是不好的"。[②] 由于国家财力有限，在改革开放前，我国农村教育基本上走的是一条非正规化的发展道路，采用

---

① 中央教育科学研究所编《中华人民共和国教育大事记（1949—1982）》，教育科学出版社，1983，第 77 页。

② 《毛泽东文集》（第七卷），人民出版社，1999，第 245~246 页。

多种形式办学，因陋就简、依靠群众、分散办学。如 20 世纪 60 年代为了普及农村教育，适应农民农忙的需要，采用耕读教育，创办半日制学校、春冬学校，而在一些地广人稀的少数民族地区，采取牧读教育的方式，创造了巡回教育、马背学校、帐篷学校等多种办学形式，极大地提升了教育的普及率。这种非正规化的办学形式实际上延续到改革开放后，一直存在到小学教育普及完成时。

但是随着国家经济实力增强和民众对教育质量的要求不断提高，教育走上正规化发展道路也是社会发展的必然选择。在 20 世纪 80 年代普及小学教育的过程中，我国基本实现了学校建设"一无两有"的最低要求。到 1993 年中共中央、国务院在《中国教育改革和发展纲要》中明确提出"发展基础教育，必须继续改善办学条件，逐步实现标准化"。这一规定标志着我国基础教育开始向正规化发展方向迈进。比如在校舍建设上追求标准化，在师资队伍上要求整顿民办教师队伍，在布局上减少复式教学、采用集中办学的形式。这条正规化发展道路是以提高教育质量为目的的，走这条道路是我国教育事业发展进入质量提升阶段的必然要求。

但同时，我们也要清醒地认识到，我国仍处于社会主义初级阶段，我国乡村地区仍没有完全实现振兴，加之我国不少中西部农村地区地理环境恶劣、交通条件尚不理想、不同民族文化素质差异较大，因此必须在教育正规化发展道路之外允许有非正规化的教育发展道路存在，兜住教育发展的底线。一些学者根据三大方面的约束条件，即物质性约束条件（包括自然地理条件和交通条件）、社会性约束条件（包括人口条件，宗族、民族、宗教文化条件，社会治安条件，家庭生存形态条件，地方政府资金供给条件，百姓教育意愿条件）和教育性约束条件（包括学生身心发展条件、学校与农村社区关系条件、学校自身历史文化条件和学校功能发挥条件），提出"底线+弹性"的农村学校布局调整标准设计模型。在上述约束条件中，一些条件是可以改变的，而一些条件是基本不可以改变的，是学校布局调整的底线，如自然地理条件，宗族、民族、宗教文化条件，学生身心发展条件和学校自身历史文化条件，这些条件将成为学校布局调整的底线标准。如果存在全乡镇只有一所小学，学校跨越不同民族、宗教群体，或邻近宗族之间存在矛盾冲突，到邻近学校的交通道路存在重大安全隐患，如泥石流、山体塌方、江河决堤、野兽出没等，学校建筑历史超过 100 年，60% 以上社区居民强烈反对等情况，就不应进行学校的撤并。① 正如同在全国多数地区普遍开行高速动车组列车的同时，也要为一些地区开行"慢火车"，满足其出行的需求，应将教育正规化发展与非正规化发展结合起来，兜住教育发展的底线。当前我国教育已经进入需要高质量发展的阶段，但因地制宜、采用多种形式的办学经验仍不能丢。在一些农村地区，要探索在地化的办学道路，使农村小规模学校也能向"小而美""小而优"发展。

四 学校布局要处理好公办主体与民办辅助之间的关系

我国是社会主义国家，其经济制度的基础是生产资料的社会主义公有制。这一经济基础必然要求我国教育的办学体制以公办教育为主体，民办教育居于辅助地位。虽然很长一段时间内我国农村教育依靠群众办学，倡导"人民教育人民办"，但这实际上是一种"公办民助"的办学形式，国家和集体在办学中始终处于主导主体地位。改革开放后，尤其是 1992 年我国开始建立社会主义市场经济体制后，社会逐渐成为一支重要的办学力量，社会力量办学开始成为县域内学校办学体制的一部分。2000 年以后，民办教育占县域教育的比重逐渐提高，从民办学校学生人数（幼儿园在园幼儿数）的比重看，到 2020 年，民

---

① 邬志辉：《中国农村学校布局调整标准问题探讨》，《东北师大学报》（哲学社会科学版）2010 年第 5 期。

办幼儿园在县域教育中的比重达到 44.7%；民办小学的比重达到 6.89%；民办初中的比重达到 11.34%；民办高中的比重达到 14.88%。从县域教育中各类办学体制的比重看，除幼儿园外，公办教育仍明显居于主体地位，但是由于民办教育在学生招生、教师任用等方面存在明显的优势，一些地区县域教育呈现出"民进公退"的局面，对县域教育生态造成恶劣的影响，民办教育已经由教育生态中激发教育发展活力的"鲶鱼"演变为恶化教育生态的"鲨鱼"。在县域教育内，民办教育具备了"绝杀"公办教育的能力，民办教育具备极强的"虹吸功能"，成为教育生态中的"超级抽水机"，把县域的优质生源全部"抽干"，形成绝对的垄断，造成县域公办教育办学困难，民众意见较大，损害了民众对政府办学的信任。因此，县域内学校布局必须坚守以公办教育为主体的原则，落实政府在办学中的主体地位。

对于民办教育的发展，一方面，要认识到民办教育对于弥补政府供给学位不足、满足人民群众对优质教育需求、促进教育多样化发展的积极贡献。尤其在普及九年义务教育方面，民办教育是出了大力的，其在十分困难的条件下坚持办学，解决了进城务工人员随迁子女的上学问题。应对民办教育的发展持鼓励的态度，认识到民办教育是我国教育体制的一部分，坚持民办学校与公办学校具有同等法律地位，各地政府要认真贯彻落实《民办教育促进法》，真正落实民办学校的教师和受教育者（学生）与公办学校享有同等权利，确保学校的办学自主权。另一方面，也要认识到一些民办教育的有益属性不强，收费过高、办学不规范，搅乱了县域教育生态。因此，县域政府要落实其在地方办学中的主体地位，严控民办教育盲目无序发展，控制民办教育的发展比例，保持公办教育的绝对主体地位，规范民办教育的办学行为，这是县级政府承担办教育责任所要完成的政治任务。民办教育要坚持教育的公益属性，落实"立德树人"的根本任务，确保党的教育方针在民办学校中得到贯彻。

五　学校布局要处理好为农服务与离农升学之间的关系

县域内学校布局还需要处理好为农服务与离农升学的关系，随着时代和社会的变迁，逐渐改变为农服务的狭隘思想。在革命年代，中国共产党反对农村地区的"升学教育"，认为升学教育是一种资产阶级的教育思想。如 1944 年 4 月 7 日《解放日报》上《根据地普通教育的改革问题》一文指出："毕了业回家劳动的，所谓的国民教育本该是为了这个目的的，但是现在的教育却是为了升学，因此再回家，在小学毕业已经不合算，中学毕业生更不合算，回了家也是闹别扭，不能做模范劳动者。"[1] 新中国成立后，由于我国经济社会发展的条件限制，不可能满足大部分人的升学愿望，因此，从 1954 年开始，我国就宣传鼓励高小和初中毕业生回乡从事劳动，认为升学论是一种"极不健康的错误思想"，"是一种封建阶级和资产阶级的观点"。在这种情况下，对于农村教育而言，其目标就是培养为农村农业生产服务的劳动者，这种农村教育的"为农论"对改革开放后农村教育的方针路线也有一定的影响。如 20 世纪 80 年代曾明确提出县域内教育主要服务农村，当时要纠正农村教育为升学服务的办学方向，提出"我们在农村办教育的目的，就是为建设社会主义新农村服务，就是要培养有社会主义觉悟有文化的一代新式农民……如果农村办学目的是为升学，升学又是为了什么？如果为了少数人'换户口本''跳出农门'，那就大错特错了！……如果农村办学不为农业服务，不为农民服务，那就犯了方向性的错误"[2]。到 2003 年，《国务院关于进一步加强农村教育工作的决定》亦强调农村教育教学改革要坚持为"三农"服务，增强办学的针对性和实用性，满足农民群众多样化

---

[1]　教育科学研究所筹备处编《老解放区教育资料选编》，人民教育出版社，1979，第 13 页。

[2]　张承先：《改革农村教育，更好地为社会主义建设服务》，《人民教育》1982 年第 9 期。

的学习需求。

在"为农论"的影响下，县域教育必然会一直强调职业教育的重要性，强调分流教育，因为农村学生在升学方面必然比不过城市学生，因此，通过职业教育为农村学生培养回乡服务的一技之长也实属情理之中。但是，"为农论"容易让教育滑向不公平的方向，似乎把离农升学视为一种不道德的行为，违背了民众接受高等优质教育的意愿。尤其是随着我国教育普及层次的逐渐提高，"上大学"已经成为包括农民在内的每一位公民的愿望。在这种情况下，如果依然强调"为农论"，则会人为地制造不公平。20 世纪 80 年代，在中等教育结构的调整过程中，我国将不少普通中学改为职业中学，在一定程度上压制了农民升学的愿望，"农民很快就像在 20 世纪五六十年代一样把它们视为二流学校……如果村民要把孩子送入学校，他们就要求孩子得到更高质量的教育了"①。因此，在县域内学校布局中要处理好为农服务与离乡升学间的关系，进一步讲就是要处理好民众愿望与国家需要之间的关系，民众希望接受更高层次的普通教育，而国家不需要那么多理论方面的人才，需要一些人转向应用型技能的学习，导致民众意愿与国家需要之间存在一定的隔阂与矛盾。在当前的形势下，可以逐渐放松对"普职相当"这一比例的控制，将教育分流延后至高中毕业，淡化对县域职业教育的强调，这样可能更能适应当前民众的教育心理。

六　学校布局要处理好中央政策与因地制宜之间的关系

新中国成立后，我国进行了多轮学校布局调整，在学校布局调整的过程中往往存在中央政策和地方政府执行相悖的现象，形成一种怪圈，即"一放就乱""一管就死"。比如在 20 世纪"大跃进"时期，

---

① 〔丹〕曹诗弟：《文化县——从山东邹平的乡村学校看二十世纪的中国》，泥安儒译，山东大学出版社，2005，第 263 页。

国家下放教育管理权,倡导群众办学,结果群众办学一哄而上,民办学校比例迅速提升。"文革"期间批判"两种教育制度",结果前期所形成的耕读学校、农业中学等办学形式的探索也戛然而止,这些形式的学校纷纷被取消或改办成全日制学校。这样的事例一再上演,20 世纪 90 年代末,国家为提升中小学教师学历,提出师范院校布局结构调整的意见,逐步提高师范教育的层次结构重心。但是地方上不顾实际情况,也不考虑中等师范教育百年发展历程所积累的资源,将中等师范学校"一网打尽",使中等师范教育迅速消失。2001 年,国家开启农村学校布局调整,结果一些地方不顾实际,大规模"撤点并校",造成不良的后果,教育政策的执行陷入"一放就乱"的怪圈。2012 年后,国家开始规范学校布局调整,结果一些地区将学校布局调整作为"禁区",停止学校布局调整,导致大量教学点"人浮于事"、教学质量低下、人心涣散,教育政策又陷入"一管就死"的窘境。因此,地方上在学校布局调整的过程中,一定要认真领会中央的政策意图,不能刻板执行中央政策,要做到因地制宜。事实上,面对地方政府在学校布局中"一刀切"的做法,教育部门多次发出通知要求实事求是地做好农村中小学布局调整工作,同时要求地方实事求是、因地制宜地解决好农村边远山区交通不便地区中小学生上学远的问题,慎重对待撤点并校。可以说,因地制宜是我国县域内学校布局的一条重要原则,也是 70 年来我国县域内学校布局所形成的一条基本经验。

我国地域广阔、地貌多样。平原面积为 115 万平方公里,仅占国土面积的 12%,山地、丘陵、高原、盆地占比较大。县域范围内,尤其是西部地区的县域范围平原稀少,多山地地形。多样的地理环境,加上不同的民族生活习惯,使得我国县域内学校布局不得不将这些因素纳入考虑,在学校布局中采取因地制宜的原则。2018 年中共中央、国务院印发的《乡村振兴战略规划(2018—2022 年)》,根据不同村庄的发展现状、区位条件、资源禀赋等,将乡村分为集聚提升类村庄、城郊融合类村庄、特色保护类村庄、搬迁撤并类村庄。2022 年，中共中央办公厅、国务院办公厅出台《关于推进以县城为重要载体的城镇化建设的意见》，也根据不同的功能定位，将县城分为五类，提出加快发展大城市周边县城、积极培育专业功能县城、合理发展农产品主产区县城、有序发展重点生态功能区县城、引导人口流失县城转型发展。这些政策文件，为我们因地制宜处理好县域内学校布局提供了指导。

七　学校布局要处理好长远规划与短期优化之间的关系

长期以来，在推进教育普及与质量提升的过程中，我国不够重视学校布局规划。这可能与我国在学校布局上一直坚持"非正规化"的路线有关，学校布局和建设"因陋就简"，因此也无所谓"规划"。学校布局缺乏长远规划，导致学校建设重复、浪费现象较为严重。比如在 20 世纪末各地在推进义务教育普及验收的过程中，修建了大量的农村学校，但是在"普九"验收完成后，由于农村生源减少，对不少农村学校进行了撤并，一些新建学校被废弃。比如 2008 年有媒体报道，湖北省长阳县 76 所"希望小学"中，53 所遭"荒废"。"1997 年建造的大鹏希望小学是'全国第一所由农民个人捐资兴建的希望小学'，曾经名声在外，3 年后的 2000 年，剩下的 40 多名学生转学到了 5 公里外的邓家坝小学。"① 为了"普九"考核达标，各地乡镇政府和村级组织募集大量资金，互相攀比，甚至不惜举债建校，几乎每一个村都建起了漂亮的学校。但是"普九"过后，人口高峰退去，乡村学校的生源急剧减少，其又不得不面临被撤并的命运。仅仅几年时间，造成教育资源的极大浪费。同样的事情在 21 世纪重复上演，进入 21 世纪后，

---

① 《湖北大量希望小学荒废调查：普九留下后遗症》，新浪网，2008 年 12 月 29 日，https://news.sina.com.cn/c/2008-12-29/093516940796.shtml。

我国一方面推动农村学校撤并，另一方面又加大农村教育投入力度，实施了多项农村学校办学条件提升的工程，如农村中小学危房改造工程（2001~2005 年）、农村寄宿制学校建设工程（2004~2007 年）、农村初中校舍改造工程（2007~2010 年）等。而随着农村学校生源的持续减少，在这些工程中一幢幢新的大楼建成的同时，不少学校也因生源萎缩而被废弃。在我们的调研中，一些学校虽然在 2010 年前后兴建了新的校舍，但这些校舍基本被闲置，有校长称"从建起后，从未踏进一个脚印"。校舍"建成即闲置"问题在农村地区相当普遍，造成教育资源的极大浪费。这种浪费从根源上讲，就是因为我国的县域内学校布局缺乏长远的规划。

2012 年《国务院办公厅关于规范农村义务教育学校布局调整的意见》首次明确提出"科学制定农村义务教育学校布局规划"，要求"县级人民政府要制定农村义务教育学校布局专项规划，合理确定县域内教学点、村小学、中心小学、初中学校布局，以及寄宿制学校和非寄宿制学校的比例，保障学校布局与村镇建设和学龄人口居住分布相适应"。[①] 这一意见出台后，极大地推动了各县级人民政府对学校布局规划的重视，为学校布局规划提供了制度化的保障，提升了县域学校布局的科学性。

县级行政部门要重视县域学校布局的长远规划，针对县域人口分布、地理特征、交通资源、城镇化进程，测算学龄人口流动和变化趋势，由县级教育行政部门牵头，会同机构编制、发展改革、财政、人力资源社会保障、自然资源及农业农村部门统筹提出县域学校规划布局方案，并按程序组织论证，征求公众意见，提高学校布局规划的科学性和民众满意度。

---

① 《国务院办公厅关于规范农村义务教育学校布局调整的意见》，中华人民共和国教育部网站，2012 年 9 月 6 日，http://www.moe.gov.cn/jyb_xxgk/moe_1777/moe_1778/201209/t20120907_141774.html。

当然，在做好长远布局规划的同时，也要适时根据人口分布的变化、国家的相应政策要求、县域的城乡规划变化等对县域学校布局做出调整，提出优化方案。可以说，学校布局的调整和优化是一个长期的过程。应做到长远规划和短期调整、优化相结合，建立与常住人口变化相协调的学位供给调整机制，使县域学校布局与学龄人口的分布相适应。

第五节　县域内学校布局的前景展望

结合对新中国 70 年来县域内学校布局的考察和未来县域经济社会发展的趋势，我们认为未来县域教育在空间布局上，应加强县城的教育布局；在办学体制上，应压实政府责任，以政府办学为主体；在办学形式上，在推进正规化、标准化的同时，兼顾小规模学校；在办学类型上，应推后职业教育分流或进一步将职业教育布局上移，推动普通职业教育向城市转移。

一　在办学的空间布局上，要进一步加强县城教育布局

回望我国县域教育的发展，在城镇化的大趋势下，"学校进城"仍将是我国县域教育发展的趋向。县域教育发展的趋势与我国城镇化发展的趋势是一致的，我国的城镇化道路具有明显的集中型城镇化模式的特征，这种城镇化模式不同于德国的分散型城镇化模式，我国的城镇化道路将是人口不断向城市群、大城市集中的过程。当然，城镇化有一定的度，一国人口不可能全部城镇化，一般而言当城镇化率达到 75% 之后，城镇化水平将趋于稳定。截至 2021 年末，我国城镇化率达到 64.72%，因此，我国仍有约 10% 的人口，也就是约 1.5 亿人口需要向城镇转移。据中国社科院人口与劳动经济研究所及社会科学文献出版社发布的《人口与劳动绿皮书：中国人口与劳动问题报告 No. 22》

预计，中国将在"十四五"期间迎来城镇化由高速推进转向逐步放缓的"拐点"，2035 年后城镇化进入相对稳定发展阶段，中国城镇化率峰值大概率出现在 75%~80%。报告预计，"十四五"期间中国城镇化率平均每年提高 1.03 个百分点，较"十三五"时期下降。尽管城镇化推进速度放缓，但到 2035 年还将有约 1.6 亿农村人口转移到城镇。这就预示着，2035 年前，虽然农村人口向城镇转移的速度放缓，但农村人口向城镇集中仍将持续进行。

2010~2020 年，全国人口向大城市和中心城市集中，全国范围内县域人口总数呈现下降趋势，县域人口总数从 2010 年的 7.2 亿人下降到 2020 年的 6.7 亿人。但是县城人口总数却在增长，由 2010 年的 1.38 亿人增长到 2020 年的 1.58 亿人。县城人口集中率从 2010 年的 19.24%增长到 2020 年的 23.59%（见表 9-10）。

表 9-10 2010~2020 年县域城镇化情况

年份	县的数量（个）	县城常住人口（万人）	县城暂住人口（万人）	县城人口总数（万人）	县域常住人口（万人）	县域暂住人口（万人）	县域人口总数（万人）	县城人口集中率（%）
2010	1633	12637	1236	13873	69558	2529	72087	19.24
2011	1627	12946	1393	14339	69455	2389	71844	19.96
2012	1624	13406	1514	14920	70328	3241	73569	20.28
2013	1613	13701	1566	15267	70155	3074	73229	20.85
2014	1596	14038	1615	15653	74252	3119	77371	20.23
2015	1568	14017	1598	15615	68793	3110	71903	21.72
2016	1537	13858	1583	15441	67314	3010	70324	21.96
2017	1526	13923	1701	15624	66852	3062	69914	22.35
2018	1519	13973	1722	15695	66161	3097	69258	22.66
2019	1516	14111	1755	15866	65556	3048	68604	23.13
2020	1495	14055	1791	15846	64126	3056	67182	23.59

注：县城人口集中率即县城人口总数占县域人口总数的比例，以此反映县域人口向县城集中的程度。

资料来源：根据历年《中国城乡建设统计年鉴》整理。

　　因此，未来一段时间县域教育空间布局的方向是以县城教育为重点，加强县城教育的布局。农村教育的发展重心应该转向县城教育。县城是城与乡的结合点，扩大县城的规模与乡村振兴或城乡融合发展并不矛盾，并不会带来乡村的衰败。相反，通过推动县城等小城镇的建设，反而能增强小城镇的辐射作用，更好地带动相应区域乡村的发展。"在当前工业化和城镇化快速推进的新形势下，应以县城为依托，把县城建设成为县域经济的龙头和农村城镇化的经济中心，通过县城把城市物质文明和精神文明扩展到乡村，使县城成为城乡融合的枢纽和桥梁。"① 2019 年，《中共中央　国务院关于建立健全城乡融合发展体制机制和政策体系的意见》要求推动城乡融合发展见实效，健全城乡融合发展体制机制，促进农业转移人口市民化。要把县域作为城乡融合发展的重要切入点，赋予县级更多资源整合使用的自主权，增强县城综合服务能力。2020 年 10 月，习近平总书记在《求是》杂志发表文章《国家中长期经济社会发展战略若干重大问题》，提出："我国现有 1881 个县市，农民到县城买房子、向县城集聚的现象很普遍，要选择一批条件好的县城重点发展，加强政策引导，使之成为扩大内需的重要支撑点。在城市旧城和老旧小区改造，地下管网、停车场建设，托幼、养老、家政、教育、医疗服务等方面都有巨大需求和发展空间。"② 因此，顺应我国城镇化发展的趋势和农村教育城镇化的需求，解决"城挤、乡弱、村空"的农村教育问题，就应该以县城和少数重点镇为据点，尽快扩大县城和少数重点镇的教育规模，使县城和少数重点镇成为农村教育布局上移的承接点，成为农村教育城镇化的主阵地。

　　未来农村教育布局的重心应当在县城，扩大县城教育规模。对于生源仍在减少的乡镇初中，在通勤条件成熟的县域，应该推行"初中

---

① 辜胜阻、李华、易善策：《推动县域经济发展的几点新思路》，《经济纵横》2010 年第 2 期，第 34～38 页。
② 习近平：《国家中长期经济社会发展战略若干重大问题》，《求是》2020 年第 21 期。

进城"。尤其要对前期布局调整形成的九年一贯制学校进行小学和初中的分离。在 2005 年左右的农村学校布局调整中，一些地区将农村小学和初中合并起来，但是在后期的发展中，小学和初中办学理念的不一致和人员整合的问题，致使这类学校发展不畅。应该将这类九年制学校的初中部分合并，推动整体进城；生源少的小学也应进一步合并，加强寄宿制学校建设。评估测算县城学位供求，加强县城学校的建设，对老旧学校进行易地搬迁，建设新校区，使县城成为县域教育的主要承载地。

二 在学校办学体制上，要坚持以公办教育为主体

我国是社会主义国家，在经济上要体现公有制的主体地位，在教育等涉及社会最基本民生的领域也必须坚持公有制的主体地位，教育上，公办教育必须占据主体，成为主流。但由于在经济体制改革的过程中，资本过度地渗透进教育领域，我国不少县域出现"民进公退"的倾向，政府在办教育中的主体责任"失落"，有违社会主义国家的本质。因此，各级政府要承担起发展教育的主体责任。

各级政府还要切实提高政治站位，坚持"义务教育是国家事权、依法由国家举办"的原则，办好办强公办义务教育。2021 年 3 月，教育部等六部门联合印发《义务教育质量评价指南》，提出对县域义务教育质量从价值导向、组织领导、教学条件、教师队伍、均衡发展五个方面进行评价。① 这就要求县级政府全面负起办教育的主体责任。县级政府要加强教学条件保障，保障足够学位、保障教学设施、保障教学经费；要加强师资队伍保障，保障教师编制配备、提高教师队伍素质、落实教师地位待遇。在当前基础教育"民进公退"的形势下，

---

① 《教育部等六部门关于印发〈义务教育质量评价指南〉的通知》，中国政府网，2021 年3 月 1 日，http://www.gov.cn/zhengce/zhengceku/2021-03/18/content_5593750.htm。

各级政府还要切实提高政治站位，坚持"义务教育是国家事权、依法由国家举办"的原则，办好办强公办义务教育。在办好公办义务教育的同时，县级政府也要强化对民办义务教育的管理，把规范公参民学校作为重要政治任务，承担起举办义务教育的主体责任。

三　在布局的形态上，应进一步撤并冗余小规模学校

尽管国家从 2010 年起开始着力解决"县镇挤，乡村弱"的教育问题，加强对乡村小规模学校的投入，但是在城镇化的迅速发展下，县域教育两极化的趋势仍在不断加强。2020 年我国的城镇化率为 63.89%，比 2010 年（49.95%）提高 13.94 个百分点。随着城镇化的发展，一些地区农村学生向城镇转移的速度大大超过当地政府部门的预期。面对城乡学生结构的变动，许多区县城镇学校扩容建设的速度赶不上学生流动转移的速度，导致城镇教育资源日益吃紧。而一些农村学校，尤其是一些保留的小规模学校和教学点，虽然有了国家扶持发展的政策，但是由于生源的流失、教师的惰性等，仍制止不了学校的衰落，一些地区县域义务教育发展"城挤""村弱"的趋势仍在加剧。中西部部分乡村地区出现"空心化"的情况，教师人数远超学生人数。如山西省柳林县农村义务教育学校布局存在分散、布点过多、学校规模小等问题，该县 2019 年有农村义务教育学校 129 所，其中小学 110 所，百人以下校 77 所；初中 19 所（其中有九年一贯制学校 7 所），百人以下校 4 所。学校布局的不合理造成了一系列问题，如小规模学校经费短缺、运转困难；教师编制不平衡，音、体、美专业教师短缺；单轨制学校无法组织教学研究、课题探讨，教师专业成长受到制约，直接制约着该县基础教育的发展水平和质量提升。[①] 在甘肃，

---

① 《柳林县人民政府办公室关于印发柳林县优化农村义务教育学校布局专项规划实施方案的通知》，柳林县人民政府网站，2019 年 7 月 30 日，http://www.liulin.gov.cn/llxxxgk/zfzcbm/xzfb/fgwj/gfxwj/201907/t20190730_1308185.shtml。

2015 年全省学生在 10 名及以下的学校有 3100 余所，而 100 名以下的有 9104 所。农村生源连年缩水，催生"麻雀学校"，这些开在家门口的 "麻雀学校"，虽然方便了学生就近入学，但教育质量水平整体偏低，优秀的教师资源难以沉下去，学生的全面发展深受掣肘等问题依然突出。[①] 农村适龄儿童持续减少，县域学校布局总体呈现出布点多、规模小、办学质量不高的特点，这与政府"办人民满意的教育"的宗旨相背离，因此，对一些地区而言，农村义务教育学校布局调整势在必行。

但农村义务教育学校布局调整，势必会对乡村学校，尤其是小规模学校进行撤并，因此，理性看待乡村振兴与乡村学校撤并之间的矛盾，处理好乡村振兴与乡村学校撤并之间的关系，为地方政府扫除乡村学校撤并在思想上的障碍就很有必要。[②]

第一，应从思想上理性认识乡村学校撤并。事实上乡村振兴与乡村学校撤并并不矛盾，乡村振兴不是"一刀切"，乡村学校也并非不能撤并。2018 年 9 月中共中央、国务院印发的《乡村振兴战略规划（2018—2022 年）》提出，乡村振兴要坚持因地制宜的原则，避免"一刀切"。例如，其针对不同类型的村庄，提出不同的治理方略。其按照不同村庄的发展现状、区位条件、资源禀赋等，将村庄分为四大类：集聚提升类村庄、城郊融合类村庄、特色保护类村庄、搬迁撤并类村庄。[③] 集聚提升类村庄占大多数，是乡村振兴的重点。这类村庄有人口集聚的可能，也就有乡村教育发展的人口基础，可以保留并发展好相应的乡村教育。而其他三类村庄的学校则有撤并的可能。如城郊融

---

① 柴秋实：《全校学生不足 10 名，这样的小学在甘肃尚有 3100 余所——"麻雀学校"去还是留》，《人民日报》2015 年 12 月 11 日，第 9 版。

② 刘秀峰：《应理性看待乡村振兴背景下的乡村学校撤并》，《教育与教学研究》2022 年第 2 期。

③ 《中共中央　国务院印发〈乡村振兴战略规划（2018—2022 年）〉》，中华人民共和国农业农村部网站，2018 年 9 月 26 日，http://www.moa.gov.cn/xw/zwdt/201809/t20180926_6159028.htm。

合类村庄，因处于城镇周边，人口自然多向城镇转移，在城镇就学的成本很低，学校自然也多难以维持，或者其学校本身已经成为城镇类型的学校了。特色保护类村庄，在一些发达地区有人口集聚的可能，但在少数民族地区也多难以集聚人口，学校仍难以维持。最后一种是搬迁撤并类村庄，"皮之不存，毛将焉附"，村庄撤并或搬迁后，相应地学校自然也应撤并。因此，乡村振兴并非不能撤并乡村学校，我们不能一听到乡村学校撤并就将问题的矛头指向当地政府，认为是其乱作为。乡村学校撤并要顺应村庄发展规律和演变趋势，若一些地区的村庄不能够持续保留，相应地学校也应当撤并，这正是乡村振兴的应然之举，而非反向行动。

第二，必要的乡村学校撤并、上移是乡村振兴的题中之义。乡村振兴一方面需要乡村自身的发展，另一方面也需要强有力的城镇带动。县城和乡镇虽不在乡村之列，但是其经济、文化足以辐射乡村，是乡村经济、文化的中心。县城和乡镇等小城镇是"城市之尾"和"乡村之首"，推动乡村振兴如果不重视县城、乡镇对乡村的带动、引领作用，乡村也难以振兴。狭隘地、教条地将乡村振兴的范围限定在"乡村"之内，将县城和乡镇排斥在乡村振兴之外，不利于乡村振兴愿景的实现。顺应县域人口向城镇聚集的趋势，将那些生源继续萎缩的乡村学校撤并掉，推进乡村小学向乡镇和县城集中，形成办学规模效应，使原来的乡村学校生源接受更优质的教育，从广义上讲也是促进了乡村教育的振兴。反之，囿于狭隘的乡村振兴观，不顾乡村学校的存亡，不进行必要的乡村学校撤并，放任乡村学校衰败下去，这才有违乡村振兴的大局。

第三，必要的乡村学校撤并有利于县域教育生态的良性发展。多数县域财政本为"吃饭财政"，教育投入占据了县域财政支出的大头，如果不进行学校撤并，有限的教育经费会"铺洒"向巨大的面，尤其是在一些乡村学校已无法可持续发展的情况下，这种投入显得有点"浪费"。不少地区由于要维持小规模学校的发展，没有做好长远的规划，校舍建设投入不减，最后出现"建成即闲置"的现象，造成巨大的资源浪费。如时任全国政协委员、吉林华桥外国语学院（现吉林外国语大学）院长秦和在调查中发现，农村义务教育学校大量学生到城镇就读的"空心化"现象日趋严重，造成了教育资源的浪费。① 安徽省人大代表、亳州市利辛县第一中学政教处副主任张大艳也表示："近年来，国家对一些农村学校硬件的投入增多，新建教学楼很漂亮，配套的体育设施也很完善，但这些并不能留住农村学校学生出走的脚步。"② 因此，撤并一些生源持续减少的乡村教学点，能够节约资源，提高县域教育的办学效益。

随着国家对乡村小规模学校的支持力度加大，一些地区对本该被撤掉的教学点予以保留，实质上是将教学点作为地方套取更多中央拨付公用经费的手段。如一些学者提出，"一些地方政府官员片面地理解为'多办教学点，争取上级拨款'。为获得更多的教育财政转移支付，一些地方打政策擦边球，将一部分完全小学拆分为多个教学点，以套取更多的公用经费"③，以至于随着人口自然消减而本应被撤并的大量教学点却被保留，呈现出与 2001~2012 年中国农村大规模"撤点并校"截然相反的状况。④ 因此，对一些生源持续减少的乡村小规模学校进行适当的撤并是有利于县域教育良性发展的。根据城乡人口流动、分布的规律，推动乡村小学进镇、乡村初中进城能够有效提升乡村教育的规模效益、提升乡村教育的质量，对满足人民群众对优质教

---

① 张春铭：《秦和委员：农村闲置教育资源别浪费了》，《中国教育报》2017 年 3 月 4 日，第 3 版。

② 徐琪琪：《省人大代表张大艳：农村学校教育资源闲置问题需要关注》，《新安晚报》2021 年 1 月 30 日，第 3 版。

③ 雷万鹏：《义务教育学校布局调整——研究进展与难题破解》，《华中师范大学学报》（人文社会科学版）2014 年第 5 期，第 147~154 页。

④ 李涛：《西部农村教育治理新困局："中心校"管理模式调查》，《中国青年报》2016 年 1 月 11 日。

育的需求是有益的。

第四，需要进一步发展和完善寄宿制学校建设。撤销冗余小规模学校的同时，必然带来一些地区就学半径的扩大，这就要求一些地区进一步办好寄宿制学校，以满足学生寄宿的需求。建立寄宿制学校不仅是解决农村学生上学远和留守儿童教育问题的一项利民政策，而且在新的形势下也是提升农村教育质量，解除农村家长辅导、教育孩子后顾之忧的一种好办法。随着社会发展专业化程度的提高，家长越来越没有专门的精力来辅导自己孩子的学业，只能将孩子交给课外培训机构。虽然近些年国家对课外培训机构进行了一些治理，但仍有治标不治本的嫌疑。最根本的治理思路还在于从学校教育机构入手进行供给侧的改革，填补教育学生时间上的空白，为家长减轻负担。而寄宿制学校可以说正好弥补了这一教育上的缺陷，受到农村家长的普遍欢迎，使很多地区寄宿制学校"一铺难求"。因此，大力发展寄宿制学校在一些地区是当务之急。

当前，我们应该做的是进一步增加寄宿制学校的投入，完善寄宿制学校的管理。当前很多寄宿制学校的住宿环境、生活环境并不理想，没有做到"人性化"，冷冰冰的寄宿环境让学校没有温情。同时，我国尚没有统一的寄宿制学校建设和管理标准，导致各地寄宿制学校在建设和管理中问题突出。我们在调查中发现，寄宿制学校的生活指导教师、后勤人员配备制度往往不健全，缺乏必要的编制。多数农村寄宿制学校执行的是国家中小学统一编制标准，即小学教职工与学生之比为 1∶19.5，初中教职工与学生之比为 1∶13.5。农村寄宿制学校多未配备专职的学生生活指导教师和后勤管理人员，除少数临聘人员外，其多由学校教师兼职，农村教师队伍多存在结构性缺编问题，这就导致农村教师除了要完成学科课程教学任务，还要负责大量寄宿学生的后勤管理和课余生活指导工作，使得教师工作压力非常大。长期的超负荷工作，导致出现教师身心极度疲惫和师资队伍不稳定的情况。而临聘人员素质不能保证，其对学生日常生活的管理和服务不够到位的现象严重。国家应及早出台统一的寄宿制学校建设和管理标准，对寄宿制学校生均公用经费、食堂与宿舍建设标准以及人员配备等做出规定，按一定比例为寄宿制学校配备专门的生活教师和适当数量的后勤人员，以保障寄宿制学校的正常运转。为保证农村义务教育寄宿制学校正常运行，建议采用每 50 名寄宿生增设 3 名后勤管理人员和服务人员的编制模式，配足配齐寄宿生安全保卫人员、医务保健人员、食堂管理人员、生活指导教师等后勤保障人员，以整体提升农村义务教育寄宿制学校后勤保障能力，促进农村义务教育寄宿制学校长期稳定发展。此外，应逐渐提升寄宿制学校学生住宿、生活、学习空间的设计和建设水平，构建温馨的学习家园。

四　在学校的类型结构上，应加强县域义务教育前后阶段教育

从 20 世纪 80 年代"普初"到 90 年代"普九"，再到 21 世纪推进义务教育均衡发展，义务教育一直是县域教育发展的重心，也是县级政府发展教育的着力点。当前，随着义务教育实现基本均衡，县域教育发展的方向应由满足"学位"需求转向提供优质教育。而优质的县域教育，仅靠义务教育难以支撑，县域教育的发展重心需要向义务教育的两端倾斜，一方面要重视县域基础教育的总出口——县域高中教育，另一方面要加大普惠性幼儿园建设力度，满足民众基本的学前教育需求。

（一）加强县域普惠性学前教育布局

经过 10 年的大力发展，到 2020 年，县域内学前教育的办园格局有所改善，县域内民办园的占比由 2010 年的 66.33% 下降到 50.54%，教育部门办园占比由 2010 年的 21.78% 上升到 2020 年的 44.05%；全国普惠性幼儿园覆盖率达到了 84.74%。可以看到，县域内学前教育布局中政府的力量在不断增强，但是由于长期以来学前教育的"欠账"较多，县域内学前教育仍存在不少问题。

第一，县城公办园教育资源仍然不足。随着城镇化进程的加快，城镇区域不断拓展，人口向县城及镇区集中趋势明显，导致生源加速转向乡（镇）中心园，致使农村"空壳园"较多，中心园压力较大，县城公办幼儿园学位紧张，不能满足需求，呈现大班额现象。一些县城幼儿园"一位难求""一床难求"，家长只能选择民办幼儿园就读。如四川省通江县 2020 年共有幼儿园 132 所，其中有公办园 79 所（含独立办园 1 所）、民办幼儿园 53 所（含普惠性民办幼儿园 35 所）。虽然从数量上看，公办园占比较高，但是公办园的学生数量占比却明显不及民办园。全县仅有 1 所独立法人公办园，其余都是小学附属园。公办园在园幼儿占比为 41%，在城区占比仅为 35%，按照"80、50"要求（普惠园覆盖率达 80%，公办园幼儿占比达 50% 的要求），还差公办园学位 1200 个左右，公办园教育资源严重不足，存在超大班额、入公办园难的现象。[①]

第二，幼儿园师资不足，编制严重缺乏，教师队伍不稳定。公办幼儿园教师编制缺口较大，甚至一些省份没有核定幼儿教师编制数，导致县编办也没有统一核定全县幼儿教师编制数。随着农村幼儿园数量的迅速增加，一些地区实现"一村一幼"，但是专业教师严重短缺，农村小学附设幼儿园大部分为"一人一园"，村级园多为"一人一班"，城区幼儿园临聘人员多。另外，随着幼儿园日托制的推行，保育员严重短缺，原有幼儿园专任教师既当教师又当保育员，人手不足，容易造成监管缺失。同时，县域幼儿园教师编制严重短缺，有学者统计，2020 年全国幼儿园专任教师编制缺口为 19.7 万，公办幼儿园专任教师编制缺口为 59.9 万（占比 46.27%）。[②] 而城市幼儿园教师编制

①　李芯、杨胜勇：《关于全县学前教育工作的调查与思考》，通江县人大网，2021 年 1 月 26 日，http://www.sctjrd.gov.cn/HTM/ShowArticle.asp? ArticleID = 5417。

②　冯琪：《全国政协委员刘焱：统筹分配编制，解决公办幼儿园教师缺编问题》，《新京报》2022 年 3 月 5 日。

多于农村幼儿园，因此，县域内幼儿园教师缺编问题更为明显。如四川省通江县，全县 2021 年有公办园幼儿教师 638 名，其中在编人员仅有 106 名，在编比例只有 16.6%。① 许多公办园没有幼儿教师编制，大部分幼儿园没有达到"两教一保"的要求。如安徽省濉溪县 2018 年全县公办幼儿园学生数为 21747 人，按师生比 15：1 测算，全县公办幼儿教师应有 1450 人。但是全县公办幼儿教师仅有 355 人，缺口为 1095 人。② 不少地区没有实现编制内和编制外"同工同酬"，导致幼儿园教师队伍极其不稳定，这成为制约县域学前教育发展的最大问题。

第三，农村幼儿园和民办幼儿园质量不高。农村幼儿园投入不够，导致小学附设幼儿园在条件、管理、师资等各方面存在问题。在民众对学前教育的大量需求下，一些县域民办幼儿园发展迅速，但由于政府部门本身在学前教育上的投入不够，因此无力对民办园进行足够的管理。一些民办幼儿园存在校舍面积不足、活动场所不够、缺少必要的玩教具和图书、校园周边环境差等现象。在教学上，部分民办幼儿园为迎合家长和争夺生源，违背教学规律和幼儿成长规律，热衷于识字、英语、拼音、写字、算数等的教学，存在"小学化"倾向，扰乱学前教育良好生态。目前农村学前教育承载力依然不足，幼儿园覆盖率不够，办园规模无法满足幼儿就近入园的需要，农村幼儿"入园难"问题依然存在并亟待解决。③

县域学前教育布局不合理的根本原因还在于我国学前教育经费投入机制存在问题。当前，虽然国家将县域学前教育管理体制明确为"以县为主"，同时实施了三轮"学前教育三年行动计划"，但这种项

① 李芯、杨胜勇：《关于全县学前教育工作的调查与思考》，通江县人大网，2021 年 1 月 26 日，http://www.sctjrd.gov.cn/HTM/ShowArticle.asp？ArticleID=5417。
② 《关于我县学前教育工作情况的调研报告》，濉溪县人大网，2018 年 8 月 17 日，http://www.ahsxrd.gov.cn/content/detail/5b865f2c45cb82f414000000.html。
③ 刘航、兰岭：《农村学前教育：不可忽视的"最短板"》，《光明日报》2017 年 3 月 23 日。

目式的学前教育投入不能使县级政府形成和开展对学前教育的整体性规划和持续性、保障性的投入。尤其是中西部一些财力有限的县，无力可持续性地承担在学前教育方面的投入。比如，一些县在生均公用经费上不能够达到国家和省级的标准。四川省通江县普惠性幼儿园 2019 年生均补助为 50 元，2020 年财政计划生均补助仅为 100 元，与上级相关部门提出的到 2022 年生均公用经费财政拨款不低于 500 元/年的标准有很大差距。生均公用经费不足，导致幼儿园办园条件无法改善。由于县级财政能力有限，政府购买学前教育服务无法开展，普惠性、公益性学前教育体系无法建立。

因此，应尽快建立和完善学前教育经费保障机制，建立不同地区、不同级别政府按照不同比例分担的学前教育经费投入机制，以确保学前教育的公益普惠性质。在建立起学前教育经费保障机制的基础上，县域学前教育的布局应进一步加强县城和乡镇幼儿园建设，落实城镇小区配套幼儿园专项治理的相关措施，以满足城镇化带来的学位增长需求。对于学前教育师资问题，应加大政府购买服务力度，逐步实现"去编制化"，实现有编无编同酬化。

（二）延后初中后教育分流或推动职业教育布局上移

考察新中国 70 年来县域普通教育和职业教育的交织变迁，职业教育一直处于弱势地位。新中国成立后，县域职业教育的发展始自"大跃进"时期的农业中学，农业中学的出现本为缓解当时小学毕业生的就业压力，也满足了当时农业"大跃进"的需要。虽然在当时的报道中，对农业中学多有溢美之词，称农村人欢迎农业中学，但是另一些报道却与此截然相反。如从曹诗弟对邹平乡村学校的考察看，农业中学在当时亦遭到歧视："被访者明确表示，普通学校是更具有吸引力的。学生们首先参加普通中学的入学考试，并且只有在这种考试失败以后，才申请进入农业中学。之所以出现这种情况，部分原因在于两种社会地位的差别：拥有一张普通初中文凭就可以参加高中的入学考试，而农中的毕业生们就不得不回到他们原来的公社。同时，人们对农业课程的实用性也存在着普遍的怀疑。"[①] 农村人看待职业教育的心理基本如此，虽然在每一次"职普比"下降之后，国家都会进一步加强职业教育，但是对于县域职业教育而言，其所处的环境没有发生大的变化，县域职业教育仍被看作"失败者的教育"。对于县域职业教育发展的困境，学术界研究已颇多，从县域职业教育的自身发展看，存在由经费不足导致的教学条件差、教师质量不高、就业前景不明朗等问题；从职业教育发展的外部环境看，一直以来中国文化中"重道轻器""重道轻术"的思想没有变化，追求成为"劳心者"、避免成为"劳力者"的思想也没有什么变化。县域职业教育发展不顺利也有另外一个原因，就是升学上大学的前景更为广阔，没有人愿意成为学业上所谓的"失败者"。反观 20 世纪八九十年代中专教育的辉煌，当时，从就业政策上看，中专"包分配"，毕业有"铁饭碗"；再看就业前景，大学尚未扩招，上普通高中升大学的路子较窄。因此，在没有普通教育"歧路"的情况下，中专教育曾经有过辉煌。但是目前在大学已经普及化的时代里，让部分学生在初中后就进入职业教育体系，在多数民众看来不可接受。建议推后初中后教育分流的具体原因如下。

第一，从当前职业教育的需求看，当前我国社会所缺的人才是高技能型人才，中职教育已无法满足社会的这种需求，目前多数中职教育的培养目标已从单纯"以就业为导向"转变为"就业与升学并重"，甚至转向单纯的升学导向。一些中职学校从外表看似"中职"，却在其内部设置了对口升学班、文体特长升学班和高考辅导班，这些设置均指向了升学。一些县的中职在招生过程中，多以"对口升学难度小、录取率高"为幌子招揽生源，中职教育的办学导向已经从就业偏

[①]〔丹〕曹诗弟：《文化县——从山东邹平的乡村学校看二十世纪的中国》，泥安儒译，山东大学出版社，2005，第 225 页。

向了升学。在这种背景下，中职教育的存在价值值得反思。即使是培养一般的技能型人才，中职教育所起的作用也不大。事实上，县域范围内一般的技能型人才，如理发、酒店服务、电工、焊工、机修、木工、装修等行业的人才，在社会上一直潜藏着"师徒式"的技能培养路子，这一偏实践的培养方式比一般的中职教育更能达到"事半功倍"的效果。

第二，从民众接受职业教育的心理看，民众心理普遍不能接受在初中后分流，即使自己的子女学习情况一般，"不是读书的料"，也想尝试读完普通高中后进行分流。事实上，子女读完普通高中后进行分流和职业选择时的家长已认定了孩子的发展潜能，对接受高等职业教育也有了更理性的认识。正如很少有家长会在高考结束后非理性地去抱怨学习一般的孩子没能上清华、北大，高中结束后对孩子进行职业分流是正常的、可接受的，而在初中后进行分流只会增加社会的焦虑。强调"普职相当"，使学生在初中毕业后进行分流，过早地给孩子贴了标签，让他们在十四五岁懵懵懂懂的时候就被抛到社会的另一边，在一定程度上加重了家长和学生的教育焦虑。

第三，从我国职业教育的发展历史看，普通教育与职业教育在什么时候分流与我国普及教育的形势有关。随着普及教育年限的逐渐延长，教育分流也应该考虑向后推迟。清末民国时期，我国尚不能普及小学教育的时候，限制县域设置普通初中，鼓励多设置职业学校，县域职业教育以初级职业教育为主，招收初小毕业生，实行的是初小后分流。新中国成立后到 20 世纪八九十年代，我国逐步普及小学教育，在尚没有普及初中教育的时候，县域内教育倡导小学后分流，如 1995 年国家教委转发吉林省教委《关于农村普通初中实行分流教育的若干意见》，鼓励在小学后及初中阶段进行分流，当时职业初中的数量尚保持在 1500 所左右；而随着九年义务教育的逐渐普及，教育分流又推迟到初中毕业后，由此，90 年代后期职业初中的数量开始下滑，职业初中这种办学形式逐渐萎缩，甚至退出历史舞台，到 2019 年全国职业初中的数量仅为 11 所。当前随着我国普通高中的迅速发展和高中阶段教育的普及，中等职业教育已经越来越不受民众的欢迎，教育分流也应推迟到高中毕业后。一些学者也提出了相应的建议，提出我国在全面实现县域义务教育均衡发展以后，应尽快逐步推进十二年制的中小学义务教育，在中学阶段终止初、高两级分段，普及普通高中段的义务教育，提升中等职业教育为高等职业技术教育。由此一来，我国中小学就可实行"五、六"、"六、五"或"六、六"的完全小学和完全中学的十一年或十二年一贯制学制。这是完善中国特色学制体系的重要内容之一，也是切实实现"双减"长效化的制度保障。[①]

因此，当前我国职业教育政策应正视受教者的升学需要或者说学历需求，将普职分流延后。如果考虑到中等职业教育这一职教层级的必要性，认为不应取消中等职业教育，就应彻底打通中职生的升学通道，发展职教本科，使中职和职教本科贯通，打开职业教育发展新格局。"如果希望迎来职业教育发展的全新格局，必须投入重要的社会资源。对中国的民众来说，最重要的社会资源是什么？那就是升学！从这个角度看也有必要实施中本贯通。这不是迎合民众，而是尊重社会生态。"[②]

同时，应该推动中职布局调整，提升中职教育的布局层级，推动中职布局城市化，重点发展好一些中心城市的中职教育。应重新审视县域职业中学的功能，在一些职业教育发展不理想的地区可以将职业中学的功能定位为提供专门的成人教育，分化出的职业教育功能由城市的职业教育米承担。当前我国人口逐渐呈现出向中心城市和大城市

---

① 栗洪武：《应尽快普及十二年制义务教育》，《中国社会科学报》2022 年 3 月 28 日，第 5 版。

② 徐国庆：《中本贯通的合理性》，《职教论坛》2015 年第 9 期。

集中的趋势，大城市由于产业布局多、新型产业发展快，职业教育有其优越的外部发展环境。而县域经济水平有限，产业发展较弱，县域内职业教育在技能型人才培养方面不占优势，县域职教中心的办学条件距离培养合格技能型人才的要求普遍存在差距，有观念层面的，也有实训条件方面的，"黑板上教种树，教室里教修车"的现象还是大量存在的；职教中心的"双师型"教师更是匮乏，以最宽泛的标准来调查，占比也不超过 30%。没有"高师"难以出"高徒"。如此的培养条件以及办学质量难以得到社会和家长的认可，办学声誉不高，相当一部分学校仍处在维持生存的发展层面。① 在职业教育生源本就在减少的情况下，县域职业教育很难满足学生的就学需求，在就学条件、就业环境方面无法与城市中等职业教育相比，生源流失严重。而城市中的各类职业学校，包括中专、技校、职业高中本就以农村生源为主，这并没有经过规划或设计，它是市场发展的结果。这说明，农村职业教育城市化可能是一种更好的发展农村职业教育的道路，它也为以后的政策提供了很好的启示。② 县域职业教育要实现"离土化""城市化"，不再负担本地区的职前教育责任，而主要以职后教育培训为重心，这样的职业教育布局才更有利于满足人民群众对美好教育的需求，也更加人性化。如果说遍地开花式的职业学校布局是由于历史原因形成的，它在我国人口高峰还有一定的历史意义，那么，在中等职业教育生源开始快速减少的今天，如何对职业学校布局进行调整已成为职业教育发展中一个不可忽视的问题。③

---

① 辽宁省教育科学规划领导小组办公室组编《教育资政建议汇编》（第一辑），辽宁人民出版社，2015，第 484 页。

② 申家龙：《新中国建立以来职业教育制度与政策的历史回顾》，《江苏技术师范学院学报》（职教通讯）2008 年第 8 期，第 5~12 页。

③ 申家龙：《中等职业学校布局调整是一个需要迫切解决的问题》，《职业技术教育》2011年第 27 期，第 70~72 页。

（三）多举措加强县域高中建设

县域高中是县域教育的"总出口"，是县域基础教育的龙头，办好县中对巩固提高高中阶段教育普及水平、带动县域义务教育优质均衡发展、服务国家乡村振兴和人才发展战略具有重大意义。当前县中发展问题已引起社会和国家的重视，2021 年 12 月，教育部等九部门印发《"十四五"县域普通高中发展提升行动计划》，提出通过加强普通高中招生管理、健全教师补充激励机制、提高县中教师能力素质、实施县中托管帮扶工程、实施县中标准化建设工程、消除大班额和有效控制大规模学校、提高县中经费投入水平等具体措施来促进县中的发展提升。

县中的衰落主要是因为我国以大城市发展为导向的城镇化，改革开放以来，尤其是 20 世纪 90 年代中后期以来，我国人口城镇化加速，人口向大城市集中，县域人才流失，县中优质师资力量、生源向大城市流动，导致县中衰落。因此，县中的发展最终还需要县域经济社会的发展来支撑，在城乡协调发展的新型城镇化战略、乡村振兴战略、振兴县城等多方利好政策的驱动下，未来县中发展应该会呈现出不断分化的趋势。2022 年中共中央办公厅、国务院办公厅印发的《关于推进以县城为重要载体的城镇化建设的意见》将我国县城分为五类，包括大城市周边县城、专业功能县城、农产品主产区县城、重点生态功能区县城和人口流失县城。可以预见，未来一些区位优势较强的县域高中将有效实现振兴，但是在一些处于重点生态功能区和资源枯竭型的县域，随着县域人口的不断流失，县中仍难以振兴。因此，在县中无力坚守的情况下，积极倡导县中主动向周边城市"上移"可能也不失为一种好的解决办法。

近年来，我国人口出生率呈逐年下滑的趋势，从 2016 年开始出生人口逐年递减，2016 年全年出生人口为 1786 万人，2017 年为 1723 万人，2018 年为 1523 万人，2019 年为 1465 万人，2020 年为 1200 万人，2021 年为 1062 万人，2022 年更是下降到 1000 万人以下，仅有 956 万人。出生人口的负增长，必然会带来学校教育数量需求的变化，进而影响学校布局，这需要我们持续不断地推进学校布局的优化工作，建立适应新型城镇化发展和学龄人口变化趋势的城乡中小学幼儿园学位供给调整机制，进一步加强人口负增长变化背景下学校布局优化的相关研究，更好地为优质教育体系建设服务。

本章小结

　　新中国 70 年来县域内学校的布局发生了多重变化：从学校的空间布局上看，以 1978 年为界，呈现出由"下移"转向"上移"的特征，学校布局不断向县城集中；从办学形式格局上看，从鼓励多种形式办学逐渐转向标准化、正规化办学；从办学体制格局上看，由公办民助到公民一体，再到以公办为主体；从办学类型格局上看，从初等教育向学前和高中两端延伸，县域内学校教育得到全面普及。结合我国人口发展趋势和县域内学校布局的经验，未来县域内的学校布局：在空间布局上，要加强县城教育布局；在办学体制上，要坚持以公办教育为主体；在办学形式上，应进一步撤并冗余小规模学校，加强和完善寄宿制学校建设；在办学类型上，应加强县域义务教育前后阶段的教育，加强县域普惠性学前教育布局、延后初中后教育分流、加强县城高中建设。

　　近年来，我国人口出生率呈逐年下滑的趋势，从 2016 年开始出生人口逐年递减。2016 年全年出生人口为 1786 万人，2017 年为 1723 万人，2018 年为 1523 万人，2019 年为 1465 万人，2020 年为 1200 万人，2021 年为 1062 万人，2022 年更是下降到 1000 万人以下，仅有 956 万人。出生人口的"负增长"，必然会带来学校教育需求量的变化，进而影响学校布局，这需要我们持续不断地推进学校布局的优化工作，建立适应新型城镇化发展和学龄人口变化趋势的城乡中小学幼儿园学位供给调整机制，进一步加强人口负增长变化背景下学校布局优化的相关研究，更好地为优质教育体系建设服务。

图书在版编目（CIP）数据

新中国 70 年来县域内学校布局的变迁研究／刘秀峰
著. -- 北京：社会科学文献出版社，2024.5
ISBN 978-7-5228-3516-7

Ⅰ.①新…　Ⅱ.①刘…　Ⅲ.①县-学校-区域布局-
研究-中国　Ⅳ.①G472.1

中国国家版本馆 CIP 数据核字（2024）第 080155 号

新中国 70 年来县域内学校布局的变迁研究

著　　者／刘秀峰

出 版 人／冀祥德
责任编辑／赵晶华
文稿编辑／陈彩伊
责任印制／王京美

出　　版／社会科学文献出版社·文化传媒分社（010）59367004
　　　　　　地址：北京市北三环中路甲 29 号院华龙大厦　邮编：100029
　　　　　　网址：www.ssap.com.cn
发　　行／社会科学文献出版社（010）59367028
印　　装／三河市尚艺印装有限公司

规　　格／开　本：787mm×1092mm　1/16
　　　　　　印　张：24　字　数：320 千字
版　　次／2024 年 5 月第 1 版　2024 年 5 月第 1 次印刷
书　　号／ISBN 978-7-5228-3516-7
定　　价／148.00 元

读者服务电话：4008918866